Controller

Herausgegeben von
Prof. Dr. Robert Rieg
Dieter A. Wortmann

Band 1

Kostenrechnung und Kostenmanagement

von

Prof. (a. D.) Dr. Hans-Peter Kicherer

3., verbesserte und
erweiterte Auflage

Verlag C. H. Beck München 2008

Verlag C. H. Beck im Internet:
beck.de

ISBN 978 3 406 57569 3

© 2008 Verlag C. H. Beck oHG
Wilhelmstraße 9, 80801 München
Druck und Bindung: Nomos Verlagsgesellschaft
In den Lissen 12, 76547 Sinzheim

Satz: Uhl + Massopust, Aalen

Gedruckt auf säurefreiem, alterungsbeständigem Papier
(hergestellt aus chlorfrei gebleichtem Zellstoff)

Vorwort der Herausgeber zur 3. Auflage

Professionelles Controlling ist in den letzten Jahrzehnten zu einem unverzichtbaren Instrument erfolgreicher Unternehmensführung geworden. Das gilt nicht nur für Großbetriebe, sondern zunehmend auch für Klein- und Mittelunternehmen. Es war daher für die mittelständische Wirtschaft eine bedeutsame Entscheidung des Deutschen Industrie- und Handelskammertages (DIHK) Anfang der neunziger Jahre, ein Weiterbildungsmodell zu entwickeln, das es qualifizierten Mitarbeitern dieser Betriebe ermöglichte, ohne zusätzliches Hochschulstudium die Aufgaben eines Controllers sachgerecht und effizient zu erfüllen. Dabei sollte nicht nur der Kostenfaktor eine Rolle spielen, der es vor allem Unternehmen mit geringer Mitarbeiterzahl verbietet, sich einen teuren Hochschulabsolventen leisten zu können. Das Controlling ist einer der sensibelsten Aufgabenbereiche in einem Unternehmen, da in ihm alle relevanten Betriebsdaten zusammengeführt und fokussiert werden. Der Controller nimmt wie kein anderer eine hochgradige Vertrauensstellung ein. Da bietet es sich an und ist wünschenswert, zuverlässige und motivierte Mitarbeiter, die den Betrieb von innen kennen und sich mit ihm identifizieren, mit dieser Aufgabe zu betrauen.

Auf der Grundlage einer DIHK-Empfehlung haben verschiedene Industrie- und Handelskammern seit 1996 „Besondere Rechtsvorschriften für die Fortbildungsprüfung zum Controller IHK" erlassen. Darin wurden als Aufgaben des Controllers beschrieben:
1. Entwicklung und Einsatz von Controlling-Systemen zur Planung, Steuerung und Kontrolle des betrieblichen Leistungsprozesses
2. Mitwirkung bei der Unternehmensplanung, laufende Kontrolle der Planungsziele und Überprüfung der wichtigsten Prozess- und Steuerungsgrößen
3. Aufbau des Berichtswesens, ständige Berichterstattung und Koordination des Informationsmanagements
4. Entwickeln von Problemlösungen und Einleiten vorausschauender Maßnahmen zur Vermeidung von Fehlentwicklungen
5. Laufende Beratung der Unternehmensleitung
6. Vermittlung der wirtschaftlichen und sozialen Bedeutung des Controlling an die Mitarbeiter des Unternehmens

Zu den Prüfungsanforderungen wurde von Experten aus den Unternehmen ein Rahmenstoffplan erstellt, der – passgenau auf den betrieblichen Bedarf – die erforderlichen Lehr- und Lerninhalte beschreibt, die in den Vorbereitungslehrgängen vermittelt werden sollen. Dieser Rahmenstoffplan bildete die Grundlage für die im Beck-Verlag seit 1997 erschienene „Controller-Reihe", die vom verstorbenen Professor Reinhold Eichholz und Dieter A. Wortmann herausgegeben wurde. Die einzelnen Bände – ergänzt durch einen Band „Controllertraining mit Prüfungsaufgaben, Übungen und Fallstudien" – folgten strikt der Struktur des Rahmenstoffplans, gingen aber in Materialfülle und wissenschaftlichem Anspruch darüber hinaus.

Beide – Fortbildungsprüfung und Controller-Reihe des Beck-Verlages – schrieben Erfolgsgeschichte. In den Jahren 1996 bis 2006 haben 3 505 Bewerber an einer IHK-Prüfung zum Controller teilgenommen. Die Auflagenzahlen der Beck'schen Controller-Reihe belegen darüber hinaus: nicht allein die IHK-Prüflinge haben sich ihr Wissen aus diesen Bänden erworben. Sie dienen offensichtlich auch Studierenden an den Hochschulen sowie bereits tätigen Controllern als nutzbringende Studienhilfe und kompetente Ratgeber im Controller-Alltag.

Nach dieser erfolgreichen Einführungsphase wurde – wie es das Berufsbildungsgesetz vorsieht – am 12. Juli 2006 vom Bundesministerium für Bildung und Wissenschaft eine Rechtsverordnung erlassen, die allgemeinverbindlich die so genannten „Kammerregelungen" ablöst. Die Rechtsverordnung und ein neuer Rahmenstoffplan übernehmen im Wesentlichen die Vorgaben und Erfahrungen des „alten" Controllers IHK, entwickeln sie aber weiter mit neuen Erkenntnissen und aktuellen Entwicklungen. Um den sich ständig wandelnden Anforderungen an das Controller-Profil gerecht zu werden, sind die Inhalte der Prüfung als umfassende Handlungsbereiche beschrieben, die aktuelle Veränderungen ermöglichen. Besonderer Wert wird auf einen handlungsorientierten, praxisbezogenen Kompetenzerwerb gelegt, der durch einen Lehrgang, das Eigenstudium und – nicht zuletzt – durch eigene betriebliche Praxis gewährleistet wird.

Als Handlungsbereiche umfasst die Prüfung zum Controller:
1. Kostenrechnung und Kostenmanagement
2. Unternehmensplanung und Budgetierung
3. Jahresabschlussanalyse
4. Berichtswesen und Informationsmanagement
5. Betriebswirtschaftliche Beratung
6. Führungsaufgaben und Moderation

Dem entsprechend wurde die vorliegende Controller-Reihe ebenfalls neu gegliedert und völlig neu bearbeitet.

Es steht zu erwarten, dass dem „neuen Controller" ein ebenso guter, wenn nicht noch größerer Erfolg beschieden sein wird. Allen Nutzern der Reihe – seien es IHK-Prüflinge, Studierende oder Praktiker – wünschen wir Erfolg bei der Anwendung gewonnener Einsichten.

Nassau, Ostfildern im April 2008

Dieter A. Wortmann
Robert Rieg

Vorwort der Herausgeber zur 1. Auflage

Controlling als ein zentrales Instrument der Unternehmenssteuerung hat in den letzten Jahren immer mehr an Bedeutung gewonnen. Kaum ein Unternehmen, gleich welcher Branche – vom produzierenden Industriebetrieb bis zum Non-profit-Dienstleistungsunternehmen –, kann darauf verzichten, wenn es erfolgreich am Markt bestehen will. Folglich besteht ein zunehmend hoher Bedarf an qualifizierten Fach- und Führungskräften, die in der Lage sind, als Controller die folgenden Aufgaben zu erfüllen:
- Entwicklung und Einsatz von Controlling-Systemen zur Planung, Steuerung und Kontrolle des betrieblichen Leistungsprozesses;
- Mitwirkung bei der Unternehmensplanung, laufende Kontrolle der Planungsziele und Überprüfung der wichtigsten Prozess- und Steuerungsgrößen;
- Aufbau des Berichtswesens, ständige Berichterstattung und Koordination des Informationsmanagements;
- Entwickeln von Problemlösungen und Einleiten vorausschauender Maßnahmen zur Vermeidung von Fehlentwicklungen, laufende Beratung der Unternehmensleitung;
- Vermittlung der wirtschaftlichen und sozialen Bedeutung des Controlling an die Mitarbeiter des Unternehmens.

Die Aufgabenbeschreibung aus der IHK-Rechtsvorschrift verdeutlicht die umfassende Tätigkeit des Controllers, die besondere Anforderungen an sein Persönlichkeitsprofil und das fachliche Wissen und Können stellt.

Es war daher ein mutiger Schritt des Deutschen Industrie- und Handelstages, das schwierige Feld des Controlling nicht allein den Hochschulabsolventen zu überlassen. Auch Mitarbeiter mit einem Abschluss in einem anerkannten kaufmännischen oder verwaltenden Ausbildungsberuf und entsprechender Berufspraxis sollen die Chance erhalten, sich durch die Weiterbildung zum Controller IHK für diese Aufgaben zu qualifizieren.

Die so geschulten Controller bringen neben ihrer Berufsausbildung das auch heute noch wichtige Gut betrieblicher Erfahrung mit. Sie kennen ihr Unternehmen von innen, wissen, „wo es lang geht", sind vertraut mit den betrieblichen Abläufen und – nicht zuletzt! – sie konnten sich vielfach bereits das Vertrauen der Unternehmensleitung und der anderen Mitarbeiter erwerben – für den sensiblen Bereich des Controlling im Unternehmen ein nicht zu unterschätzender Vorzug.

Allerdings hat der hohe Anspruch an den Controller seinen Preis. Die Anforderungen der IHK-Weiterbildungsprüfung sind nicht gering. Die Prüfungsfächer Betriebswirtschaft und Volkswirtschaft, Unternehmens- und Mitarbeiterführung, Kosten- und Leistungsrechnung, Ganzheitliches Controlling, Berichtswesen und Informationsmanagement einschließlich angewandter Datenverarbeitung sowie die Projektarbeit im Speziellen Controlling verlangen eine Stofffülle, die den Teilnehmern ein äußerstes Maß an Lernfähigkeit und Leistungsbereitschaft abfordert. Der im Rahmenstoffplan für die Vorbereitungslehrgänge auf die Prüfung vorgegebene Umfang von 690 Unterrichtsstunden wird in der Regel nicht ausreichen, die Lerninhalte in der notwendigen Tiefe zu vermitteln. Weiterführendes Selbststudium muss die Lehrgänge ergänzen.

Hier setzt die vorliegende Reihe zum Controller IHK an. Sie bietet den Lehrgangsteilnehmern ein systematisch gegliedertes und übersichtliches Hilfsmittel, um sich das vertiefende Fachwissen in den Themenbereichen anzueignen, die im Lehrgang selbst zu kurz gekommen sind. In weiterführenden Exkursen werden Zusammenhänge aufgezeigt, die für das Verständnis praxisrelevanter Aufgaben und deren Lösung notwendig sind. Da sich die Gliederung der Lehrbuchreihe streng an dem Rahmenstoffplan des DIHT orientiert, findet der Teilnehmer schnell die entsprechenden Inhalte zu den jeweiligen Lehrgangseinheiten.

Aber auch Studenten der Betriebswirtschaft mit Schwerpunkt Controlling erhalten durch die anwendungsbezogene Darstellung der relevanten Themenbereiche für ihr Studium interessante und wichtige Anregungen.

Ferner finden Bildungsträger und Dozenten, die auf der Grundlage des DIHT-Rahmenstoffplans die Vorbereitungslehrgänge für die Prüfung zum Controller IHK durchführen, in der vorliegenden Reihe reichhaltiges Material zur Gestaltung anschaulicher und praxisnaher Unterrichtseinheiten. Dazu dienen nicht zuletzt auch die ausführlichen aktuellen Literaturhinweise.

Schließlich werden auch bereits fertig ausgebildete Controller immer wieder zur Controller-Reihe greifen, wenn es gilt, schwierige Problemstellungen im Betrieb einer Lösung zuzuführen.

Herausgeber und Verlag konnten auf die Erfahrungen mit der Bilanzbuchhalter-Reihe zurückgreifen. Die im Anspruch vergleichbare Weiterbildungsqualifikation zum IHK-geprüften Bilanzbuchhalter ist zu einem Markenzeichen und dem „Flaggschiff" der kaufmännischen IHK-Weiterbildungsprüfungen geworden. Der Controller IHK soll sich in gleicher Weise in den Betrieben durchsetzen. Die so qualifizierten Teilnehmer stellen für die Unternehmen ein wertvolles Mitarbeiterpotential dar. Die vorliegende Lehrbuchreihe kann dazu hervorragende Hilfestellung leisten.

Bonn/Waiblingen, im Mai 1997

Reinhold E. Eichholz
Dieter A. Wortmann

Vorwort des Autors zur 3. Auflage

Der größte Teil der Texte konnte aus der 2. Auflage weitgehend unverändert übernommen werden. Obwohl sie der traditionellen Unterscheidung von fixen und variablen Kosten überlegen ist, musste die Diskussion der von *Deyhle* entwickelten Unterscheidung von Managementkosten und Produktkosten leider gestrichen werden, weil sie in der einschlägigen Prüfungsordnung nicht vorgesehen ist. Neu aufgenommen wurden die Kapitel R „Zur Kostenrechnung im Handel und in Dienstleistungsbetrieben" sowie das Kapitel S „Zum sogenannten Kostenmanagement und der Rolle des Controlling in der Kosten- und Leistungsrechnung".

Die Mehrwertsteuersätze wurden unverändert aus der 2. Auflage übernommen. Eine Änderung wäre mit erheblichem Aufwand verbunden gewesen, ohne dass dadurch neue Erkenntnisse gewonnen werden könnten.

Bolheim, im April 2008 *Hans-Peter Kicherer*

Inhaltsübersicht

Inhaltsverzeichnis	XIII
Abkürzungsverzeichnis	XXIII
A. Kernbegriffe und Stellung der Kosten- und Leistungsrechnung im betrieblichen Rechnungswesen	1
B. Aufbau, Aufgaben, Entwicklungsformen und Zeitorientierung der Kosten- und Leistungsrechnung	7
C. Prinzipien der Kosten- und Leistungsrechnung	15
D. Abgrenzung der Begriffe „Kosten" und „Leistung" von anderen grundlegenden Begriffen des betrieblichen Rechnungswesens	25
E. Die betriebswirtschaftliche Produktions- und Kostentheorie als theoretische Grundlage der Kostenrechnung	39
F. Die Kostenartenrechnung	57
G. Die Kostenstellenrechnung	95
H. BAB – Beispiele	115
J. Grundlagen der Kostenträgerrechnung	125
K. Formen der Divisionskalkulation	129
L. Zur sogenannten „Kalkulation von Kuppelprodukten"	141
M. Die Zuschlagskalkulation und die Kalkulation mit Stundensätzen auf Vollkostenbasis	147
N. Systeme der Teilkostenrechnung (Deckungsbeitragsrechnung)	161
O. Das System der kombinierten Grenz- und Vollkostenrechnung	183
P. Die Plankostenrechnung	191
Q. Sonderformen der Kosten- und Leistungsrechnung	205
R. Zur Kostenrechnung im Handel und in Dienstleistungsbetrieben	213
S. Zum sogenannten Kostenmanagement und der Rolle des Controlling in der Kosten- und Leistungsrechnung	223
Literaturverzeichnis	229
Stichwortverzeichnis	231

Inhaltsverzeichnis

Abkürzungsverzeichnis XXIII

A. Kernbegriffe und Stellung der Kosten- und Leistungsrechnung im betrieblichen Rechnungswesen

I. Vorbemerkung 1

II. Kosten und Leistung 1
  1. Vorgehensweise 1
  2. Kostenbegriff 1
     a) Güterverzehr 1
     b) Zweckbezogenheit (Sachzielbezogenheit) 2
     c) Wertorientierung 2
     d) Ergebnis 3
  3. Der Leistungsbegriff 4
     a) Umfeld 4
     b) Begriffsinhalt und Merkmale 4

III. Einordnung der Kosten- und Leistungsrechnung in das betriebliche Rechnungswesen 4
  1. Versuch einer Definition 4
  2. Gliederungsversuche 5
     a) Der traditionelle Ansatz 5
     b) Die Gliederung in externes und internes Rechnungswesen 5
     c) Organisatorische Gestaltung 6

B. Aufbau, Aufgaben, Entwicklungsformen und Zeitorientierung der Kosten- und Leistungsrechnung

I. Aufbau 7

II. Aufgaben 9
  1. Überblick 9
  2. Kontrolle der Wirtschaftlichkeit 9
  3. Hilfeleistung bei der Preisbildung 10
  4. Preiskontrolle und Programmplanung 10
  5. Bestimmung des kalkulatorischen Betriebsergebnisses 11
  6. Lieferung von Informationen zur Lösung besonderer kostenorientierter Aufgaben 11
  7. Hilfestellung gegenüber anderen Teilen des Rechnungswesens 11

III. Entwicklungsformen (Systeme) und Zeitorientierung der Kosten- und Leistungsrechnung ... 12
1. Überblick ... 12
2. Istkostenrechnung ... 12
3. Normalkostenrechnung ... 13
4. Plankostenrechnung ... 13
5. Vollkostenrechnung und Teilkostenrechnung ... 13
6. Zeitorientierung ... 13

C. Prinzipien der Kosten- und Leistungsrechnung

I. Notwendigkeit und Problematik ... 15

II. Überblick ... 15

III. Die Prinzipien im Einzelnen ... 16
1. Wirtschaftlichkeit ... 16
2. Widerspruchsfreiheit ... 16
3. Objektivität ... 16
4. Vollständigkeit ... 17
5. Transparenz, Klarheit und Übersichtlichkeit ... 17
6. Periodengerechtigkeit ... 17
   a) Inhaltliche Bestimmung ... 17
   b) Mengenkongruenz ... 17
   c) Wertkongruenz ... 18
7. Verursachungsgerechtigkeit und Plausibilität ... 20
8. Relative Richtigkeit und relative Genauigkeit ... 21
9. Ausschaltung außergewöhnlicher Ereignisse ... 21
10. Relevanz und Flexibilität ... 22
11. Durchschnittsprinzip ... 22
12. Aktualität ... 22
13. Adäquanz ... 22

IV. Ergänzungen ... 23

D. Abgrenzung der Begriffe „Kosten" und „Leistung" von anderen grundlegenden Begriffen des betrieblichen Rechnungswesens

I. Vorbemerkung ... 25

II. Die Begriffspaare Ausgabe und Auszahlung sowie Einnahme und Einzahlung ... 25

III. Aufwand und Kosten und ihre Ausgliederungen ... 26
1. Überblick ... 26
2. Allgemeines zum Begriff „Aufwand" ... 27
3. Zweckaufwand ... 27
4. Neutraler Aufwand ... 28

a) Betriebsfremder Aufwand 28
b) Periodenfremder Aufwand 29
c) Außergewöhnlicher Aufwand 29
d) Rechentechnisch bedingter neutraler Aufwand 30
5. Das Gesamtergebnis betreffende Aufwendungen 31
6. Der Kostenbegriff 31
a) Vorbemerkung 31
b) Grundkosten 31
c) Kalkulatorische Kosten 31
d) Zur Unterscheidung von Zusatzkosten und Anderskosten 32
e) Zusammenfassung 32

IV. Ertrag und Leistung und ihre Ausgliederungen 32
1. Gesamtschau 33
2. Allgemeines zum Ertragsbegriff 33
3. Der Zweckertrag 33
4. Neutrale Erträge 34
a) Betriebsfremder Ertrag 34
b) Periodenfremder Ertrag 34
c) Außergewöhnlicher Ertrag 34
d) Rechentechnisch bedingter neutraler Ertrag 35
5. Das Gesamtergebnis betreffende Erträge 35
6. Der Leistungsbegriff 35
7. Zur Unterscheidung von Zusatzleistung und Andersleistung .. 36

V. Betriebswirtschaftliche Kategorien des Periodenerfolgs 36

E. Die betriebswirtschaftliche Produktions- und Kostentheorie als theoretische Grundlage der Kostenrechnung

I. Allgemeine Aussagen 39
1. Gegenstand der Produktions- und Kostentheorie 39
2. Produktions- und Kostenfunktionen als die Kernpunkte der Produktions- und Kostentheorie 40
3. Ausgliederung der als variabel bzw. als fix bezeichneten Kostenbestandteile 41
4. Gesamt-, Durchschnitts- und Grenzkosten und ihre Beziehungen 43

II. Spezielle Aussagen 44
1. Abgrenzung 44
2. Produktions- und Kostenfunktionen vom Typ A 44
3. Produktions- und Kostenfunktionen vom Typ B 47
a) Produktionsfunktionen vom Typ B 47
b) Kostenfunktionen vom Typ B 49

III. Zur Bedeutung der Kostentheorie für die Kostenrechnung 52

IV. Diskussionsvorschläge zum Problem der Kostenauflösung 53

F. Die Kostenartenrechnung

I. Grundsatzfragen 57
   1. Zielsetzung und Aufgaben der Kostenartenrechnung 57
   2. Zur Kostenartenbildung 57
   3. Zur Organisation der Kostenartenrechnung (Der Kostenartenplan) 58
   4. Zur Einbindung der Kostenartenrechnung in das betriebliche
      Rechnungswesen 61
   5. Überleitung 61

II. Die Erfassung und Verrechnung der kalkulatorischen Kosten 62
   1. Notwendigkeit 62
   2. Der kalkulatorische Unternehmerlohn 62
   3. Die kalkulatorischen Wagnisse 63
   4. Die kalkulatorischen Abschreibungen 66
      a) Abgrenzungen 66
      b) Die Bestimmung der kalkulatorischen Abschreibungsbasis 67
      c) Die Bestimmung des kalkulatorischen Nutzungspotenzials 67
      d) Zur Methodik der kalkulatorischen Abschreibungen 69
      e) Kalkulatorische Abschreibungen bei geleasten Anlagegegenständen .. 71
      f) Beispiel (Sachverhalt) 71
      g) Beispiel (Lösung) 71
   5. Die kalkulatorischen Zinsen 74
      a) Begründungsproblematik 74
      b) Die Bestimmung des betriebsnotwendigen Kapitals 74
      c) Der kalkulatorische Zinsfuß 76
      d) Bewertungsprobleme 76
      e) Verfahren zur Berechnung der kalkulatorischen Zinsen 77
      f) Anmerkung 79
      g) Rechenbeispiel 80
   6. Kalkulatorische Miete 80

III. Zur Erfassung und Verrechnung der Grundkosten 81
   1. Die Kosten des Verbrauchs an Roh-, Hilfs- und Betriebsstoffen 81
      a) Inhaltliche Abgrenzung 81
      b) Die Erfassung des Materialverbrauchs 82
      c) Die Bewertung des Materialverbrauchs 84
   2. Die Personalkosten 86
      a) Begriff 86
      b) Erfassung und Bewertung von Löhnen und Gehältern 86
      c) Die Sozialkosten 88
   3. Fremdreparaturen und andere technische Fremdleistungen 90
   4. Steuern, Gebühren, Beiträge und Versicherungen 90
   5. Verschiedene Kosten 91
   6. Die kalkulatorischen Kosten 92
   7. Die Sonderkosten 92
   8. Sekundäre (gemischte) Kosten 93

G. Die Kostenstellenrechnung

I. Grundfragen 95
1. Gegenstand und Aufgaben der Kostenstellenrechnung 95
2. Begriffliche Ergänzungen 95
3. Probleme der Kostenstellenbildung und der Kostenstellengliederung 96
4. Arten von Kostenstellen 97

II. Der Kostenstellenplan 98
1. Allgemeine Bemerkungen 98
2. Gliederung 99

III. Formen der Kostenstellenrechnung 101

IV. Der Betriebsabrechnungsbogen (BAB) Formaler Aufbau und Arbeitsschritte 102
1. Gesamtschau 102
2. Zuordnung der primären (Kostenträger-)Gemeinkosten auf die Kostenstellen 102
3. Die Verrechnung der innerbetrieblichen Leistungen 105
   a) Problemlage 105
   b) Verfahren der Kostenstellenumlage bei einseitigen Leistungsbeziehungen 106
   c) Die Verrechnung innerbetrieblicher Leistungen bei mehrseitigen Leistungsbeziehungen 107
4. Ermittlung von Kalkulationssätzen für die Hauptkostenstellen 109
   a) Aufgabe und Formen 109
   b) Grundfragen der Bestimmung von Gemeinkostenzuschlagssätzen 109
   c) Typen von Gemeinkostenzuschlagssätzen in der traditionellen Kostenrechnung im Überblick 109
   d) Fertigungsgemeinkostenzuschläge und Materialgemeinkostenzuschläge (Darstellung und Kritik) 110
   e) Analyse der Gemeinkostenzuschlagssätze für Verwaltung und Vertrieb 112
   f) Kalkulationssätze auf Zeitbasis (Mengenbasis) 113
5. Soll-Ist-Vergleich und Bestimmung von Abweichungen 114

H. BAB – Beispiele

I. Gesamt BAB 115
1. Erläuterung der Kostenstellengliederung 115
2. Erläuterungen zu den Kostenarten 115
3. Kritik 118

II. Differenzierung des BAB im Vertriebsbereich 119
1. Problematik 119
2. Beschreibung 119
3. Ergänzungen 123
4. Schlussbemerkung 124

J. Grundlagen der Kostenträgerrechnung

I. Begriffe 125

II. Formen und Aufgaben der Kostenträgerrechnung 126

III. Zur Organisation der Kostenträgerrechnung 126

K. Formen der Divisionskalkulation

I. Grundlagen 129

II. Die einstufige Divisionskalkulation 129

III. Die zweistufige Divisionskalkulation 130

IV. Die vielstufige Divisionskalkulation 132
    1. Einführung 132
    2. Beispiel 132

V. Die Divisionskalkulation mit Äquivalenzziffern 135
    1. Charakteristika und Technik 135
    2. Funktion und Problematik der Äquivalenzziffern 135
    3. Rechenbeispiele 136
        a) Beispiel I 136
        b) Beispiel II 137
    4. Fazit 138

L. Zur sogenannten „Kalkulation von Kuppelprodukten"

I. Begriffe 141

II. Abrechnungsstufen 141
    1. Die Restwertrechnung 141
    2. Verteilungsrechnungen 142

III. Rechenbeispiel 143
    1. Problemstellung 143
    2. Lösung 144

M. Die Zuschlagskalkulation und die Kalkulation mit Stundensätzen auf Vollkostenbasis

I. Anwendungsgebiete und Charakteristika 147

II. Die einfache Zuschlagskalkulation 147
    1. Beschreibung 147
    2. Beispiel 148

III. Die einfache Stundensatzrechnung 149

IV. Die erweiterte Zuschlagskalkulation 149
   1. Merkmale 149
   2. Das Kalkulationsschema 150
   3. Beispiel 152
      a) Aufgabenstellung 152
      b) Lösung 153
      c) Alternativlösung (Praktikerlösung) 155

V. Kostenträgerzeitrechnung (kurzfristige Erfolgsrechnung) auf Vollkostenbasis 157
   1. Überblick 157
   2. Das Gesamtkostenverfahren 157
   3. Das Umsatzkostenverfahren 158

N. Systeme der Teilkostenrechnung (Deckungsbeitragsrechnung)

I. Allgemeine Grundlagen 161
   1. Konzeption 161
   2. Zur Philosophie der Teilkostenrechnung 161

II. Grundlagen der Grenzkostenrechnung 162
   1. Eckpunkte 162
   2. Formen der Grenzkostenrechnung 162

III. Zur Lösung ausgewählter Entscheidungsprobleme mit Hilfe der Grenzkostenrechnung 164
   1. Vorbemerkung 164
   2. Entscheidung über die Annahme von Zusatzaufträgen bei Unterbeschäftigung 165
      a) Aufgabe 165
      b) Lösung 165
   3. Bestimmung der Preisuntergrenze 167
   4. Entscheidung über eine Programmbereinigung 168
      a) Aufgabe 168
      b) Lösung 168
   5. Auftragsauswahl bei speziellem Engpass 170
      a) Sachverhalt 170
      b) Beispiel I: Kapazitätsengpass 170
      c) Beispiel II: Materialengpass 171
   6. Entscheidung zwischen Fremdbezug oder Eigenfertigung 172
      a) Vorbemerkung 172
      b) Beispiel 173
   7. Bestimmung eines optimalen Produktionsprogramms 173

IV. Kalkulation mit variablen Kosten auf Teilkostenbasis 174

VI. Zur Einzelkostenrechnung 177

VII. Ergänzendes Beispiel zur Fixkostendeckungsrechnung ... 178
1. Grundlagen ... 178
2. Rechnung ... 179
3. Ergebnis ... 180

VIII. Zur Bedeutung der Gewinnschwelle ... 181

O. Das System der kombinierten Grenz- und Vollkostenrechnung

I. Einführung ... 183

II. Bestimmung und Bedeutung von Solldeckungsbeiträgen ... 183

III. Beispiele ... 184
1. Vorkalkulation mit variablen Kosten (Grenzkosten) und Solldeckungsbeiträgen bei gegebenem preispolitischem Spielraum (additive Rechnung) ... 184
2. Vorkalkulation mit variablen Kosten und Solldeckungsbeiträgen für den Fall fehlenden preispolitischen Spielraums (subtraktive Rechnung) ... 186
3. Fazit ... 186

IV. Beispiel zur Ermittlung eines Maschinenstundensatzes ... 188
1. Aufgabe ... 188
2. Lösung ... 188

P. Die Plankostenrechnung

I. Begriff und Formen ... 191

II. Aufbau und Realisation ... 192
1. Vorschau ... 192
2. Die Vorbereitungsphase ... 192
   a) Zur Gliederung von Kostenarten und Kostenstellen ... 192
   b) Zur Gliederung der Kostenträger ... 192
   c) Bestimmung von Bezugsgrößen zur Messung von Beschäftigung, Beanspruchung und Kostenentwicklung ... 192
3. Die Planungsphase ... 194
   a) Fixierung von Planungsperiode und Abrechnungsperiode ... 194
   b) Bestimmung der Planbezugsgrößen (Planbeschäftigung, Planbeanspruchung) ... 194
   c) Die Bestimmung von Planmengen und Planpreisen ... 195
   d) Plankosten, Budgetierung und Kostenauflösung ... 196
   e) Bestimmung von Kalkulationssätzen ... 197
4. Abrechnungsphase und Abweichungsanalyse ... 197
   a) Vorbemerkung ... 197
   b) Die Abweichungen im Überblick ... 197
   c) Zur Ermittlung von Istkosten und Istbeschäftigung ... 198

III. Beispiele ... 198
1. Einfaches Rechenbeispiel zum Soll-Ist-Vergleich und zur Errechnung der Abweichungen ... 198
   a) Zweck ... 198
   b) Aufgabe ... 198
   c) Lösung ... 199
2. Differenziertes Rechenbeispiel ... 201
   a) Aufgabe ... 201
   b) Lösung ... 201

Q. Sonderformen der Kosten- und Leistungsrechnung

I. Die Prozesskostenrechnung ... 205
1. Vorstellung ... 205
2. Abrechnungsphasen ... 205
   a) Die Grundphase ... 205
   b) Die Verdichtungsphase ... 207
   c) Die Kalkulationsphase ... 208
3. Kritik ... 208

II. Die Zielkostenrechnung (Zielkostenmanagement) ... 209
1. Charakterisierung ... 209
2. Die Vorgehensweise im Überblick ... 209
3. Die Bedeutung der Zielkosten für Entwicklung und Produktion ... 210
4. Zielkostenspaltung und Kostenanpassung ... 210
5. Die Problematik des Zielgewinns ... 211
6. Ergebnis ... 211

R. Zur Kostenrechnung im Handel und in Dienstleistungsbetrieben

I. Kostenrechnung im Handel ... 213
1. Vorbemerkung ... 213
2. Die Kostenartenrechnung ... 213
3. Die Kostenstellenrechnung ... 214
   a) Aufgaben ... 214
   b) Die Bildung von Kostenstellen ... 214
4. Der Betriebsabrechnungsbogen ... 214
5. Die Kostenträgerrechnung ... 216
   a) Einführung ... 216
   b) Die Durchschnittskalkulation ... 216
   c) Die Zuschlagskalkulation ... 216
6. Bemerkungen zur Deckungsbeitragsrechnung ... 219

II. Zur Kalkulation in Dienstleistungsbetrieben ... 222

S. Zum sogenannten Kostenmanagement und der Rolle des Controlling in der Kosten- und Leistungsrechnung

I. Spezielle Ausprägungen des Kostenmanagements 223
  1. Ziele und Ansatzpunkte 223
  2. Methoden des (strategischen) Kostenmanagements 223

II. Zur Rolle des Controlling in der Kosten- und Leistungsrechnung 225

Literaturverzeichnis 229
Stichwortverzeichnis 231

Abkürzungsverzeichnis

A	Anfangsbestand, Anschaffungskosten, Beginn einer Periode
AfA	Absetzung für Abnutzung
BAB	Betriebsabrechnungsbogen
DB	Deckungsbeitrag
c. p.	ceteris paribus (unter sonst gleichen Bedingungen)
dB	Deckungsbeitrag je Einheit
DBU	Deckungsbeitrag über Umsatz
e	Durchschnittsertrag
E	Ertrag in Mengeneinheiten, Erlös, Ende einer Periode
E´	Grenzertrag
EG	Ertrag in Geldeinheiten
f	Funktion, Umrechnungsfaktoren der vielstufigen Divisionskalkulation
G	Gewinn
GKR	Gemeinschaftskontenrahmen der deutschen Industrie
GoB	Grundsätze ordnungsmäßiger Buchführung
GS	Gewinnschwelle
GuV	Gewinn- und Verlustrechnung
GZ	Gewinnzone
HGB	Handelsgesetzbuch
HiFo	Highest in – First out
HK	Herstellkosten
h. L.	herrschende Lehre
i	Index der Faktorarten
IHK	Industrie- und Handelskammer
IKR	Industriekontenrahmen
k	durchschnittliche Stückkosten
K	Gesamtkosten
K´	Grenzkosten
KF	Fixe Kosten
KP	Proportionale Kosten, Produktkosten
KV	Variable Kosten
K_{vi}	Variable Kosten aus der Faktorart i
kWh	Kilowattstunde
Lifo	Last in – first out
lmi	leistungsmengeninduziert
lmn	leistungsmengenneutral
P/E	Preis je Einheit
q	Preise der eingesetzten Faktormengen
R	Restwert
r	eingesetzte Produktionsfaktoren
Re	Recheneinheiten
S	Sicherheitsabstand
U	Umsatz

v .... Produktionskoeffizient (zur Herstellung einer Einheit eines
                  Produkts notwendige Einsatzmenge einer Faktorart)
VDMA .... Verein Deutscher Maschinenbauanstalten
V_Z .... Verlustzone
x .... Ausbringung (in Stück, m, kg, t usw.)
ZVEI .... Zentralverband der Elektroindustrie

A. Kernbegriffe und Stellung der Kosten- und Leistungsrechnung im betrieblichen Rechnungswesen

I. Vorbemerkung

Dem Titel des Gesamtwerkes entsprechend wurde in der obigen Kapitelüberschrift ganz bewusst von Kosten- und Leistungsrechnung und nicht einfach von Kostenrechnung gesprochen. Beide Bezeichnungen beziehen sich im Sprachgebrauch der deutschsprachigen Betriebswirte aber auf denselben Gegenstand. Teilweise ist auch von Kosten- und Erlösrechnung die Rede. Soweit dadurch keine Missverständnisse zu befürchten sind, wird in den folgenden Ausführungen der Einfachheit halber auch nur von Kostenrechnung gesprochen.

Wertgrößen werden im Folgenden grundsätzlich in Euro gemessen. Aus besonderen Gründen wird in einigen Ausnahmefällen aber in DM gerechnet. Die Mehrwertsteuersätze entsprechen nicht dem aktuellen Stand, sondern den jeweils, zum Zeitpunkt der Formulierung der Beispiele, gültigen Mehrwertsteuer.

II. Kosten und Leistung

1. Vorgehensweise

Diese beiden Kernbegriffe werden hier vorab diskutiert, weil die Kenntnis der Begriffsinhalte Voraussetzung für das Verständnis der in den folgenden Abschnitten zu behandelnden Fragen ist.

2. Kostenbegriff

Die Betriebswirtschaftslehre kennt keinen allgemein akzeptierten Kostenbegriff. Von den verschiedenen Interpretationen des Begriffs sind zwei vorrangig zu beachten; nämlich die wertmäßige und die pagatorische Interpretation. Beide Konzepte sind durch die Merkmale Güterverzehr, Zweckbezogenheit (bzw. Sachzielbezogenheit) und Wertorientierung charakterisiert. Sie werden anschließend diskutiert.

a) Güterverzehr

Dieses Merkmal besagt, dass Kosten nur dann entstehen können, wenn ein grundsätzlich in Mengeneinheiten zu messender Verzehr (Verbrauch) von knappen Gütern (Wirtschaftsgütern) stattfindet. Diese Verbräuche bilden die Mengenkomponente des Kostenbegriffs. Sie manifestiert sich besonders deutlich im Verbrauch der sogenannten Repetierfaktoren. Dabei handelt es sich insbesondere um Stoffe aller Art (z.B. Holz, Stahl, Eisen, Textilien, Öl oder Gummi), die nur einmal genutzt werden können, weil sie durch den Einsatz im Produktionsprozess verbraucht werden, also untergehen (*Heinen* S. 247). Auch der Verbrauch von Strom gehört hierher.

5 Zur Mengenkomponente des Kostenbegriffs gehören aber auch die Verbräuche der von Anlagegütern (z. B. Gebäude und Maschinen) repräsentierten Nutzungspotenziale, wie sie sich insbesondere aus dem Gebrauch der Anlagen, aber z. B. auch aus Umwelteinflüssen (Zeitverschleiß) ergeben. Da sich die Nutzungspotenziale, welche diese Produktionsfaktoren verkörpern, nur auf „mehr oder weniger lange Sicht erschöpfen, ohne dass sich an der sinnlich wahrnehmbaren, physisch-mengenmäßigen Existenz des Faktors etwas ändert" (*Heinen* S. 215), werden diese Güter häufig als Potenzialfaktoren bezeichnet.

6 Gutsverzehr findet aber auch dadurch statt, dass Arbeits- und Dienstleistungen in Anspruch genommen werden. Die Mengenkomponente besteht hier insbesondere im Verbrauch von Arbeitszeit oder in der Zahl der erbrachten Dienstleistungen. Ferner gelten als Kosten solche Güterverzehre, welche durch die Nutzung von Rechten (z. B. Patente oder Lizenzen) und Kapital (Zinsen) sowie durch bestimmte Abgaben in Form von Steuern, Gebühren und Beiträgen an öffentliche Hände und andere Körperschaften entstehen. Bei Rechten und Kapital ergibt sich der Gutsverzehr aus dem Umstand, dass diese eine Zeitdimension besitzen, so dass im Zeitablauf ein Verzehr von Nutzungsmöglichkeiten stattfindet. Die Unterscheidung von Eigen- und Fremdkapital ist dabei bedeutungslos. Steuern, Beiträge etc. sind vielfach nicht mit einer spezifischen Gegenleistung verbunden. Der Gutsverzehr muss hier in der verausgabten Menge an Geldeinheiten gesehen werden.

7 Eine Diskussion darüber, inwieweit es sich bei den eben angesprochenen Produktionsfaktoren um Potenzial- oder Repetierfaktoren handelt, muss an dieser Stelle aus Umfangsgründen leider unterbleiben.

b) Zweckbezogenheit (Sachzielbezogenheit)

8 Die Entstehung von Kosten setzt einen Verzehr von Gütern voraus. Das heißt aber nicht, dass jeder Güterverzehr zu Kosten führt. Kosten liegen vielmehr nur dann vor, wenn der Güterverzehr der Erstellung und Verwertung der auf dem Markt abzusetzenden Erzeugnisse dient, also dem Betriebszweck entspricht (Zweckbezogenheit). Unter dem Betriebszweck wird dabei der von der Unternehmensleitung bzw. den Eigentümern festgelegte Tätigkeitsbereich eines Unternehmens verstanden. Er konkretisiert sich in den von einem Unternehmen angebotenen Problemlösungen (Sachgütern und Diensten). Also z. B. in der Herstellung von Rundfunk- und Fernsehgeräten, von Omnibussen oder von Kühlgeräten; aber auch in der Übernahme von Transporten, Bankgeschäften oder von Beratungsaufgaben. In diesem Zusammenhang wird vom Sachziel eines Unternehmens gesprochen und, daraus abgeleitet, von der Sachzielbezogenheit des Kostenbegriffs. Nicht auf den Betriebszweck (das Sachziel) ausgerichtete Wertverzehre können zwar Aufwand aber keine Kosten sein.

c) Wertorientierung

9 Bei diesem Merkmal geht es um die Bewertung der betriebsbedingten Güterverzehre oder, anders formuliert, um die Wertkomponente des Kostenbegriffs, denn erst durch die Bewertung werden die betriebsbedingten Gutsverzehre zu Kosten. Kosten sind also das Produkt aus Verbrauchsmenge und Preis (Zahl der Geldeinheiten) pro Mengeneinheit. Erst durch die Bewertung werden verbrauchte Gütermengen zu gleichnamigen, damit addierbaren und in der Kostenrechnung „verwertbaren Mengen".

10 Hinsichtlich der Merkmale Güterverzehr und Sachzielbezogenheit des Kostenbegriffs gibt es in der Betriebswirtschaftslehre keine größeren Meinungsverschiedenheiten. Über die Art und Weise der Bewertung des betrieblichen Gutsverzehrs herrscht dagegen Uneinigkeit. An diesem Punkt unterscheiden sich deshalb auch der wertmäßige und der pagatorische Kostenbegriff.

Nach herrschender Meinung (*Heinen* S. 77 ff., *Kilger* Einführung, S. 23 f.) kann die Wertkomponente der wertmäßigen Kostenkonzeption nicht allgemeingültig fixiert werden, weil sie vom Rechnungszweck und der jeweiligen Entscheidungssituation abhängig sei. Dieser Auffassung muss widersprochen werden, weil sie sich nicht mit der Aufgabenstellung der Kostenrechnung vereinbaren lässt (s. Rz. 38 ff.). Wie *F. Schmidt* (S. 187 f.) schon in den zwanziger Jahren festgestellt hat, müsste die Bewertung zum Zwecke der Kostenrechnung eigentlich „zum Tagesbeschaffungswert", d. h. zu dem Wert, den das verbrauchte Gut an dem Tag hat, an welchem der Preis für das zu verkaufende fertige Produkt vereinbart wurde, erfolgen; denn nur zu diesem Zeitpunkt beziehen sich „Kostenwert" und Verkaufspreis auf ein genau identisches Preisniveau. Diese theoretisch richtige Lösung ist allerdings praktisch nicht umsetzbar. Als praktikable Notlösung muss der Kostenwert am Preisniveau der jeweiligen Abrechnungsperiode ausgerichtet werden. In der Kostenrechnung dürfen also nur Werte addiert und saldiert werden, die sich (wenigstens) durchschnittlich auf ein einheitliches Preisniveau beziehen. In diesem Sinne ist es zu verstehen, wenn künftig von (kalkulatorischen) aktuellen Wiederbeschaffungswerten gesprochen wird. Wer trotz nennenswerter Veränderungen des Preisniveaus Anschaffungswerte aus früheren Perioden einfach mit aktuellen Werten oder gar mit zukünftigen Wiederbeschaffungswerten addiert, der addiert ungleichnamige Mengen. **11**

Als weiteres Argument gegen eine vom Rechenzweck abhängige Bewertung im Bereich der Kosten- und Leistungsrechnung ist folgendes zu bedenken: Kosten im eigentlichen Sinne des Wortes können nur die Istkosten, also die effektiv angefallenen Wertverzehre sein. Begriffe wie Plankosten oder Sollkosten haben keine Eigenständigkeit, es handelt sich vielmehr um künstliche Konstrukte, die aus abrechnungstechnischen Gründen entwickelt worden sind. Dass dem so ist, zeigt sich z. B. daran, dass die Plankosten den tatsächlich anfallenden Kosten möglichst nahe kommen sollen, weil erhebliche Abweichungen zwischen Plan und Ist zu äußerst negativen Konsequenzen führen können. **12**

Dieser Auffassung widerspricht es nicht, dass bei Ressourcenknappheit Opportunitätskosten als Entscheidungskriterium heranzuziehen sind (*Gabele/Fischer* S. 16). Als Opportunitätskosten wird der Nutzenentgang (die Gewinneinbuße) bezeichnet, der sich ergibt, wenn eine Einheit eines Gutes einer bestimmten Verwendung zugeführt wird und damit auf alternative Einsatzmöglichkeiten verzichtet werden muss. Opportunitätskosten sind also keine Kosten im Sinne eines Gutverzehrs (*Kilger* Einführung, S. 24). Der Begriff ist insoweit irreführend. Außerdem muss auch zur richtigen Ermittlung von Opportunitätskosten mit aktuellen Wiederbeschaffungswerten gearbeitet werden. **13**

Im Sinne des pagatorischen Kostenbegriffs sind betriebsbedingte Wertverzehre grundsätzlich mit den Anschaffungspreisen zu bewerten. Von diesem Grundsatz gibt es allerdings eine Reihe von Ausnahmen. Diese Ausnahmen hier im Rahmen einer tiefergehenden Diskussion des pagatorischen Kostenbegriffs zu erörtern, erübrigt sich, weil dieser, wie *Adam* (S. 34 f.) zeigt, im Vergleich zur wertmäßigen Version erhebliche Nachteile aufweist und sich deshalb nicht durchsetzen konnte. Hier wird deshalb künftig allein vom wertmäßigen Kostenbegriff ausgegangen. **14**

d) Ergebnis

Auf der Basis der drei diskutierten Merkmale lassen sich Kosten definieren als der in Geld veranschlagte (bewertete) Verbrauch von Gütern, Dienstleistungen und öffentlichen Abgaben, soweit diese Verbräuche betriebsbedingt sind. **15**

3. Der Leistungsbegriff

a) Umfeld

16 In der Kosten- und Leistungsrechnung ist der Begriff „Leistung" das Pendant zum Kostenbegriff. Allerdings gibt es in der Betriebswirtschaftslehre auch noch andere Interpretationen des Begriffs „Leistung". Nicht zuletzt deshalb wird neuerdings vorgeschlagen, statt von „Leistungsrechnung" von „Erlösrechnung" zu sprechen (*Gabele/Fischer* S. 18 ff., *Schweitzer/Küpper* S. 46 ff.). Diese neue Terminologie wird nicht übernommen, weil der Begriff „Erlös" schon anderweitig belegt ist. Die daraus resultierenden terminologischen Probleme zu diskutieren, ist hier aus Umfangsgründen nicht möglich.

b) Begriffsinhalt und Merkmale

17 Analog zum Kostenbegriff ist der Begriff „Leistung" zu definieren als „die von einem Unternehmen hervorgebrachten, in Geldeinheiten bewerteten und dem Betriebszweck entsprechenden Problemlösungen (Sachgüter und Dienste)". Damit sind die Leistungen eines Unternehmens identisch mit jenen „Bruttowertzuwächsen", die aus Aktivitäten resultieren, welche dem Betriebszweck entsprechen. Wie der Begriff deutlich macht, bleiben die Kosten der Leistungserstellung hier außer Acht, denn sonst müsste von Nettowertzuwächsen (Gewinnen) bzw. von Verlusten die Rede sein.

18 Von betriebsbedingten Problemlösungen (Bruttowertzuwächsen) wird gesprochen, weil nur solche Problemlösungen als Leistung gelten, welche auf die Erfüllung des Betriebszwecks bzw. des Sachziels des Unternehmens gerichtet sind. So ist z. B. die Vermietung eines Lkws durch eine Brauerei keine Leistung, weil sie nicht dem Sachziel der Brauerei dient, nämlich der Herstellung und dem Verkauf von Bier. Wird der Lkw dagegen von einem Autovermieter angemietet, so liegt bei diesem Vermieter eine Leistung vor.

19 Auch der Begriff „Leistung" hat eine Mengen- und eine Preis- oder Wertkomponente. Diese Mengenkomponente wird bestimmt durch die in den einschlägigen Maßgrößen (kg, m, Stück) zu messenden Mengen der hervorgebrachten Problemlösungen. Dabei treten die gleichen Schwierigkeiten auf, die sich schon bei der Diskussion des Kostenbegriffs gezeigt haben. So lässt sich z. B. die Mengenkomponente bei der Vergabe von Krediten nur als „Mengen von Geldeinheiten" interpretieren. Für Versicherungsverträge gilt das analog.

20 Was die Bewertung von Leistungen angeht, so ist zu unterscheiden zwischen Umsatz- oder Kundenleistungen, innerbetrieblichen Leistungen und Lagerleistungen (Bestandsmehrungen an Halb- und Fertigerzeugnissen). Umsatzleistungen sind dem Kunden (Auftraggeber) gegenüber bereits erbrachte Leistungen, die dementsprechend zu Verkaufspreisen anzusetzen sind. Die Bewertung der innerbetrieblichen und der Lagerleistungen hat dagegen auf Kostenbasis zu erfolgen.

III. Einordnung der Kosten- und Leistungsrechnung in das betriebliche Rechnungswesen

1. Versuch einer Definition

21 Das betriebliche Rechnungswesen ist ein komplexes System mit vielfältigen Aufgaben, so dass sich eine voll befriedigende und präzise Definition kaum liefern lässt. In diesem Lichte ist es zu sehen, wenn hier vorgeschlagen wird, das betriebliche Rechnungswesen als die Summe aller Einrichtungen und Maßnahmen zu definieren, welche dazu dienen, die in einem Unternehmen auftretenden Geld- und Güterströme sowie alle Bestände (Vermögen, Schulden, Eigenkapital) nach Wert und Menge zu erfassen und die daraus resultierenden Informationen für Zwecke der Entscheidungsvorbereitung bzw. der Planung zu analysieren, auszuwerten und für Zwecke der Rechenschaftslegung aufzubereiten.

2. Gliederungsversuche

a) Der traditionelle Ansatz

Traditionell wird das betriebliche Rechnungswesen in die Teilbereiche Finanz- oder Geschäftsbuchhaltung, Kosten- und Leistungsrechnung, betriebliche Planung und Statistik gegliedert.

Die betriebliche Planung in vollem Umfang dem Rechnungswesen zuzuordnen, ist sachlich sicher nicht zu rechtfertigen, denn sie verlangt Aktivitäten, die vom Rechnungswesen nicht geleistet werden können. Das gilt z. B. für die Absatz- und Umsatzplanung. Lediglich spezifische Teilgebiete der Planung, wie etwa die Kosten- und die Finanzplanung, können dem Rechnungswesen zugeordnet werden. Ähnlich verhält es sich mit der betrieblichen Statistik. Sie hat aus allen Unternehmensbereichen (Beschaffung, Produktion, Verwaltung und Vertrieb, Personal) Zahlen zusammenzutragen, auszuwerten (Bildung von Kennzahlen) und die Ergebnisse zu dokumentieren. Das Rechnungswesen kann dazu nur Teile (z. B. Entwicklung der Personalkosten oder Anteile von Eigen- und Fremdkapital am Gesamtkapital) beitragen. Als Kernbereiche des Rechnungswesens bleiben damit die Finanzbuchhaltung und die Kosten- und Leistungsrechnung.

Aufgabe der Finanzbuchhaltung ist es, alle im Sinne der Vorschriften des Handels- und Steuerrechts relevanten Geschäftsvorfälle zu erfassen und die entsprechenden Jahresabschlüsse (insbesondere Bilanz und Gewinn- und Verlustrechnung) zu erstellen. Die Finanzbuchhaltung umfasst dabei die in Bestandskonten und Erfolgskonten gegliederte Sachkontenbuchhaltung (inklusive Anlagenbuchhaltung), die Debitoren- und die Kreditorenbuchhaltung sowie die Lohn- und Gehaltsbuchhaltung.

Der zweite wichtige Teilbereich des betrieblichen Rechnungswesens, nämlich die Kosten- und Leistungsrechnung, ist der Gegenstand dieses Buches. Sie befasst sich mit der systematischen Sammlung und Auswertung von Informationen über die bei der Erstellung und dem Vertrieb der betrieblichen Leistungen entstehenden Kosten. Gesetzliche Regelungen bestehen in diesem Bereich nur für bestimmte Aufträge der öffentlichen Hände.

b) Die Gliederung in externes und internes Rechnungswesen

In der neueren betriebswirtschaftlichen Literatur wird zwischen externem und internem Rechnungswesen unterschieden (z.B. *Wilkens* S. 17 f.; *Gabele/Fischer* S. 2). Die beiden Bezeichnungen sind nicht gut gewählt, weil sie einen völlig falschen Eindruck von den angesprochenen Sachverhalten erwecken. Ein „externes", außerhalb des Unternehmens stehendes Rechnungswesen kann es nicht geben. Das ist auch nicht gemeint. Gemeint sind vielmehr diejenigen Teile des Rechnungswesens, welche die Geschäftsvorfälle zwischen dem Unternehmen und seiner Umwelt (z. B. Kunden, Lieferanten, Staat) dokumentieren, unter anderem mit dem Ziel, bestimmten Teilen der Umwelt eine Vorstellung über die wirtschaftliche Lage des Unternehmens zu vermitteln. Diese Funktion wird von der Buchhaltung und dem Jahresabschluß, bei Kapitalgesellschaften ergänzt um Anhang und Lagebericht, übernommen. Die anderen Teile des Rechnungswesens werden als „intern" bezeichnet, weil sie nach „innen gerichtete" Informationen liefern sollen, die zur erfolgreichen Führung eines Unternehmens als notwendig erachtet werden. Ein wichtiger Bestandteil dieses sogenannten internen Rechnungswesens ist die Kosten- und Leistungsrechnung.

c) Organisatorische Gestaltung

24 Internes und externes Rechnungswesen, also Kostenrechnung und Finanzbuchhaltung lassen sich organisatorisch zu einem einheitlichen System (sogenanntes Einkreissystem) zusammenfassen. Die Kosten- und Leistungsrechnung wird dann vollständig in die Geschäftsbuchhaltung integriert. Dieses System ist unflexibel und relativ aufwendig. Deshalb wird in Praxis vielfach das Zweikreisytem vorgezogen. Die Kostenrechnung wird dabei weitgehend aus dem Kontenbereich herausgenommen und über statistische Rechnungen abgewickelt.

B. Aufbau, Aufgaben, Entwicklungsformen und Zeitorientierung der Kosten- und Leistungsrechnung

I. Aufbau

Unabhängig von seiner speziellen Ausprägung besteht jedes Kostenrechnungssystem aus drei großen Teilsystemen: Der Kostenartenrechnung, der Kostenstellenrechnung und der Kostenträgerrechnung. Die Kostenarten- und die Kostenstellenrechnung werden häufig unter dem Begriff „Betriebsabrechnung" (Betriebsbuchhaltung) zusammengefasst. Bei der Kostenträgerrechnung ist zu unterscheiden zwischen der Kalkulation (Kostenträgerstückrechnung) und der Kostenträgerzeitrechnung (kurzfristige Erfolgsrechnung). Es ergibt sich also folgendes Bild:

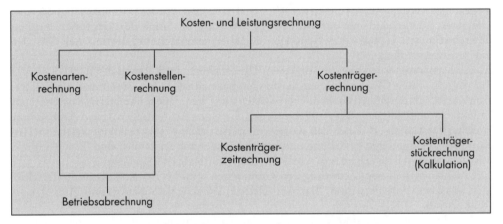

Abb. B-1: Aufbau der Kosten- und Leistungsrechnung

Die aufgeführten Rechnungen werden hier nur soweit erläutert, als das nötig ist, um anschließend die Aufgaben der Kostenrechnung diskutieren zu können. Ausführliche Beschreibungen mit entsprechenden Beispielen folgen im weiteren Verlauf der Ausführungen.

Die Kostenartenrechnung bildet die erste Stufe jeder Form der Kostenrechnung. Ihr obliegt es, die in einer Abrechnungsperiode angefallenen Kosten, nach Kostenarten gegliedert, systematisch und vollständig zu erfassen. Sie soll die Frage „Welche Kosten sind angefallen?" beantworten. Als Kostenarten werden dabei die unterschiedlichen Formen des betrieblichen Gutsverzehrs bezeichnet. Kostenarten sind also z. B. Löhne, Gehälter, Verbräuche von Materialien und Energie sowie einschlägige Steuern. Somit sind Kostenarten nichts anderes als relativ homogene Teileinheiten der sehr heterogenen Grundgesamtheit „Kosten".

Die Kostenarten lassen sich in unterschiedlichster Weise gliedern und zu Gruppen zusammenfassen. Die wichtigste Gliederung ist die in Einzelkosten und Gemeinkosten. Wenn nicht ausdrücklich etwas anderes gesagt wird, so werden unter Einzelkosten solche Kosten verstanden, die einem Produkt (einem Kostenträger) oder einem Auftrag direkt und verursachungsgerecht zugeordnet werden können. Typische Beispiele für Einzelkosten sind die Fertigungslöhne und das Fertigungsmaterial. Es handelt sich dabei um Löhne bzw. Rohstoffe, die sich mittels entsprechender Aufzeichnungen so erfassen lassen, dass sie als Einzelkosten, also verursachungsgerecht, auf die Kostenträger (s. Rz. 35) verrechnet werden können.

33 Als Gemeinkosten werden solche Kosten bezeichnet, deren verursachungsgerechte Zuordnung auf Kostenträger entweder aus Gründen der Logik ausgeschlossen (echte Gemeinkosten) oder aus Wirtschaftlichkeitsgründen nicht zu vertreten ist (unechte Gemeinkosten). Zur ersten Kategorie gehören z. B. die Gehälter des Vorstandes einer AG und die Mieten für Büroflächen. Der zweiten Gruppe zuzuordnen sind in den meisten Fällen Kleinmaterialien sowie diejenigen Kosten, welche beim Betrieb einer Maschine für Kühl- und Schmiermittel anfallen. Auch der Stromverbrauch einer Maschine kann zu den unechten Gemeinkosten gehören, nämlich dann, wenn es als unwirtschaftlich betrachtet wird, an einer Maschine einen Stromzähler anzubringen.

34 Die Aufgabe der Kostenstellenrechnung kommt (etwas vereinfacht) zum Ausdruck in der Frage: „Wo sind bestimmte Kosten angefallen?". Die Kostenstellenrechnung erfordert also eine Gliederung des Unternehmens in abgegrenzte Teilbereiche, die als Kostenstellen bezeichnet werden. Aus Gründen der Wirtschaftlichkeit sollte die Kostenstellengliederung möglichst weitgehend mit der Abteilungsgliederung im Sinne des Organisationsplans übereinstimmen. Gewisse Abweichungen sind aber aus abrechnungstechnischen Gründen meist unvermeidlich.

35 Als Kostenträger werden die von einem Unternehmen im Rahmen des Betriebszwecks hervorgebrachten Güter und Dienstleistungen bezeichnet. Die Kostenträger haben letztlich alle im Unternehmen entstandenen Kosten zu tragen. Der Kalkulation (Kostenträgerstückrechnung) fällt dabei die Aufgabe zu, den einzelnen Kostenträgern (bzw. einer Summe gleicher Kostenträger) diejenigen Kosten möglichst richtig zuzurechnen, welche im Zusammenhang mit deren Erstellung und Vertrieb insgesamt entstanden sind. Eine Aufgabe, die sich, wie noch zu zeigen sein wird, allerdings nur bedingt lösen lässt.

36 In Abhängigkeit vom Zeitbezug der Rechnungen wird bei der Kalkulation unterschieden zwischen Vorkalkulation, Nachkalkulation, Zwischenkalkulation und mitlaufender Kalkulation.

Wie der Name sagt, sind Vorkalkulationen Rechnungen, die der Leistungserstellung vorausgehen. Ihr Zweck ist es, die voraussichtlichen Kosten einer geplanten Produktion zu ermitteln. Anlass für Vorkalkulationen können z. B. auch Anfragen oder Ausschreibungen sein.

Nachkalkulationen sind das Pendant zu den Vorkalkulationen. Sie können erst dann durchgeführt werden, wenn die betreffenden Produktionsprozesse abgewickelt worden sind. Hier sollen also grundsätzlich die tatsächlich angefallenen Kosten ermittelt werden. Aus der Gegenüberstellung von Vor- und Nachkalkulation ergibt sich die Möglichkeit eines Soll-Ist-Vergleichs.

Zwischenkalkulationen sind Nachkalkulationen, die bei Großprojekten mit langer Bauzeit (z. B. große Schiffe oder entsprechende Projekte in der Bauindustrie) notwendig sind, um die Einhaltung der Voranschläge kontinuierlich überwachen zu können und um damit die Möglichkeit zu haben, aus eventuellen Abweichungen Konsequenzen für den weiteren Gang der Dinge zu ziehen. Auf Grund einer einmaligen, das ganze Projekt umfassenden Nachkalkulation ist das nicht möglich. Durchzuführen sind solche Zwischenkalkulationen, wenn bestimmte, im voraus festgelegte Teilleistungen abgeschlossen sind. Dementsprechend ist bereits die Vorkalkulation zu gestalten.

Die mitlaufende Kalkulation (Synchronkalkulation) ist die effektivste Form der Nachkalkulation. Sie zeichnet sich dadurch aus, dass sie (im Idealfall) für jeden Arbeitsgang unmittelbar nach dessen Beendigung, also parallel zum Produktionsfortschritt durchgeführt werden kann. Voraussetzung dafür sind entsprechend ausgebaute Systeme der Betriebsdatenerfassung und der Datenverarbeitung. Damit wird zumindest angedeutet, dass gerade solche Rechnungen immer auch am Wirtschaftlichkeitsprinzip gemessen werden müssen. Allein auf die schnelle Informationsverarbeitung kann es nicht ankommen.

Die Kostenträgerzeitrechnung, die auch als kurzfristige Erfolgsrechnung oder Betriebsergebnisrechnung bezeichnet wird, dient dazu, den im Rahmen des Betriebszwecks erzielten Periodenerfolg (das kalkulatorische Betriebsergebnis) insbesondere für kurze Abrechnungsperioden, also z. B. monatlich oder vierteljährlich, zu ermitteln (kurzfristige Erfolgsrechnung). In Form einer Teilkostenrechnung (s. Rz. 51) und bei entsprechender Differenzierung, lässt sich mit Hilfe der Betriebsergebnisrechnung (Kostenträgerzeitrechnung) zugleich feststellen, welche Beiträge etwa bestimmte Produkte, Produktgruppen, Kunden oder Kundengruppen usw. zum kalkulatorischen Betriebsergebnis geliefert haben. Mit einer Rechnung auf Vollkostenbasis ist das nicht möglich. **37**

Das mit Hilfe der Kostenträgerzeitrechnung zu ermittelnde kalkulatorische Betriebsergebnis darf auf keinen Fall mit dem buchhalterischen Betriebsergebnis, das sich letztlich in der Gewinn- und Verlustrechnung niederschlägt, verwechselt werden. Da mit den beiden Rechnungen unterschiedliche Ziele verfolgt werden, müssen auch unterschiedliche Regeln gelten, so dass die Ergebnisse höchstens rein zufällig übereinstimmen können.

Das buchhalterische Betriebsergebnis gehört in den Bereich des externen Rechnungswesens. Es ist also nach den für Buchhaltung und Jahresabschluss geltenden Regeln des Handels- und Steuerrechts zu ermitteln. Diese Regeln sind u. a. darauf ausgerichtet, den Prinzipien des Gläubigerschutzes und der Gleichmäßigkeit der Besteuerung Geltung zu verschaffen. Außerdem wird die Rechnung maßgeblich von den bilanz- und steuerpolitischen Zielen des jeweiligen Unternehmens beeinflusst. Ein betriebswirtschaftlich möglichst richtiges Periodenergebnis zu bestimmen, wird gar nicht angestrebt.

Im Gegensatz dazu wird mit dem kalkulatorischen Betriebsergebnis versucht, dem betriebswirtschaftlich „richtigen" Periodenergebnis möglichst nahe zu kommen.

II. Aufgaben

1. Überblick

Die Aufgaben der Kostenrechnung werden in der Literatur in der unterschiedlichsten Art und Weise beschrieben. In Anlehnung an die Vorstellungen von *Moews* (S. 5) und *Schwarz* (S. 25 ff.) werden hier folgende, am Informationsbedarf der Unternehmensführung orientierte Aufgaben unterschieden: **38**

- Kontrolle der Wirtschaftlichkeit,
- Hilfeleistung bei der Preisbildung,
- Preiskontrolle und Programmplanung,
- Bestimmung des kalkulatorischen Betriebsergebnisses (kurzfristige Erfolgsrechnung),
- Lieferung von Informationen zur Lösung besonderer kostenorientierter Aufgaben und
- Hilfeleistung für andere Teile des Rechnungswesens.

2. Kontrolle der Wirtschaftlichkeit

Das Wirtschaftlichkeitsprinzip wird weder in der Theorie noch in der Praxis einheitlich definiert. Im Sinne der Gliederung des Wirtschaftlichkeitsprinzips in ein Minimumprinzip **39** und ein Maximumprinzip (*Kilger* Einführung, S. 5) wird hier davon ausgegangen, dass ein Unternehmen dann wirtschatlich arbeitet, wenn es versucht, seine Leistungen zu möglichst geringen Kosten herzustellen. Im Umkehrschluss bedeutet dies, dass die vorhandenen Ressourcen so gut wie möglich genutzt werden sollen. Von Minima oder Maxima wurde hier bewusst nicht gesprochen, weil sich diese nur in der Theorie (unter ganz bestimmten Voraussetzungen) eindeutig bestimmen lassen.

Aufgabe der Kostenrechnung ist es, die betrieblichen Abläufe im dargelegten Sinne zu überwachen. Als Grundlage für Maßnahmen zur Kostenbeeinflussung kommt es dabei besonders darauf an, die entstandenen bzw. voraussichtlich entstehenden Kosten hinsichtlich Ursache und Höhe kritisch zu hinterfragen. Die wichtigsten Instrumente für diese Aufgabe sind die Kostenarten- und die Kostenstellenrechnung.

Zu beachten ist, dass das Prinzip der Wirtschaftlichkeit in marktwirtschaftlich orientierten Wirtschaftssystemen dem erwerbswirtschaftlichen Prinzip, also dem Streben nach Gewinn und Rentabilität untergeordnet ist. Das Wirtschaftlichkeitsprinzip ist insoweit also nur Mittel zum Zweck.

3. Hilfeleistung bei der Preisbildung

40   Es wird hier ganz bewusst von Hilfeleistung bei der Preisbildung und nicht einfach von Preiskalkulation gesprochen. Das hat folgende Gründe:

In einer marktwirtschaftlich ausgerichteten Wirtschaftsordnung sollen sich die Preise nicht kalkulieren lassen, sie sollen vielmehr durch das Verhältnis von Angebot und Nachfrage, also vom Markt bestimmt werden. Das heißt aber nicht, dass die Unternehmen generell überhaupt keinen Einfluss auf die Preisbildung ausüben können. Zutreffend ist das nur für besondere Ausnahmefälle, nämlich dann, wenn man es mit einem zumindest weitgehend vollkommenen Markt zu tun hat, der sich durch atomistische Konkurrenz (viele Anbieter und Nachfrager), homogene Güter und das Fehlen jeglicher sachlicher oder persönlicher Präferenzen auszeichnet. Auch in marktwirtschaftlich ausgerichteten Wirtschaftsordnungen sind die meisten Märkte aber unvollkommener Natur. Damit sind die Unternehmen in der Lage, sich, z. B. durch Produktdifferenzierung und durch das Schaffen von Präferenzen, mehr oder minder große Möglichkeiten der Preisbeeinflussung zu verschaffen und bei ihren Preisforderungen auch Kostengesichtspunkte zu berücksichtigen (*Schwarz* S. 26 f.; *Gutenberg* Bd. II, S. 181 ff.). Schlechthin unverzichtbar sind Kostengesichtspunkte bei der Preisfestsetzung für neue Produkte, für die ja noch gar kein Marktpreis vorhanden sein kann.

Nicht unproblematisch ist es, wenn man glaubt, der Kostenrechnung auch die Aufgabe der Selbstkostenkalkulation zuweisen zu müssen. Wie noch gezeigt werden wird lassen sich die effektiven Selbstkosten eines Produkts so gut wie nie in einigermaßen zuverlässiger Weise feststellen. Die gängigen Kalkulationsschemata sind insoweit geradezu irreführend. Gegen den Begriff „Angebotskalkulation" ist jedoch nichts einzuwenden, wenn davon ausgegangen wird, dass es sich dabei um die Kalkulation eines Preisvorschlages handelt, der dem Markt oder einem speziellen Interessenten unterbreitet werden soll.

4. Preiskontrolle und Programmplanung

41   Bei der Preiskontrolle geht es um die Frage, ob die aktuellen, von einem Unternehmen für seine Produkte geforderten Preise einerseits marktgerecht, andererseits aber auch profitabel sind, so dass sie einen Beitrag zum angestrebten Periodengewinn leisten können.

Letzteres lässt sich ohne eine entsprechende Kosten- und Leistungsrechnung nicht feststellen. Ein besonderes Gewicht hat die Preiskontrolle in Verbindung mit der Kostenentwicklung immer dann, wenn sich Unternehmen für einen bestimmten Zeitraum durch Listenpreise gebunden haben oder aus anderen Gründen nur über einen geringen preispolitischen Spielraum verfügen.

Preiskontrolle und Programmplanung stehen in einer engen Beziehung zueinander, weil die Informationen aus der Preiskontrolle die Grundlage für programmpolitische Entscheidungen bilden. Dabei kann es sowohl um die quantitative und die qualitative Zusammensetzung des Fertigungsprogramms gehen als auch um die Fortführung oder Einstellung bestimmter Produktlinien sowie um die Aufnahme neuer Produkte. Nicht vergessen werden dürfen hier auch Entscheidungen darüber, ob bestimmte Produkte weiterhin selbst hergestellt oder künftig von Dritten bezogen werden sollen.

5. Bestimmung des kalkulatorischen Betriebsergebnisses

Hierbei ist nach rein betriebswirtschaftlichen Gesichtspunkten und methodisch einwandfrei dasjenige Ergebnis zu ermitteln, welches ein Unternehmen im Rahmen seines Betriebszwecks innerhalb einer bestimmten Abrechnungsperiode erwirtschaftet hat. Welche Regeln dabei zu beachten sind, wird im Abschnitt C diskutiert werden. Handels- und steuerrechtliche Gesichtspunkte sowie bilanzpolitische Überlegungen dürfen dabei keine Rolle spielen. Zu beachten ist allerdings, dass sich das angestrebte, oben umrissene Idealziel nie vollständig erreichen lassen wird. Dazu müssten nämlich über Jahre hinaus einigermaßen sichere Informationen über die künftigen Entwicklungen innerhalb und außerhalb des Unternehmens verfügbar sein. Da dies nicht der Fall ist, muss in erheblichem Umfang mit Schätzgrößen gearbeitet werden (z. B. bei den Abschreibungen), so dass sich letztlich immer nur eine Näherungslösung erreichen lässt.

6. Lieferung von Informationen zur Lösung besonderer kostenorientierter Aufgaben

Für eine größere Anzahl kostenorientierter unternehmerischer Entscheidungen lassen sich in der Theorie mit Hilfe des Operations- Research optimale Lösungen ermitteln. In diesen Bereich gehört z. B. die Bestimmung optimaler Losgrößen und optimaler Bestellmengen sowie die Bestimmung eines gewinnoptimalen Produktionsprogramms (*Moews* S. 9 f.). Für die Praxis sind diese Modelle allerdings nur bedingt brauchbar, weil die notwendigen Informationen nicht oder nicht mit dem nötigen Grad an Zuverlässigkeit zur Verfügung stehen. Hier auf solche Modelle näher einzugehen, hat schon deshalb keinen Sinn, weil diese ohne entsprechende Kenntnisse im Bereich der linearen Programmierung nicht zu verstehen sind. Solche Kenntnisse dürfen hier aber aus verschiedenen Gründen nicht vorausgesetzt werden.

7. Hilfestellung gegenüber anderen Teilen des Rechnungswesens

Als besonders wichtiger Teilbereich dieser Aufgabe gilt die Bereitstellung von Informationen zur Bewertung von Halb- und Fertigerzeugnissen für Zwecke der Bilanzierung. Dabei ist aber zu beachten, dass die Wertansätze der Kostenrechnung nicht ohne weiteres in den Jahresabschluss übernommen werden können, weil sie den für die Bilanzierung geltenden Regeln des Handels- und Steuerrechts nur teilweise entsprechen.

Auch für den Bereich des Controlling kommt der Kosten- und Leistungsrechnung eine nicht unerhebliche Bedeutung zu.

Abschließend sei noch festgehalten, dass aus der Kostenrechnung auch Informationen für Investitionsentscheidungen und für Zwecke der Finanzplanung abgeleitet werden können. Bei Investitionsentscheidungen ist z. B. an Kostenvergleiche zwischen alten und neuen Anlagen zu denken. Schließlich kann die Kostenartenrechnung bei der Finanzplanung die Grundlagen zur Bestimmung derjenigen Ausgaben liefern, die mit einem bestimmten Produktionsprogramm voraussichtlich verbunden sein werden.

III. Entwicklungsformen (Systeme) und Zeitorientierung der Kosten- und Leistungsrechnung

1. Überblick

45 Zu unterscheiden sind zwei Gruppen von Kostenrechnungssystemen: Zum einen Kostenrechnungssysteme, die sich aus dem Grad der Kostennormierung (*Schwarz* S. 40 ff.) ergeben, und zum anderen Kostenrechnungssysteme, die am Sachumfang der auf die Kostenträger verrechneten Kosten ausgerichtet sind (*Haberstock* Bd. I, S. 172).

46 Nach der Orientierung am Grad der realisierten Kostennormierung werden
- Systeme der Istkostenrechnung,
- Systeme der Normalkostenrechnung und
- Systeme der Plankostenrechnung

unterschieden.

47 Im Hinblick auf den Sachumfang der den Kostenträgern zugerechneten Kosten wird von

- Systemen der Vollkostenrechnung und von
- Systemen der Teilkostenrechnung

gesprochen.

2. Istkostenrechnung

48 Sie ist dadurch gekennzeichnet, dass nur mit den in einer Abrechnungsperiode tatsächlich angefallenen Kosten (Istmengen zu Istpreisen) gearbeitet werden darf. Die Rechnung ist also streng vergangenheitsorientiert.

In reiner Form kann eine Istkostenrechnung jedoch gar nicht vorkommen, weil bestimmte Kostenarten zeitlich abgegrenzt und damit in Form von Durchschnitts- oder Planwerten verrechnet werden müssen. Das gilt z. B. für jährlich im Voraus bezahlte Versicherungsprämien sowie für Weihnachtsgratifikationen. Ihrer Vergangenheitsorientierung entsprechend lassen sich mit der Istkostenrechnung nur Nachkalkulationen durchführen. Als wichtigster Nachteil der Rechnung gilt, dass sie keine Kostenkontrolle in Form eines Soll-Ist-Vergleichs erlaubt, weil es eben keine Sollgröße gibt.

3. Normalkostenrechnung

Wie schon der Name sagt, sind Normalkostenrechnungen dadurch charakterisiert, dass **49** mit sogenannten Normalkosten gearbeitet wird. Dabei sind unterschiedliche Grade der Normalisierung zu unterscheiden. Im einfachsten Fall sind die als „normal" bezeichneten Kosten nichts anderes als Durchschnittswerte (einfache statistische Mittelwerte), die aus den Istkosten vergangener Perioden gewonnen worden sind. Problematisch ist diese Vorgehensweise schon deshalb, weil dabei unterstellt wird, dass die in der Vergangenheit maßgeblichen Kostenbestimmungsfaktoren auch für die Zukunft bestimmend sein werden.

In einer verbesserten Variante der Normalisierung wird versucht, z. B. absehbare Änderungen der Faktorpreise oder der Produktionsverfahren bei der Bestimmung der Normalkosten zu berücksichtigen. Es wird also mit aktualisierten Mittelwerten gearbeitet.

Bei beiden Varianten wird von einer als normal betrachteten Beschäftigung ausgegangen.

Durch die Gegenüberstellung von Normalkosten und Istkosten ermöglicht die Normalkostenrechnung Soll-Ist-Vergleiche und damit zugleich eine Analyse der sich ergebenden Differenzen. Natürlich lassen sich auf der Basis der Normalkosten jetzt auch Vorkalkulationen erstellen.

4. Plankostenrechnung

Das spezifische Merkmal dieses Kostenrechnungssystems ist seine Zukunftsorientie- **50** rung. Sie kommt darin zum Ausdruck, dass im Rahmen der Kostenarten- und Kostenstellenrechnung die Kosten für bestimmte Zeiträume geplant (vorgegeben) werden, und zwar auf der Basis einer gleichfalls geplanten Auslastung der Kapazitäten. In seiner Ausprägung als flexible Plankostenrechnung erlaubt dieses System einen methodisch einwandfreien Soll-Ist-Vergleich sowie Abweichungsanalysen zur Bestimmung der Abweichungsursachen.

5. Vollkostenrechnung und Teilkostenrechnung

Der Unterschied zwischen Vollkostenrechnung und Teilkostenrechnung liegt allein im **51** Bereich der Kostenträgerrechnung. Er besteht nämlich darin, dass den einzelnen Kostenträgern nur in einer Vollkostenrechnung alle in der Periode angefallenen Kosten zugerechnet werden. Im Gegensatz dazu wird den Kostenträgern in der Teilkostenrechnung nur ein Teil der Periodenkosten zugeordnet. Der Rest wird in mehr oder weniger differenzierter Form über die Kostenträgerzeitrechnung abgerechnet. Voll- und Teilkostenrechnungen können jeweils Ist-, Normal- oder Plankostenrechnungen und damit mehr oder weniger vergangenheitsorientiert oder zukunftsgerichtet sein.

6. Zeitorientierung

Inwieweit die zuvor beschriebenen Kostenrechnungssysteme mehr in die Vergangenheit **52** oder mehr auf die Zukunft ausgerichtet sind, ist bereits geklärt worden. Auch die in diesem Zusammenhang wichtige, an der Zeitorientierung ausgerichtete Gliederung der Kostenträgerrechnung, insbesondere in Vor- und Nachkalkulationen, ist bereits behandelt worden.

Abschließend muss deshalb nur noch über die Häufigkeit der Rechnungen gesprochen werden.

Die Kostenartenrechnung, die Kostenstellenrechnung sowie die Kostenträgerzeitrechnung werden üblicherweise in regelmäßigen Zeitabständen (monatlich, vierteljährlich, halbjährlich oder jährlich) durchgeführt. Zeitfolge und Häufigkeit der Kostenträgerstückrechnungen (Kalkulationen) sind dagegen stark vom Produktionsprogramm und der Fertigungsorganisation abhängig. Bei Einzelfertigung ist zur Erstellung von Angeboten zunächst eine Vorkalkulation erforderlich. Wird der Auftrag gewonnen, so sollte (spätestens) nach seiner Abwicklung nachkalkuliert werden. Auf die Notwendigkeit eventueller Zwischenkalkulationen ist bereits hingewiesen worden. Wird per Fließfertigung für den anonymen Markt produziert, so ist insbesondere bei Einführung neuer Produkte oder neuer Modelle eine Vorkalkulation erforderlich. Dabei spielt die voraussichtlich absetzbare Menge eine besonders wichtige Rolle. Ansonsten müssen die Kosten der Produktion laufend überwacht und mit den Voranschlägen verglichen werden.

53–59 *(einstweilen frei)*

C. Prinzipien der Kosten- und Leistungsrechnung

I. Notwendigkeit und Problematik

Im Gegensatz zur Buchführung gibt es für Aufbau, Form und Inhalt der Kosten- und Leistungsrechnung kein gesetzlich fixiertes, umfassendes Regelwerk. Die Leitsätze für die Preisermittlung auf Grund von Selbstkosten aus dem Jahre 1953 können schon wegen ihrer besonderen Zielsetzung und ihres begrenzten Geltungsbereichs nicht als ein solches Regelwerk betrachtet werden.

Auch von der Wissenschaft wurde bisher keine geschlossene, theoretisch fundierte und zugleich praktikable Konzeption für die „Prinzipien (oder Grundsätze) ordnungsgemäßer Kosten- und Leistungsrechnung" entwickelt. Gewisse Ansätze dazu finden sich aber z. B. bei *Haberstock* (Bd. I, S. 47 ff.), *Hummel/Männel* (S. 25 f.) und *Schweitzer/Küpper* (S. 85 ff.). Diese Ansätze in geschlossener Form zu diskutieren, ist hier nicht möglich. Sie werden aber in die weiteren Überlegungen einbezogen.

Völlig unübersichtlich ist die Situation in der Praxis. Dort macht eigentlich jeder, was er will bzw. was er in seinem Unternehmen für zweckmäßig hält und was ihm seine Software liefern kann.

Diese kleine Lagebeschreibung zeigt, dass es einige Vertreter der Wissenschaft zumindest für nützlich bzw. für sinnvoll halten würden, wenn es als Pendant zu den Grundsätzen ordnungsmäßiger Buchhaltung und Bilanzierung ein möglichst weitgehend anerkanntes Regelwerk zu den Prinzipien oder Grundsätzen einer ordnungsgemäßen Kostenrechnung gäbe. Die Situation in der Praxis lässt die Entwicklung eines solchen Regelwerkes geradezu als dringlich erscheinen; es in Gesetzesform zu gießen, wäre wahrscheinlich aber gar nicht sinnvoll, weil damit wohl die notwendige Flexibilität verlorengehen würde. Wichtig wäre ein derartiges Regelwerk auch schon deshalb, weil Informationen, die von einem System mit der Komplexität der Kosten- und Leistungsrechnung geliefert werden, nur dann verstanden bzw. zutreffend interpretiert werden können, wenn bekannt ist, nach welchen Prinzipien und Regeln diese Informationen zustande gekommen sind. Sinngemäß muss das auch für ein Buch zum Thema Kosten- und Leistungsrechnung gelten. Aus all diesen Gründen wird anschließend versucht, diejenigen Prinzipien zusammenzustellen, die nach Auffassung des Verfassers eingehalten werden müssen, damit die Kosten- und Leistungsrechnung entscheidungsrelevante Informationen liefern kann.

II. Überblick

Es wird davon ausgegangen, dass folgende Prinzipien relevant sind:

1. Das Prinzip der Wirtschaftlichkeit,
2. das Prinzip der Widerspruchsfreiheit,
3. das Prinzip der Objektivität,
4. das Prinzip der Vollständigkeit,
5. das Prinzip der Transparenz, der Klarheit und der Übersichtlichkeit,
6. das Prinzip der Periodengerechtigkeit (Mengenkongruenz und Wertkongruenz),
7. die Prinzipien der Verursachungsgerechtigkeit und der Plausibilität,
8. die Prinzipien der relativen Richtigkeit und der relativen Genauigkeit,

9. das Prinzip der Ausschaltung außergewöhnlicher Ereignisse,
10. die Prinzipien der Relevanz und der Flexibilität,
11. das Durchschnittsprinzip,
12. das Prinzip der Aktualität,
13. das Prinzip der Adäquanz.

Diese Aufzählung zeigt, dass sich die postulierten Prinzipien nicht immer eindeutig gegeneinander abgrenzen lassen, sondern sich teilweise überschneiden. Darin wird kein Problem gesehen.

III. Die Prinzipien im Einzelnen

1. Wirtschaftlichkeit

62 Als ein System, dessen Aufgabe u. a. darin besteht, die Wirtschaftlichkeit der betrieblichen Abläufe zu überwachen, muss sich selbstverständlich auch die Kostenrechnung dem Prinzip der Wirtschaftlichkeit unterwerfen. Im Vordergrund steht dabei das Minimumprinzip, d. h. die Kostenrechnung muss bestrebt sein, die vom Management vorzugebenden Ziele mit möglichst geringem Aufwand zu erreichen. Von besonderer Bedeutung ist das Prinzip der Wirtschaftlichkeit deshalb, weil es für alle anderen Prinzipien die Funktion einer einschränkenden Nebenbedingung hat. Das bedeutet, dass die anderen Prinzipien nur in dem Maße eingehalten werden dürfen und müssen, wie das unter Berücksichtigung des Prinzips der Wirtschaftlichkeit möglich ist.

2. Widerspruchsfreiheit

63 Diese eigentlich selbstverständliche Forderung ist besonders wichtig, wenn es um die Beziehungen zwischen den Begriffen Kosten und Leistung bzw. um die Frage geht, ob sich bestimmte Wertverzehre und Problemlösungen unter diesen Begriffen subsumieren lassen. So werden z. B. Zuschüsse zu einer Kantine oder zu Werkswohnungen oft als betriebsnotwendig eingestuft und damit als Kosten betrachtet. Wäre das richtig, so müssten potenzielle Überschüsse aus solchen Einrichtungen z. B. in einer Maschinenfabrik, einem Elektrizitätswerk oder einem Busunternehmen als Leistung behandelt werden. Das wäre aber eindeutig falsch.

3. Objektivität

64 Das Prinzip der Objektivität verlangt, dass betriebsbedingte Wertverzehre, die auf gleiche Ursachen zurückzuführen sind, in der Kostenrechnung auch gleich behandelt werden müssen. Das gilt auch und gerade dann, wenn in der Buchhaltung gleichartige Wertverzehre aus juristischen Gründen ungleich behandelt werden. Das folgende Beispiel zeigt, worum es geht und welche Bedeutung dem Prinzip der Objektivität zukommt.

Nach deutschem Recht beziehen die Geschäftsführer juristischer Personen ein ganz reguläres Gehalt. An die Inhaber von Einzelunternehmen und die geschäftsführenden Gesellschafter von Personengesellschaften kann dagegen kein Gehalt bezahlt werden. Sie haben statt dessen ein Recht auf Privatentnahmen. Damit kann nur in der GuV-Rechnung juristischer Personen ein Äquivalent für die betriebsnotwendige Tätigkeit dieses Personenkreises erscheinen und von dort in die Kostenrechnung übernommen werden. Aus betriebswirtschaftlicher Sicht handelt es sich hier jeweils um den Einsatz besonders qualifizierter menschlicher Arbeit (dispositiver Faktor) für betriebliche Zwecke, also um identische Sachverhalte, die in der Buchhaltung „ungleich" behandelt werden, in der Kostenrechnung dagegen gleich behandelt werden müssen. Um diese Gleichbehandlung zu erreichen, ist in die Kostenrechnung von Einzelunternehmen und Personengesellschaften als Äquivalent für den Arbeitseinsatz des Inhabers bzw. der geschäftsführenden Gesellschafter ein fiktives Gehalt aufzunehmen, das als kalkulatorischer Unternehmerlohn bezeichnet wird. Von einem fiktiven Gehalt wird gesprochen, weil es sich nicht um ein Gehalt im streng juristischen Sinne handelt. Außerdem werden die entsprechenden Beträge auch nicht ausbezahlt.

4. Vollständigkeit

Dieses Prinzip ist im Prinzip der Periodengerechtigkeit enthalten und wird deshalb nicht gesondert behandelt. **65**

5. Transparenz, Klarheit und Übersichtlichkeit

Hier wird analog zu den Grundsätzen ordnungsmäßiger Buchführung verlangt, dass die **66** Kosten- und Leistungsrechnung so organisiert sein muss, dass ein sachverständiger Dritter nach einer den jeweiligen Umständen angemessenen Einarbeitungszeit in der Lage ist, sich in dem System zurechtzufinden und dessen Leistungsfähigkeit zu beurteilen.

Um diese Prinzipien erfüllen zu können, muss es auf jeden Fall einen Kostenartenplan, einen Kostenstellenplan und möglichst auch einen Kostenträgerplan geben. Die Pläne müssen jeweils auf dem neuesten Stand, also vollständig und aktuell sowie systematisch aufgebaut sein. Eine ausführlichere Diskussion dieser Pläne wird in den Abschnitten F, G und I geliefert.

6. Periodengerechtigkeit

a) Inhaltliche Bestimmung

Das Prinzip der Periodengerechtigkeit verlangt, dass in der Kosten- und Leistungsrech- **67** nung für jede Abrechnungsperiode diejenigen Kosten und Leistungen vollständig erfasst werden, welche in der betreffenden Periode entstanden bzw. ihr wirtschaftlich zuzurechnen sind. So wäre die Kostenrechnung von Personenunternehmen z. B. ohne den kalkulatorischen Unternehmerlohn in zweifacher Hinsicht falsch. Einmal aus Gründen der Objektivität und zum andern, weil die Rechnung nicht vollständig wäre.

Um das Prinzip der Periodengerechtigkeit vollständig erfassen zu können, muss es in die Prinzipien der Mengenkongruenz und der Wertkongruenz aufgegliedert werden.

b) Mengenkongruenz

Durch den Begriff Mengenkongruenz soll zum Ausdruck gebracht werden, dass in der **68** kalkulatorischen Betriebsergebnisrechnung auf der Kosten- und auf der Leistungsseite prinzipiell mit kongruenten Mengen gearbeitet werden muss. Vollständig erreicht wäre dieses Ziel, wenn die für eine Periode auf der Kostenseite angesetzten Verbräuche an Produktionsfaktoren nach Art und Menge genau dem entsprechen würden, was zur Herstellung und zum Vertrieb der ausgebrachten Leistungen (Problemlösungen) in den betrieblichen Prozess „hineingeopfert" werden musste. Gemessen an diesem Idealzustand müssen in der Praxis allerdings erhebliche Abstriche in Kauf genommen werden. Das gilt schon deshalb, weil sich bestimmte Mengenverbräuche nur schätzen, aber nicht messen lassen. Ein typisches Beispiel hierfür ist die Mengenkomponente der kalkulatorischen Abschreibungen. Zum andern spielen hier Wirtschaftlichkeitsüberlegungen eine Rolle. Zu denken ist dabei z. B. an Kleinwerkzeuge, wie etwa einfache Schraubendreher, Hämmer und Zangen, die in dem Moment, da sie in Gebrauch genommen werden, als verbraucht gelten. Auch bestimmte Materialien, die in einer Kostenstelle häufig gebraucht werden, wie z. B. Putz- und Reinigungsmittel sowie Kleinmaterialien (etwa Unterlagscheiben und bestimmte Typen von Schrauben und Muttern) gelten gleichfalls (eben aus Wirtschaftlichkeitsgründen) in dem Moment als verbraucht, da sie zum Verbrauch von einer Kostenstelle übernommen worden sind.

c) Wertkongruenz

aa) Allgemeine Beschreibung

69 Mit diesem Prinzip wird zum Ausdruck gebracht, dass in der Kosten- und Leistungsrechnung mit kongruenten Preisen, d. h. mit Preisen auf einem einheitlichen Niveau des Geldwertes gearbeitet werden muss. Nur wenn diese Bedingung erfüllt ist, lassen sich die in Euro gemessenen verschiedenen Kosten- und Leistungsarten als „gleichnamige Mengen" interpretieren, so dass sie unbedenklich addiert bzw. zur Erfolgsermittlung verglichen werden können. Wie *F. Schmidt* (S. 71 und 186f.) gezeigt hat, lässt sich diese Gleichnamigkeit theoretisch dadurch zweifelsfrei herstellen, dass Kosten und Leistungen zum Tageswert am Umsatzstichtag bewertet werden. Als Umsatzstichtag muss dabei (*F. Schmidt* S. 187) der Tag gelten, an welchem der Verkaufspreis vereinbart wird, denn nur an diesem Tag stehen sich Werte gleichen Geldwertes einander gegenüber. Genau das ist aber die Voraussetzung dafür, dass, von anderen Problemen einmal abgesehen, eine positive Differenz zwischen Erlösen und Kosten wirklich als Gewinn bezeichnet werden kann. Findet der Vergleich dagegen mit Werten statt, die sich auf ein unterschiedliches Geldwertniveau beziehen, so ergibt sich ein durch eben diese Unterschiede verzerrtes Ergebnis.

In der Praxis lässt sich das Konzept der konsequenten Bewertung zum Umsatzstichtag allerdings nicht umsetzen, weil dazu die Kosten- und Leistungsrechnung in eine Vielzahl kleiner Einzelteile (*Schmidt* spricht von Atomen) zerlegt werden müsste. Um dem gesteckten Ziel einer betriebswirtschaftlich korrekten Erfolgsermittlung trotzdem möglichst nahe zu kommen, muss also eine Verfahrensweise gesucht werden, die einerseits praktikabel ist und andererseits dem Prinzip der Wertkongruenz wenigstens näherungsweise gerecht wird. Erreicht werden kann das dadurch, dass auf der Kostenseite mit Werten gearbeitet wird, welche zumindest im Durchschnitt das aktuelle Preisniveau bzw. den aktuellen Geldwert der jeweiligen Periode repräsentieren. Die so charakterisierten Werte werden künftig (etwas vereinfachend) als aktuelle Wiederbeschaffungswerte bezeichnet. Vereinfachend und damit nicht ganz korrekt ist diese Bezeichnung deshalb, weil die auf einem durchschnittlichen Preisniveau basierenden Werte bei sinkendem Geldwert keine vollständige Wiederbeschaffung der verbrauchten Gütermengen erlauben.

Auf der Leistungsseite bestehen hier keine Probleme, weil sich die erzielten Erlöse immer im Rahmen des aktuellen Preisniveaus bewegen.

Zu beachten ist, dass das dargelegte Konzept nur dann funktionieren kann, wenn sich die Geldwertschwankungen einigermaßen in Grenzen halten. Zu denken ist dabei an Schwankungen von ca. 5 % (pro Jahr) nach oben oder unten. Zwischen diesen 5 % und Veränderungen des Geldwertes in einer Größenordnung von bis zu 10 % pro Jahr liegt eine Grauzone, in deren Bereich sich die Konsequenzen für die Kostenrechnung höchstens im konkreten Einzelfall abschätzen lassen. Bei Schwankungsraten des Geldwertes, die dauerhaft über 10 % liegen, ist eine sinnvolle Kostenrechnung kaum noch vorstellbar.

bb) Bestimmung aktueller (kongruenter) Wiederbeschaffungswerte

Für regelmäßig zu beziehende Repetierfaktoren, die auch kurzfristig verbraucht werden, lässt sich dem Prinzip der Wertkongruenz dadurch Rechnung tragen, dass mit gewogenen Durchschnittspreisen und der Skontrationsmethode gearbeitet wird. Bei Dienstleistungen können die Anschaffungswerte mit den aktuellen Wiederbeschaffungswerten gleichgesetzt werden. Das gilt prinzipiell auch für Löhne und Gehälter. Für eine Übergangszeit müssen hier insbesondere dann Kompromisse eingegangen werden, wenn die einkalkulierten Löhne nach einer Lohnerhöhung nicht mehr dem aktuellen Preisniveau (Lohnniveau) entsprechen. **70**

Offen ist jetzt noch die Frage, wie diejenigen Wertverzehre im Sinne des Prinzips der Wertkongruenz bestimmt werden können, welche durch die reguläre Nutzung von Potenzialfaktoren entstehen, also die kalkulatorischen Abschreibungen. Hier liegt insofern eine besondere Situation vor, als Anlagegegenstände nur sehr begrenzt teilbar sind und deshalb auch nur in unregelmäßigen Abständen gekauft werden. Das führt wiederum dazu, dass die meisten der in Betrieb befindlichen Anlagen mit den aktuellen Angeboten der Hersteller nicht mehr identisch sind; die entsprechenden Preise können also nicht übernommen werden. Lösen lässt sich dieses Problem mit Hilfe der vom Statistischen Bundesamt ermittelten Preisindizes, die in der Fachserie 17, Reihe 2, in Form von Jahres- und Monatsberichten veröffentlicht werden. Diese Statistiken zeichnen sich dadurch aus, dass der Effekt von Qualitätsänderungen (technischer Fortschritt) und ähnlicher preisbestimmender Faktoren aus den Indexzahlen „herausgerechnet" worden ist, was, wie das Amt betont, besonders für die Ermittlung von Wiederbeschaffungswerten von Bedeutung sei. Ein Problem bei dem Einsatz dieser Indizes ergibt sich allerdings daraus, dass die für ein bestimmtes Kalenderjahr geltenden Werte natürlich immer erst nach Ablauf eines Jahres vorliegen. Es bleibt also nur die Möglichkeit mit Schätzgrößen zu arbeiten. Da sich die Preise für Betriebsmittel und andere Gegenstände des Anlagevermögens im Laufe eines Jahres i. d. R. nur wenig ändern (*Kilger* Einführung, S. 116), ist das sicher eine lässliche Sünde.

cc) Das Problem der Substanzerhaltung

Im Gegensatz zu der hier vorgetragenen Argumentation wird in der Literatur weithin die Auffassung vertreten, dass es insbesondere im Bereich der Potenzialfaktoren eigentlich richtig sei, mit dem voraussichtlichen Wiederbeschaffungswert zum Zeitpunkt der Ersatzbeschaffung (zukünftiger Wiederbeschaffungswert) zu arbeiten. Begründet wird diese Argumentation mit der Notwendigkeit der Substanzerhaltung (vgl. z. B. *Haberstock* Bd. I, S. 88, *Gabele/Fischer* S. 90, *Jorasz* S. 78). Dagegen ist zunächst einzuwenden, dass grundsätzlich (Ausnahmen sind also zugelassen) weder der Zeitpunkt der Ersatzbeschaffung noch der dann zu bezahlende Preis im Voraus bekannt sind. Damit kommen „Tagespreise der Wiederbeschaffungszeitpunkte für die praktische Anwendung nicht in Frage" (*Kilger* Einführung, S. 89). Trotzdem könnten diese Preise als grundlegende Werte für die Bewertung im Bereich der Kostenrechnung theoretisch richtig sein. Aber auch das ist nicht der Fall. Die Versuche, das Gegenteil zu beweisen, beruhen auf Modellen, mit deren Hilfe **71** das langfristige Gewinnmaximum eines Unternehmens ermittelt werden soll. Es geht im Rahmen dieser Modelle also um die Frage, wie der auf die gesamte Lebensdauer eines Unternehmens bezogene, sogenannte Totalerfolg theoretisch maximiert werden kann. Dabei wird von der These ausgegangen, dass die Substanzerhaltung als eine Komponente dieser langfristigen Gewinnmaximierung aufzufassen sei (*Kilger* Einführung, S. 116, *Adam* S. 45 ff.). Auf die Frage, welche Bedeutung dabei den unterschiedlichen Varianten der Substanzerhaltung zukommt, die in der theoretischen Diskussion zu finden sind (vgl. z. B. *Wöhe* S. 1072 ff.), kann hier nicht eingegangen werden.

Im Gegensatz zu den angesprochenen Modellen der langfristigen Gewinnmaximierung, welche für die Praxis der Erfolgsermittlung keinerlei Bedeutung haben, ist die Kosten- und Leistungsrechnung eine kurzfristige, auf einzelne Teilperioden der Lebensdauer eines Unternehmens ausgerichtete Rechnung. Sie zielt zum einen darauf ab, das in den einzelnen Perioden erzielte Ergebnis (Periodenerfolg) betriebswirtschaftlich korrekt zu ermitteln; zum andern sollen mit Hilfe der Kostenrechnung auch produktbezogene (kostenträgerbezogene) Erfolgsrechnungen (Kalkulationen) erstellt werden.

Schließlich spricht gegen die Rechnung mit zukünftigen Wiederbeschaffungswerten auch noch folgendes Argument: Es kann einfach nicht richtig sein, wenn man die kalkulatorischen Abschreibungen bzw. den Wert der Potenziale, welche bei der regulären Nutzung einer Anlage auf dem technischen Stand T1 verbraucht werden, nach demjenigen Wert bemisst, welchen eine Ersatzmaschine repräsentiert, die auf dem technischen Stand T3 steht. Schließlich müsste die Verwendung zukünftiger Wiederbeschaffungswerte in der Kostenrechnung dazu führen, dass ein mehr oder weniger weit in der Zukunft „liegendes Preisniveau die Kosten in Zeiträumen beeinflussen würde, in denen die erzielbaren Erlöse diesem Preisniveau noch gar nicht entsprechen" (*Kilger* Einführung, S. 116). Unter der Voraussetzung, dass die kalkulatorischen Abschreibungen auf der Basis aktueller Wiederbeschaffungswerte bestimmt werden, entsprechen diese theoretisch dem Wiederbeschaffungswert der Teilpotenziale, die in der betreffenden Periode verbraucht wurden. Fließen diese Abschreibungen über die erzielten Erlöse an das Unternehmen zurück, so bleibt die in der Periode verbrauchte Substanz erhalten.

7. Verursachungsgerechtigkeit und Plausibilität

72   Im Bereich der Wissenschaft bestehen über die Interpretation des Verursachungsprinzips eine Vielzahl verschiedener Meinungen (vgl. z. B. *Kilger* Einführung, S. 75 ff.), die zu diskutieren hier nicht der Platz ist, zumal sie für die Praxis bedeutungslos sind.

In seiner umfassendsten und strengsten Form fordert das Verursachungsprinzip, dass alle in einer Abrechnungsperiode angefallenen Kosten genau denjenigen Leistungen zugerechnet werden müssen, durch welche sie verursacht worden sind. Diese Forderung ist jedoch nicht erfüllbar, weil es in jedem Unternehmen Kosten gibt, deren Entstehung sich eben nicht auf die Herstellung oder den Verkauf einer ganz bestimmten Leistung zurückführen lässt. Das gilt z. B. für das Gehalt eines Geschäftsführers, meist auch für das Gehalt eines Meisters sowie für die Miete für Büroflächen. Um praktikabel zu sein, muss das Verursachungsprinzip also enger gefasst werden. Es besagt dann, dass jedem Kostenträger und jeder Kostenstelle (bzw. vergleichbaren Einheiten, wie z. B. Kostenträgergruppen oder Kostenplätzen) diejenigen Kosten zuzurechnen sind, die sich diesen Objekten mit vertretbarem Aufwand (Prinzip der Wirtschaftlichkeit) verursachungsgerecht zurechnen lassen. Dabei kann von einer verursachungsgerechten Zuordnung nur dann gesprochen werden, wenn durch Messungen eine direkte Erfassung der betreffenden Kosten möglich ist oder wenn die Zurechnung mittels logisch einwandfreier Schlüssel erfolgen kann. Ein logisch einwandfreier Schlüssel liegt z. B. vor, wenn der für eine homogene Serie angefallene Fertigungslohn gleichmäßig auf die hergestellten Einheiten verteilt wird (*Schwarz* S. 24).

Sollen bestimmte Kosten ganz bestimmten Kostenstellen und/oder Kostenträgern zugeordnet werden, obwohl das in verursachungsgerechter Form nicht möglich ist, so muss an die Stelle des Verursachungsprinzips das Prinzip der Plausibilität treten. Das bedeutet, dass es möglich sein muss, die Kostenzuordnung mit plausiblen, durchaus am Verursachungsprinzip orientierten Argumenten zu begründen. Auf keinen Fall darf die Zuordnung willkürlich erfolgen.

8. Relative Richtigkeit und relative Genauigkeit

Wie sich in den weiteren Ausführungen immer wieder zeigen wird, muss in der Kosten- **73** und Leistungsrechnung in vielen Bereichen mit Schätzgrößen und Plausibilitätsargumenten gearbeitet werden. Daraus folgt, dass sowohl die Gesamtrechnung als auch (zumindest) der allergrößte Teil ihrer Rechnungen niemals völlig richtig sein können. Erreichbar sind also fast immer nur „relativ richtige" Näherungslösungen. Das heißt aber selbstverständlich nicht, dass dort, wo ohne Verletzung des Prinzips der Wirtschaftlichkeit richtig gemessen und richtig (verursachungsgerecht) zugeordnet werden kann, darauf verzichtet werden darf, dies dann auch zu tun. Die sich bietenden Chancen müssen vielmehr unbedingt wahrgenommen werden. Außer Frage steht natürlich auch, dass alle Rechnungen rechnerisch richtig sein müssen.

Rechnungen, die in nicht unerheblichem Maße auf Näherungswerten bzw. Schätzungen beruhen, können aber sicherlich nicht genau oder exakt sein. Entsprechende Forderungen in der Literatur sind deshalb unsinnig. Genau können nur die Teile der Kostenrechnung sein, die auf Messungen beruhen.

Aus den angestellten Überlegungen ergibt sich eigentlich die Forderung, die beschriebenen Ungenauigkeiten in geeigneter Weise erkennbar zu machen. Am besten wäre es, wenn, analog zu den Gepflogenheiten der Techniker, Toleranzbreiten (z. B. +/– 4 %) angegeben werden könnten. Leider liegt es in der Natur der Sache, dass auch das nicht möglich ist.

9. Ausschaltung außergewöhnlicher Ereignisse

Es geht hier um Wertverzehre (Verluste), die durch besondere (außergewöhnliche) Er- **74** eignisse verursacht wurden. Beispiele dafür sind die Zerstörung von Anlagen oder Waren durch Wasser oder Feuer sowie Forderungsausfälle und Verluste durch Diebstahl; aber auch Verluste beim Verkauf ausgesonderter Betriebsmittel gehören hierher. Solche Wertverzehre lassen sich nie vollständig vermeiden, sie müssen im Rahmen des betrieblichen Leistungsprozesses einfach in Kauf genommen und als betriebsbedingt akzeptiert werden. Andererseits fallen diese Wertverzehre, die erhebliche Beträge ausmachen können, mehr oder weniger zufällig an und unterliegen außerdem starken Schwankungen. Aus diesen Gründen würde es zumindest zu einer erheblichen Gefährdung der Aussagekraft der Kostenrechnung führen, wenn Wertverzehre der beschriebenen Art so in die Kostenrechnung übernommen werden würden, wie sie tatsächlich anfallen. Andererseits wäre die Rechnung ohne ein Äquivalent für diese Wertverzehre unvollständig. Deshalb werden statt der in einer Periode tatsächlich angefallenen Wertverluste als „normal" betrachtete Erfahrungswerte in die Rechnung eingebracht. Diese Erfahrungswerte müssen aber nicht unbedingt auf eigenen Erfahrungen beruhen; es kann vielmehr, schon der breiteren Basis wegen, durchaus auch sinnvoll sein, z. B. auf Erhebungen von Verbänden oder Versicherungen zurückzugreifen. Die in der Kostenrechnung letztlich erfassten einschlägigen Größen (Werte) werden als kalkulatorische Wagnisse bezeichnet.

10. Relevanz und Flexibilität

75 Das Prinzip der Relevanz fordert, dass die Kosten- und Leistungsrechnung in der Lage sein muss, jeweils diejenigen Informationen zu liefern, die zur Lösung eines bestimmten Problems benötigt werden, also die (entscheidungs)relevanten Informationen. Es liegt auf der Hand, dass dies eine entsprechende Gesamtkonzeption der Rechnung voraussetzt. Das Prinzip wird sich also nicht immer einhalten lassen. Andererseits sollte die Kostenrechnung flexibel genug sein, um sich auch auf neue bzw. unerwartete Anforderungen einstellen zu können. Es ist nicht zu übersehen, dass besonders die Forderung nach Flexibilität aber schnell in eine Konkurrenzsituation zum Wirtschaftlichkeitsprinzip gerät.

11. Durchschnittsprinzip

76 Es ist in Theorie und Praxis unbestritten, dass in der Kostenrechnung in erheblichem Maße mit Durchschnittswerten gearbeitet werden muss. Trotzdem gehen die Meinungen zur Interpretation des Durchschnittsprinzips auseinander (vgl. z. B. *Schweitzer/Küpper* S. 58 und *Haberstock* Bd. I, S. 51 f.). Hier wird das Durchschnittsprinzip in dem Sinne interpretiert, dass bei der Bildung von Durchschnittswerten (arithmetischen Mittelwerten) auch in der Kostenrechnung die einschlägigen Regeln der Statistik eingehalten werden müssen. Das bedeutet, dass prinzipiell nur aus homogenen Grundgesamtheiten Durchschnittswerte gebildet werden dürfen. Dieser Fall ist z. B. gegeben, wenn die durchschnittlichen Lohnkosten für eine Einheit eines beliebigen Produkts mit 8,50 € angegeben werden, weil bei der Herstellung von 100 Einheiten Fertigungslöhne in Höhe von 850,- € angefallen sind.

12. Aktualität

77 Dieses Prinzip verlangt, dass die Kostenrechnung in der Lage sein muss, in möglichst kurzer Zeit entscheidungsrelevante, also aktuelle Informationen zu liefern. Dabei gilt, dass eine Information um so aktueller ist, je weniger Zeit vergangen ist zwischen dem Zeitpunkt ihrer Verfügbarkeit und demjenigen Zeitpunkt, zu welchem das Ereignis stattgefunden hat, das den Inhalt der Information ausmacht.

13. Adäquanz

78 Mit dem Prinzip der Adäquanz (*Hummel/Männel* S. 26) wird gefordert, dass die Kostenrechnung ihre Informationen so aufzubereiten habe, dass sie vom Empfänger auch verstanden und ausgewertet werden können (Adäquanz). Das kann allerdings nur unter der Bedingung gelten, dass dem Informationsempfänger ein dem zu lösenden Problem adäquater Sachverstand eigen ist. Insofern deckt sich das Prinzip der Adäquanz zumindest teils mit dem Prinzip der Transparenz.

IV. Ergänzungen

In der Literatur werden neben den hier genannten noch andere Prinzipien angeführt. Zu **79**
nennen sind insbesondere das Identitätsprinzip, das Leistungsentsprechungsprinzip, das Proportionalitätsprinzip (*Schweitzer/Küpper* S. 58 ff.) sowie das Tragfähigkeitsprinzip (*Haberstock* Bd. I, S. 48 ff.).

Das Identitätsprinzip und das Leistungsentsprechungsprinzip beruhen auf besonderen theoretischen Überlegungen, welche für die Praxis der Kostenrechnung keine Rolle spielen und deshalb hier nicht weiter diskutiert zu werden brauchen.

Vom Tragfähigkeitsprinzip (oder Deckungsprinzip) wird gesprochen, wenn die Verteilung bestimmter Kosten auf die Kostenträger im proportionalen Verhältnis zu den Verkaufspreisen oder Deckungsbeiträgen (s. Rz. 490 ff.) vorgenommen werden soll. Diese Vorgehensweise steht in krassem Widerspruch zu den Prinzipien der Verursachungsgerechtigkeit und der Plausibilität. Außerdem ist sie mit den Zielen der Kosten- und Leistungsrechnung unvereinbar, weil es keine Beziehung zur Kostenentstehung gibt.

(einstweilen frei) **80–89**

D. Abgrenzung der Begriffe „Kosten" und „Leistung" von anderen grundlegenden Begriffen des betrieblichen Rechnungswesens

I. Vorbemerkung

Wie zuvor schon kurz angerissen wurde, haben sich in der deutschen Betriebswirtschaftslehre zwei Kategorien der betriebswirtschaftlichen Erfolgsrechnung herausgebildet. Das ist zum einen die in der Finanzbuchhaltung angesiedelte Aufwands- und Ertragsrechnung (buchhalterische Erfolgsrechnung), die in der GuV-Rechnung gipfelt, und zum andern die Kosten- und Leistungsrechnung. Obwohl sie auf die Erfüllung ganz verschiedener Aufgaben ausgerichtet sind, weisen beide Rechnungen doch erhebliche Gemeinsamkeiten auf.

Die zum externen Rechnungswesen gehörende buchhalterische Erfolgsrechnung soll primär außenstehende Adressaten über das von einem Unternehmen im Laufe eines Geschäftsjahres erzielte „offizielle Gesamtergebnis" unterrichten, und zwar unter Beachtung der einschlägigen handels- bzw. steuerrechtlichen Vorschriften. Diesen Vorschriften entsprechend ist die Rechnung pagatorisch, also an Zahlungsvorgängen (und damit am Nominalprinzip) orientiert. Sie steht außerdem unter dem Primat des Vorsichtsprinzips. Nichtsdestotrotz lassen die Regeln, welche für die buchhalterische Erfolgsrechnung (oder Aufwands- und Ertragsrechnung) gelten, den Verantwortlichen einen nicht unerheblichen Gestaltungsspielraum. Informationen, welche für die Steuerung des betrieblichen Produktionsprozesses und die Vermarktung der erstellten Leistungen bedeutsam sind, kann die Aufwands- und Ertragsrechnung aber nur in einem relativ geringen Maße liefern. Sie bedarf daher der Ergänzung durch die nach innen gerichtete Kosten- und Leistungsrechnung (kalkulatorische Erfolgsrechnung), deren Aufgaben bereits dargestellt worden sind.

II. Die Begriffspaare Ausgabe und Auszahlung sowie Einnahme und Einzahlung

Es geht hier um die Frage, mit welchem dieser beiden Begriffspaare die Zahlungsströme, welche zwischen einem Unternehmen und seiner Umwelt stattfinden, zweckmäßigerweise erfasst werden sollten. In der Literatur (vgl. z.B. *Gabele/Fischer* S. 21 f., *Haberstock* Bd. I, S. 16 ff., *Hummel/Männel* S. 64 ff.) wird zur Erfassung der Zahlungsströme heute ganz überwiegend mit den Begriffen Einzahlung und Auszahlung gearbeitet. Dabei gilt jede Zunahme/Abnahme des Bestandes an Zahlungsmitteln als Einzahlung/Auszahlung. Definiert ist dieser Zahlungsmittelbestand als die Summe aus Barbeständen und sofort verfügbaren Bankguthaben.

Als Ausgaben bzw. Einnahmen werden dagegen Veränderungen des Bestandes an Geldvermögen bezeichnet. Dabei gilt:

Geldvermögen = (Zahlungsmittelbestand + Geldforderungen) − Geldverbindlichkeiten

Sofort verfügbare Bankguthaben, also einschlägige Forderungen gegenüber Banken, sind definitionsgemäß bereits im Zahlungsmittelbestand enthalten. Sachforderungen und Sachverbindlichkeiten bleiben außen vor. Eine Zunahme an Geldforderungen (z.B. Warenverkauf auf Ziel) gilt hier als Einnahme und eine Zunahme an Geldverbindlichkeiten (Wareneinkauf auf Ziel) als Ausgabe.

Diese Terminologie wird aus folgenden Gründen abgelehnt und nicht übernommen: Es wird als ausgesprochen problematisch betrachtet, wenn man Begriffen, die in der Umgangssprache eine festumrissene Bedeutung haben, in der sogenannten Fachsprache plötzlich eine andere Bedeutung beilegt und gleichzeitig den ursprünglichen Wortsinn einem anderen Begriff zuordnet. Genau das geschieht hier mit den Begriffen „Einnahme" und „Ausgabe", deren überkommener Wortsinn den Begriffen „Einzahlung" bzw. „Auszahlung" zugeordnet wird. Außerdem ist es zumindest nicht gerade glücklich, wenn eine zusätzliche Forderung als Einnahme bezeichnet wird, obwohl ja gar nicht sicher ist, ob das Geld tatsächlich eingeht. Für die Zunahme an Verbindlichkeiten gilt das analog; allerdings mit dem Unterschied, dass diese in der Regel bezahlt werden müssen. Nennenswerte Vorteile der vorherrschenden Terminologie sind nicht erkennbar. Darüber kann man allerdings verschiedener Meinung sein.

Aus den dargelegten Gründen werden hier die althergebrachten Begriffe beibehalten. Als Ausgabe/Einnahme wird somit jede negative/ positive Veränderung des Bestandes an Zahlungsmitteln verstanden, also der Abfluss/Zufluss von flüssigen Mitteln. Neue Forderungen sind keine Einnahmen, sie verkörpern nur einen Rechtsanspruch, der zu einem bestimmten Zeitpunkt zu Einnahmen führen soll. Ob dieser Rechtsanspruch durchsetzbar sein wird, ist grundsätzlich offen. Verbindlichkeiten sind keine Ausgaben, sondern rechtsgültige Verpflichtungen, die in aller Regel früher oder später zu einer Ausgabe führen (Ausnahmen: z. B. Verjährung).

III. Aufwand und Kosten und ihre Ausgliederungen

1. Überblick

Die Begriffe Aufwand und Kosten stehen für die negative Komponente der buchhalterischen bzw. der kalkulatorischen Erfolgsrechnung. Es handelt sich dabei um zwei prinzipiell unterschiedliche Kategorien, die sich denn auch in verschiedene Teilkategorien ausgliedern, sich aber trotzdem teilweise überschneiden.

Wie die Abbildung. D-1 zeigt, ist beim Aufwand zu unterscheiden zwischen Zweckaufwand, neutralem Aufwand und Aufwand, der das Gesamtergebnis betrifft. Die Kosten

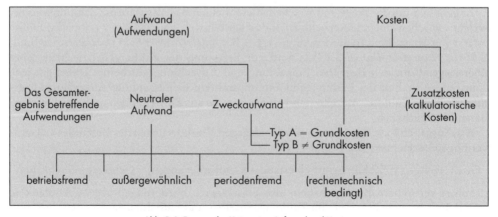

Abb. D-1: Formen der Kategorien Aufwand und Kosten

werden, wie aus Abbildung D-1 gleichfalls ersichtlich ist, in Grundkosten und Zusatzkosten (oder kalkulatorische Kosten) gegliedert. Diese Begriffe und die zwischen ihnen bestehenden Beziehungen werden anschließend erläutert.

2. Allgemeines zum Begriff „Aufwand"

Aufwand ist eine Kategorie der buchhalterischen (pagatorischen) Erfolgsrechnung. Unter den Begriff „Aufwand" fallen damit alle in einem Unternehmen in einer bestimmten Abrechnungsperiode entstandenen Wertverzehre (in Geldeinheiten gemessene Güterverbräuche), und zwar ohne Rücksicht darauf, ob sie auf den Betriebszweck ausgerichtet sind oder nicht. Wie für die Kosten, so gelten auch für den Aufwand die Merkmale Güterverzehr und Bewertungsbedarf. Dagegen gilt das Merkmal Zweckbezogenheit für den Aufwand nicht generell, sondern nur für den betriebsbedingten Aufwand, den sogenannten Zweckaufwand. Zu bewerten ist der Aufwand nach den Regeln des Handels- und Steuerrechts (inklusive der Grundsätze ordnungsmäßiger Bilanzierung). Grundlage der Bewertung sind somit die Anschaffungsausgaben. Es gilt also das Nominalprinzip. Von Anschaffungsausgaben statt (wie üblich) von Anschaffungskosten wird hier gesprochen, weil die Beschaffung von Gütern zwar Ausgaben verursacht, Aufwand oder Kosten entstehen aber erst dann, wenn durch Gebrauch oder Verbrauch von Gütern ein Wertverzehr stattfindet. Unabhängig davon gilt, dass Aufwand so gut wie immer (Ausnahme: Schenkungen) früher oder später zu einer Ausgabe führt. Ein bestimmter Aufwand und die dazu gehörende Ausgabe brauchen aber nicht zeitgleich anzufallen. Werden Rohstoffe auf Ziel gekauft, so kann der Aufwand vor der Ausgabe liegen; nämlich dann, wenn die Rohstoffe verbraucht werden, bevor sie bezahlt worden sind. Wird das Rohmaterial Zug um Zug bezahlt, so findet meist zuerst die Ausgabe und erst danach der Aufwand (hier der Materialverbrauch) statt. Bei Investitionen (z. B. Maschinen) wird zumindest der größte Teil des in Form der bilanziellen Abschreibungen zu erfassenden Aufwands nach der Ausgabe, d. h. nach der Bezahlung der Anlage anfallen.

Als Ergebnis der Diskussion lässt sich Aufwand wie folgt definieren: Aufwand ist derjenige Wertverzehr, der für eine definierte Periode auf Grund gesetzlicher Vorschriften (einschließlich GoB) in der Finanzbuchhaltung zu erfassen und letztendlich in der GuV-Rechnung auszuweisen ist. Gewinnausschüttungen und Privatentnahmen sind zwar Ausgaben, aber kein Aufwand, sondern Gewinnverwendung.

3. Zweckaufwand

Soweit die unter den Begriff „Aufwand" fallenden Wertverzehre auf die Erfüllung des Betriebszwecks (des Sachziels) des Unternehmens ausgerichtet sind und entsprechend verrechnet werden können heißen sie Zweckaufwand; Aufwendungen, für die das nicht gilt, gehören zum neutralen Aufwand oder zu den das Gesamtergebnis betreffenden Aufwendungen.

Da aus betriebsbedingten Güterverzehren immer Kosten resultieren müssen, ist es naheliegend, Grundkosten und Zweckaufwand als Synonyme zu betrachten. Diese Auffassung, die lange unbestritten war, wird auch heute noch vertreten, obwohl sie sich inzwischen als unhaltbar erwiesen hat. Dies deshalb, weil in der Aufwandsrechnung das Nominalprinzip (Bewertung auf Basis der Anschaffungsausgaben) gilt, in der Kostenrechnung dagegen das Prinzip der Bewertung zum aktuellen Wiederbeschaffungswert. Daraus folgt, dass betriebsbedingte Güterverzehre nur dann zugleich Zweckaufwand und Kosten sein können, wenn die beiden Bewertungsprinzipien sachlogisch zum gleichen Ergebnis führen, wenn also die Anschaffungsausgaben gleichzeitig als der aktuelle Wiederbeschaffungswert gelten können. In diesem Fall liegt Zweckaufwand vom Typ A (als Kosten verrechneter Zweckaufwand – *Kilger* Einführung, S. 25) vor, der mit der Kostenkategorie Grundkosten identisch ist (vgl. Abbildung. D-1). Die Begriffe „Zweckaufwand vom Typ A" und „Grundkosten" sind also Synonyme. Fallen die Anschaffungsausgaben und der aktuelle Wiederbeschaffungswert betriebsbedingter Wertverzehre auseinander, so sind die auf Basis der Anschaffungsausgaben bewerteten, betriebsbedingten Wertverzehre dem Zweckaufwand vom Typ B zuzuordnen. Unter der Kategorie „Grundkosten" lässt sich der so bestimmte Aufwand aber nicht subsumieren. Das gilt, wie im Folgenden erläutert werden wird, z. B. für die bilanziellen Abschreibungen.

Als ein die Regeln bestätigender Spezialfall ist es zu betrachten, dass bei Zweckaufwendungen vom Typ A Anschaffungsausgaben und aktueller Wiederbeschaffungswert vorübergehend durchaus auch gleich hoch sein können.

96 Zum Zweckaufwand vom Typ A zählen z. B. betriebliche Löhne und Gehälter, gesetzliche Sozialkosten sowie Energieverbräuche für betriebliche Zwecke. Auch Verbräuche an Fertigungsmaterial gehören, eine angemessene Bewertung vorausgesetzt, prinzipiell hierher.

Zweckaufwand vom Typ B sind z. B. die regulären bilanziellen Abschreibungen auf Maschinen und Anlagen, denn sie sollen den Wertverzehr, der durch die betriebliche Nutzung dieser Anlagen entsteht, in einer Weise erfassen, die den Regeln der Aufwands- und Ertragsrechnung gerecht wird. Da die Ergebnisse dieser Rechnungen den Anforderungen der Kostenrechnung nicht entsprechen, muss dort mit den kalkulatorischen Abschreibungen gearbeitet werden.

4. Neutraler Aufwand

97 Unter dieser Bezeichnung werden Aufwandspositionen zusammengefasst, die nicht in der Kostenrechnung erscheinen dürfen, weil es sich dabei nicht um betriebsbedingte Wertverzehre, also nicht um Kosten handelt, oder weil diese Wertverzehre in derjenigen Periode, der sie wirtschaftlich zuzuordnen sind, nicht als Kosten verrechnet wurden bzw. nicht verrechnet werden können. Es werden folgende Formen des neutralen Aufwands unterschieden:

- betriebsfremder Aufwand,
- periodenfremder Aufwand,
- außergewöhnlicher Aufwand und
- rechentechnisch bedingter neutraler Aufwand.

a) Betriebsfremder Aufwand

98 Dieser Fall liegt vor, wenn Wertverzehre eingetreten sind, welche mit der betrieblichen Leistungserstellung nichts zu tun haben, also nicht der Erfüllung des Betriebszwecks dienen. Als typisches Beispiel dafür gelten Spenden für karitative Zwecke. Uneingeschränkt richtig ist das dann, wenn diese in aller Stille abgewickelt werden. Wird die Überreichung der Spende dagegen mit einem „Staatsakt" verbunden, so lässt sich darüber streiten, ob es sich hier nicht um Aufwendungen für Werbung und damit um Zweckaufwand handelt. Betriebsfremder Aufwand liegt z. B. auch vor, wenn sich eine Brauerei an einer Maschinenfabrik beteiligt und dabei Verluste in Kauf nehmen muss. Auch Verluste aus Spekulationsgeschäften von Handels- oder Industriebetrieben gehören hierher.

b) Periodenfremder Aufwand

Hierbei handelt es sich um betrieblich bedingte Wertverzehre, die aus irgendeinem Grund nicht in derjenigen Periode verrechnet wurden, der sie wirtschaftlich zuzuordnen gewesen wären. Als klassisches Beispiel hierfür galt bislang die Nachzahlung von Kostensteuern, also etwa von Gewerbesteuer auf Grund einer Betriebsprüfung. Ein anderes Beispiel wäre etwa die Nachzahlung von Löhnen oder Gehältern, wenn keine einschlägigen Rückstellungen vorhanden sind.

Wenn betriebliche Wertverzehre (Kosten) in der Periode, welcher sie wirtschaftlich zuzurechnen waren, nicht erfasst worden sind, so bedeutet das zwangsläufig, dass die Kostenrechnung (und damit auch die betriebliche Ergebnisrechnung) unvollständig und insoweit falsch gewesen ist. Würden die einschlägigen Nachzahlungen nun in der Periode, in der sie effektiv geleistet werden, als Kosten verrechnet, so wäre auch diese Abrechnung fehlerhaft, weil es sich um Wertverzehre handelt, die einer anderen Periode wirtschaftlich zuzurechnen sind. Damit bleibt keine andere Wahl, als erfolgsrelevante Nachzahlungen der oben beschriebenen Art als neutralen Aufwand zu behandeln.

c) Außergewöhnlicher Aufwand

In der Literatur wird hier traditionsgemäß von außerordentlichem Aufwand gesprochen. Durch das Bilanzrichtliniengesetz von 1985 wurde dieser Begriff explizit in das Handelsgesetzbuch aufgenommen (§ 277 Abs. 4 HGB). Er wurde dabei mit einem Inhalt versehen, welcher im Zusammenhang mit der Abgrenzung von Kosten und neutralem Aufwand als unzweckmäßig abgelehnt werden muss, was an dieser Stelle allerdings nicht näher begründet werden kann. Um nun die Gefahr von Verwechslungen möglichst gering zu halten, wird hier eben nicht von außerordentlichem, sondern von außergewöhnlichem Aufwand gesprochen.

Zum außergewöhnlichen Aufwand gehören Wertverzehre, die zwar betriebsbedingt sind, die jedoch unregelmäßig, mehr zufällig, nicht selten aber in beträchtlicher Höhe anfallen (*Kilger* Einführung, S. 24). Beispiele dafür sind Sturm-, Wasser- oder Feuerschäden sowie Buchverluste aus dem Verkauf von Gegenständen des Anlagevermögens. Wegen ihres außergewöhnlichen Charakters wird es nicht für vertretbar gehalten, diese Wertverzehre in voller Höhe in derjenigen Periode in die Kostenrechnung einzubringen, in welcher sie jeweils effektiv angefallen sind. Damit würde massiv gegen das Prinzip der Ausschaltung außergewöhnlicher Ereignisse verstoßen. Die außergewöhnlichen Wertverzehre müssen deshalb, sofern keine entsprechende Versicherung besteht, in normalisierter Form als kalkulatorische Wagniskosten verrechnet werden.

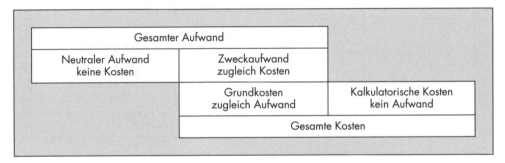

Abb. D-2: Beziehungen zwischen Kosten und Aufwand (traditionelle, sachlich überholte Interpretation)

d) Rechentechnisch bedingter neutraler Aufwand

101 In der Literatur wird statt von rechentechnisch bedingtem nicht selten von bewertungsbedingtem neutralem Aufwand gesprochen (z. B. *Steger* S. 17, *Wöhe* S. 818). Dieser Begriff wurde nicht übernommen, weil er den Sachverhalt nur bedingt trifft.

Rechentechnisch bedingten neutralen Aufwand kann es nur geben, wenn Zweckaufwand und Grundkosten ohne jede Einschränkung als Synonyme betrachtet werden, wenn also nicht zwischen „als Kosten verrechnetem Zweckaufwand (Typ A)" und „nicht als Kosten verrechnetem Zweckaufwand (Typ B)" unterschieden wird. Warum das so ist, und welche Problematik sich aus dieser Vorgehensweise ergibt, soll mit Hilfe der in Abbildung D-3 dargestellten Graphik erklärt werden, und zwar anhand des schon mehrfach herangezogenen Beispiels der regulären Abschreibungen auf betriebsnotwendige Anlagegegenstände. Sie werden in Form der bilanziellen Abschreibungen in der Aufwandsrechnung (buchhalterische Erfolgsrechnung) und als kalkulatorische Abschreibungen in der Kostenrechnung erfasst. Der Grund für diese Differenzierung ist, dass die Regeln zur Bestimmung der bilanziellen Abschreibungen den Anforderungen (Prinzipien) der Kosten- und Leistungsrechnung nicht gerecht werden. Das gilt insbesondere (aber nicht nur) für die Bewertung der verbrauchten Teilpotenziale. Im Aufwandsbereich hat die Bewertung bekanntlich auf der Basis der Anschaffungswerte zu erfolgen, wogegen für die Kostenrechnung im Sinne des Prinzips der Wertkongruenz aktuelle Wiederbeschaffungswerte anzusetzen sind. Da am Kostencharakter der kalkulatorischen Abschreibungen kein Zweifel bestehen kann, können die einschlägigen bilanziellen Abschreibungen jetzt nicht als Zweckaufwand und damit auch nicht als (Grund-)Kosten verrechnet werden. Sonst würden sachlich identische Wertverzehre in der Kostenrechnung doppelt auftauchen. Wenn also, wie das bei dieser Interpretation im Sinne der Abbildung D-3 der Fall ist, Zweckaufwand und Grundkosten als Synonyme behandelt werden, so bleibt für die bilanziellen Abschreibungen auf betriebsnotwendige Anlagen jetzt nur noch der Weg in den neutralen Aufwand.

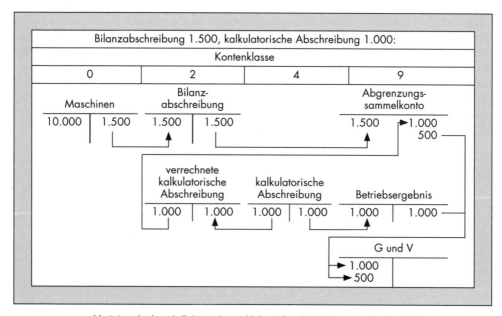

Abb. D-3: Verbuchung kalkulatorischer und bilanzieller Abschreibungen nach dem GKR

III. Aufwand und Kosten und ihre Ausgliederungen 31

Damit ergibt sich ein ins Auge springender, eklatanter Widerspruch, weil reguläre, be- **102** triebsbedingte Wertverzehre ex definitione kein neutraler Aufwand sein können. Die oben dargestellte Lösung mit der Gliederung des Zweckaufwands in die Typen A und B enthält keine derartigen Widersprüche, ihr ist deshalb der Vorzug einzuräumen.

Nicht sinnvoll ist es auch, wenn, wie das im Gemeinschaftskontenrahmen der deutschen Industrie (1951) vorgesehen ist, bestimmte Zweckaufwendungen vom Typ B (z.B. bilanzielle Abschreibungen) mit verwandten kalkulatorischen Kostenarten (z.B. kalkulatorische Abschreibungen) quasi saldiert werden. Die Abbildung D-3 (s. *Wöhe* S. 1298, 18. Aufl., München 1993) zeigt, wie sich das buchungstechnisch bewerkstelligen lässt. Hier wird hingegen die Meinung vertreten, dass Grundkosten und kalkulatorische Kosten zwei unterschiedliche Kategorien darstellen, die sich nicht nur in der Bewertung, sondern auch hinsichtlich der Mengenkomponente unterscheiden können, was regelmäßig übersehen wird. Kalkulatorische Kosten, die ex definitione keinen Aufwand darstellen, haben in einer Rechnung, die explizit auf Aufwendungen und Erträge ausgerichtet ist, keinen Platz.

5. Das Gesamtergebnis betreffende Aufwendungen

Hierher gehören Aufwendungen, die zwar das Gesamtergebnis eines Unternehmens **103** schmälern, die aber den zu versteuernden Gewinn nicht mindern dürfen. Beispiele dafür sind die Körperschaftsteuer und von einer Aktiengesellschaft zu bezahlende Geldstrafen.

6. Der Kostenbegriff

a) Vorbemerkung

Der Kostenbegriff und seine Merkmale wurden bereits diskutiert. Insbesondere wurde **104** darauf hingewiesen, dass im Gegensatz zum Aufwand nur betriebsbedingte Wertverzehre unter den Kostenbegriff fallen. Auch auf die Unterscheidung von Grundkosten und kalkulatorischen Kosten wurde bereits kurz Bezug genommen. Zu diesen Punkten sind aber noch einige Erläuterungen nötig.

b) Grundkosten

Grundkosten sind als Kosten verrechneter Zweckaufwand vom Typ A. Es handelt sich **105** also um synonyme Begriffe. Da Aufwand sich immer auf Ausgaben zurückführen lässt (von Schenkungen abgesehen), muss das auch für die Grundkosten gelten. Die oben angeführten Beispiele für den Zweckaufwand vom Typ A, wie z.B. Löhne, Gehälter, Strom, Arbeitgeberbeiträge zur Sozialversicherung usw. sind also zugleich auch Grundkosten.

c) Kalkulatorische Kosten

Die Begriffe „kalkulatorische Kosten" und „Zusatzkosten" werden hier im Gegensatz **106** zur h.L. als Synonyme verwendet, denn kalkulatorische Kosten sind Kosten, die zusätzlich zu den Grundkosten anfallen. Zu der weitverbreiteten Unterscheidung von Zusatzkosten und Anderskosten wird im nächsten Abschnitt Stellung bezogen.

Von den Grundkosten unterscheiden sich die kalkulatorischen Kosten dadurch, dass sie sich (eben im Gegensatz zu den Grundkosten) nicht auf Ausgaben zurückführen lassen. Nicht auf Ausgaben bezogen zu sein, ist das Identifikationsmerkmal der kalkulatorischen

Kosten. Auch und gerade für sie gilt, wie für alle anderen Kosten, das Prinzip der Bewertung auf der Basis aktueller Wiederbeschaffungswerte.

Üblicherweise werden folgende Arten kalkulatorischer Kosten unterschieden:
- kalkulatorische Abschreibungen,
- kalkulatorische Zinsen,
- kalkulatorischer Unternehmerlohn und
- kalkulatorische Wagnisse.

Nähere Informationen hierzu finden sich bei der Behandlung der Kostenartenrechnung.

d) Zur Unterscheidung von Zusatzkosten und Anderskosten

107 Wie eben festgestellt wurde, werden die Begriffe „kalkulatorische Kosten" und „Zusatzkosten" in der Literatur (vgl. *Haberstock* Bd. I, S. 23, *Kilger* Einführung, S. 25 und *Gabele/Fischer* S. 26 ff.) meist nicht als Synonyme behandelt. Stattdessen wird (im Anschluss an *Kosiol* S. 89 ff.) der Begriff kalkulatorische Kosten zum Oberbegriff erklärt und in die Begriffe Zusatzkosten und Anderskosten ausgegliedert. Als Zusatzkosten gelten dabei Kosten, welchen in der buchhalterischen Erfolgsrechnung keine Aufwendungen gegenüberstehen. Als Beispiele dafür gelten der kalkulatorische Unternehmerlohn und die kalkulatorische Miete. Als Anderskosten werden dann kalkulatorische Kosten bezeichnet, denen Aufwand in anderer Höhe gegenübersteht. Beispiele dafür sind die kalkulatorischen Abschreibungen und die kalkulatorischen Zinsen. Für die Kostenrechnung bringt diese Unterscheidung keinerlei Vorteile.

e) Zusammenfassung

108 Zum Zwecke einer Zusammenfassung in mathematischer Form lassen sich die Begriffe „Kosten" und „Aufwand" sowie ihre Ausgliederungen in folgenden Gleichungen darstellen:

- Gesamtkosten = Grundkosten + kalkulatorische Kosten
- Zweckaufwand = Zweckaufwand vom Typ A + Zweckaufwand vom Typ B
- Grundkosten ≠ Zweckaufwand
- Gesamtaufwand = Zweckaufwand + neutraler Aufwand + das Gesamtergebnis betreffender Aufwand.

IV. Ertrag und Leistung und ihre Ausgliederungen

1. Gesamtschau

109 Als Ertrag wird die positive Komponente der buchhalterischen Erfolgsrechnung bezeichnet. Die positive Komponente der kalkulatorischen Erfolgsrechnung heißt Leistung. Analog zu den Begriffen „Aufwand" und „Kosten" handelt es sich dabei um zwei prinzipiell unterschiedliche Kategorien, die sich einerseits in spezifische Teilkategorien ausgliedern, sich andererseits aber auch teilweise überschneiden.

IV. Ertrag und Leistung und ihre Ausgliederungen

Wie sich aus Abbildung D-4 ergibt, wird der Ertrag in die Teilkategorien Zweckertrag, neutraler Ertrag und das Gesamtergebnis betreffende Erträge untergliedert. Bei der Leistung wird zwischen Grundleistung und Zusatzleistung (oder kalkulatorischer Leistung) unterschieden. Die angesprochene, teilweise Überschneidung zwischen Ertrag und Leistung liegt im Bereich der Begriffe „Zweckertrag" und" Grundleistung".

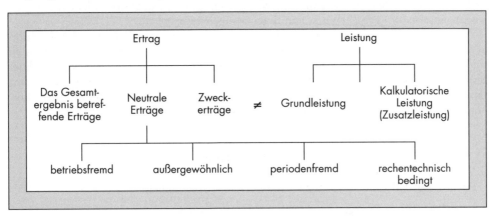

Abb. D-4: Formen der Kategorien „Ertrag" und „Leistung"

Die folgenden Abschnitte dienen dazu, die mit Abbildung D-4 eingeführten Begriffe und Zusammenhänge näher zu erläutern.

2. Allgemeines zum Ertragsbegriff

Als Ertrag gelten alle in einem Unternehmen im Laufe einer Abrechnungsperiode erwirtschafteten Bruttowertzuwächse, und zwar unabhängig davon, ob sie im Zusammenhang mit der Erfüllung des Betriebszwecks stehen oder nicht. Von Bruttowertzuwächsen wird gesprochen, weil die Wertverzehre (hier also die Aufwendungen), die nötig waren, um die Wertzuwächse erzielen zu können, bei dieser Betrachtung außer Acht gelassen werden. Zu den Erträgen eines Industriebetriebes gehören also zunächst einmal die Umsatzerlöse sowie positive Bestandsveränderungen, aber z. B. auch Einnahmen in Form von Zinsen sowie aus Vermietung und Verpachtung. Welcher Aufwand erforderlich war, um die Umsatzerlöse oder bestimmte Mieterträge (Mieteinnahmen) zu erzielen, ist unerheblich, da es ja um Bruttowertzuwächse geht.

Erträge sind darauf gerichtet, Einnahmen zu erzielen. Das setzt aber voraus, dass die hergestellten bzw. angebotenen Produkte oder Dienstleistungen auch abgesetzt werden können und das vereinbarte Entgelt tatsächlich bezahlt wird. Für die Bewertung gelten analog zur Aufwandsrechnung die Regeln des Handels- und Steuerrechts.

3. Der Zweckertrag

Erträge, die sich bei der Erfüllung des Betriebszwecks (des Sachziels) ergeben, heißen Zweckerträge. Wichtigster Bestandteil des in einer bestimmten Periode erwirtschafteten Zweckertrags sollten die dem Betriebszweck entsprechenden Umsatzerlöse sein. Sie sind zu korrigieren bzw. zu ergänzen um die Bestandsveränderungen an Halb- und Fertigerzeugnissen sowie um aktivierbare Eigenerträge (z. B. selbsterstellte Maschinen). Um Missverständnissen vorzubeugen, sei hervorgehoben, dass, wie aus der Definition folgt, positive Bestandsveränderungen bei den Halb- und Fertigerzeugnissen Teil des Periodenertrags sind. Die Bewertung der Bestandsveränderungen sowie der aktivierten Eigenerträge hat dabei zu Herstellungskosten im Sinne des Handels- und Steuerrechts zu erfolgen. Da diese Regeln für die Kosten- und Leistungsrechnung nicht gelten, wurde oben nicht von Eigenleistungen, sondern ganz bewusst von Eigenerträgen gesprochen.

Als Umsatzerlöse gelten die nach Abzug von Mehrwertsteuer, Rabatten, Boni, Skonti usw. verbleibenden Erlöse. In Rechnung gestellte Außenverpackungen und Versandkosten sind dabei grundsätzlich als Teil der Umsatzerlöse zu betrachten. Der Zweckertrag einer Möbelfabrik wird also dargestellt durch die aus dem Verkauf von Möbeln erzielten Umsätze, bei einer Fabrik für Herrenoberbekleidung sind es die Umsätze an Hosen, Sakkos, Mänteln etc., jeweils korrigiert um die entsprechenden Bestandsveränderungen.

4. Neutrale Erträge

112 Analog zur Aufwandsrechnung wird unterschieden zwischen:
- betriebsfremdem Ertrag,
- periodenfremdem Ertrag,
- außergewöhnlichem Ertrag und
- rechentechnisch bedingtem neutralem Ertrag.

a) Betriebsfremder Ertrag

113 Betriebsfremde Erträge sind Bruttowertzuwächse, die in keinem Zusammenhang mit dem Betriebszweck (Sachziel) des Unternehmens stehen. Sie resultieren vielmehr aus Erlösen betriebsfremder Einrichtungen. Typische Beispiele dafür sind Mieteinnahmen eines Industriebetriebs aus nicht betrieblich genutzten Gebäuden (inklusive Werkswohnungen) sowie Einnahmen aus Kantinen. Aber auch Erlöse aus Spekulationsgeschäften eines Handels- oder eines Industriebetriebs gehören hierher.

b) Periodenfremder Ertrag

114 Analog zum periodenfremden Aufwand handelt es sich dabei um Erträge, die zwar nicht betriebsfremd sind, die aber nach Abschluss der Periode anfallen, der sie wirtschaftlich hätten zugerechnet werden müssen. Typische Beispiele dafür sind Rückzahlungen von Kostensteuern sowie Einnahmen aus bereits ausgebuchten Forderungen.

c) Außergewöhnlicher Ertrag

115 Sowohl was den Begriff außergewöhnlicher (statt außerordentlicher) Ertrag als auch was den Inhalt der Kennzeichnung „außergewöhnlich" anlangt, kann hier auf die Darstellungen zum außergewöhnlichen Aufwand verwiesen werden. Es geht dabei um Wertzuwächse, die zwar aus betrieblichen Aktivitäten heraus entstanden sind, die aber eben wegen ihres außergewöhnlichen Charakters nicht in die betriebliche Erfolgsrechnung (Leistungsrechnung) einbezogen werden können. Dazu gehören z. B. Zahlungen von Versicherungen zur Regulierung von Schadensfällen (*Kilger* Einführung, S. 32) sowie buchhalterische Gewinne aus dem Verkauf von Anlagen. Dagegen sollten die Nettoliquiditätserlöse aus dem

Verkauf demontierter Anlagen und anderer ausgemusterter (bislang betrieblich genutzter) Vermögensgegenstände in der Kostenrechnung als kalkulatorische Wagnisgewinne oder Wagnisverluste behandelt werden. Darauf wird bei der Diskussion der kalkulatorischen Wagnisse zurückzukommen sein.

d) Rechentechnisch bedingter neutraler Ertrag

Rechentechnisch bedingte neutrale Erträge ergeben sich zwangsläufig dann, wenn versucht wird, die kalkulatorischen Kosten auch in der Buchhaltung auszuweisen, und zwar als Kosten die keinen Aufwand darstellen. Wie die Abbildung D-3 zeigt, muss der dann notwendige Ausgleich zwischen Aufwands- und Ertragsrechnung einerseits und Kosten- und Leistungsrechnung andererseits dadurch hergestellt werden, dass die jeweilige kalkulatorische Kostenart, also z. B. die kalkulatorischen Abschreibungen, als „verrechnete Kosten" formal als ein neutraler Ertrag ausgebucht werden (Kontenklasse 2 des Gemeinschaftskontenrahmens der deutschen Industrie). Das ist schon deshalb äußerst fragwürdig, weil sich dieser neutrale Ertrag unter dem Ertragsbegriff überhaupt nicht subsumieren lässt, da er keinen Wertzuwachs darstellt.

116

Eine andere Variante ergibt sich, wenn z. B. die Wertansätze für Halb- und Fertigerzeugnisse nach Handelsrecht höher ausfallen als die kalkulatorische Bewertung im Sinne der Kosten- und Leistungsrechnung. Die Differenz ist als neutraler Ertrag zu erfassen.

5. Das Gesamtergebnis betreffende Erträge

Wie bereits festgestellt worden ist, schmälert speziell die Körperschaftsteuer zwar das handelsrechtliche, nicht aber das steuerrechtliche Ergebnis. Daraus folgt, dass eine Rückzahlung zuviel bezahlter Körperschaftsteuer konsequenterweise als das Gesamtergebnis betreffender Ertrag und nicht als neutraler Ertrag zu erfassen ist. In gleicher Weise wäre zu verfahren, wenn aus irgendeinem Grunde eine bereits bezahlte Geldstrafe ganz oder teilweise zurückerstattet wird, was wohl nur selten vorkommen dürfte.

117

6. Der Leistungsbegriff

Analog zum Zweckertrag sind Leistungen solche Bruttowertzuwächse, die sich aus der Erfüllung des Betriebszwecks ergeben. Es werden Grundleistungen und kalkulatorische Leistungen unterschieden.

118

Die sogenannten Grundleistungen sind hinsichtlich der Mengenkomponente mit den Zweckerträgen nahezu identisch. Ein Unterschied ergibt sich insoweit, als gewisse Eigenleistungen für Zwecke der Kosten- und Leistungsrechnung zu aktivieren (abzugrenzen) sind, deren Aktivierung im Sinne der Aufwands- und Ertragsrechnung unzulässig ist. Das gilt z. B. für selbstentwickelte Patente. Ein wichtiger, genereller Unterschied zwischen Zweckertrag und Grundleistung ist in Bezug auf die Bewertung zu konstatieren. Im Gegensatz zur pagatorischen Ertragsrechnung, welche eine Bewertung der Bestandsveränderungen und der Eigenerträge auf der Basis der Anschaffungsausgaben verlangt, müssen diese Positionen im Rahmen der Leistungsrechnung konsequenterweise auf der Basis des aktuellen Wiederbeschaffungswertes, also nach den für die Kosten geltenden Regeln bewertet werden. Damit gehen in die Rechnung auch und gerade die kalkulatorischen Kosten ein, was im Rahmen der Aufwandsrechnung definitionsgemäß unzulässig wäre. Eben aus diesem Grund können Zweckertrag und Grundleistung nicht als Synonyme betrachtet werden.

Beispiel

Ein Unternehmen hat in einer beliebigen Periode einen Nettoumsatz von 10 Mio. Euro erzielt. Der Wert der zunächst in Mengeneinheiten ausgedrückten Bestandsveränderungen (Erhöhung) ist in der Ertragsrechnung (also nach Handels- und Steuerrecht) mit 800 000,- € anzusetzen; nach den Regeln der Kosten- und Leistungsrechnung dagegen mit 875 000,- €. Damit ergibt sich insoweit ein Zweckertrag von 10 800 000,- €, aber eine Grundleistung von 10 875 000,- €.

119 Die Begriffe „Zusatzleistung" und „kalkulatorische Leistung" werden hier analog zu ihrem Pendant im Kostenbereich als Synonyme behandelt. Von Zusatzleistungen wird insbesondere dann gesprochen, wenn betriebliche Leistungen (etwa für Werbezwecke) unentgeltlich abgegeben werden. Sie können damit nicht (direkt) zu Einnahmen führen, so dass es zumindest fraglich ist, ob sie sich noch unter dem Ertragsbegriff subsumieren lassen. Nicht geteilt wird die von manchen Autoren (z. B. *Gabele* S. 32) vertretene Auffassung, dass auch im Unternehmen entwickelte und genutzte Patente als kalkulatorische Leistungen zu betrachten seien. Es handelt sich dabei vielmehr um innerbetriebliche Leistungen, die rein betriebswirtschaftlich (kalkulatorisch) betrachtet zu aktivieren sind, auch wenn das nach den Regeln der Aufwands- und Ertragsrechnung unzulässig ist; denn diese Regeln gelten für die Kosten- und Leistungsrechnung nicht. Die aus Misserfolgen im Bereich von Forschung und Entwicklung resultierten Verluste sind dagegen über die kalkulatorischen Wagnisse abzurechnen.

120 Abschließend ist festzuhalten, dass es sich bei den Zusatzleistungen zwar um Bruttowertzuwächse handelt, die sich bei der Ermittlung des kalkulatorischen Betriebsergebnisses aber trotzdem nicht als positive Komponente niederschlagen. Zusatzleistungen führen nicht direkt zu Einnahmen; in einem positiven Sinne könnten sie nur als eine Art Merkposten ausgewiesen werden.

7. Zur Unterscheidung von Zusatzleistung und Andersleistung

121 Diese Unterscheidung ist, wie schon festgestellt wurde, das Pendant zur Unterscheidung von Zusatzkosten und Anderskosten und damit auch aus denselben Gründen abzulehnen.

V. Betriebswirtschaftliche Kategorien des Periodenerfolgs

122 Aus den erläuterten positiven wie negativen Erfolgskomponenten ergeben sich folgende Kategorien des Periodenerfolgs:

- Buchhalterisches Unternehmensergebnis (Gesamtergebnis)
  = Ertrag – Aufwand
- Buchhalterisches Betriebsergebnis
  = Zweckertrag – Zweckaufwand
- Neutrales Ergebnis
  = neutraler Ertrag – neutraler Aufwand
- Kalkulatorisches Betriebsergebnis
  = (Grund-)Leistung – (Grundkosten + Zusatzkosten)

Die Zusatzleistung bleibt bei der Definition des kalkulatorischen Ergebnisses aus den eben dargelegten Gründen außer Acht.

Sind die Ergebnisse positiv, so wird von Gewinn gesprochen, sind sie negativ, so liegt ein Verlust vor.

V. Betriebswirtschaftliche Kategorien des Periodenerfolgs

123 Um den Periodenerfolg von Unternehmen mit anderen auf Gewinnerzielung ausgerichteten Kapitalanlagen vergleichen zu können, muss das Ergebnis in einer relativen, einem Zinsfuß vergleichbaren Größe dargestellt werden. Das geschieht in Form von Rentabilitätsberechnungen. Dabei gilt:

FD-1: Rentabilität des Eigenkapitals $= \dfrac{\text{Periodengewinn} \times 100}{\text{Durchschnittliches Eigenkapital}}$

FD-2: Rentabilität des betriebsnotwendigen Kapitals $= \dfrac{\text{Kalkulatorischer Gewinn} \times 100}{\text{Durchschnittliches betriebsnotwendiges Kapital}}$

Der Begriff „betriebsnotwendiges Kapital" wird im Zusammenhang mit den kalkulatorischen Zinsen erläutert werden. Von „durchschnittlichem" Kapital wird gesprochen, weil Kapital eine zeitpunktbezogene, der Gewinn dagegen eine zeitraumbezogene Größe ist. Der Gewinn kann also nur zu demjenigen Kapital in Beziehung gesetzt werden, das in der relevanten Periode durchschnittlich eingesetzt war. Im Falle von Verlusten ergibt sich offensichtlich auch eine negative Rendite.

Zu ergänzen ist, dass sich Ergebnisvergleiche zwischen Unternehmen unterschiedlicher Größe korrekterweise nur auf der Basis der Rendite, nicht aber auf der Grundlage der absoluten Zahlen (Gewinn oder Verlust) durchführen lassen.

124-129 *(einstweilen frei)*

E. Die betriebswirtschaftliche Produktions- und Kostentheorie als theoretische Grundlage der Kostenrechnung

I. Allgemeine Aussagen

Es kann sich hier nicht darum handeln, die betriebswirtschaftliche Produktions- und Kostentheorie ausführlich zu diskutieren. Grundkenntnisse auf diesem Sektor sind jedoch unverzichtbar, um die Möglichkeiten und Grenzen bzw. die Vor- und Nachteile der verschiedenen Systeme der Kosten- und Leistungsrechnung richtig einschätzen zu können.

1. Gegenstand der Produktions- und Kostentheorie

Die Produktions- und Kostentheorie befasst sich mit der Frage, durch welche Einflussgrößen (Kostendeterminanten) die in einem Unternehmen anfallenden Kosten bestimmt werden. Wie sich unmittelbar aus dem Kostenbegriff ergibt, ist die Höhe der in einem Unternehmen anfallenden Kosten zunächst einmal von den verbrauchten Faktormengen (Mengenkomponente) und zum andern von der Höhe der Faktorpreise (Wertkomponente) abhängig. Dabei wird die Höhe der Faktorpreise primär von außerbetrieblichen Einflussgrößen bestimmt. Die Faktorverbrauchsmengen werden dagegen maßgeblich durch die von einem Unternehmen aufgebauten Kapazitäten, die damit verfügbaren Verfahrenstechniken sowie durch die Beschäftigung (Auslastung der Kapazitäten) determiniert. Da sich Kapazitäten und Verfahrenstechniken nur in längeren Zeiträumen verändern, können sie für eine kurzfristige Betrachtung, wie sie der Kosten- und Leistungsrechnung eigen ist, als konstant vorausgesetzt werden (*Kilger* Einführung, S. 35).

Wie *Heinen* (S. 516f.) zeigt, ist hinsichtlich der Gesamtkosten (K) eines Unternehmens zu unterscheiden zwischen denjenigen Kosten, die in einem direkten Zusammenhang mit der betrieblichen Leistungserstellung stehen und jenen Kosten, für die es nur eine indirekte Beziehung zur betrieblichen Leistungserstellung gibt, die aber in Kauf genommen werden müssen, weil die betriebliche Leistungserstellung sonst gar nicht möglich wäre. Die Höhe der zur ersten Kostengruppe gehörenden Wertverzehre wird, bei gegebener Technik und Intensität, unmittelbar durch die produzierten Ausbringungsmengen bestimmt, sie sollen hier deshalb zunächst als (mengen-)abhängige oder variable Kosten (K_V) bezeichnet werden. Die zweite Gruppe von Kosten wird in der h.L. als Fixkosten (K_F), als Kosten der Betriebsbereitschaft oder als Kapazitätskosten bezeichnet. Ihre Höhe sei, so wird angenommen, innerhalb einer gegebenen Kapazität von der produzierten Leistungsmenge unabhängig. Wenn das richtig ist, so müsste, bezogen auf eine bestimmte Abrechnungsperiode, folgende Formel gelten:

$$\text{FE-1:} \quad K = K_V + K_F$$

Diese Gleichung ist in Theorie und Praxis offensichtlich nur dann brauchbar, wenn sie es in logisch einwandfreier Form erlaubt, alle betrieblichen Wertverzehre zu erfassen, die einer bestimmten Abrechnungsperiode wirtschaftlich zuzuordnen sind.

2. Produktions- und Kostenfunktionen als die Kernpunkte der Produktions- und Kostentheorie

132 Im Mittelpunkt der Produktionstheorie stehen die Produktionsfunktionen. Eine Produktionsfunktion zeigt, welche Einsatzmengen an Produktionsfaktoren (unabhängige Variable) bei gegebener Technik und Intensität nötig sind, um eine bestimmte Menge (abhängige Variable) eines gewünschten Gutes erzeugen zu können. Bezeichnet man die eingesetzten Produktionsfaktoren mit i_1 bis i_n, die jeweiligen Faktoreinsatzmengen mit r_1 bis r_n und die Ausbringungsmenge (z. B. Stück oder kg) mit x oder E (Ertrag), so gilt

FE-2: $\quad E = x = f(r_1, r_2, r_3, \ldots, r_n)$

Bei der Interpretation der Gleichung ist zu beachten, dass sich die Einsatzmengen eines Teils der Produktionsfaktoren (variable Faktoren) verändern müssen, wenn die Ausbringungsmenge verändert wird. Die Einsatzmengen des anderen Teils der Einsatzfaktoren werden von Veränderungen der Ausbringungsmenge nicht beeinflusst (konstante oder fixe Faktoren).

Werden die Faktoreinsatzmengen in Gleichung FE-2 mit konstanten Preisen q_1 bis q_n bewertet, so ergeben sich die Kosten (K_1 bis K_n) der verschiedenen Faktoreinsätze. Es gilt also

FE-3: $\quad E = x = f(r_1 \cdot q_1, r_2 \cdot q_2, r_3 \cdot q_3, \ldots, r_n \cdot q_n) = f(K)$
oder $\quad E = x = f(K_1, K_2, K_3, \ldots, K_n)$

Wird auch der Ertrag in Geldeinheiten bewertet (monetäre Ertragsfunktion), so gilt für den monetären Ertrag (EG)

FE-4: $\quad EG = f(K_1, K_2, K_3, \ldots, K_n)$

Angenommen, die Symbole r_1 und r_2 würden für die variablen und die Symbole r_3 bis r_n für die konstanten Faktoren stehen, so müsste es sich bei K_1 und K_2 um variable und bei K_3 bis K_n um fixe Kosten im Sinne der Gleichung FE-1 handeln. Somit lässt sich die Gleichung FE-3 auch wie folgt schreiben

FE-5: $\quad E = x = f(K_V, K_F) = f(K)$

Wird nun zur Gleichung FE-3 die Umkehrfunktion gebildet, so ergeben sich die Kosten (abhängige Variable) als Funktion der Ausbringungsmenge (unabhängige Variable – *Haberstock* Bd. I, S. 31). Es gilt dann also

FE-6: $\quad K = f(x)$.

Die Formel zeigt, welche funktionalen Beziehungen zwischen der Ausbringungsmenge x und den Gesamtkosten K bestehen.

Selbstverständlich ist der Begriff „Gesamtkosten" aber nicht nur auf ein ganzes Unternehmen, sondern auch auf Teilbereiche sowie auf einzelne Produktionsprozesse anwendbar.

Zum Schluss dieses Abschnittes sei ausdrücklich festgestellt, dass mit den Begriffen „fixe" und „variable" Kosten künftig immer mengenabhängige bzw. mengenunabhängige Kosten gemeint sind. Dies ist besonders in Bezug auf die Fixkosten wichtig, weil mit dem Begriff auch auflagenfixe Kosten gemeint sein können. Diese sind dann explizit als solche kenntlich zu machen.

3. Ausgliederung der als variabel bzw. als fix bezeichneten Kostenbestandteile

Da Produktions- und Kostenfunktionen zumindest theoretisch die unterschiedlichsten **133** Formen annehmen können, werden in der Kostentheorie ganz bestimmte Gesamtkostenverläufe (in Abhängigkeit von der Ausbringungsmenge) grundsätzlich für möglich gehalten. Die Abbildung E-1 zeigt, worum es sich handelt:

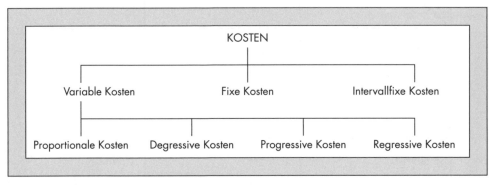

Abb. E-1: Potenzielle Gesamtkostenverläufe

Diese theoretisch vorstellbaren, idealtypischen Gesamtkostenverläufe sind grundsätzlich sowohl für ganze Betriebe oder Betriebsteile als auch für einzelne Kostenarten vorstellbar. Bezogen auf ganze Betriebe oder Betriebsteile werden diese idealtypischen Gesamtkostenverläufe in der Praxis kaum in reiner Form auftreten. Im Bereich der Kostenarten sind solche idealtypischen Kostenverläufe dagegen denkbar. Zur Erläuterung wird deshalb mit beispielhaft ausgewählten Kostenarten gearbeitet. Diese Vorstellung liegt auch den entsprechenden graphischen Darstellungen in Abbildung E-2 zu Grunde.

Um die Kosten nach ihrem Verhalten gegenüber Veränderungen der Ausbringungsmenge charakterisieren und einteilen zu können (*Heinen* S. 169) hat *Mellerowicz* (Bd. 2, S. 285 f.) den Begriff des Reagibilitätsgrades entwickelt. Er gibt an, mit welcher relativen (prozentualen) Kostenänderung gerechnet werden muss, wenn sich die Ausbringungsmenge um einen bestimmten Prozentsatz verändert. Es gilt also die Formel

$$\text{FE-7:} \quad \frac{\text{Reagibili-}}{\text{tätsgrad}} = \frac{\text{relative (prozentuale) Kostenänderung}}{\text{relative (prozentuale) Mengenänderung}}$$

Unter der Voraussetzung, dass sich die Beschäftigung einer Betriebseinheit in Mengeneinheiten messen lässt, kann hier anstelle von Mengenänderung auch von Beschäftigungsänderung gesprochen werden.

Bei der in Formel FE-7 gelieferten Definition des Reagibilitätsgrades handelt es sich um eine für Zwecke der Kostenrechnung hinreichende Darstellung, die mathematisch aber nicht ganz korrekt ist. Mathematisch korrekt müsste der Reagibilitätsgrad komplizierter, nämlich auf der Basis eines Differenzialquotienten definiert werden (*Heinen* S. 169 f.).

Im Sinne der betriebswirtschaftlichen Interpretation des Reagibilitätsgrades werden die in Abbildung E-2 dargestellten Kostenverläufe unterschieden. Von variablen Kosten wird dabei immer dann gesprochen, wenn sich Kosten in Abhängigkeit von der Beschäftigung bzw. von der Ausbringungsmenge verändern. Die Abbildung E-1 zeigt die wichtigsten Ausprägungen der variablen Kosten.

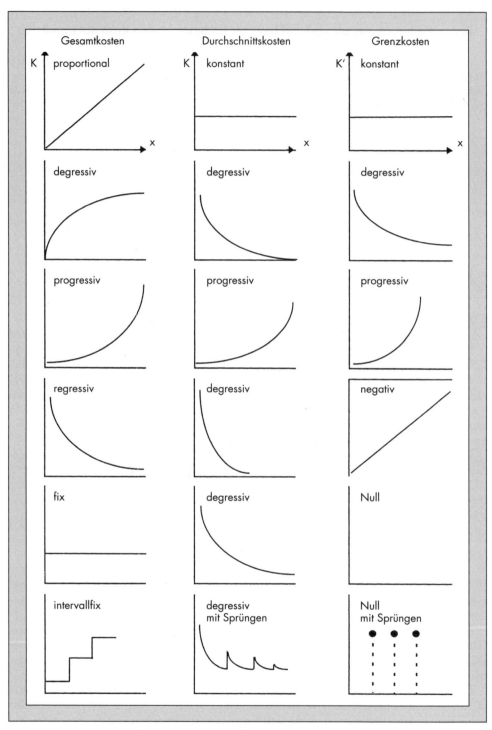

Abb. E-2: Kostenverläufe in Abhängigkeit von der Ausbringung
(nach *Haberstock* Bd. I, 12. Aufl., S. 33)

Ein **proportionaler Kostenverlauf** liegt vor, wenn eine Veränderung der Ausbringungsmenge (z. B. um 10 %) zu einer Veränderung der Kosten um denselben Prozentsatz führt. Der Reagibilitätsgrad ist damit gleich 1. Von einem proportionalen Verlauf kann z. B. beim Fertigungsmaterial ausgegangen werden.

Ein **progressiver (überproportionaler) Kostenverlauf** ergibt sich, wenn die relative Kostenänderung (z. B. 10 %) größer ist als die relative Beschäftigungsänderung (z. B. 8 %). Der Reagibilitätsgrad ist in diesem Fall also größer als 1. Als Beispiel hierfür werden vielfach durch Überstundenzuschläge erhöhte Lohnkosten genannt. Dieses Beispiel ist zwar anschaulich, aber im Sinne der Produktions- und Kostentheorie nicht korrekt, weil diese Mehrkosten nicht auf die Erhöhung der Ausbringungsmenge, sondern auf die partielle Preiserhöhung beim Faktor „Arbeit" zurückzuführen sind. Ohne eine Veränderung der Faktorpreise sind progressive Kosten etwa als Folge der Überbeanspruchung von Maschinen denkbar.

Liegt die relative Kostenänderung (z. B. 6 %) unter der relativen Mengenänderung (8 %), so liegt ein degressiver (unterproportionaler) Kostenverlauf vor. Damit ergibt sich ein Reagibilitätsgrad, der kleiner als 1 ist.

Dieser Fall kann durch Lerneffekte, z. B. bei einer neu aufgenommenen Produktlinie, für eine gewisse Zeit auftreten.

Bei **regressivem Kostenverlauf** führt jede relative Mengenänderung zu einer relativen Kostenänderung mit umgekehrtem Vorzeichen. Eine Mengenänderung von plus 10 % müsste also z. B. zu einer Kostenänderung um minus 8 % führen. Der Reagibilitätsgrad nimmt hier also einen negativen Wert an. Als Beispiele hierfür werden die Heizkosten eines Kinos oder eines Theaters genannt. Als „Ausbringungsmenge" bzw. als Beschäftigungsmaßstab gilt dabei die Zahl der Besucher. Außerdem wird davon ausgegangen, dass die Heizkosten mit zunehmender Besucherzahl abnehmen. Ob dieses Beispiel die Sache tatsächlich trifft, kann hier nicht näher untersucht werden. Zweifel sind angebracht.

Fixkosten im Sinne der h. L. sind kapazitätsdeterminierte Kosten (*Kilger* Einführung, S. 35), die, bei gegebenen Kapazitäten (und Verfahrenstechniken), durch Änderungen der Ausbringungsmenge nicht beeinflusst werden, so dass die relative Kostenänderung und der Reagibilitätsgrad gleich null sein müssen. Als typisches Beispiel hierfür gelten die Gehälter von Angestellten in Verwaltung und Vertrieb.

Als „intervallfix" werden Kosten bezeichnet, die sich innerhalb bestimmter Beschäftigungsbereiche (Beschäftigung gemessen an der Ausbringungsmenge) wie fixe Kosten verhalten, ab einer bestimmten Beschäftigungsgrenze aber sprunghaft ansteigen, um dann (bis zum nächsten Sprung) wieder fix, aber auf höherem Niveau zu verlaufen. Definitionsgemäß ist dieser Fall nur bei einer Veränderung der Kapazitäten denkbar. Gehört also gar nicht hierher.

4. Gesamt-, Durchschnitts- und Grenzkosten und ihre Beziehungen

Sowohl für kostentheoretische Analysen als auch für Zwecke der Kosten- und Leistungsrechnung sind nicht nur die alternativen Gesamtkostenverläufe (in Abhängigkeit von der Ausbringungsmenge) von Interesse, sondern auch die dazugehörigen in Abbildung E-2 gleichfalls dargestellten Durchschnittskostenkurven und Grenzkostenkurven.

Als Durchschnittskosten (k) werden die (durchschnittlichen) Kosten je Leistungseinheit bezeichnet. Sie werden auch „Einheitskosten" oder „durchschnittliche Stückkosten" genannt. Zur Bestimmung der Durchschnittskosten sind die Gesamtkosten durch die Ausbringungsmenge zu dividieren. Es gilt also:

$$\text{FE-8:} \quad k = \frac{K}{x}$$

Werden die Gesamtkosten (K) i. S. der Gleichung FE-1 in variable (K_V) und fixe Kosten (K_F) aufgespalten, so lassen sich auch die Durchschnittskosten entsprechend differenzieren.

Welchen Verlauf die Durchschnittskosten in Abhängigkeit von dem angenommenen Verlauf der Gesamtkosten nehmen, ist in Abbildung E-2 graphisch dargestellt. Wichtig ist dabei zum einen, dass die Durchschnittskosten bei dem in Abbildung E-2 dargestellten rein proportionalen Verlauf der Gesamtkosten konstant bleiben (variable Durchschnittskosten), wogegen sie sich bei vollständig fixen Gesamtkosten degressiv verhalten.

Bei den Grenzkosten (K') handelt es sich, streng mathematisch betrachtet, um einen Differenzialquotienten im Sinne der Infinitesimalrechnung. Insoweit gilt damit die Formel

$$\text{FE-9:} \quad K' = \frac{dK}{dx}$$

Da sich mit infinitesimalen Größen in der Kostenrechnung aber nicht arbeiten lässt, werden die Grenzkosten vereinfacht als diejenigen Kosten definiert und interpretiert, welche zusätzlich entstehen, wenn man die Ausbringungsmenge um eine Einheit erhöht. Im Falle eines proportionalen Gesamtkostenverlaufs (s. o.) sind die Grenzkosten konstant und mit den (variablen) Durchschnittskosten identisch.

In Tabellenform zusammengestellte Zahlenbeispiele für die verschiedenen Kostenverläufe (in Abhängigkeit von der Ausbringungsmenge) finden sich bei *Haberstock* (Bd. I, S. 36 ff.).

II. Spezielle Aussagen

1. Abgrenzung

135 Wie oben schon festgestellt worden ist, können Produktions- und Kostenfunktionen zumindest theoretisch die unterschiedlichsten Formen annehmen. Demgemäß wurden in den Wirtschaftswissenschaften eine ganze Reihe verschiedener produktions- bzw. kostentheoretischer Modelle entwickelt. Von diesen Modellen ist für die Kostenrechnung die von *Gutenberg* (Bd. I, S. 326 ff.) entwickelte Produktionsfunktion vom Typ B und die daraus resultierende Kostenfunktion besonders interessant. Schon um eine Vergleichsmöglichkeit zu haben, muss aber auch der Antithese, nämlich dem sogenanntes. Ertragsgesetz (einer Produktionsfunktion vom Typ A) eine gewisse Aufmerksamkeit geschenkt werden.

2. Produktions- und Kostenfunktionen vom Typ A

136 Produktionsfunktionen vom Typ A zeichnen sich dadurch aus, dass mit substitutionalen Produktionsfaktoren gearbeitet wird. Es wird also davon ausgegangen, dass die variablen Produktionsfaktoren in bestimmten Grenzen untereinander austauschbar seien (partielle Substitution). Außerdem gelten die Funktionen immer nur für ein einziges (homogenes) Produkt, das in einem durchgängigen (einstufigen) Prozess hergestellt wird. In diesem Sinne könnte z. B. eine ganz bestimmte Sorte Bier als homogenes Produkt bezeichnet werden. Allerdings fehlt es beim Bier an dem einstufigen Fertigungsprozess.

II. Spezielle Aussagen

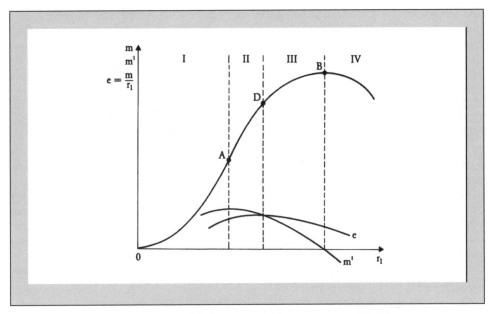

E = Gesamtertrag; e = Durchschnittsertrag; m' = Grenzertrag; r = variabler Faktor

Abb. E-3: Ertragskurven im Sinne einer Produktionsfunktion vom Typ A (Ertragsgesetz)

Das wohl wichtigste Beispiel einer Produktionsfunktion vom Typ A ist das sogenannte Ertragsgesetz. Es lässt sich wie folgt formulieren: Werden zwei Produktionsfaktoren (bzw. zwei Gruppen von Produktionsfaktoren), bei konstanter Technik und gleichbleibender Qualität der Einsatzfaktoren, in der Weise miteinander kombiniert, dass die Einsatzmenge eines variablen Faktors (oder einer Gruppe variabler Faktoren), bei Konstanz der Einsatzmenge des anderen Faktors (der anderen Faktorgruppe), sukzessive vermehrt wird, so ergibt sich die in Abbildung E-3 dargestellte ertragsgesetzliche Produktionsfunktion. Sie ist dadurch gekennzeichnet, dass sie zunächst progressiv, dann degressiv steigende, schließlich aber absolut sinkende Ertragszuwächse (*Gutenberg* Bd. I, S. 303 ff., *Wöher* S. 365) aufweist.

Der Durchschnittsertrag (e) ergibt sich, wenn man den Gesamtertrag (E) durch die eingesetzte Menge des variablen Faktors (r) dividiert. Analog zu den Grenzkosten wird der Grenzertrag (E') näherungsweise und anschaulich als diejenige Veränderung des Gesamtertrags definiert, welche sich ergibt, wenn der variable Faktor um eine Einheit gesteigert wird.

Das Ertragsgesetz wurde ursprünglich als Gesetz vom abnehmenden Bodenertrag für die **137** Landwirtschaft entwickelt. Dabei wurde davon ausgegangen, dass sich der in Abbildung E-3 dargestellte Ertragsverlauf ergibt, wenn in einem landwirtschaftlichen Produktionsprozess z. B. die Einsatzmenge an Düngemittel sukzessive gesteigert wird, wogegen die Einsatzmengen für alle anderen Produktionsfaktoren, also z. B. Anbaufläche, Saatgut und menschliche Arbeit, konstant gehalten werden. Wird nun weiter davon ausgegangen, dass es sich bei Düngemitteln, Saatgut und menschlicher Arbeit um partiell substituierbare Faktoren handelt, so lassen sich identische Produktionsergebnisse erzielen, wenn statt des Düngemittels ein anderer der genannten Faktoren sukzessive gesteigert wird. Eine fehlende Menge an Düngemittel lässt sich unter den angenommenen Voraussetzungen also z. B. durch den zusätzlichen Einsatz von Saatgut und/oder menschlicher Arbeit kompensieren und umgekehrt. Im Endeffekt bedeutet das, dass sich eine bestimmte Ausbringungsmenge mit mengenmäßig verschiedenen Faktoreinsatzkombinationen herstellen lässt. Schließlich folgt aus der Tatsache, dass für das Ertragsgesetz von konstanter Technik ausgegangen wird, dass sich bei jeder Änderung der Produktionstechnik eine neue Ertragsfunktion ergibt. Das gilt auch dann, wenn die Faktorkombination durch den Einsatz eines völlig neuen Faktors qualitativ, also nicht nur in ihrer mengenmäßigen Zusammensetzung, geändert wird.

138 Die aus dem Ertragsgesetz resultierende Gesamtkostenkurve ergibt sich wiederum als Umkehrfunktion der monetären Ertragsfunktion (Gleichung FE-4) bzw. als deren Spiegelbild. Um diesen Sachverhalt graphisch darstellen zu können, sind im Koordinatensystem sowohl auf der Ordinate als auch auf der Abszisse die monetären Erträge (EG) und die Kosten (K) abzutragen, wie das in Abbildung E-4 geschehen ist. Die Strecke OB zeigt dann den Wert der konstant gehaltenen Einsatzfaktoren.

Folglich muss die Strecke OA für die fixen Kosten stehen. Wichtig ist diese unmittelbare Herleitung der Fixkosten aus einer Produktionsfunktion vom Typ A deshalb, weil damit zugleich festgestellt wird, dass es sich bei dem Begriff Fixkosten im Sinne der Kostentheorie um eine Größe ohne Zeitdimension handelt. Dem ist so, weil bei der ertragsgesetzlichen Produktionstheorie von einer Momentanproduktion ausgegangen werden muss, d. h. die Theorie beruht auf der Hypothese, dass die Produktion unendlich schnell, also in der Zeit „Null" stattfinde (*Heinen* S. 241).

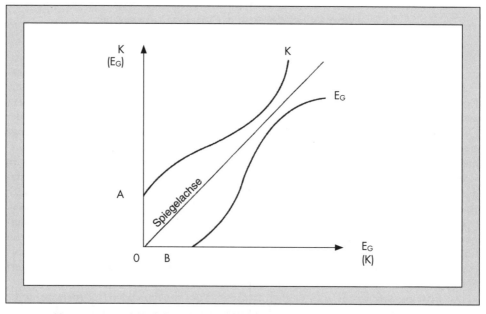

Abb. E-4: Die Gesamtkostenfunktion als Spiegelbild einer Produktionsfunktion vom Typ A (Ertragsgesetz)

Ob es Produktionsprozesse, die dem Ertragsgesetz entsprechen, etwa im Bereich der Landwirtschaft oder der chemischen Industrie vorkommen, ist strittig. Unstrittig ist dagegen, dass Produktionsfunktionen vom Typ A für die Mehrzahl der handwerklichen und industriellen Produktionsprozesse nicht gelten, weil die dort eingesetzten Produktionsfaktoren meist limitationaler Natur sind. Produktionsprozesse, die auf der Kombination limitationaler Produktionsfaktoren beruhen, sind Gegenstand der Produktionsfunktionen vom Typ B, die anschließend behandelt werden.

3. Produktions- und Kostenfunktionen vom Typ B

a) Produktionsfunktionen vom Typ B

aa) Charakteristika

Eine Produktionsfunktion vom Typ B liegt vor, wenn in einem Produktionsprozess bei **139** konstanter Produktionstechnik und Intensität (Leistungsgrad) im variablen Bereich mit limitationalen Produktionsfaktoren gearbeitet wird. Das bedeutet, dass die zur Herstellung einer bestimmten Ausbringungsmenge nötigen Produktionsfaktoren nur in einem ganz bestimmten (nicht variierbaren) Mengenverhältnis miteinander kombiniert werden können. Eine Verdoppelung der Ausbringungsmenge erfordert in diesem Fall also auch eine Verdoppelung der Einsatzmengen der entsprechenden Produktionsfaktoren. Eine (partielle) Substitutionsmöglichkeit besteht nicht. Angenommen, es solle eine bestimmte Menge gehobelter Bretter hergestellt werden, so lässt sich, um das Hobelmaschinenbeispiel von *Gutenberg* (Bd. I, S. 322) aufzugreifen, fehlendes Rohmaterial nicht durch einen erhöhten Einsatz von Maschinen und/oder menschlicher Arbeit ersetzen (und umgekehrt).

Intensität wird im Rahmen der Produktionstheorie als Arbeit pro Zeiteinheit definiert. Was damit gemeint ist, zeigt folgendes Beispiel:

> Werden mit einer Maschine in 10 Stunden 100 Einheiten erzeugt, so beträgt die Intensität 10 Einheiten pro Stunde. Lässt sich (c.p.) durch eine Erhöhung des „Arbeitstempos" erreichen, dass in 10 Stunden jetzt 110 Einheiten ausgebracht werden können, so ergibt sich eine Intensität von 11 Einheiten pro Stunde.

Soweit (bei konstanter Technik) nennenswerte Veränderungen der Intensität eines Produktionsvorgangs (Arbeitsgangs) überhaupt zu erreichen sind, muss damit gerechnet werden, dass unterschiedliche Intensitätsgrade auch zu unterschiedlichen Verbräuchen an Faktoreinsatzmengen pro Zeiteinheit und damit auch pro Produkteinheit führen. Es kommt also darauf an, ein Aggregat mit einem wirtschaftlich möglichst günstigen Intensitätsgrad zu betreiben. Speziell der Verbrauch an Betriebsstoffen (z. B. Strom und Kühlmittel) sowie der Verschleiß von Maschine und Werkzeug kann stark vom gefahrenen Intensitätsgrad beeinflusst werden.

Aus diesen Überlegungen folgt, dass es für jeden Intensitätsgrad eine spezielle Produktionsfunktion geben muss. Das gilt auch bei einer Veränderung der eingesetzten Technik.

Neben den bereits beschriebenen Merkmalen unterscheiden sich Produktionsfunktionen vom Typ B von jenen des Typs A insbesondere noch durch folgende Eigenschaften:

- Während mit Produktionsfunktionen vom Typ A nur reine Einproduktbetriebe abgebildet werden können, erlaubt der Typ B prinzipiell auch die Abbildung von Mehrproduktbetrieben. **140**
- Im Gegensatz zum Ertragsgesetz, das nur zu Kostenfunktionen für den Gesamtbetrieb führt, ergeben sich auf der Basis von Produktionsfunktionen des Typs B Kostenfunktionen für betriebliche Teilbereiche (z. B. Arbeitsplätze oder Maschinen).
- Produktionsfunktionen vom Typ B führen zu linearen Kostenverläufen, wie sie der Kostenrechnung heute primär zugrunde gelegt werden.
- Auch Produktionsfunktionen vom Typ B sind grundsätzlich statisch formuliert. Das Zeitmoment kann aber in beschränktem Maße bei der Analyse berücksichtigt werden.

bb) Struktur

141 Dadurch, dass sich Produktionsfunktionen vom Typ B auch auf einzelne Maschinen oder Arbeitsplätze beziehen lassen, ist es möglich, für jeden Arbeitsgang eine spezifische (Teil-)Produktionsfunktion aufzustellen. Jede dieser (Teil-)Produktionsfunktionen besteht der aus einer Reihe weiterer Teilfunktionen, die als Faktoreinsatzfunktionen bezeichnet werden. Bezogen auf einen Produktionsfaktor, der für einen ganz bestimmten Arbeitsgang eingesetzt wird, zeigt eine Faktoreinsatzfunktion an, welche Einsatzmenge r dieses Faktors i bei gegebener Intensität notwendig ist, um eine bestimmte Ausbringungsmenge x herstellen zu können. Wird die Einsatzmenge r des Faktors i, die zur Erzeugung einer Ausbringungseinheit nötig ist (der sogenannte Produktionskoeffizient), mit v_i bezeichnet (*Haberstock* Bd. II, 7. Aufl., S. 128 ff.), so gilt

FE-10: $\quad v_i = (r_i : x)$

Für den Faktor i ergibt sich also folgende Faktoreinsatzfunktion:

FE-11: $\quad (v_i \cdot x) = r_i$

Müssen (und das ist wohl die Regel) für die Ausführung eines Arbeitsganges bzw. für die Erstellung einer (Teil-)Leistung mehrere Produktionsfaktoren (i = 1 bis n) eingesetzt werden, so gilt:

FE-12: $\quad v_1 \cdot x = r_1$
$\quad\quad\quad\quad v_2 \cdot x = r_2$
$\quad\quad\quad\quad \cdot \quad \cdot \quad \cdot$
$\quad\quad\quad\quad \cdot \quad \cdot \quad \cdot$
$\quad\quad\quad\quad v_n \cdot x = r_n$

Die Gesamtheit dieser Faktoreinsatzfunktionen bildet die Produktionsfunktion für den betreffenden Arbeitsgang, allerdings ohne Berücksichtigung konstanter Produktionsfaktoren.

Beispiel:
Wird vereinfachend angenommen, dass für die Herstellung einer Holzspindel (in einer einstufigen Fertigung) je Stück 0,8 m Rundholz, 0,4 Std. Arbeit und 0,4 Std. Maschineneinsatz gebraucht werden, so gelten für die Herstellung von 300 Spindeln die unten dargestellten Faktoreinsatzfunktionen.

Produktionsfaktor	v		x		r
Rundholz	0,8 m	·	300	=	240 m
Arbeit	0,4 Std.	·	300	=	120 Std.
Maschineneinsatz	0,4 Std.	·	300	=	120 Std.

Abb. E-5: Faktoreinsatzfunktionen (Beispiele)

Das Beispiel zeigt, dass der zur Bestimmung einer Faktoreinsatzfunktion erforderliche Produktionskoeffizient auch in Zeiteinheiten gemessen werden kann. Im Beispiel beziehen sich die auf Zeitbasis (Stunden) bestimmten Produktionskoeffizienten zum einen auf den Faktor Arbeit und zum anderen auf den Maschineneinsatz. Dabei steht letzterer für den

II. Spezielle Aussagen

Verbrauch eines ganzen Bündels von Produktionsfaktoren, z. B. für den Verbrauch von Energie und Schmiermitteln sowie für den Verschleiß von Maschine und Werkzeug. Im Sinne der Produktionstheorie müsste für jeden dieser Faktoren ein spezieller Produktionskoeffizient ermittelt werden.

Die Gesamtheit der in Abbildung E-5 dargestellten Faktoreinsatzfunktionen bildet bei gegebener Intensität (2,5 Einheiten pro Stunde) wiederum die (Teil-)Produktionsfunktion (ohne konstante Faktoren) für die Herstellung der 300 Spindeln in einem Arbeitsgang. Die für andere Ausbringungsmengen erforderlichen Mengen an Einsatzfaktoren lassen sich anhand der Produktionsfunktion problemlos ermitteln.

Soll die Ausbringungsmenge auf 400 (150) Spindeln erhöht (gesenkt) werden, sind unter den gegebenen Voraussetzungen (Limitationalität der Einsatzfaktoren) 320 m (120 m) Rundholz sowie je 160 (60) Arbeits- und Maschinenstunden nötig.

Sind zur Herstellung eines einteiligen Produkts mehrere Arbeitsgänge (mehrstufige Fertigung) erforderlich, so bildet die Gesamtheit der Faktoreinsatzfunktionen jedes Arbeitsganges eine (Teil-)Produktionsfunktion. Gemeinsam bilden sie die Gesamtproduktionsfunktion des betreffenden Produkts bzw. der betreffenden Arbeitsgänge. Bei mehrteiligen Produkten ergibt sich die Gesamtproduktionsfunktion somit als Summe der (Teil)Funktionen, die aus der Herstellung und dem Zusammenbau der Einzelteile resultieren. Dabei dürfen die eingesetzten Fertigungsmaterialien und Hilfsstoffe natürlich jeweils nur einmal berücksichtigt werden. Für die in der Praxis wohl wichtigste Konstellation, nämlich die Herstellung zahlreicher, mehrteiliger Produkte in jeweils mehrstufigen Prozessen, bildet die Zusammenfassung der entsprechenden Faktoreinsatzfunktionen bzw. Teilproduktionsfunktionen die Gesamtproduktionsfunktion, die sich theoretisch in Form eines Gleichungssystems darstellen lässt. In der Praxis scheitert das allerdings rasch an der zu hohen Komplexität der Produktionsverhältnisse.

Hervorzuheben ist, dass auch und gerade die Produktionsfunktionen vom Typ B etwa in einem Industriebetrieb nur auf die „reine" Produktion, also auf die Herstellung der beschäftigungsrelevanten (das sind primär die zum Verkauf bestimmten Leistungen) Ausbringungsmengen, bezogen werden sollten. Theoretisch lassen sich „Produktionsfunktionen" zwar auch im Verwaltungs- oder Vertriebsbereich aufstellen, die damit angesprochenen Leistungen sind aber nicht bestimmend für die Beschäftigung des Unternehmens, sie werden vielmehr durch die Beschäftigung bestimmt.

Schließlich ist auch noch darauf hinzuweisen, dass Produktionsfunktionen vom Typ B in der Literatur vielfach nicht unmittelbar mit Hilfe von Faktoreinsatzfunktionen, sondern auf dem Umweg über Verbrauchsfunktionen hergeleitet werden.

Diese Verbrauchsfunktionen sind für die Kosten- und Leistungsrechnung faktisch bedeutungslos. Sie brauchen in dieser Arbeit deshalb nicht diskutiert zu werden.

b) Kostenfunktionen vom Typ B

aa) Mengenabhängige (beschäftigungsvariable) Kosten

Wie schon bei der Behandlung der Produktionsfunktion vom Typ A festgestellt worden ist, werden im Rahmen der Produktions- und Kostentheorie nur solche Kosten als variabel bezeichnet, welche sich zwangsläufig immer dann verändern, wenn die beschäftigungsrelevante Ausbringungsmenge verändert wird; denn damit müssen sich auch die Einsatzmengen der Produktionsfaktoren verändern.

Bei limitationalen Produktionsverhältnissen sowie konstanter Technik und Intensität können, wie oben gezeigt wurde, die für eine bestimmte Ausbringungsmenge nötigen Faktoreinsatzmengen durch Faktoreinsatzfunktionen beschrieben werden. Folglich lassen sich die variablen (Gesamt-)Kosten (K_V), welche für einen bestimmten Arbeitsgang durch den Einsatz eines beliebigen Produktionsfaktors i entstehen, dadurch ermitteln, dass die entsprechende Faktoreinsatzfunktion (Gleichung FE-10) mit dem Preis je Faktoreinheit (q_i) multipliziert wird. Damit ergibt sich die in Gleichung FE-13 dargestellte Kostenfunktion. Sie beschreibt diejenigen Kosten, welche für den betreffenden Arbeitsgang aus dem Einsatz des Faktors i in Abhängigkeit von der Ausbringungsmenge x resultieren. Bezogen auf den ganzen

FE-13: $v_i \cdot x \cdot q_i = r_i \cdot q_i = K_{Vi}$

Arbeitsgang handelt es sich dabei allerdings nur um eine Teil-Kostenfunktion. Die gesamten variablen Kosten des Arbeitsganges ergeben sich aus der Addition der für die eingesetzten Produktionsfaktoren geltenden (Teil-)Kostenfunktionen. Werden diese Operationen durchgeführt, so zeigt sich für das „Spindelbeispiel" das in Tabelle E-1 dargestellte Bild. Die der Berechnung zu Grunde gelegten Faktorpreise (q) sind aus der Tabelle E 1 ersichtlich. Die Tabelle zeigt außerdem, dass sich die drei Teil-Kostenfunktionen (für Rundholz, menschliche Arbeit und Maschineneinsatz) zu der in Gleichung FE-14 dargestellten Funktion der variablen Gesamtkosten (K_V) zusammenfassen lassen: Sie ist im Beispiel mit der Gesamtkostenfunktion identisch.

Deshalb gilt

FE-14: $K = K_V = 36{,}- € \cdot x$.
für x = 300 gilt also
$K = K_V = 10\,800{,}- €$

Produktionsfaktor	v	q	x	K_v
Rundholz	0,8 m	15,- €/m	300	3600,- €
Arbeit	0,4 Std.	20,- €/Std.	300	2400,- €
Maschineneinsatz	0,4 Std.	40,- €/Std.	300	4800,- €
Gesamtkosten				10800,- €
Durchschnittliche Kosten je Einheit				36,- €

Tab. E-1: Bewertete Faktoreinsatzfunktionen (Teil-Produktionsfunktionen)

Für eine Serie von 400 (150) Spindeln wäre also (c.p.) mit Kosten von insgesamt 14 400,- € (5400,- €) zu rechnen. Es ergibt sich somit eine lineare Gesamtkostenfunktion, wie sie in Abbildung E-6 dargestellt ist.

Es stellt sich nun die Frage, wie sich das Bild ändert, wenn die bislang außer acht gelassenen Rüstkosten in die Betrachtung miteinbezogen werden.

145 **Rüstkosten** sind auflagenfixe oder serienfixe Kosten, aber eben keine beschäftigungsfixen (mengenunabhängigen) Kosten, wie folgendes Beispiel zeigt:

Beispiel:
Wird angenommen, dass mit einem Rüstvorgang eine Serie von maximal 300 Einheiten hergestellt werden kann, so sind die Rüstkosten für eine (Auflage) Serie zwischen 1 und 300 Einheiten immer gleich

II. Spezielle Aussagen

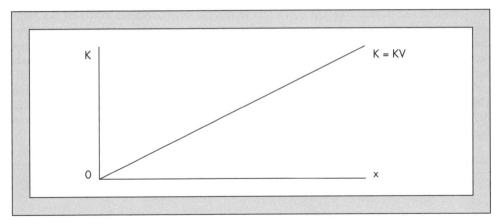

Abb. E-6: Lineare Gesamtkostenkurve

hoch. Neue Rüstkosten fallen z. B. an, wenn in einer kontinuierlichen Produktion mehr als 300 Einheiten gefertigt werden sollen, bzw. dann, wenn in zeitlichem Abstand eine zweite Serie aufgelegt wird. Es stellt sich also heraus, dass die Anzahl der notwendigen Rüstvorgänge letztendlich von der Gesamtzahl der herzustellenden Ausbringungseinheiten bestimmt wird. Rüstkosten sind somit von der Ausbringungsmenge abhängige, variable Kosten.

Bei der bisherigen Diskussion wurde implizit davon ausgegangen, dass man es mit einem einstufigen Einproduktbetrieb zu tun habe, bei dem sich die Beschäftigung eindeutig an der Ausbringungsmenge messen lässt. Bei Mehrproduktbetrieben gibt es dagegen keinen eindeutigen, auf das Gesamtunternehmen anwendbaren Beschäftigungsmaßstab, weil sich die unterschiedlichen Produkte als ungleichnamige Mengen nicht addieren lassen. Es muss dort vielmehr mit einer Vielzahl von Beschäftigungsmaßstäben (Bezugsgrößen; s. Rz. 292) gearbeitet werden, die sich aber nicht auf das ganze Unternehmen, sondern nur auf bestimmte Unternehmensteile (Arbeitsplätze, Kostenplätze, Kostenstellen) beziehen. Die Kostenfunktion für einen Mehrproduktbetrieb lässt sich deshalb theoretisch nur in Form eines Gleichungssystems darstellen. Praktisch scheitert das meist an der zu hohen Komplexität der Produktionsverhältnisse. **146**

bb) Mengenunabhängige (beschäftigungsfixe) Kosten

In der h. L. werden diejenigen betrieblichen Wertverzehre als (beschäftigungsunabhängige) beschäftigungsfixe Kosten oder einfach als Fixkosten bezeichnet, die nur in einer indirekten Beziehung zur Leistungserstellung stehen (*Heinen* S. 517). Von ihnen wird deshalb angenommen, dass sie bei konstanten Kapazitäten von Beschäftigungsschwankungen (Schwankungen der Ausbringungsmengen) unabhängig sind. Eine Veränderung der Ausbringungsmenge bei irgendeinem Produkt darf die Fixkosten (c. p.) eines Mehrproduktbetriebs also nicht verändern. **147**

Dieser Vorstellung entspricht die übliche graphische Darstellung einer Gesamtkostenkurve (Kostenfunktion) unter Berücksichtigung der sogenannte Fixkosten. Wie die Abbildung E-8 zeigt, wird die Kurve der variablen (proportionalen) Kosten dabei einfach um den Fixkostenbetrag nach oben verschoben.

Eine geschlossene Theorie der fixen Kosten gibt es in der Betriebswirtschaftslehre nicht. Die Versuche, eine solche Theorie zu entwickeln, sind bislang über eine Reihe von Aussagen, welche die Entstehungsgründe von Fixkosten beschreiben sollen (*Heinen* S. 517 ff.), nicht hinausgekommen. Als wichtigste Ursache für die Existenz fixer Kosten wird dabei **148** der Umstand angesehen, dass Unternehmen wegen der mangelnden Teilbarkeit des technischen und des dispositiven Apparats mit dem Aufbau und der Bereitstellung von Produktionskapazitäten (insbesondere von Betriebsmitteln und Arbeitskräften) Bindungen physikalischer und rechtlicher Natur eingehen müssen. Diese Bindungen führen dazu, dass bestimmte Kosten (z. B. Löhne, Gehälter, Mieten, kalkulatorische Zinsen) auch dann entstehen und getragen werden müssen, wenn sich die beim Aufbau der Kapazitäten gehegten Umsatzerwartungen nicht oder nur teilweise erfüllen, so dass Teile der Kapazitäten zumindest vorübergehend nicht voll genutzt werden können. Deshalb werden die Fixkosten auch als Kapazitätskosten bezeichnet.

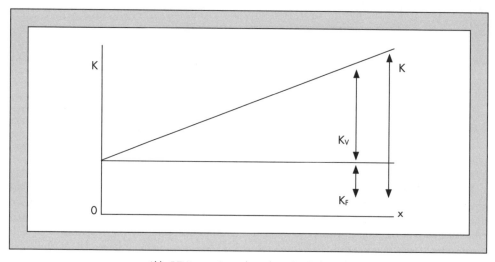

Abb. E-7: Lineare Gesamtkostenkurve (mit Fixkosten)

149   Die Fixkosten im Sinne der h. L. sind aber nicht absolut fixe (unveränderliche) Kosten, sie können sich vielmehr durchaus ändern, wenn sich die einschlägigen Preise ändern oder wenn die Kapazitäten verändert werden. Entscheidungen, die auf den Abbau (oder den Aufbau) bestimmter Kapazitäten abzielen, lassen sich aber nicht schlagartig, sondern nur innerhalb bestimmter Zeitspannen umsetzen.

III. Zur Bedeutung der Kostentheorie für die Kostenrechnung

150   Die Kostentheorie ist die theoretische Grundlage der Kosten- und Leistungsrechnung. Ihre Thesen können jedoch nicht ohne Weiteres in die Kostenrechnung übernommen werden, weil sich dabei Widersprüche ergeben könnten. An dem Begriff „Bereitschaftskosten", einem Synonym für den Begriff „Fixkosten," lässt sich das demonstrieren. Als Beispiel nennt *Heinen* (S. 512) zeitproportionale Arbeitsentgelte. Demnach wären die Löhne für Facharbeiter, die im Zeitlohn bezahlt werden, den Fixkosten zuzuordnen. Den größten Teil ihrer Arbeitszeit werden die betroffenen Personen am Produkt arbeiten. Zwischen der Entstehung der resultierenden Fertigungslöhne und der betrieblichen Leistungserstellung besteht hier ein direkter, funktionaler Zusammenhang. Folglich handelt es sich insoweit eindeutig um variable Kostenträgereinzelkosten. Diese Kosten als fixe Gemeinkosten zu verrechnen wäre also falsch.

Aus den in Theorie und Praxis mit der Aufteilung der Kosten in variable und fixe Bestandteile verbundenen Problemen hat *Deyhle* die Konsequenzen gezogen. Im Vorspann zu Heft 3/94 seines „controller magazins" schreibt er: „Die Ausdrucksweise von den variablen und fixen Kosten" gehört zu Grabe getragen. Andernfalls wird die praktische wie wissenschaftliche Kostenrechnung niemals das erreichen, was der Grundauftrag eines Controllers ist: Dem Management u. a. Kostentransparenz zu bieten." In der zweiten Auflage dieses Buches ist sein Ansatz ausführlich dargestellt worden. Er kann hier aber nur kurz angesprochen werden, weil er nicht Gegenstand der Bilanzbuchhalterprüfung ist. Im Kern geht es dabei um die Erkenntnis, dass der Begriff „Kosten" nicht eindimensional gesehen werden darf, sondern mehrdimensional betrachtet werden muss. Der unten abgebildete Kostenwürfel soll das verdeutlichen. Wichtig dabei ist, dass für jede Kostenart immer alle Dimensionen gleichzeitig, aber unabhängig voneinander zu betrachten sind. Der irreführende Eindruck, dass Teile der Kosten tatsächlich „fix" seien, wird vermieden.

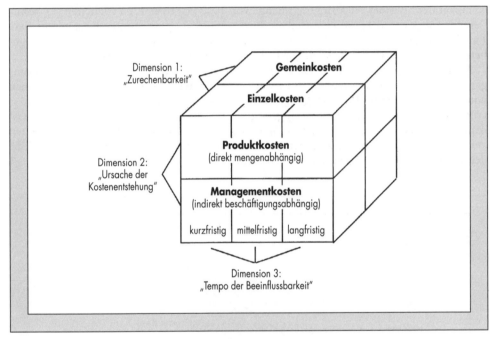

Abb. E-8: Kostenwürfel nach Deyhle
Quelle: Deyhle, A.: Controller – Bd. I, S. 36.

IV. Diskussionsvorschläge zum Problem der Kostenauflösung

Parallel zur Kostentheorie wurde im Bereich der Kostenrechnung versucht, Verfahren zu entwickeln, die es erlauben sollen, die Gesamtkosten eines Produktionsprozesses, aber auch einzelne Kostenarten in ihre (beschäftigungs-)fixen und (beschäftigungs-)variablen Bestandteile aufzuspalten. Zu nennen sind hier die buchhalterische, die mathematische und die grafische Methode sowie die Methode der kleinsten Quadrate (vgl. dazu *Eisele* S. 743 ff. und *Olfert* S. 233 ff.).

Der buchhalterischen Methode liegt die Idee zugrunde, dass es entsprechend qualifizierten Mitarbeitern auf der Basis von Erfahrungen aus der Vergangenheit möglich sein müsste, darüber zu entscheiden, inwieweit bestimmte Kostenarten als fix oder variabel einzuordnen sind.

Bei der mathematischen Methode werden für zwei Beschäftigungspunkte (Beschäftigungsgrade) die Gesamtkosten (K_1 und K_2) und die entsprechenden Ausbringungsmengen (x_1 und x_2) festgestellt. Damit lässt sich bei linearem Gesamtkostenverlauf der als Differenzenquotient definierte, sogenannte proportionale Satz (d) ermitteln. Es gilt folgende Formel

$$d = \frac{K_2 - K_1}{x_2 - x_1}$$

Belaufen sich die relevanten Gesamtkosten für K_2 auf 18 000 € und für K_1 auf 16 000 €, so besagt der bei einer Ausbringungsmenge von 1000 (x_1) bzw. 1200 Einheiten (x_2) resultierende Quotient, dass auf eine Einheit durchschnittlich 10 € variable Kosten entfallen. Für K_1 betragen die variablen Kosten also 10 000 € und die Fixkosten 6000 €. Für K_2 ergeben sich 12 000 € variable Kosten. Die fixen Kosten bleiben natürlich bei 6000 €.

Auch bei der grafischen Methode wird von einer linearen Kostenentwicklung ausgegangen. Zum Zwecke der Kostenauflösung werden, wie unten dargestellt, die Kombinationen von Gesamtkosten und Beschäftigung, welche sich in den einzelnen Monaten eines Jahres ergeben, in ein Koordinatensystem eingetragen. Zwischen den sich ergebenden Punkten ist dann eine Gerade einzuzeichnen, die möglichst geringe Abstände zu den fixierten Punkten aufweisen soll. Der Schnittpunkt der Geraden mit der Kostenachse zeigt dann die Höhe der durchschnittlichen monatlichen Fixkosten.

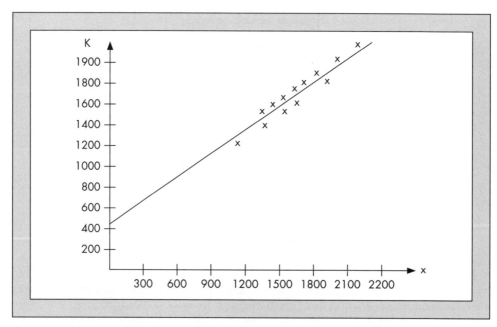

Abb. E-9: Graphische Kostenauflösung
(Quelle: Olfert S. 235)

IV. Diskussionsvorschläge zum Problem der Kostenauflösung

In der oben dargestellten Beispielgrafik betragen diese Fixkosten 450 €. Im Jahr sind das 5400 € (450.12). Betragen die Gesamtkosten eines Jahres 19 600 €, so werden die variablen Kosten mit 14 200 € angesetzt.

Der Methode der kleinsten Quadrate (*Olfert* S. 233) liegt die allgemeine Kostenfunktion zu Grunde. Es ist also folgende Gleichung zu lösen

$$y = a + b \cdot x$$

a = Fixe Kosten (€/Monat)
b = Variable Kosten (€/Stunde)
x = Durchschnittliche Beschäftigung pro Monat
y = Durchschnittliche Kosten (€) pro Monat

Die Frage, inwieweit mit diesen Methoden das angestrebte Ziel erreicht werden kann, wird in der Literatur unterschiedlich beurteilt. Nach *Eisele* (S. 746 f.) ist das buchhalterische Verfahren problematisch, weil ihm keine objektiven Kriterien zugrunde liegen. Die Methode der kleinsten Quadrate kann seiner Meinung nach „das relativ exakteste Ergebnis" liefern. Nach *Haberstock* (Bd. II, S. 227) sind die angeführten statistischen Methoden zur Kostenauflösung nicht geeignet, weil sie von Vergangenheitswerten ausgehen.

153

Näherungsweise und mit vertretbarem Aufwand lässt sich das Problem dadurch lösen, dass die Aufgabe der Kostenauflösung, analog zum buchhalterischen Verfahren, qualifizierten Fachleuten übertragen wird, die bei ihren Überlegungen von einer bestimmten Vorstellung von der künftigen Entwicklung des Unternehmens ausgehen, die also nicht nur auf der Basis von Vergangenheitswerten arbeiten.

Abzulehnen ist die Idee alle das Unternehmen betreffenden Wertverzehre den fixen Kosten zuzurechnen, die sich nicht umgehend oder in einem zu definierenden kurzen Zeitraum beseitigen oder anderweitig beeinflussen lassen (*Kremin-Buch* S. 20 ff.).

Ein Beispiel aus dem Buch von *Kremin-Buch* (S. 20) soll das verdeutlichen. Sie schreibt: „So lässt sich z. B. die klassische Vorstellung, Fertigungslöhne seien variabel, schon lange nicht mehr halten. Fertigungslöhne müssen aufgrund von Arbeitsverträgen unabhängig von der Ausbringung bezahlt werden." Diese Aussage ist sachlich richtig, zur Bestimmung des Charakters der Fertigungslöhne aber ungeeignet. Fertigungslöhne fallen nur für die Arbeit am Erzeugnis an. Werden Arbeitskräfte, die regulär in die in dieser Weise beschäftig werden, aus welchen Gründen auch immer, vorübergehend für Hilfsarbeiten eingesetzt, so sind sie wie an ihrem regulären Arbeitsplatz zu bezahlen. Diese Löhne gehören aber nicht zu den Fertigungslöhnen, sie sind vielmehr als Hilfslöhne einzuordnen. Die Menge der anfallenden Fertigungslöhne hängt vom Umfang der am Produkt geleisteten Arbeit ab. Die resultierenden Löhne sind also beschäftigungsabhängige (variable) Kosten.

(einstweilen frei)   **154-169**

F. Die Kostenartenrechnung

I. Grundsatzfragen

Die folgenden Überlegungen beziehen sich auf eine klassische Vollkostenrechnung. Die Besonderheiten der Kostenartenrechnung für Systeme der Teilkostenrechnung werden im Abschnitt N erläutert.

1. Zielsetzung und Aufgaben der Kostenartenrechnung

170 Als abrechnungstechnischer Ausgangspunkt der Kostenrechnung hat die Kostenartenrechnung die Aufgabe, alle einer Abrechnungsperiode wirtschaftlich zuzurechnenden Kosten nach Kostenarten gegliedert, periodengerecht und vollständig zu erfassen. Sie liefert damit nicht nur die Voraussetzung für die Weiterverrechnung der Kosten im Rahmen der Kostenstellen- und der Kostenträgerrechnung, sondern zugleich auch die Grundlage für die Kontrolle der Wirtschaftlichkeit der betrieblichen Abläufe (Kostenkontrolle) durch Kostenvergleichsrechnungen. Zu denken ist dabei sowohl an Zeitvergleiche als auch an Soll-Ist-Vergleiche.

171 Von einem Zeitvergleich (oder Ist-Ist-Vergleich) wird z. B. gesprochen, wenn etwa die Gesamtkosten einer Periode oder die für bestimmte Kostenarten ermittelten Kosten den entsprechenden Werten einer anderen Periode gegenübergestellt werden. Es kann sich dabei z. B. um Vergleiche mit dem Vormonat oder dem entsprechenden Monat des Vorjahres, aber auch um Jahresvergleiche handeln.

Beim Soll-Ist-Vergleich werden dagegen den Istkosten vergleichbare, im voraus geplante Maßkosten (*Kilger* Einführung, S. 16), die als „Sollkosten" bezeichnet werden, gegenübergestellt.

172 Schließlich bietet die Kostenartenrechnung durch die nach Kostenarten differenzierte Auflistung der Gesamtkosten einer Periode auch die Möglichkeit, die prozentualen Anteile zu ermitteln, mit denen einzelne Kostenarten oder Kostenartengruppen (z. B. Fertigungslöhne und Fertigungsmaterial) an den Gesamtkosten beteiligt sind. Dadurch lässt sich zumindest ein Einblick in die Kostenstruktur eines Unternehmens gewinnen (*Gabele/Fischer* S. 62).

2. Zur Kostenartenbildung

173 Bei der Bildung von Kostenarten geht es darum, die heterogene Grundgesamtheit „Kosten" für Zwecke der Kostenrechnung in kleinere und damit homogenere Teileinheiten (eben die Kostenarten) aufzugliedern (*Kicherer* S. 239). Diese Aufgliederung muss in einer ersten, elementaren Stufe nach dem Merkmal der Faktororientierung erfolgen, d. h. nach der Art der eingesetzten Produktionsfaktoren. Dabei ergeben sich zunächst Kostenartengruppen, wie z. B. Löhne und Gehälter, Materialkosten und kalkulatorische Kosten. Aus der weiteren stufenweisen Aufgliederung der Kostenartengruppen resultieren schließlich die einzelnen Kostenarten. So lässt sich z. B. die Kostenartengruppe „Löhne und Gehälter" zunächst in die Untergruppe „Löhne" und in die Untergruppe „Gehälter" ausgliedern. Innerhalb der Untergruppe „Löhne" können dann in einem weiteren Schritt verschiedene

Kostenarten unterschieden werden. Zu nennen sind hier etwa die Fertigungslöhne und die Hilfslöhne sowie die Urlaubslöhne und die Krankheitslöhne.

174 Die auf der Basis der Faktororientierung entstehenden Kostenarten werden als primäre oder originäre Kostenarten bezeichnet, weil bei ihrer Ermittlung abrechnungstechnische Gesichtspunkte völlig außer Acht bleiben. Über die primären Kostenarten wird der betriebsbedingte, in Geldeinheiten gemessene Verbrauch solcher Güter erfasst, die das Unternehmen von außerhalb bezogen hat, bzw. von Gütern, welche den von außen bezogenen Gütern gleichzustellen sind. Das gilt z. B. für die Nutzung selbsterstellter Anlagen.

Sekundäre oder gemischte Kostenarten entstehen beim Verbrauch von Gütern und Leistungen, die im Unternehmen für den Eigenbedarf erstellt wurden. Sie „sind das geldmäßige Äquivalent" (*Haberstock* Bd. I, S. 59), der sogenannten „innerbetrieblichen Leistungen", auf die im Rahmen der Kostenstellenrechnung unten näher einzugehen sein wird. Typische Beispiele für sekundäre Kostenarten sind die Kosten für Eigenreparaturen und selbsterzeugten Strom (Eigenstrom). Wie diese Beispiele zeigen, besteht jede sekundäre Kostenart aus mehreren primären oder aus verschiedenen primären und sekundären Kostenarten. Für Eigenreparaturen können z. B. neben den (primären) Lohn- und Materialkosten auch Kosten für den Verbrauch selbsterzeugten Stroms anfallen. Für die Erzeugung von Eigenstrom fallen u. a. Kosten an in Form von kalkulatorischen Abschreibungen, Betriebsstoffen, Löhnen und Sozialkosten. Sekundäre Kostenarten sind, um einige weitere Beispiele zu nennen, auch die Kosten des Fuhrparks oder die Kosten der Werksfeuerwehr. Die Kostenartenbildung erfolgt hier nicht mehr im Sinne der Faktororientierung, es liegt vielmehr eine Kostenstellenorientierung vor.

3. Zur Organisation der Kostenartenrechnung (Der Kostenartenplan)

175 Wie bereits festgestellt wurde, bildet die Kostenartenrechnung die erste Stufe der Kosten- und Leistungsrechnung. Fehler in diesem Bereich wirken sich somit auch auf die folgenden Stufen aus, also auf die Kostenstellen- und die Kostenträgerrechnung. Darauf ist bei der Organisation der Rechnung zu achten.

Wichtigstes Organisationsinstrument in diesem Bereich ist der Kostenartenplan. Ein entsprechendes Beispiel wird in den Tabellen F-1a und F-1b dargestellt. Das Beispiel ist angelehnt an den Gemeinschaftskontenrahmen der Industrie (GKR) aus dem Jahre 1951. Der GKR liefert in seiner Kontenklasse 4 (Konten der Kostenarten) eine Art Muster für den Aufbau eines Kostenartenplanes. Dementsprechend wurde für die Nummerierung der Kostenarten auch die Spitzenziffer vier gewählt.

Der individuelle Kostenartenplan eines Unternehmens muss so gestaltet sein, dass sich alle im Unternehmen anfallenden betriebsbedingten Wertverzehre im Rahmen einer Kostenart vollständig erfassen lassen; jeder betriebsbedingte Wertverzehr muss also einer bestimmten Kostenart zugeordnet werden können. Ist das der Fall, so stellt der Plan insoweit nichts anderes dar als eine systematische Zusammenstellung der in einem Unternehmen gebildeten primären Kostenarten. Aus Gründen, die im Zusammenhang mit dem Informationsbedarf der Benutzer zu sehen sind, aus abrechnungstechnischen Gründen sowie aus Wirtschaftlichkeitsüberlegungen heraus, werden in den Kostenartenplänen meist auch die sekundären Kostenarten aufgeführt. Wichtig ist dabei, dass primäre und sekundäre Kostenarten immer strikt voneinander getrennt bleiben. Geschieht das nicht, so wird die Kostenartenrechnung unübersichtlich und fehleranfällig (*Kilger* Einführung, S. 70). Um zu zeigen, was Kilger damit meint, soll angenommen werden, dass in dem beigefügten Kostenartenplan unter der Gruppe 41 (Gemeinkostenmaterial) neben der Position „Fremdstrom" auch noch eine Kostenart „Selbsterzeugter Strom (Eigenstrom)" aufgeführt sei. Um diesen Strom erzeugen zu können, muss eine Arbeitskraft eingesetzt werden. Außerdem werden ein entsprechendes Aggregat und irgendein Brennstoff gebraucht. Damit stellen sich folgende Fragen: Werden alle Hilfslöhne und Brennstoffe in den entsprechenden Kostenarten (4212, 4120) erfasst, oder ist ein Teil dieser Kostenarten beim Eigenstrom erfasst worden, oder wurden die zur Stromerzeugung angefallenen Hilfslöhne und Brennstoffe doppelt erfasst, sowohl beim Eigenstrom als auch bei den Hilfslöhnen bzw. bei den Brennstoffen. Auch für die kalkulatorischen Abschreibungen stellen sich derartige Fragen.

Schließlich ist noch auf eine wichtige Besonderheit obigen Kostenartenplanes hinzuweisen. Er enthält in der Untergruppe 4390 Wertverzehre, die, wie erst weiter unten begründet werden kann, zwar Aufwand, aber keine Kosten darstellen. Der unzulässige Ausweis dieser neutralen Aufwendungen im Kostenartenplan erfolgt aus Gründen der Wirtschaftlichkeit und der Abrechnungstechnik. Jede Position eines Kostenartenplanes muss (schon aus

40	Fertigungsmaterial (Fertigungsstoffe, Rohstoffe)	4210	Hilfslöhne für betrieblich bedingte Wartezeiten	
4001	Einsatzmaterial Gr. A	4212	Verschiedene Hilfslöhne (Instandhaltung, Transport, Lager usw.)	
4002	Einsatzmaterial Gr. B			
4025	Einsatzmaterial Gr. X	4230	Zuschläge für Überstunden und Nachtarbeit auf Hilfslöhne	
4030	Bezogene Bauteile			
4050	Handelswaren			
4070	Fremde Lohnarbeit	4250	Feiertagslöhne	
41	Gemeinkostenmaterial (Hilfs- und Betriebsstoffe)	4251	Urlaubslöhne	
		4252	Krankheitslöhne	
4100	Fremdstrom	4280	Gehälter[1]	
4110	Gas, Wasser und Dampf (fremdbezogen)	43	Sozialkosten (ohne Soziallöhne – Nr. 4250 f.)	
4120	Treib- und Brennstoffe	4301	Gesetzliche Sozialkosten für Arbeiter	
4130	Schmiermittel und Kühlmittel			
4140	Kleinwerkzeuge und Kleingeräte	4302	Gesetzliche Sozialkosten für Angestellte	
4150	Büro- und Zeichenmaterial			
42	Löhne und Gehälter	4310	Tarifliche Sozialkosten für Arbeiter	
4201	Fertigungslöhne und Fertigungsgehälter für absatzbestimmte Leistungen	4311	Tarifliche Sozialkosten für Angestellte	
		4330	Weihnachtsgeld	
		4340	Sonstige	
4203	Fertigungslöhne für andere Leistungen	4390	Aussonderungen (Neutrale soziale Aufwendungen)	
4209	Zuschläge auf Fertigungslöhne für Überstunden und Nachtarbeit	4391	Aufwendungen für Kantine und Werksbücherei	
44	Fremdreparaturen und technische Fremdleistungen	4398	Aufwendungen für Werkswohnungen	
		4620	Eingangsfrachten, Rollgelder usw.	
4401	Fremdreparaturen an Gebäuden und Grundstücken	4630	Reisekosten	
		4640	Kosten der Repräsentation	
4402	Fremdreparaturen an Maschinen und Anlagen	4650	Kosten der Werbung	

[1] Ohne Fertigungsgehälter

Tabelle F-1a: Kostenartenplan (Teil I)

178

Tabelle. F-1b: Kostenartenplan (Teil II)

Gründen der Datenverarbeitung) durch eine Nummer (Kostenartennummer) und einen Namen (Kostenartenbezeichnung) gekennzeichnet sein. Um Verwechslungen und Fehlbuchungen zu vermeiden, sollten die Namen (Bezeichnungen) für die einzelnen Positionen (Kostenarten) möglichst eindeutig, „sprechend" und unverwechselbar sein. Dieses Ziel lässt sich aber wegen der Vielschichtigkeit des Faktoreinsatzes selbst in relativ kleinen Betrieben vielfach nur bedingt erreichen. In der Praxis muss der Kostenartenplan deshalb durch Kontierungsvorschriften (Handbücher) ergänzt werden. Dort sind die Inhalte der einzelnen Positionen zu beschreiben und durch Beispiele weiter zu konkretisieren.

Allgemeine Aussagen darüber, wie ein Kostenartenplan gegliedert und gestaltet sein sollte, sind nicht möglich. Dazu sind die Unterschiede hinsichtlich der Bedeutung einzelner Kostenarten und der Zusammensetzung der relevanten Produktionsfaktoren zu groß. Der Kostenartenplan eines Handelsunternehmens muss offensichtlich ganz anders aussehen, als der eines Industriebetriebs. Innerhalb dieser Wirtschaftszweige werden sich z. B. je nach Größe und Spezialisierung wiederum erhebliche Unterschiede ergeben.

Was die Tiefengliederung eines Kostenartenplanes angeht, so lässt sich durch eine entsprechende Differenzierung der Produktionsfaktoren eine nahezu beliebige Anzahl von Kostenarten bilden. In der Praxis gilt es hier, einen Kompromiss, zwischen dem Bedürfnis nach Information und dem Prinzip der Wirtschaftlichkeit zu finden. Jede zusätzliche Kostenart führt zu Mehrkosten und vergrößert tendenziell das Fehlerrisiko.

4. Zur Einbindung der Kostenartenrechnung in das betriebliche Rechnungswesen

Bei der Gestaltung der Kostenartenrechnung ist zu beachten, dass die Rechnung einerseits auf Informationen aus sachlogisch vorgelagerten Teilgebieten aufgebaut ist und andererseits Informationen an sachlogisch nachgelagerte Teilsysteme weitergibt. Der Kostenartenrechnung in diesem Sinne vorgelagert sind die Finanzbuchhaltung, die Lohnbuchhaltung, die Lagerbuchhaltung und die Anlagenbuchhaltung. Nachgelagert sind die Kostenstellen- und die Kostenträgerrechnung. Es kommt also darauf an, den Informationsfluss zwischen den verschiedenen Teilabrechnungssystemen möglichst wirtschaftlich zu organisieren und Doppelarbeit zu vermeiden. Das bedeutet zum einen, dass die Kosteninformationen möglichst bereits bei ihrer Erfassung so sortiert und differenziert werden müssen, dass sie damit eben nicht nur in die Kostenartenrechnung übernommen, sondern auch auf deren Nachstufen möglichst problemlos weiterverrechnet werden können. Zum andern müssen die Vorteile genutzt werden, welche die heute übliche Abrechnung über EDV bietet. Zu denken ist dabei etwa an die vielfältigen Möglichkeiten der Sortierung sowie daran, dass es diese Technik erlaubt, mit einem Arbeitsgang eine Information gleichzeitig in mehrere Teilabrechnungssysteme einzuspeisen. So kann z. B. ein bestimmter Fertigungslohn gleichzeitig für die Lohnabrechnung und für alle drei Stufen der Kostenrechnung erfasst werden. Damit gehen Kostenarten-, Kostenstellen- und Kostenträgerrechnung insoweit ineinander über. Aus diesen Gründen scheint es auch zweckmäßig zu sein, Zuordnungsprobleme, welche eigentlich die Kostenstellen- oder die Kostenträgerrechnung betreffen, die aber in der Kostenartenrechnung (bzw. in ihren Vorstufen) gelöst werden müssen, bereits hier zu behandeln.

Selbstverständlich gelten die oben diskutierten Grundsätze der Kosten- und Leistungsrechnung auch für die Kostenerfassung im Rahmen der Kostenartenrechnung. Die Rechnung muss also insbesondere vollständig, periodengerecht sowie sachlich und rechnerisch richtig sein.

Voraussetzung für eine im dargelegten Sinne ordnungsgemäße Kostenartenrechnung ist ferner die Erfassung und Nachweisbarkeit der einzelnen Wertverzehre und Bruttowertzuwächse über entsprechende Belege oder Speichermedien der EDV. Aus diesen Nachweisen müssen alle für die Bearbeitung eines Vorgangs relevanten Daten ersichtlich sein, insbesondere auch die zur Weiterverrechnung erforderlichen Kostenstellen-, bzw. Kostenträgernummern.

5. Überleitung

In den folgenden Abschnitten geht es darum, die wichtigsten Kostenarten näher zu erläutern. Das soll anhand des oben dargestellten Kostenartenplans geschehen. Entgegen der Reihung in diesem Plan und den in der Literatur üblichen Gepflogenheiten wird dabei nicht mit den Kosten des Fertigungsmaterials (Gruppe 40) begonnen, sondern mit den kalkulatorischen Kosten (Gruppe 47), weil sich dadurch für die Diskussion anderer Kostenartengruppen gewisse Vorteile ergeben.

(einstweilen frei)

II. Die Erfassung und Verrechnung der kalkulatorischen Kosten

1. Notwendigkeit

200 Allein auf der Basis der aus der Aufwandsrechnung abgeleiteten Grundkosten lassen sich die in einem Unternehmen anfallenden, betriebsbedingten Wertverzehre weder vollständig noch objektiv und periodengerecht erfassen. Um diese Fehler zu vermeiden, müssen in der Kosten- und Leistungsrechnung „zusätzlich" die zuvor bereits kurz vorgestellten Zusatzkosten (oder kalkulatorischen Kosten) verrechnet werden.

2. Der kalkulatorische Unternehmerlohn

201 Die Vorstände und Geschäftsführer von Unternehmen, welche in der Form einer juristischen Person bzw. einer Kapitalgesellschaft (z. B. AG und GmbH) geführt werden, erhalten für ihre im Interesse des Unternehmens unverzichtbare und damit betriebsnotwendige Tätigkeit ebenso ein Gehalt wie andere Mitarbeiter. Diese Gehälter gehen in die Aufwandsrechnung ein und können von dort meist problemlos in die Kostenrechnung übernommen werden. Das gilt auch, wenn die betreffenden Personen zugleich die Eigentümer (oder Anteilseigner) des Unternehmens sind, was besonders bei Gesellschaften mit beschränkter Haftung häufig der Fall ist. Die geschäftsführenden Inhaber bzw. Gesellschafter von Personenunternehmen (z. B. Einzelunternehmen, OHG und KG) können dagegen nach deutschem Recht kein reguläres Gehalt beziehen, weil ihre Unternehmen keine eigene Rechtspersönlichkeit besitzen. Um ihren Lebensunterhalt bestreiten zu können, sind die Inhaber bzw. Gesellschafter von Personenunternehmen aber berechtigt, Privatentnahmen zu Lasten ihres Kapitalkontos zu erheben. In der Aufwandsrechnung erscheint also kein Äquivalent für ihre betriebsnotwendige Tätigkeit. Würde diese Vorgehensweise auch in die Kostenrechnung übernommen, so wäre diese offensichtlich unvollständig. Außerdem würde gegen das Prinzip der Objektivität verstoßen, weil betriebswirtschaftlich identische Sachverhalte aus rechtlichen Gründen bei Unternehmen mit eigener Rechtspersönlichkeit einerseits und bei Personenunternehmen andererseits unterschiedlich behandelt würden. Um diesen Fehler zu vermeiden, muss in der Kostenrechnung von Personenunternehmen mit einem „fiktiven Gehalt", dem sogenannten „kalkulatorischen Unternehmerlohn", gearbeitet werden. Seinem Charakter als kalkulatorische Kostenart entsprechend, stellt der kalkulatorische Unternehmerlohn keinen Aufwand dar. Er wird also auch nicht ausbezahlt.

202 Probleme bereitet die Bestimmung der Höhe des kalkulatorischen Unternehmerlohnes. Eine exakte Rechenmethode zur Lösung dieses Problems gibt es nicht, es können dazu vielmehr nur Orientierungspunkte geliefert werden. Als ein solcher Orientierungspunkt kommen zunächst einmal die Gehälter von Führungskräften in Betracht, die in vergleichbaren Kapitalgesellschaften vergleichbare Aufgaben wahrnehmen. Entsprechende Informationen lassen sich aus der Fachpresse gewinnen. Als zweiter Anhaltspunkt kann das Gehalt des am besten bezahlten Mitarbeiters im jeweiligen Unternehmen herangezogen werden. Es wird in der Regel die Marktposition, die Ertragskraft und die Größe des Unternehmens angemessen widerspiegeln (*Gau* Bd. I, S. 77). Vorausgesetzt, dass der geschäftsführende Inhaber eines Einzelunternehmens diesem seine ganze Arbeitskraft widmet, muss ihm aufgrund seiner herausgehobenen Position und seiner Verantwortung eine höhere Vergütung zugestanden werden, als dem bestbezahlten Mitarbeiter. Haftungsrisiken sind außen vor zu lassen, sie gelten durch die Chance, als Unternehmer gute Gewinne erwirtschaften zu können als abgegolten. Zu bedenken ist aber, dass ein selbständiger Unternehmer für seine und seiner Familie soziale Absicherung (insbesondere für Krankheit und Alter) in voller Höhe selbst aufzukommen hat. Es scheint deshalb angemessen zu sein, das Gehalt des bestbezahlten Mitarbeiters mit einem Faktor von 2,3 bis 2,7 zu multiplizieren, um zumindest eine Basis für die Höhe des gesuchten kalkulatorischen Unternehmerlohnes zu finden. Zu beachten ist ferner, dass der kalkulatorische Unternehmerlohn mit den Privatentnahmen des Chefs, die immer mit Ausgaben verbunden sind, überhaupt nichts zu tun hat. Diese Privatentnahmen können zufällig gleich hoch, aber auch niedriger oder sogar höher sein als ein angemessener Unternehmerlohn. Andererseits kann kein Zweifel daran bestehen, dass, im Vergleich zu Größe und Marktposition eines Unternehmens, überhöhte Privatentnahmen zum Ruin führen können.

Sind in einem Unternehmen mehrere geschäftsführende Gesellschafter mit vollem Einsatz tätig, so wird in der Literatur (z.B. *Gau* Bd. I, S.77) vorgeschlagen, den jeweiligen Unternehmerlohn (gemessen am Ausgangswert für den Einzelgeschäftsführer) wie folgt zu bestimmen:

Bei 2 aktiven Inhaber-Geschäftsführern   je 75 %,
bei 3 aktiven Inhaber-Geschäftsführern   je 67 %,
bei 4 aktiven Inhaber-Geschäftsführern   je 62 %
und
bei mehr als 4 Inhaber-Geschäftsführern   je 60 %.

Das Für und Wider dieses Vorschlages zu diskutieren, würde hier zu weit führen. Einzugehen ist aber noch auf die sogenannte „Seifenformel". Sie wurde, um „richtig" kalkulieren zu können, von der deutschen Seifenindustrie entwickelt und im Jahre 1940 veröffentlicht. Die Formel lautet

FF-1:   Kalkulatorischer Unternehmerlohn = $18 \sqrt{Umsatz}$

Diese Formel ist ebenso einfach wie untauglich. Bei einem Jahresumsatz von einer Million € würde sich nämlich ein kalkulatorischer Unternehmerlohn von nur 1500,- € (pro Monat) ergeben. Es zeigt sich also, dass auch ein nur „fiktives Gehalt" für eine Führungskraft nicht einfach nach dem Umsatz bemessen werden kann.

3. Die kalkulatorischen Wagnisse

Wer sich unternehmerisch betätigt, läuft Gefahr, sein eingesetztes Kapital ganz oder teilweise zu verlieren, wenn das Unternehmen größere Verluste einfährt und deshalb nicht weiterbestehen kann. Ursachen dafür können z.B. eine falsche Einschätzung der Konjunktur- und Nachfrageentwicklung sein, aber auch die Übernahme von Aufträgen, die mit erheblichen Risiken behaftet sind. Dieses sogenannte allgemeine Unternehmerrisiko gilt, wie schon festgestellt wurde, mit dem Gewinn bzw. mit den Gewinnchancen als abgegolten, welche eine unternehmerische Tätigkeit eröffnet. Das allgemeine Unternehmerwagnis kann deshalb nicht auch noch in die Kostenrechnung einbezogen werden.

Auf einer anderen Ebene stehen die sogenannten „Einzelwagnisse". Es handelt sich dabei um unregelmäßig und mehr zufällig anfallende Wertverzehre, die unvermeidbar mit dem betrieblichen Leistungsprozess verbunden sind und deshalb ihren Niederschlag in der Kostenrechnung (Prinzip der Vollständigkeit) finden müssen. Soweit entsprechende Versicherungen bestehen, gehen die Versicherungsprämien als „Wagniskosten" in die Kostenrechnung ein. Für nicht versicherte (bzw. nicht versicherbare) Risiken muss das in Form intern ermittelter Wagnisprämien geschehen. Zu beachten ist, dass die Wagnisverluste teilweise durch Wagnisgewinne ausgeglichen werden können. Darauf wird zurückzukommen sein.

204 Die wohl wichtigsten kalkulatorischen Einzelwagnisse sind das Anlagenwagnis, das Beständewagnis, das Fertigungswagnis, das Gewährleistungswagnis, das Forschungs- und Entwicklungs- sowie das Forderungswagnis.

Das Anlagenwagnis betrifft Gebäude, Maschinen und maschinelle Anlagen sowie die Betriebs- und Geschäftsausstattung. Es manifestiert sich in Schäden, die durch Bedienungsfehler, Naturkatastrophen (Sturm, Wasser oder Feuer) oder dadurch entstehen können, dass das mit einer Anlage erworbene Potenzial aus wirtschaftlichen oder technischen Gründen nicht voll ausgeschöpft werden kann. Auch Fehler bei der Schätzung der wirtschaftlichen Totalkapazität von Potenzialfaktoren sowie negative Nettoliquidationserlöse gehören hierher. Ein negativer Nettoliquidationserlös liegt vor, wenn die Kosten der Demontage, des Abtransports und der Verschrottung einer ausgemusterten Anlage höher sind als der zu erzielende Verkaufspreis. Ist der erzielte Erlös höher als die Kosten der Desinvestition, so ergibt sich ein positiver Nettoliquidationserlös. Ein solcher positiver Nettoliquidationserlös sollte konsequenterweise als Wagnisgewinn verrechnet werden. Diese Überlegungen werden weiter unten (s. Rz. 221f.) vertieft, und zwar anhand eines primär auf die Ermittlung kalkulatorischer Abschreibungen ausgerichteten Zahlenbeispiels.

Das Beständewagnis betrifft die Bestände an Roh-, Hilfs- und Betriebsstoffen sowie an Halb- und Fertigfabrikaten. Es handelt sich dabei um potenzielle Verluste durch technische Veraltung, Modeänderungen, Korrosion, Schwund, Diebstahl, Katastrophenfälle usw. Auch das „Verfallsdatum" für Lebensmittel birgt ein derartiges Beständerisiko in sich.

Das Fertigungswagnis hat nichts zu tun mit dem „normalen" Ausschussrisiko, das mit vielen Herstellungsprozessen verbunden ist und deshalb vielfach bereits bei der Festsetzung der Höhe der „Auflage" berücksichtigt wird. Beim Fertigungswagnis geht es vielmehr um größere Probleme, also z.B. um Fehler, die eine ganze Serie oder Charge unbrauchbar machen. Das Gewährleistungswagnis betrifft Verlustgefahren, welche aus der Übernahme von Garantien resultieren. Sie schlagen sich in kostenlosen Ersatzlieferungen, Kosten für Nacharbeit oder Gutschriften nieder.

Das Entwicklungswagnis bezieht sich auf das im Zusammenhang mit Forschungs- und Entwicklungsarbeiten unvermeidliche Risiko, Fehlschläge (Misserfolge) hinnehmen zu müssen.

Das Forderungswagnis manifestiert sich in nicht realisierbaren Forderungen.

205 Da die effektiven Wagniskosten mehr zufällig auftreten und meist erheblichen Schwankungen unterliegen, können sie weder zeitlich noch in der Höhe so in die Kostenrechnung übernommen werden, wie sie tatsächlich anfallen; es muss also hier mit normalisierten Kosten gearbeitet werden.

Um die als Äquivalent für die kalkulatorischen Wagnisse zu verrechnenden (normalisierten) Kosten festlegen zu können, müssen Vorstellungen darüber bestehen, mit welchen Kosten im mehrjährigen Durchschnitt gerechnet werden muss. Dazu ist es erforderlich, die tatsächlich eingetretenen Wagnisverluste und Wagnisgewinne in einer nach Wagnisarten differenzierten Statistik zu erfassen. Bei der Auswertung dieser Statistiken sollten auch bereits absehbare, technische und wirtschaftliche Entwicklungen berücksichtigt werden. Neue Techniken können z.B. die Risiken im Anlagenbereich beeinflussen, und die wirtschaftliche Entwicklung kann sich auf die Höhe der zu erwartenden Forderungsverluste auswirken.

206 Damit die zu verrechnenden kalkulatorischen Wagnisse der jeweiligen Geschäftsentwicklung möglichst leicht angepasst werden können, sind die zu Grunde gelegten absoluten Werte zu relativieren, also zu einer plausibel erscheinenden Maßgröße in Beziehung zu setzen. Bei dem aus dem Einsatz von Maschinen und maschinellen Anlagen resultierenden Anlagenwagnis kann das z. B. auf der Basis der aktuellen Wiederbeschaffungswerte geschehen und beim Forderungswagnis auf der Grundlage der relevanten Umsatzerlöse. Grundsätzlich gilt dann

FF-2:
$$\text{Verrechnungssatz für Anlagenwagnisse} = \frac{\text{Relevante Wagnisverluste bei Maschinen und maschinellen Anlagen der letzten 3–5 Jahre}}{\text{Aktuelle Wiederbeschaffungswerte der relevanten Anlagen der letzten 3–5 Jahre}}$$

FF-3:
$$\text{Verrechnungssatz für Forderungswagnisse} = \frac{\text{Relevante Forderungsausfälle der letzten 3–5 Jahre}}{\text{Relevante Umsatzerlöse der letzten 3–5 Jahre}}$$

In gleicher Weise können z. B. auch Verrechnungssätze für die Beständewagnisse ermittelt werden.

Zur Bestimmung der jeweils anzusetzenden Wagniskosten sind die Verrechnungssätze mit den jeweils aktuellen Bezugsgrößen zu multiplizieren. Bei einem erwarteten Umsatz von 10 Millionen € und einem Verrechnungssatz für Forderungswagnisse von 0,013 (= 1,3 %) wären also 130 000,- € als kalkulatorische Forderungswagnisse anzusetzen.

Von relevanten Verlusten und Bestandsgrößen wurde oben gesprochen, weil klar sein sollte, dass es methodisch unzulässig ist, wenn z. B. Maschinen mit sehr unterschiedlichem Verlustrisiko für die Berechnung des Wagnissatzes einfach zusammengefasst werden, oder wenn in den Umsatzerlösen Barverkäufe enthalten sind. Andererseits ist zuzugeben, dass die ganze Rechnung in einem extrem hohen Maße mit Unsicherheiten belastet ist. Damit und aus Gründen der Wirtschaftlichkeit kann es durchaus für vertretbar gehalten werden, wenn nur mit einigen wenigen oder gar nur mit einem globalen Verrechnungssatz (z. B. auf Basis der Herstellkosten) gearbeitet wird. Das muss dann nicht unbedingt in der Kostenartenrechnung geschehen, denkbar ist auch eine Verrechnung in der Kostenträgerrechnung, deren Informationsgehalt damit sogar erhöht werden kann.

Um die Angemessenheit der für das eigene Unternehmen ermittelten Werte beurteilen zu können, empfiehlt es sich, die eigenen Erhebungen durch einschlägige, externe Informationen zu ergänzen. Als Ansprechpartner kommen dabei insbesondere Kammern und Verbände in Betracht. Liegen noch keine internen Erfahrungswerte vor, so ist man ohnehin auf Hilfe von außen angewiesen.

Mit den oben beschriebenen Grundsätzen für eine ordnungsgemäße Kosten- und Leistungsrechnung unvereinbar ist es dagegen, wenn etwa die kalkulatorischen Anlagenwagnisse zusammen mit den kalkulatorischen Abschreibungen verrechnet werden, denn hier handelt es sich um zwei gänzlich verschiedene Formen des betrieblichen Wertverzehrs. Problematisch, aber im Sinne einer wirtschaftlichen Vorgehensweise wiederum verständlich, ist es dagegen, wenn Unternehmen auf die explizite Verrechnung kalkulatorischer Wagnisse verzichten und stattdessen einen möglichst vorab bestimmten Teil des kalkulatorischen Gewinns als Wagnisprämie betrachten.

4. Die kalkulatorischen Abschreibungen

a) Abgrenzungen

207 Der Begriff „Abschreibungen" wird im betrieblichen Rechnungswesen in verschiedenen Bedeutungen gebraucht. Wie die Abbildung F-2 zeigt, ist dabei insbesondere zwischen bilanziellen und kalkulatorischen Abschreibungen sowie zwischen planmäßigen und außerplanmäßigen Abschreibungen zu unterscheiden. Letzteres gilt allerdings nur für den bilanziellen Bereich. Dort ist außerdem zu unterscheiden zwischen handelsrechtlichen und steuerrechtlichen Abschreibungen. Allerdings wird im Steuerrecht überwiegend nicht von Abschreibungen gesprochen, sondern von der Absetzung für Abnutzung (AfA).

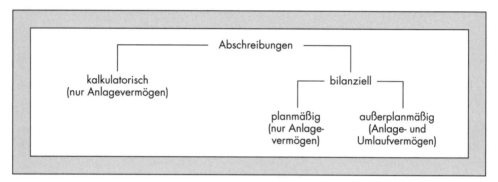

Abb. F-2: Abschreibungsarten

Mit den außerplanmäßigen Abschreibungen werden in Buchhaltung und Bilanz außergewöhnliche, durch nicht vorhersehbare Ereignisse aufgetretene Wertverzehre im Anlage- und Umlaufvermögen erfasst. Zu denken ist dabei z. B. an Wertminderungen durch technischen Fortschritt, durch Katastrophen, durch Änderungen der Absatzverhältnisse oder durch einen Rückgang der Marktpreise. Für Zwecke der Kostenrechnung wird versucht, solche Wertminderungen als kalkulatorische Wagniskosten zu erfassen; sie waren deshalb im vorigen Abschnitt zu behandeln.

Sinn und Zweck der kalkulatorischen Abschreibungen ist es, die Wertverzehre, welche aus dem regulären betrieblichen Einsatz von Potenzialfaktoren resultieren, im Sinne der Prinzipien der Kosten- und Leistungsrechnung richtig zu erfassen. Dabei kann insbesondere unterschieden werden zwischen dem sogenannten Gebrauchsverschleiß und dem Zeitverschleiß. Als Gebrauchsverschleiß werden diejenigen Wertverzehre bezeichnet, die unmittelbar durch den Gebrauch von Anlagegütern (z. B. Maschinen) entstehen. Der Zeitverschleiß dokumentiert sich dagegen in Wertverzehren, wie sie z. B. durch Witterungseinflüsse an Gebäuden (unabhängig von deren Nutzung) entstehen. Eine verursachungsgerechte Erfassung dieser Wertverzehre, ist allerdings schon deshalb nicht möglich, weil sie sich nicht messen lassen.

Im Gegensatz zur kalkulatorischen Abschreibung werden mit den planmäßigen bilanziellen Abschreibungen speziell an der externen Rechnungslegung orientierte Ziele verfolgt. Sie liegen insbesondere im Bereich der Bilanz- und Steuerpolitik.

Um für Zwecke der Buchhaltung die planmäßigen Abschreibungen und für Zwecke der Kostenrechnung die kalkulatorischen Abschreibungen auf Gegenstände des Anlagevermögens (Potenzialfaktoren) ermitteln zu können, muss geklärt werden, durch welche Fak-

II. Die Erfassung und Verrechnung der kalkulatorischen Kosten

toren die Abschreibungen bestimmt werden, und wie diese Faktoren jeweils definiert sind. Generell sind dabei folgende Faktoren zu beachten:

- Die Abschreibungsbemessungsgrundlage (Abschreibungsbasis), **208**
- das Nutzungspotenzial (die Nutzungsdauer) sowie
- die Abschreibungsmethode.

Aufgrund der unterschiedlichen Aufgaben der beiden Rechnungen gelten für die Bestimmung der (planmäßigen) bilanziellen Abschreibungen, also für den Bereich von Buchführung und Jahresabschluss, andere Regeln als für die Ermittlung der kalkulatorischen Abschreibungen für Zwecke der Kosten- und Leistungsrechnung. Dabei sind hier nur die kalkulatorischen Abschreibungen von unmittelbarem Interesse. Um die Diskussion verständlicher gestalten zu können, werden aber auch Aspekte der Ermittlung der planmäßigen bilanziellen Abschreibungen in die Betrachtung einbezogen.

b) Die Bestimmung der kalkulatorischen Abschreibungsbasis

Vorab sei hier darauf hingewiesen, dass dieses Problem im Zusammenhang mit der Beschreibung des Prinzips der Wertkongruenz bereits diskutiert worden ist. **209**

Wie schon mehrfach festgestellt und begründet wurde, lässt sich das mit einer bestimmten Produktion erzielte Ergebnis nur dann betriebswirtschaftlich und methodisch korrekt ermitteln, wenn sich alle in die Rechnung einfließenden Werte, also sowohl Kosten als auch Erlöse, auf ein einheitliches Preisniveau beziehen. Geschieht das nicht, wird also das Prinzip der Wertkongruenz nicht eingehalten, so ergeben sich entweder Scheingewinne oder Scheinverluste. Damit kommen im Bereich der Kostenrechnung nur die aktuellen kalkulatorischen Wiederbeschaffungswerte als Abschreibungsbasis in Betracht. Prinzipiell lassen sich diese Werte mit Hilfe der schon hervorgehobenen Preisindizes ermitteln, die vom Statistischen Bundesamt in Form von Monatsberichten und Jahresberichten veröffentlicht werden. Zu der in diesem Zusammenhang immer auftauchenden Frage der Substanzerhaltung wurde bereits Stellung genommen.

In der Literatur (vgl. z.B. *Haberstock* Bd. I, S. 84, *Kilger* Einführung, S. 114f.) wird die **210** Meinung vertreten, dass für Zwecke der bilanziellen Abschreibungen der Anschaffungswert eigentlich um einen zu erwartenden positiven Nettoliquidationserlös zu kürzen sei. Ein negativer Liquidationserlös müsste dann konsequenter Weise zum Anschaffungswert hinzuaddiert werden. Wegen der mit der Schätzung von Liquidationserlösen verbundenen Probleme wird es aber allgemein für gerechtfertigt gehalten, dass potenzielle Liquidationserlöse bei der Bestimmung der bilanziellen Abschreibungen außer Acht gelassen werden. Für die kalkulatorischen Abschreibungen gelten die im Zusammenhang mit der Schätzung eventueller Liquidationserlöse auftretenden Probleme natürlich in gleicher Weise wie im bilanziellen Bereich. Hinzu kommt aber, dass die Berücksichtigung von Liquidationserlösen in der Kostenrechnung gegen das Prinzip der Wertkongruenz verstoßen würde. Außerdem handelt es sich hier um ein Problem aus dem Bereich der (kalkulatorischen) Anlagenwagnisse, das die kalkulatorischen Abschreibungen nur mittelbar betrifft.

c) Die Bestimmung des kalkulatorischen Nutzungspotenzials

Abnutzbare Anlagegüter, also z.B. Maschinen und ähnliche Anlagen sowie Gebäude **211** und Fahrzeuge, verkörpern, wie sich schon aus der Bezeichnung Potenzialfaktoren ergibt, ein Nutzungspotenzial, das durch Gebrauch der Anlagen sukzessive verbraucht werden kann. Deshalb gibt es rein ökonomisch betrachtet keinen Unterschied zwischen dem Verbrauch von Repetierfaktoren einerseits und dem Gebrauch von Potenzialfaktoren andererseits. Die Unterschiede sind vielmehr technisch-physikalischer Natur.

Im Gegensatz zu den Repetierfaktoren sind die Potenzialfaktoren nämlich zum einen nicht beliebig teilbar und zum andern ist der Verbrauch von Teilen des Nutzungspotenzials, der durch den Gebrauch der Anlagen entsteht, sinnlich nicht unmittelbar wahrnehmbar (*Heinen* S. 274 ff.). Schließlich und endlich gibt es weder Maßgrößen noch Messtechniken, die es gestatten würden, die Mengenkomponente der kalkulatorischen Abschreibungen durch Verbrauchsmessungen einwandfrei zu erfassen. Näherungsweise lässt sich das Problem dadurch lösen, dass versucht wird, geeignete Ersatz-Maßgrößen zu finden (*Heinen* S. 276). Als Ersatz-Maßgrößen geeignet sind solche Größen, die es erlauben, sowohl das Gesamtpotenzial einer Anlage als auch die Potenzialverbräuche in Mengeneinheiten auszudrücken und zu erfassen. Bei Maschinen und maschinellen Anlagen lässt sich das durch die Verwendung der Maßeinheit Betriebsstunden bewerkstelligen. Bei Gebäuden kann mit Nutzungsjahren und bei Fahrzeugen mit der Maßeinheit Kilometer gearbeitet werden. Weiterhin ungelöst ist damit aber die Frage, wie die jeweiligen Gesamtpotenziale ermittelt werden können. Da es an geeigneten Messinstrumenten fehlt, ist man hier auf Schätzungen angewiesen. Zu schätzen ist dabei aber nicht das technisch verfügbare, sondern das voraussichtlich wirtschaftlich nutzbare Potenzial, also die ökonomische Totalkapazität. Rein formal wird bei der Ermittlung der planmäßigen bilanziellen Abschreibungen in gleicher Weise vorgegangen, de facto ergeben sich aber wesentliche Unterschiede. Ein besonders wichtiger Unterschied besteht darin, dass bei der Bilanzierung zur Bestimmung der ökonomischen Totalkapazitäten fast ausschließlich mit Nutzungsjahren gearbeitet wird, einer Maßeinheit, die in Bezug auf Maschinen und maschinelle Anlagen für Zwecke der Kostenrechnung meist zu grob ist. Ein Beispiel wird diese Behauptung noch untermauern. Außerdem spielen bei der Bestimmung der Potenziale im Sinne des externen Rechnungswesens bilanz- und steuerpolitische Gesichtspunkte eine wichtige Rolle. Eine Überprüfung der einmal getroffenen Entscheidung ist nur in Ausnahmefällen möglich. Abschreibungen über den Anschaffungswert hinaus sind im externen Rechnungswesen nach deutschem Recht nicht zulässig.

212 Zur Ermittlung der kalkulatorischen Abschreibungen muss die wirtschaftliche Totalkapazität der Potenzialfaktoren von erfahrenen Fachleuten sorgfältig und objektiv geschätzt werden, und zwar unter der Voraussetzung, dass die Anlagen fachkundig und regulär eingesetzt und in Stand gehalten werden. Steuer- und bilanzpolitische Gesichtspunkte dürfen bei diesen Schätzungen keine Rolle spielen. Außerdem sind die Schätzungen, zumindest für Maschinen und ähnliche Anlagen, in regelmäßigen Abständen (etwa alle zwei Jahre) im Lichte des dann erreichten Wissensstandes zu überprüfen und bei Bedarf zu korrigieren. Notwendig ist das auch immer dann, wenn in einem Bereich technische Neuerungen auf den Markt kommen, denn dadurch kann das wirtschaftlich nutzbare Potenzial der verfügbaren Anlagen geschmälert werden. Welche Konsequenzen sich aus einer Änderung des ursprünglich geschätzten Nutzungspotenzials ergeben, wird unten anhand des bereits erwähnten Beispiels erläutert werden. Soweit Anlagen unter besonderen Bedingungen (Nässe, Staub, Erschütterungen) eingesetzt werden, ist das bei der Schätzung des verfügbaren Potenzials selbstverständlich zu berücksichtigen (*Andreas/Reichle* S. 26).

213 Ferner ist zu beachten, dass Anlagegegenstände grundsätzlich so lange kalkulatorisch abzuschreiben sind, als sie regelmäßig betrieblich genutzt werden. Die Vorstellung, eine bestimmte Produktion könne verbilligt angeboten werden, weil die einzusetzenden Anlagen schon abgeschrieben seien, ist aus kalkulatorischer Sicht unsinnig. Das schließt nicht aus, dass bei der Kalkulation bestimmter Aufträge aus irgendwelchen Gründen bewusst auf die Verrechnung kalkulatorischer Abschreibungen ganz oder teilweise verzichtet wird. Das steht aber auf einem anderen Blatt.

Schließlich ist hier noch ausdrücklich auf folgenden, sehr wichtigen Punkt hinzuweisen: Alle Überlegungen zur Ermittlung der wirtschaftlichen Totalkapazität von Potenzialfaktoren sowie zur Bestimmung der Mengenkomponente der kalkulatorischen Abschreibungen beruhen auf der Annahme, dass der Verschleiß einer Anlage proportional zu der Maßgröße verläuft, in welcher die Totalkapazität ausgedrückt und geschätzt wird. Die Richtigkeit dieser Annahme lässt sich weder beweisen noch widerlegen. Schon deshalb, aber nicht nur deshalb ist einzuräumen, dass die oben aufgestellten Forderungen aus Gründen der Wirtschaftlichkeit nicht für jedweden Gegenstand des Anlagevermögens praktisch umsetzbar sind. Das gilt für große Teile der Geschäftsausstattung (z. B. Tische und Stühle in den Büros) ebenso wie für kleine Maschinen. Bei wichtigen Produktionsmitteln sollte aber möglichst richtig „gerechnet" werden.

d) Zur Methodik der kalkulatorischen Abschreibungen

Wohl als Übernahme aus der Buchhaltung werden auch in der Literatur zur Kostenrechnung (vgl. z. B. *Haberstock* Bd. I, S. 83 ff. u. *Kilger* Einführung, S. 119 ff.) häufig folgende Abschreibungsmethoden unterschieden: **214**

- Die lineare Abschreibung,
- die degressive Abschreibung,
- die progressive Abschreibung und die
- leistungsabhängige (variable) Abschreibung.

Die lineare Abschreibung wird üblicherweise definiert als ein Abschreibungsverfahren, **215** bei welchem die Abschreibungsbasis in gleichen Raten auf die Nutzungsdauer verteilt wird. Es wird also offensichtlich von einem gleichmäßigen Wertverzehr und einer Abschreibungsbasis ausgegangen, welche während der gesamten Nutzungsdauer unverändert bleibt. Soweit dieser gleichmäßige Wertverzehr den tatsächlichen Verhältnissen zumindest näherungsweise entspricht (in der Buchhaltung wird er einfach unterstellt), ist die lineare Abschreibung auch für Zwecke der Kostenrechnung brauchbar. Allerdings ergeben sich dort keine gleichmäßigen Abschreibungsraten, weil die Abschreibungsbasen, also die aktuellen kalkulatorischen Wiederbeschaffungswerte im Laufe der Nutzungsdauer in aller Regel eben nicht unverändert bleiben. Das schließt eine lineare Abschreibung keinesfalls aus, denn für die Linearität kommt es nicht auf die in Wertgrößen ausgedrückten Abschreibungsraten an; entscheidend ist vielmehr, dass der Verbrauch an Nutzungseinheiten in jeder Periode (zumindest annähernd) gleich groß ist, so dass sich der Potenzialverbrauch in etwa gleichmäßig auf die gesamte Nutzungsdauer verteilt. Es geht also, um mit einem Beispiel zu arbeiten, nicht um die Abschreibung von einem Zehntel der Abschreibungsbasis, sondern um die bewertete Abschreibung von 10 % der ökonomischen Totalkapazität.

Insbesondere bei Gebäuden und den meisten Gegenständen der Geschäftsausstattung scheint die lineare kalkulatorische Abschreibung in der oben beschriebenen Interpretation die zweckmäßigste Methode zur Bestimmung der kalkulatorischen Abschreibungen zu sein, denn es geht hier ja um die Erfassung eines durch den „Zeitverschleiß" entstehenden, bei korrekter Instandhaltung wahrscheinlich „kalenderzeitproportional" verlaufenden, Wertverzehrs.

Für Maschinen, maschinelle Anlagen und Fahrzeuge darf nur dann von konstanten Laufzeiten je Abrechnungsperiode (Geschäftsjahr) ausgegangen werden, wenn das auch wirklich (zumindest näherungsweise) der Fall ist. Die Entscheidung darüber, wann diese Bedingung als nicht mehr gegeben betrachtet werden muss, kann nur im Einzelfall vom jeweiligen Unternehmen getroffen werden. Bei einer Schwankungsbreite von mehr als 10 % ist es aber sicher nicht mehr angebracht, von konstanten Laufzeiten zu sprechen. In diesem Fall muss im Rahmen der Kostenrechnung mit leistungsabhängigen, (kalkulatorischen) Abschreibungsraten gearbeitet werden, weil sich sonst die jeweils noch vorhandenen Teile der ursprünglichen Totalkapazität überhaupt nicht mehr abschätzen lassen. Was mit leistungsabhängigen Abschreibungsraten gemeint ist, soll folgendes Beispiel zeigen:

> Angenommen im Jahre der Anschaffung seien von einer Maschine 1200 Stunden oder 12 % der Totalkapazität von 10 000 Stunden verbraucht worden; damit ergibt sich bei einer kalkulatorischen Abschreibungsbasis von 200 000,– € eine Abschreibungsrate von 24 000,– € (12 % von 200 000,– €). Beträgt die Laufzeit im folgenden Jahr 1600 Stunden, also 16 % der Totalkapazität, so belaufen sich die kalkulatorischen Abschreibungen (bei konstant gehaltener Basis) auf 32 000,– €. Das Restpotenzial liegt dann bei 7200 Stunden. Würde konstant mit 12 % gerechnet, so wäre angeblich noch ein Potenzial von 7600 Stunden verfügbar, also rund 5,5 % mehr. Das Beispiel zeigt zugleich, dass die lineare Abschreibung, die ja einen gleichmäßigen Wertverzehr voraussetzt, nichts anderes ist als ein Spezialfall der leistungsabhängigen Abschreibung.

216 Bei den im externen Rechnungswesen praktizierten Formen der degressiven Abschreibung wird, auf der Grundlage einer konstanten Abschreibungsbemessungsgrundlage, mit (jährlich) abnehmenden Abschreibungsraten gearbeitet.

Für den Einsatz der degressiven Abschreibungsmethode auch in der Kostenrechnung werden im Wesentlichen zwei Argumente vorgebracht. Zum einen wird gesagt, dass die mit zunehmendem Alter einer Anlage steigenden Kosten für Reparaturen und Instandhaltung durch die degressive Abschreibung zumindest teilweise kompensiert würden. Tatsächlich dürfte der Degressionseffekt aber nur schwer mit einer eventuellen Zunahme der Reparatur- und Instandhaltungskosten abgestimmt werden können (*Kilger* Einführung, S. 129). Außerdem wäre dieses Argument nur dann stichhaltig, wenn sich ein degressiver Verlauf des Wertverzehrs beim betriebsbedingten Gebrauch von Potenzialfaktoren sachlich begründen ließe. Das ist aber unmöglich. Auch das Argument, bei degressiver Abschreibung könnten die Restwerte recht gut mit dem Verlauf eines potenziellen Liquidationserlöses übereinstimmen, ist keinesfalls stichhaltig. Potenzialfaktoren werden (etwa von einem Industriebetrieb) für Zwecke der Produktion angeschafft, nicht aber, um sie in gebrauchtem Zustand rasch wieder zu veräußern.

217 Gegen die Verwendung der degressiven Abschreibungsmethode in der Kostenrechnung sprechen ferner folgende Argumente:

Bezieht man die Abschreibungsraten für die Nutzung einer Maschine nicht auf ein Jahr, sondern auf einzelne Betriebsstunden, so würde die degressive Abschreibung bedeuten, dass c. p. in der 57. Stunde der Nutzung mehr Teilpotenziale verbraucht werden als in der 58. Stunde und in der 58. Stunde mehr als in der 59. Stunde usw. Dafür gibt es keine Anhaltspunkte. Die degressive Abschreibung führt also c. p. dazu, dass in zwei Perioden unterschiedliche Teilmengen der Totalkapazität als verbraucht gelten, obwohl die Nutzung konstant gehalten wurde. Damit kann die Rechnung nicht mehr periodengerecht sein. Schließlich lässt sich die degressive Abschreibung auch nicht mit der für die Ermittlung kalkulatorischer Abschreibungen unabdingbaren Annahme vereinbaren, dass der Gebrauchsverschleiß proportional zu der Maßgröße verlaufe, in welcher die Totalkapazität ausgedrückt wird. Hinzu kommt, dass die degressive Abschreibung nie dafür gedacht war, denjenigen betrieblichen Wertverzehr möglichst korrekt zu erfassen, welcher durch die Nutzung von Potenzialfaktoren entsteht. Ihr lag vielmehr immer der Gedanke zu Grunde, den in der externen Rechnungslegung auszuweisenden Gewinn durch eine im Vergleich zum tatsächlichen Wertverzehr überhöhte Abschreibung zu schmälern und damit Kapitalabflüsse zu vermeiden. Soweit das auch vom Fiskus akzeptiert wird, liegt eine politisch gewollte, vom Staat getragene Finanzierungshilfe in Form einer de facto Steuerstundung für das investierende Unternehmen vor.

Als Ergebnis ist festzuhalten: Degressive Abschreibungen haben im Bereich der Kostenrechnung keinen Platz. **218**

Im Gegensatz zur Kostenrechnung macht es durchaus Sinn, degressive Abschreibungen im Handels- und Steuerrecht in bestimmtem Rahmen zuzulassen, weil der Staat durch die Steuerstundung Investitionsanreize schafft und damit quasi einen Teil des Investitionsrisikos übernimmt.

Progressive Abschreibungen sind dadurch gekennzeichnet, dass die Abschreibungsraten von Periode zu Periode ansteigen. Es wird also (c.p.) im ersten Jahr der Nutzung die geringste und im letzten Nutzungsjahr die höchste Abschreibungsrate verrechnet. Beispiele für einen diesem Modell entsprechenden Verlauf des Wertverzehrs gibt es offenbar nicht. Damit erübrigen sich weitere Überlegungen. Festzuhalten ist aber noch, dass sich bei der leistungsbezogenen Abschreibung völlig zufällig eine Konstellation ergeben kann, die formal dem Modell der progressiven Abschreibung entspricht. **219**

e) Kalkulatorische Abschreibungen bei geleasten Anlagegegenständen

Wird mit geleasten Potenzialfaktoren gearbeitet, so müssen die Leasingraten in der Aufwandsrechnung als Zweckaufwand vom Typ B erfasst werden. Kalkulatorisch, d.h., was die kalkulatorischen Abschreibungen (und Zinsen) anlangt, sind die gemieteten Anlagen genauso zu behandeln, als ob sie gekauft worden wären. Die im Zeitablauf meist abnehmenden Leasingraten stehen in absolut keinem Zusammenhang mit dem aus der die Nutzung einer Anlage resultierende Verbrauch an Potenzialfaktoren. Außerdem ist Leasing ein Finanzierungsinstrument. Finanzierungseinflüsse müssen aber aus der Kostenrechnung herausgehalten werden (s. Rz. 224). **220**

f) Beispiel (Sachverhalt)

Das folgende Beispiel zeitlich nach vorne zu verschieben wäre nicht sinnvoll, weil dann mit zwei Währungen gerechnet werden müsste.

Ein Unternehmen hat am 1.10.1989 ein neues Bearbeitungszentrum in Betrieb genommen. Die Anschaffungsausgaben betrugen insgesamt 400 000,- DM Das Gesamtpotenzial der Anlage wurde ursprünglich auf 15 000 Betriebsstunden geschätzt. Im ersten Jahr wird mit 600 Betriebsstunden und in den weiteren Jahren (bis 1995) mit jeweils 2400 Betriebsstunden gerechnet. **221**

Für die Bestimmung des jeweiligen Restpotenzials werden die Iststunden auf volle 50 Stunden auf- oder abgerundet. Andere Wertgrößen (mit Ausnahme der Abschreibungssätze pro Stunde) sind auf volle 10,00 DM aufzurunden.

Zu Beginn des Jahres 1993 wird die Schätzung des Potenzials auf 14400 Betriebsstunden korrigiert. Im Sommer des Jahres 1994 wird beschlossen, die Anlage Anfang 1995 stillzulegen. Im Produktionsplan für das erste Quartal 1995 wird sie noch mit 720 Betriebsstunden eingeplant, wird aber tatsächlich nur noch 687 Stunden genutzt und dann stillgelegt. Der Nettoliquidationserlös beträgt 23 100.- DM.

Die in den einzelnen Jahren tatsächlich gefahrenen Betriebsstunden sowie die Indizes zur Ermittlung des aktuellen Wiederbeschaffungswertes sind in den Spalten 3 und 9 der als Abbildung F-3 unten abgedruckten Lösung als vorgegeben zu betrachten. Für die Nutzungsjahre der Maschine sollen sowohl die geplanten als auch die verrechneten kalkulatorischen Abschreibungen bestimmt werden. Auch eventuell anfallende Wagnisgewinne oder Wagnisverluste sind zu ermitteln. Außerdem sind die kalkulatorischen Restwerte zu bestimmen, die sich jeweils zum Schluss einer Abrechnungsperiode ergeben. Schließlich soll auch noch die Zweckmäßigkeit der vorgegebenen Rundungsregeln diskutiert werden.

g) Beispiel (Lösung)

Im Sinne der Maske für eine Anlagenkartei ist der Kopf des Lösungsblattes für Angaben vorgesehen, welche der Kennzeichnung des betreffenden Betriebsmittels und der Erfassung relevanter Daten (z.B. zur Bestimmung der kalkulatorischen Abschreibungen) dienen. **222**

Der Hauptteil des Lösungsblattes wurde aus didaktischen Gründen bewusst sehr differenziert gestaltet. In der Praxis sind problemlos Vereinfachungen möglich.

Der Einfachheit halber wird in den folgenden Erläuterungen i. d. R. nur von Abschreibungen statt von kalkulatorischen Abschreibungen gesprochen.

In die Spalte 1 der ersten Zeile (obere Hälfte) des Lösungsblattes wurde zunächst das angegebene Gesamtpotenzial von 15 000 Stunden übernommen. Spalte 2 zeigt das noch verfügbare Potenzial in Prozent des Gesamtpotenzials. Die Spalte 3 enthält die Indizes zur Bestimmung der in Spalte 4 anzugebenden aktuellen (kalkulatorischen) Wiederbeschaffungswerte. Im ersten Jahr entspricht dieser Wert den Anschaffungsausgaben. Werden die Werte in Spalte 4 durch das in Stunden gemessene Gesamtpotenzial dividiert, so ergeben sich die Abschreibungssätze je Betriebsstunde. Im ersten Jahr sind das 26,667 DM. Spalte 6 enthält die pro Periode geplanten Betriebsstunden und Spalte 7 die daraus resultierenden Planabschreibungen. Sie ergeben sich aus der Multiplikation der Stundensätze aus Spalte 5 mit den Planstunden. Analog dazu ist zur Bestimmung der verrechneten Abschreibungen (Spalte 10) der Stundensatz mit den Iststunden (Spalte 9) zu multiplizieren.

Aus Spalte 8 ergibt sich der Planverbrauch (Planstunden) in Prozent des Gesamtpotenzials. Die Spalte zeigt, dass in den Perioden 2, 3 und 4 planmäßig mit einer linearen Abschreibung von 16 % des Gesamtpotenzials gerechnet wurde. Die planmäßigen Abschreibungsraten (absolut – Sp. 7) sind wegen der Veränderungen des relevanten Preisniveaus, die sich in den Indizes niedergeschlagen haben, aber nicht konstant. Von verrechneten Abschreibungen (Spalte 10) wird gesprochen, weil davon ausgegangen wurde, dass die Abschreibungen auf Basis der Iststunden ihren Niederschlag in der Kalkulation gefunden haben.

Der kalkulatorische Restwert (Spalte 11) ergibt sich aus der Multiplikation des am Ende einer Periode noch vorhandenen Potenzials mit dem Kostensatz je Stunde (Spalte 5) der betreffenden Periode. Bei der Bestimmung des noch verfügbaren Potenzials wird nicht mit den Iststunden gearbeitet, weil dadurch eine Genauigkeit des jeweiligen Potenzialbestandes suggeriert würde, die es schon deshalb nicht geben kann, weil der Ausgangswert auf einer Schätzung beruht. Darüber, ob hier mehr oder weniger grob gerundet werden sollte, kann man allerdings verschiedener Meinung sein. Relativ gesehen, macht eine maximale Rundungsdifferenz von 25 Stunden nur rund 0,17 % des Gesamtkapitals aus.

Bei den absoluten Abschreibungsraten (Spalte 7 und 10), beim aktuellen Wiederbeschaffungswert (Spalte 4) sowie beim kalkulatorischen Restwert (Spalte 11) wurde auf volle 10,– DM aufgerundet. Eine auf die Einerstelle genaue Rechnung würde hier unter den gegebenen Umständen einfach keinen Sinn machen, weil damit eine nicht erreichbare Genauigkeit der Rechnung suggeriert werden würde.

Zur Bestimmung des für die zweite Periode geltenden aktuellen Wiederbeschaffungswertes ist der Anschaffungswert von 400 000,– DM durch den Index des Anschaffungsjahres (113,0) zu dividieren und mit dem Index der zweiten Periode (114,6) zu multiplizieren. Die kalkulatorischen Restwerte sind dadurch zu ermitteln, dass das jeweilige Restpotenzial am Ende einer Periode mit dem Stundensatz (Spalte 5) multipliziert wird. Insbesondere wegen der Veränderungen des Preisniveaus lassen sich die kalkulatorischen Restwerte nicht dadurch bestimmen, dass die in der betreffenden Periode verrechnete Abschreibungsrate (absolut) vom Restwert der Vorperiode abgezogen wird.

Ein gewisser Bruch ergibt sich in der fünften Periode dadurch, dass das Gesamtpotenzial um 600 Stunden auf 14 400 Stunden zurückgenommen werden musste. Auf diese neue Größe ist jetzt die ganze Rechnung auszurichten. Damit stimmt das Endpotenzial der vierten Periode nicht mit dem Anfangspotenzial der fünften Periode überein. Außerdem muss jetzt für die Berechnung der Abschreibungssätze (Spalte 5) mit 14 400 Stunden gerechnet werden, was c. p. zwangsläufig zu einer höheren Abschreibung führt.

Wegen des Fehlers, der bei der ursprünglichen Schätzung des Gesamtpotenzials unterlaufen ist, sind die Abschreibungen in den Perioden 1 bis 4 falsch berechnet worden. Das lässt sich nicht mehr korrigieren. Es wäre also falsch, wenn versucht würde, nun in den verbleibenden Perioden entsprechend mehr abzuschreiben, denn damit würde auch in diesen Perioden falsch gerechnet. Erfasst werden müssen diese Verluste vielmehr als Wagnisverluste. Um zur Ermittlung des gesuchten Wertes nicht die ganze bisherige Rechnung neu aufrollen zu müssen, bietet es sich an, mit einer Durchschnittsrechnung zu arbeiten. Dazu ist zunächst der Wert zu ermitteln, welcher in der Vergangenheit pro Betriebsstunde (durchschnittlich) zuwenig an kalkulatorischen Abschreibungen verrechnet worden ist. Wird der gesuchte Wert mit „Z" bezeichnet, so gilt für seine Bestimmung folgende Formel

$$\text{FF-4:} \quad Z = \frac{\text{Aktueller Wiederbeschaffungswert der relevanten Periode}}{\text{Ausgangspotenzial}} - \frac{\text{Aktueller Wiederbeschaffungswert der relevanten Periode}}{\text{korrigiertes Potenzial}}$$

Für das Beispiel ergibt sich als Differenz zwischen den beiden Brüchen ein Wert von – 1,127 DM/Std. Das heißt, dass in der Vergangenheit für 7850 Betriebsstunden (15 000–7150) durchschnittlich 1,127 DM/Std. zuwenig abgeschrieben worden ist, insgesamt also 8845.– DM. Dieser Betrag muss als Wagnisverlust

RECHENBEISPIEL

Bezeichnung:	Standort: ....
Hersteller/Lieferant:	
Anschaffungswert DM:	Geschätztes Potenzial: .... Std.
1. Korrektur Datum:	Geschätztes Potenzial: .... Std.
2. Korrektur Datum:	Geschätztes Potenzial: .... Std.
In Betrieb genommen:	....
Planmäßige Laufzeit pro Jahr .... Std.	.... Std.
1. Korrektur Datum:	Korr. Laufzeit: .... Std.
2. Korrektur Datum:	Korr. Laufzeit: .... Std.
Stillgelegt Datum:	Nettoliquidationserlös: .... DM

Zeile	Jahr		Verfügbares Potenzial[1]		Index[5]	Aktueller WBNW[2]	Kalkulatorische Abschreibung						Kalk. Restwert	Kalk. Wagnis[4]
			in Std.	in %	%	DM	DM/Std.	Plan-Std.	Planabschreibung DM	%[3]	Ist-Std.[5]	Verr. Abschr.		
Spal			1	2	3	4	5	6	7	8	9	10	11	12
1	89	A	15000	100,0	113,0	400000	26,667	600	16000	4,0	631	16830	382680	
		E	14350											
2	90	A	14350	95,7	114,6	405670	27,045	2400	64910	16,0	2413	65260	323190	
		E	11950											
3	91	A	11950	79,7	110,2	390090	26,006	2400	62420	16,0	2452	63770	247060	
		E	9500											
4	92	A	9500	63,3	113,7	402480	26,832	2400	64400	16,0	2364	63440	191850	
		E	7150											
5	93	A	6550	45,4	114,6	405670	28,172	2400	67620	16,7	2686	75670	108470	−8845
		E	3850											
6	94	A	3850	26,7	115,2	407790	28,319	2400	67970	16,7	2553	72300	36820	
		E	1300											
7	95	A	1300	9,0	116,0	410620	28,515	720	20540	5,0	687	19590	17110	−17110
		E	600											

A = Anfang der Periode

B = Ende der Periode

Nettoliquidationserlös	+ 23100
Summe kalkulatorische Wagnisse	− 2855

1) Das verfügbare Potenzial (in Stunden gemessen) wird immer auf volle 50 Std. auf- oder abgerundet. Andere Wertgrößen werden auf volle 10,− DM aufgerundet. Das gilt nicht für die Abschreibungssätze (Sp. 5). Dort soll auf 3 Kommastellen errechnet werden.
Die Rundungen erfolgen, weil die Rechnung letztendlich auf Schätzungen beruht.
Ohne die Rundungen würde eine nicht vorhandene Genauigkeit suggeriert werden.
2) WBNW steht für aktuelle kalkulatorische Wiederbeschaffungsneuwerte.
3) Gemessen am Gesamtpotenzial.
4) Wagnisgewinne u. -verluste.
5) Vorgegebene Werte.

Tab. F-3: Rechenbeispiel zu den kalkulatorischen Abschreibungen und zu den kalkulatorischen Wagnissen

erfasst werden. Wäre das Potenzial ursprünglich zu niedrig geschätzt worden, so hätte sich ein positiver Wert ergeben, also ein Wagnisgewinn. Ein weiterer Wagnisverlust in Höhe von 17 110,− DM ergibt sich, weil bei Stilllegung der Anlage noch ein Restpotenzial von 600 Stunden vorhanden war, das nun nicht mehr genutzt werden kann. Dem steht ein Wagnisgewinn aus dem Nettoliquidationserlös (s. Rz. 204) von 23 100,– DM gegenüber, so dass letztlich ein Wagnisverlust von insgesamt 2855,– DM verbleibt. Wie die Rechnungen zeigen, ist es bei der Bestimmung von Wagnisverlusten (oder von Wagnisgewinnen) nicht möglich, das Prinzip der Periodengerechtigkeit einzuhalten.

5. Die kalkulatorischen Zinsen

a) Begründungsproblematik

224 Die folgenden Überlegungen beruhen auf der heute vorherrschenden Lehre von den kalkulatorischen Zinsen, die keineswegs unumstritten ist. Das gilt besonders für die Grundbedingung dieser Lehre, dass Finanzierungseinflüsse aus der Kosten- und Leistungsrechnung herausgehalten werden müssten (Näheres s. *Lücke* S. 3 ff.). Als Finanzierungseinflüsse sind dabei das Verhältnis von Eigen- und Fremdkapital sowie die Höhe der zu bezahlenden Fremdkapitalzinsen anzusehen. Auf die Frage, ob diese Bedingung sachgerecht ist, wird unten zurückzukommen sein. Andere eventuell auftauchende Probleme axiomatischer Natur können hier nicht diskutiert werden.

Kapital ist ein knappes Gut, das, von Ausnahmefällen abgesehen, nur gegen ein Entgelt in Form von Zinszahlungen zur Verfügung gestellt wird. Ohne ein kostenmäßiges Äquivalent für das zur Erfüllung des Betriebszwecks eingesetzte (gebundene) Kapital wäre die Kosten- und Leistungsrechnung also unvollständig. Die kalkulatorischen Zinsen sollen dieses Äquivalent repräsentieren.

225 Kosten in Form von Zinsen können definitionsgemäß nur für Kapital entstehen, das zur Erfüllung des Betriebszwecks eingesetzt ist, das sogenannte betriebsnotwendige Kapital. Nicht betrieblich eingesetzte Kapitalanteile können keine Zinskosten verursachen. In Bezug auf das betriebsnotwendige Kapital ist es im Sinne der herrschenden Lehre völlig gleichgültig, ob der oder die Geldgeber mit dem (den) Eigentümer(n) des Unternehmens identisch ist (sind) oder nicht, weil Finanzierungseinflüsse voraussetzungsgemäß nicht auf das kalkulatorische Betriebsergebnis durchschlagen dürfen. Als kalkulatorisches Betriebsergebnis soll vielmehr allein das Ergebnis ausgewiesen werden, welches im Rahmen der Erfüllung des Betriebszwecks unter Berücksichtigung aller Kosten, also auch der kalkulatorischen Zinsen, erzielt worden ist.

Als kalkulatorische Kostenart können die kalkulatorischen Zinsen definitionsgemäß nicht in positiver Form als Ausgaben anfallen, sondern nur in der negativen Form eines Nutzenentgangs (*Kilger* Plankostenrechnung, S. 410), d. h. in Gestalt von Opportunitätskosten. Im Sinne dieser Interpretation kann von einem positiven, kalkulatorischen Betriebsergebnis erst dann gesprochen werden, wenn in der Kostenrechnung auch derjenige Nutzenentgang berücksichtigt wurde, welcher dadurch entstanden ist, dass das im Betrieb gebundene, betriebsnotwendige Kapital anderweitig hätte zinsbringend angelegt werden können.

Tatsächlich zu bezahlende Fremdkapitalzinsen sind, soweit sie durch Fremdkapital verursacht werden, das für betriebliche Zwecke eingesetzt wurde, Teil des nicht als Kosten verrechneten Zweckaufwandes. Darüber hinausgehende Zinszahlungen können nur neutraler Aufwand sein. Auf die Probleme, welche sich dadurch ergeben, dass dabei zwischen betrieblich und nicht betrieblich eingesetztem Fremdkapital unterschieden werden muss, kann hier nur hingewiesen werden.

b) Die Bestimmung des betriebsnotwendigen Kapitals

226 Um das betriebsnotwendige Kapital eines Unternehmens ermitteln zu können, ist zunächst festzustellen, welche Teile des Gesamtvermögens betriebsnotwendig (betriebsnotwendiges Vermögen) sind und welche nicht. Die dazu erforderlichen Informationen müssen sich aus der Anlagenbuchhaltung, der Lagerbuchhaltung sowie aus der Finanzbuchhaltung gewinnen lassen.

Eindeutig betriebsnotwendig sind die zur Erfüllung des Betriebszwecks eingesetzten Grundstücke und Gebäude, Maschinen und maschinellen Anlagen; ferner die für betriebliche Zwecke eingesetzten Fahrzeuge sowie die betrieblich eingesetzten Teile der Betriebs- und Geschäftsausstattung.

Eindeutig nicht betriebsnotwendig sind Grundstücke und Gebäude bzw. Gebäudeteile oder auch Maschinen die an betriebsfremde Dritte vermietet sind. Dazu gehören z. B. auch im Eigentum eines Industrie- oder eines Handelsunternehmens stehende Wohnungen. Nicht betriebsnotwendig sind ferner zur Demontage vorgesehene Anlagen und natürlich Wertpapiere und Beteiligungen aller Art, die eindeutig in keiner Beziehung zum Sachziel des Unternehmens stehen.

Strittig bzw. problematisch ist insbesondere die Zuordnung von Wohnungen, die an Betriebsangehörige vermietet sind (Werkswohnungen) sowie von Kantinen und ähnlichen freiwilligen Sozialeinrichtungen, wie z. B. Sportanlagen und Büchereien, sofern es sich bei letzteren nicht um Fachbibliotheken handelt. In der Literatur (*Kilger* Einführung, S. 106, *Steger* S. 182) werden diese Einrichtungen ganz überwiegend (Ausnahme: *Hummel/Männel* S. 82) dem betriebsnotwendigen Vermögen zugerechnet. Einschlägige Zuschüsse könnten sonst nicht unter den Sozialkosten subsumiert werden. Das kann, wie schon festgestellt wurde, nicht richtig sein. Ein einfacher Umkehrschluss zeigt das. Wenn Zuschüsse zu den entsprechenden Einrichtungen den Kosten zugerechnet werden, so müssen (zumindest theoretisch) nicht auszuschließende Überschüsse (etwa aus Kantinen und Werkswohnungen) als Leistungen betrachtet werden. Es wird aber wohl niemand ernsthaft behaupten wollen, dass solche Überschüsse etwa bei Maschinenfabriken, Brauereien, Banken, Warenhäusern oder Versicherungen als betriebliche Leistungen dieser Unternehmen betrachtet werden könnten. Anders liegen die Dinge, wenn es um Sozialeinrichtungen geht, die einzurichten und zu unterhalten die Unternehmen vom Staat oder etwa durch Tarifverträge verpflichtet sind. Hierher gehören z. B. Sanitärräume sowie Sanitäts- und Aufenthaltsräume. Sie sind eindeutig dem betriebsnotwendigen Vermögen zuzurechnen.

Schwierigkeiten bereitet auch die Einordnung im Bau befindlicher Anlagen sowie von Wertpapieren und Beteiligungen, die zumindest in einem entfernten Zusammenhang mit der Erfüllung des Betriebszwecks stehen. Zu denken wäre dabei etwa an Beteiligungen an einer Einkaufsgenossenschaft oder an anderen wichtigen Zulieferern. Für solche Beteiligungen gilt das zu den freiwilligen Sozialeinrichtungen Gesagte analog, denn die einschlägigen Erträge sind, von Spezialunternehmen abgesehen, keine betrieblichen, sondern eben neutrale Erträge.

Im Bau befindliche Anlagen können naturgemäß noch keinen Beitrag zur Erstellung der betrieblichen Leistungen liefern. Das spricht gegen ihre Behandlung als betriebsnotwendiges Vermögen. Dafür spricht, dass in diesen ja auf die Erfüllung des Betriebszwecks ausgerichteten Anlagen bereits Kapital gebunden ist. Diesem Argument ist wohl das größere Gewicht beizumessen, zumal hier keinerlei betriebsfremde Erträge fließen. Deshalb wird hier für die Verzinsung der dort gebundenen Kapitalien plädiert.

Die Summe des betriebsnotwendigen Anlagenvermögens und des betriebsnotwendigen Umlaufvermögens bildet das betriebsnotwendige Gesamtvermögen. Dieses betriebliche Gesamtvermögen ist nach Auffassung vieler Autoren (*Wöhe* S. 1092; *Gabele/Fischer* S. 87; *Schweitzer/Küpper* S. 112) noch um das sogenannte Abzugskapital zu vermindern, um auf das zu verzinsende Kapital zu kommen.

Definiert wird das Abzugskapital als Fremdkapital, das dem Unternehmen zinslos zur Verfügung gestellt wird. Als Beispiele werden insbesondere Anzahlungen von Kunden und kurzfristige Rückstellungen genannt. Nach *Wöhe* (S. 1091 f.) gehören auch Verbindlichkeiten aus Warenlieferungen und Leistungen zum Abzugskapital, „weil bei Inanspruchnahme von Lieferantenkrediten die Skontierungsmöglichkeit verloren geht und folglich eine Verzinsung bereits im Beschaffungspreis (z. B. Materialkosten) enthalten ist." Andere Autoren (z. B. *Gabele/Fischer* S. 87 u. *Schweitzer/Küpper* S. 112) rechnen alle Lieferantenschulden zum Abzugskapital. Ob es sich bei den genannten Beispielen wirklich um zinsloses Fremdkapital handelt, ist zumindest fraglich, braucht hier aber nicht untersucht zu werden, weil die h. L. von den kalkulatorischen Zinsen explizit auf der Voraussetzung beruht, dass Finanzierungseinflüsse in der Kostenrechnung keine Rolle spielen dürfen. Durch die Berücksichtigung von Abzugskapital werden aber eindeutig Finanzierungseinflüsse in die Kostenrechnung hineingetragen. Deshalb dürfen auch Zinserträge aus Bankguthaben oder Kundenskonti bei der Bestimmung der kalkulatorischen Zinsen nicht berücksichtigt werden. Es handelt sich hier um neutrale Aufwendungen und Erträge (anderer Meinung *Wöhe* S. 1092).

c) Der kalkulatorische Zinsfuß

229 Die theoretisch beste Lösung wäre es wohl, wenn zur Berechnung der kalkulatorischen Zinsen der Kalkulationszinsfuß der Investitionsrechnung verwendet würde. Dieser lässt sich aber schon theoretisch nicht exakt bestimmen (*Kilger* Einführung, S. 134), er ist deshalb auch nicht praktikabel. Als eine praktikable und akzeptable Näherungslösung ist es üblich, sich an der Verzinsung festverzinslicher Wertpapiere mit mehr als fünf Jahren Laufzeit zu orientieren. Vom Verband Deutscher Maschinen- und Anlagenbau wurde 1987 ein Zinssatz von 6–8 % als Durchschnittswert für angemessen gehalten (s. *Andreas/Reichle* S. 31). Für Aufträge der öffentlichen Hand, die nach den LSP (Leitsätze für die Preisermittlung auf Grund von Selbstkosten) abgewickelt werden, galt lange Zeit ein Zinsfuß von 6 %. In die kalkulatorischen Zinsen einen Risikozuschlag für das unternehmerische Risiko einzurechnen, wäre methodisch falsch, weil es sich dabei um ein Problem handelt, das nicht der Kostenrechnung, sondern dem allgemeinen Unternehmerrisiko zuzuordnen ist.

d) Bewertungsprobleme

230 Es handelt sich hier um die Frage, ob für die Berechnung der kalkulatorischen Zinsen von historischen Anschaffungswerten, von den aktuellen kalkulatorischen Wiederbeschaffungswerten oder gar von zukünftigen Wiederbeschaffungswerten auszugehen ist. Wie bereits im Zusammenhang mit den kalkulatorischen Abschreibungen hervorgehoben wurde, ist die Kostenrechnung kurzfristiger Natur; ihre Ergebnisse beziehen sich (zumindest überwiegend) auf das aktuelle Geschäftsjahr oder noch kürzere Perioden. Wertgrößen, welche sich auf teilweise lange zurück- oder weit in der Zukunft liegende Verhältnisse beziehen, haben dort also keinen Platz (Prinzip der Periodengerechtigkeit). Auf einem Sparbuch wird ja auch immer nur das aktuelle Guthaben verzinst und nicht das Guthaben, welches vor fünf Jahren vorhanden war oder vielleicht in acht Jahren vorhanden ist.

Wird zur Lösung des Problems in Betracht gezogen, dass die Lehre von den kalkulatorischen Zinsen auf dem Opportunitätskostenkonzept beruht, so führt das gleichfalls zu den aktuellen kalkulatorischen Wiederbeschaffungswerten als Basis für die Berechnung der kalkulatorischen Zinsen, wie das folgende Beispiel zeigt: Angenommen, von einem Unternehmen werde ein Grundstück für betriebliche Zwecke genutzt, das einen aktuellen kalkulatorischen Wiederbeschaffungsneuwert von 300 000,– € habe und vor mehreren Jahren zu einem Preis von 250 000,– € gekauft worden sei, so steht wohl außer Frage, dass der

II. Die Erfassung und Verrechnung der kalkulatorischen Kosten

Nutzenentgang hier auf der Basis von 300 000,– € berechnet werden muss. Damit kann festgestellt werden, dass die kalkulatorischen Zinsen (wie die kalkulatorischen Abschreibungen) auf Basis der aktuellen kalkulatorischen Wiederbeschaffungswerte zu bestimmen sind. Die Berechnung auf Basis obsoleter Anschaffungswerte stünde in eindeutigem Widerspruch zu der theoretischen Grundlage der Rechnung, nämlich dem Opportunitätskostenprinzip.

e) Verfahren zur Berechnung der kalkulatorischen Zinsen

Zunächst ist hier daran zu erinnern, dass Zinsen immer eine periodenbezogene Größe sind. Sie lassen sich deshalb niemals auf der Grundlage von zeitpunktbezogenen Größen ermitteln. Ist eine genaue Abrechnung (Zinsstaffel) im Sinne der banküblichen Verfahren nicht möglich, so muss also mit (zeitraumbezogenen) Durchschnittswerten gearbeitet werden. **231**

Hinsichtlich der in der Literatur diskutierten Verfahren zur Errechnung der kalkulatorischen Zinsen sind zunächst zwei Gruppen zu unterscheiden, nämlich: Das Globalverfahren und die Verfahren der positionsweisen Erfassung und Verrechnung der kalkulatorischen Zinsen.

Ausgangspunkt des Globalverfahrens (*Kilger* Einführung, S. 135) sind die in der Bilanz ausgewiesenen Werte. Es handelt sich also um ein stichtagsbezogenes Verfahren und ist bereits deshalb abzulehnen. Außerdem müssten die Werte aus der Bilanz erst auf die aktuellen kalkulatorischen Werte umgerechnet und mit Hilfe von Kapitalverteilungsschlüsseln auf die Kostenstellen verteilt werden. Insgesamt gesehen handelt es sich dabei um ein sehr problematisches, umständliches und deshalb nicht zu empfehlendes Verfahren, so dass auf eine nähere Beschreibung verzichtet werden kann. **232**

Bei den Verfahren der positionsweisen Erfassung und Verrechnung der kalkulatorischen Zinsen wird von vornherein von den einzelnen betriebsnotwendigen Vermögensgegenständen ausgegangen, die in den Kostenstellen installiert sind. Dabei ist zu unterscheiden zwischen: **233**

- dem Verfahren der einfachen Durchschnittsverzinsung,
- dem Verfahren der einfachen Restwertverzinsung,
- dem Verfahren der qualifizierten Restwertverzinsung

und

- dem Verfahren der nutzungsdauerbezogenen Durchschnittsverzinsung.

Das Verfahren der einfachen Durchschnittsverzinsung ist zur kalkulatorischen Verzinsung der meist stark schwankenden, betriebsnotwendigen Bestände des Umlaufvermögens anzuwenden. Dazu gehören bekanntlich die Bestände an liquiden Mitteln, Forderungen, Roh-, Hilfs- und Betriebsstoffen sowie an Halb- und Fertigfabrikaten. Bei stark schwankenden Beständen sollten die Durchschnittswerte nach der Formel [(Anfangsbestand + 12 Monatsendbestände) : 13] ermittelt werden. Bei geringeren Schwankungen kann mit einem einfachen Durchschnittswert gearbeitet werden, also nach der Formel [(Anfangsbestand + Endbestand) : 2]. Soweit es sich bei den Beständen um Nominalgüter (z.B. liquide Mittel) handelt, treten keine bewertungstechnischen Probleme auf. Die Nominalwerte können hier mit den aktuellen Wiederbeschaffungsneuwerten gleichgesetzt werden. Bewertungstechnische Fragen in Bezug auf Realgüter (Warenbestände) werden an anderer Stelle behandelt. **234**

Auch für nicht abnutzbare Gegenstände des Anlagevermögens (z.B. Grundstücke) ist das Verfahren der einfachen Durchschnittsverzinsung anzuwenden. Die aktuellen Durchschnittswerte lassen sich hier mit Hilfe von Indizes ermitteln, die bei den regionalen Behörden erhältlich sind.

Die Verfahren der einfachen und der qualifizierten Restwertverzinsung sowie der nutzungsdauerbezogenen Durchschnittsverzinsung beziehen sich speziell auf abnutzbare Gegenstände des Anlagevermögens.

235 Bei der einfachen Restwertverzinsung sollen die kalkulatorischen Zinsen auf Basis der kalkulatorischen Restwerte am Ende eines Geschäftsjahres berechnet werden. Was dabei unter einem kalkulatorischen Restwert zu verstehen ist, wurde bereits an einem Beispiel (s. Rz. 221 ff.) gezeigt. Da diese Restwerte immer Stichtagsgrößen sind, ist das Verfahren inkorrekt und darf deshalb höchstens in besonderen Ausnahmefällen als Notlösung eingesetzt werden.

Das Verfahren der qualifizierten Restwertverzinsung ist die auf abnutzbare Wirtschaftsgüter bezogene Variante der einfachen Durchschnittsverzinsung. In die Rechnung gehen jetzt die kalkulatorischen Restwerte zu Beginn und Ende einer Periode ein. Mit 13 Werten zu arbeiten, dürfte aus Wirtschaftlichkeitsgründen meist nicht möglich sein. Die Rechnung hat den Vorteil, dass sie (gleichmäßige Nutzung vorausgesetzt) das in der Abrechnungsperiode durchschnittlich gebundene Kapital gut misst. Ihr Nachteil besteht darin, dass die Zinsbelastung c. p. mit zunehmendem Alter der Anlagen immer geringer wird. Das kann besonders im Zusammenhang mit Ersatzinvestitionen zu Fehlentscheidungen führen, weil eine ins Auge gefasste neue Anlage c. p. immer mit höheren Zinsen belastet sein wird als eine „alte" Anlage mit einem relativ geringen kalkulatorischen Restwert. Lösen lässt sich das Problem dadurch, dass zur Berechnung der kalkulatorischen Zinsen auf abnutzbare Anlagen nicht von abrechnungstechnischen Teilperioden, sondern von der Totalkapazität (Gesamtnutzungsdauer) der Anlage ausgegangen wird, wie das bei der Methode der nutzungsdauerbezogenen Durchschnittsverzinsung geschieht.

236 Zur Beschreibung dieser letzten Methode muss zunächst von der Annahme ausgegangen werden, dass die Anschaffungsausgaben einer Anlage als konstante Bemessungsgrundlage für die Bestimmung der kalkulatorischen Zinsen herangezogen werden können. Wird in diesem Fall außerdem eine gleichmäßige Nutzung (lineare Abschreibung) unterstellt, so zeigt sich, wie auch aus Abbildung F-4 hervorgeht, dass über die gesamte Nutzungsdauer hinweg durchschnittlich der halbe Anschaffungswert gebunden ist. Wird dieser Wert für alle Abrechnungsperioden als Basis für die Berechnung der kalkulatorischen Zinsen herangezogen, so ergibt sich bei konstantem Zinsfuß auch eine konstante Zinsbelastung je Abrechnungsperiode. Legt man dieser Betrachtung statt des Anschaffungswertes die wirtschaftliche Totalkapazität zu Grunde, so bedeutet das, dass während der gesamten Nutzungsdauer durchschnittlich das halbe Gesamtpotenzial „gebunden" ist. Wird das Gesamtpotenzial in Betriebsstunden gemessen, so lässt sich der Wert je Nutzungseinheit dadurch bestimmen, dass der Anschaffungswert durch die Zahl der als verfügbar angenommenen Nutzungseinheiten geteilt wird. Aus der Multiplikation des halben Potenzials mit dem Wert je Nutzungseinheit ergibt sich dann wieder der halbe Anschaffungswert. In gleicher Weise lässt sich die Rechnung durchführen, wenn, wie das hier als richtig erkannt wurde, statt mit dem Anschaffungswert mit aktuellen Wiederbeschaffungswerten gearbeitet wird. Ein Beispiel soll das zeigen:

237 Eine Anlage, die 1992 für 250 000,- € gekauft wurde, soll 1996 einen aktuellen Wiederbeschaffungswert von 320 000,- € haben. Das Gesamtpotenzial wird auf 20 000 Betriebsstunden geschätzt. Es soll mit einem Zinsfuß von 6 % gerechnet werden. Der aktuelle Wert einer Nutzungseinheit liegt im Beispiel bei 16,- € (320 000,- €/E × 20 000 Std.). Der Wert des halben Potenzials beträgt 160 000 €. Es sind also 9600,- € als kalkulatorische Zinsen anzusetzen. Zum selben Ergebnis kommt man natürlich, wenn einfach vom halben aktuellen Wiederbeschaffungsneuwert ausgegangen wird. Der Umweg wurde gewählt, um zu zeigen, dass es bei derartigen Rechnungen überhaupt nicht darauf ankommt, dass während der

II. Die Erfassung und Verrechnung der kalkulatorischen Kosten

gesamten Nutzungsdauer durchschnittlich die Hälfte eines bestimmten Wertes gebunden ist. Ausschlaggebend ist vielmehr, dass unter den angenommenen Voraussetzungen durchschnittlich das halbe Nutzungspotenzial gebunden ist. Ändert sich der Wert des Potenzials, so ändert sich damit auch die Höhe des durchschnittlich gebundenen Kapitals mit entsprechenden Konsequenzen für die zu verrechnenden Zinsen. Kurz formuliert heißt das: Es liegt eine Änderung der Wertkomponente vor. Damit kann die nutzungsdauerbezogene Durchschnittsverzinsung auf Basis des zum aktuellen Wiederbeschaffungswert angesetzten halben Nutzungspotenzials erfolgen. Die Ungenauigkeiten, welche dadurch entstehen, dass die unterstellte gleichmäßige Nutzung vielfach nicht stattfindet, müssen in Kauf genommen werden, weil sie sich mit wirtschaftlich vertretbarem Aufwand nicht beseitigen lassen.

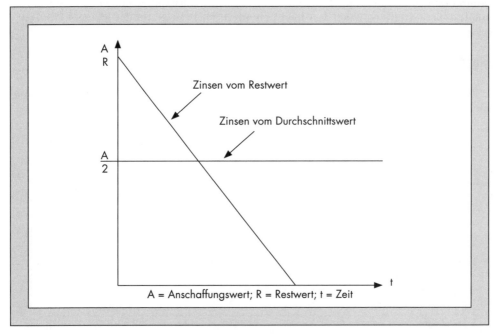

Abb. F-4: Zur Berechnung kalkulatorischer Zinsen

Von manchen Autoren (z. B. *Steger* S. 223) wird die Meinung vertreten, die Basis der Zinsberechnung sei immer um einen zu erwartenden kalkulatorischen Restwert (bzw. einen positiven Nettoliquidationserlös) zu kürzen. Konsequenterweise müsste dann die Berechnungsbasis erhöht werden, wenn ein negativer Liquidationserlös erwartet wird. Diese Forderung wurde bisher aber offenbar noch nicht erhoben. Außerdem sind sowohl der Restwert als auch ein eventueller Nettoliquidationserlös über die gesamte Nutzungsdauer hinweg gebunden, müssen also auch verzinst werden.

f) Anmerkung

Die hier vorgetragene Lehre von den kalkulatorischen Zinsen kann insbesondere mit dem Einwand angegriffen werden, dass es nicht sinnvoll sei, die Finanzierungseinflüsse aus der Kosten- und Leistungsrechnung herauszuhalten, weil eine zinsgünstige und solide Finanzierung eine wichtige Aufgabe der Leitung eines Unternehmens sei. Wird diesem Einwand entsprochen, so müssten die Zinsen auf betrieblich genutztes Fremdkapital als Grundkosten behandelt werden. Eine kalkulatorische Verzinsung käme dann nur noch für das Eigenkapital in Frage. Damit würde aber eine ganze Reihe von Problemen aufgeworfen. Die folgenden Fragen sollen das beispielhaft zeigen: Wie kann bestimmt werden, welche Teile des Fremdkapitals im betriebsnotwendigen Vermögen stecken? Der Rest müsste mit Eigenkapital finanziert sein. Soll mit einem einheitlichen Durchschnittszinsfuß gearbeitet werden, oder sind Vermögensgegenstände, die nachweisbar mit Fremdkapital finanziert wurden, mit den auf sie tatsächlich entfallenden Zinsen zu belasten? Wie sind Zinserträge zu behandeln, die aus betriebsnotwendigen Vermögensteilen (z. B. Geldanlagen bei Saisonbetrieben) fließen? Wie steht es jetzt mit den Lieferantenskonti? Sind Lieferantenskonti und Kundenskonti jetzt zu saldieren? Dieser unvollständige Fragenkatalog legt zumindest die Vermutung nahe, dass man sich mit der h. L. quasi für das kleinere Übel entschieden hat.

g) Rechenbeispiel

239 Für folgende Vermögensgegenstände einer mechanischen Fabrik sollen die kalkulatorischen Zinsen bei einem Zinsfuß von 7 % ermittelt werden.

Vermögensgegenstand	Buchwert €	Aktueller Wiederneu beschaffungswert €
Unbebautes Grundstück a) an Dritte verpachtet b) Bauplan für ein neues Werk liegt bereits vor	600 000,–	960 000,–
Bearbeitungszentrum	1 500 000,–	1 700 000,–
Vorräte Durchschnittsbestand	115 000,–	108 000,– 117 000,–
Liquide Mittel Durchschnittsbestand	67 000,–	67 000,– 55 000,–
Privatjacht	123 000,–	112 000,–

Tab. F-5: Rechenbeispiele zu den kalkulatorischen Zinsen (Aufgabe)

An kalkulatorischen Zinsen fallen an: | Zinsen in €
- Verpachtetes Grundstück (nicht betriebsnotwendig) | 0,–
- Betriebsnotwendiges Grundstück (7 % aus € 960 000) | 67 200,–
- Bearbeitungszentrum (7 % aus der Hälfte von € 1 700 000) | 59 500,–
- Vorräte (7 % aus € 117 000) | 8190,–
- Liquide Mittel (7 % aus € 55 000) | 3850,–
- Privatjacht (nicht betriebsnotwendig) | 0,–
- Der aktuelle Wiederbeschaffungsneuwert der liquiden Mittel entspricht dem Nominalwert (Buchwert).

6. Kalkulatorische Miete

240 Kalkulatorische Miete ist anzusetzen, wenn von Einzelunternehmen oder Personengesellschaften private Räume des Einzelunternehmers bzw. eines Gesellschafters für betriebliche Zwecke unentgeltlich genutzt werden. Ohne die kalkulatorische Miete wäre die Kosten- und Leistungsrechnung in solchen Fällen unvollständig. Vom Grundsatz her gelten hier die Ausführungen zum kalkulatorischen Unternehmerlohn analog. Im Sinne des Prinzips der periodengerechten Bewertung ist ein marktgerechter kalkulatorischer Mietzins anzusetzen, der aber nur in der Kosten- und Leistungsrechnung auftaucht, also nicht ausbezahlt wird.

Auch wenn in unternehmenseigenen Gebäuden gearbeitet wird, kann es sinnvoll sein, eine kalkulatorische Miete zu verrechnen, um damit die Schwankungen der effektiven Raumkosten aus der Kostenrechnung herauszuhalten. Die tatsächlich anfallenden Raum- bzw. Gebäudekosten dürfen dann natürlich nicht mehr bzw. nur als Vergleichsgrößen in die Kostenrechnung eingehen. Zu diesen tatsächlich anfallenden Gebäudekosten gehören z. B. kalkulatorische Abschreibungen und Zinsen sowie Instandhaltungskosten, einschlägige Steuern und Versicherungen.

III. Zur Erfassung und Verrechnung der Grundkosten

Zur Erinnerung sei nochmals darauf hingewiesen, dass Grundkosten im Gegensatz zu den oben behandelten kalkulatorischen Kosten zugleich Aufwand sind und sich folglich immer auch auf Ausgaben zurückführen lassen.

1. Die Kosten des Verbrauchs an Roh-, Hilfs- und Betriebsstoffen

a) Inhaltliche Abgrenzung

Es geht hier um die im Kostenartenplan unter den Nummern 40 und 41 aufgeführten Kostenartengruppen. In der Literatur wird in diesem Zusammenhang oft einfach von Materialkosten gesprochen (vgl. z.B. *Gabele/Fischer* S. 67, *Kilger* Einführung in die Kostenrechnung, S. 78, *Haberstock* Bd. I, S. 64 ff.). Diese Vorgehensweise wurde hier bewusst nicht übernommen, weil der Begriff „Materialkosten" in der Kalkulation bereits belegt ist, und zwar in dem Sinne, dass er nicht nur die reinen Stoffverbräuche umfasst, sondern auch die Materialgemeinkosten, die sich eben nicht primär aus Materialverbräuchen ergeben.

Als Rohstoffe, Fertigungsstoffe oder Fertigungsmaterial werden Stoffe bezeichnet, die unmittelbar ins Produkt eingehen und einen wesentlichen Teil des Produkts ausmachen. Als Hilfsstoffe gelten geringwertige Materialien, die zwar auch ins Produkt eingehen, aber nicht zuletzt aus Wirtschaftlichkeitsgründen als Gemeinkosten behandelt werden. Zu denken ist dabei etwa an kleine Schrauben, Nägel, Unterlagscheiben und andere Kleinteile. Auch Fette oder Öle können Hilfsstoffe sein. Betriebsstoffe sind Stoffe, die zur Herstellung der Produkte notwendig sind, aber eben nicht in die Produkte eingehen. Hierher gehören z.B. Energieverbräuche, Schmierstoffe und Kühlmittel (inkl. Kühlwasser) für die eingesetzten Maschinen, aber auch Reinigungsmittel sowie Büromaterial und Zeichenmaterialien aller Art. Auch Betriebsstoffe sind in der Regel Gemeinkosten. Sie können aber auch Einzelkosten sein. Das gilt z. B. für den Fall, dass sich der Stromverbrauch für die Herstellung eines bestimmten Produkts direkt und verursachungsgerecht erfassen lässt.

Unter bezogenen Bauteilen (Position 4030) sind fertige Teilsysteme eines Produkts zu verstehen, die komplett von außen bezogen werden. Bei einem PKW könnte das z.B. die Zündanlage oder das Radio mit den Lautsprechern sein. Von der Sache her handelt es sich also um Fertigungsmaterial und somit um Einzelkosten.

Aus abrechnungstechnischen Gründen wird auch fremde Lohnarbeit wie Fertigungsmaterial behandelt. Fremde Lohnarbeit liegt vor, wenn bestimmte Teile nach den Angaben des Bestellers, der auch das Material anliefert, von einem Dritten hergestellt oder veredelt werden (z. B. Verzinken oder Vergolden).

b) Die Erfassung des Materialverbrauchs

251 Hier sind prinzipiell folgende Methoden zu unterscheiden: die Zugangsmethode, die Inventurmethode, die Rückrechnungsmethode und die Skontration (Fortschreibung).
Für alle Methoden gilt, dass sich die Zugänge anhand von Lieferscheinen und ähnlichen Belegen feststellen lassen müssen.

252 Bei der Zugangsmethode werden die Zugänge (zugegangene Mengen) einfach mit den verbrauchten Mengen gleichgesetzt. Diese Methode ist offensichtlich nur in besonderen Ausnahmefällen anwendbar. In der Regel werden Zugänge und Abgänge zu verschieden sein, um gleichgesetzt werden zu können.

Für die Inventurmethode gilt

253   FF-5:   Verbrauchsmenge = Anfangsbestand
                          + Zugänge − Endbestand

Wie schon der Name sagt, setzt die Inventurmethode voraus, dass zum Ende jeder Abrechnungsperiode eine mit hohem Arbeitsaufwand verbundene (körperliche) Bestandsaufnahme (Zählen, Wiegen, Messen) stattfindet. Da für Zwecke der Kosten- und Leistungsrechnung unterjährige Abrechnungsperioden (Monate, Quartale) unverzichtbar sind, ist die Inventurmethode unverhältnismäßig teuer. Ein weiterer Nachteil der Inventurmethode besteht darin, dass sie immer nur die jeweils insgesamt als verbraucht zu betrachtenden Mengen je Materialart zeigt. Eine Zuordnung auf Kostenstellen und Kostenträger ist deshalb nur auf der Grundlage zusätzlicher Informationen möglich. Schließlich ist noch darauf hinzuweisen, dass sich Bestandsminderungen durch Schwund, Verderb oder Diebstahl mit der Inventurmethode normalerweise nicht feststellen lassen. Das führt zu Inventurdifferenzen bzw. zu Fehlern bei der Bestimmung der regulären Materialvierbräuche. Insgesamt betrachtet zeigt sich, dass die Inventurmethode für Zwecke der Kostenrechnung wenig geeignet ist.

254 Die Rückrechnungsmethode setzt voraus, dass die in ein Produkt jeweils (planmäßig) eingehenden Materialmengen, etwa aus Stücklisten, Rezepten usw. Quote für Ausschuss und Abfall einkalkuliert werden (*Gabele/Fischer* S. 69).

Es gilt dann

        FF-6:   Verbrauchsmenge = (Standardverbrauchsmenge
                          je Einheit + Quote für Ausschuss
                          und Abfall) × (Erzeugte Menge)

Die Rückrechnungsmethode erlaubt also eine Zuordnung der einschlägigen Materialverbräuche auf die Kostenträger und prinzipiell auch auf die Kostenstellen. Allerdings kann die Methode keine Gewähr dafür bieten, dass die einkalkulierten Sollmengen mit den tatsächlich verbrauchten Mengen auch vollständig (zumindest weitgehend) übereinstimmen. Außerdem lassen sich Betriebsstoffe, die ja nicht in das Produkt eingehen, auf diese Weise in der Regel nicht erfassen.

255 Das zweckmäßigste und bei korrekter Handhabung zuverlässigste Verfahren zur Bestimmung der Materialverbrauchsmenge ist die Skontration (Fortschreibungsmethode), also die Einrichtung einer Lagerbuchhaltung, in der alle Zu- und Abgänge erfasst werden. Inwieweit auch Lieferungen, die sofort in die Produktion hineinfließen (just in time) direkt

III. Zur Erfassung und Verrechnung der Grundkosten 83

oder über vorgelagerte Abrechnungssysteme in der Lagerbuchhaltung erfasst werden, ist eine Zweckmäßigkeitsfrage, die hier nicht weiter diskutiert werden kann. Soweit das wirtschaftlich sinnvoll ist, sind im Rahmen der Skontration die Lagerabgänge nach Materialarten (Kostenartennummern) differenziert so zu erfassen, dass über entsprechende Kostenträger- und Kostenstellennummern eine Zuordnung auf diese Objekte problemlos möglich ist. Außerdem sind natürlich die zur Bewertung der Entnahmemengen nötigen Preise, das Ausgabedatum sowie die Namen von Empfänger und „Auslieferer" festzuhalten. Wie ein solcher Entnahmebeleg aussehen kann, zeigt das von *Kilger* (Einführung, S. 82) übernommene Beispiel eines Materialentnahmescheines, das unten als Abbildung F-6 abgedruckt wurde.

Als Entnahmebeleg und zugleich als Nachweis dafür, wer bestimmte Materialien für welche Zwecke aus dem Lager entnommen oder auf andere Weise in die Produktion eingebracht hat, kommen neben den Materialentnahmescheinen z. B. auch noch Stücklisten und Rezepte in Betracht. Schließlich und endlich können diese Nachweise natürlich auch mit Hilfe elektronischer Medien geführt werden. Das ist deshalb von besonderer Bedeutung, weil die Erfassung der Material- bzw. der Lagerbewegungen in größeren Unternehmen nahezu zwingend den Einsatz der EDV erfordert. Das unten abgedruckte Muster für einen Entnahmeschein ist dann den gegebenen Verhältnissen anzupassen bzw. zu ergänzen. Der Materialentnahmeschein kann dann als „Vorbild" für eine entsprechende Maske dienen.

Unabhängig davon, mit welchem Verfahren gearbeitet wird, sollte immer vorab geklärt **256** werden, wer in Bezug auf bestimmte Materialien und Materialmengen empfangs- bzw. verfügungsberechtigt ist. Die Einhaltung dieser Regeln ist durch organisatorische Maßnahmen, die hier nicht diskutiert werden können, abzusichern.

Firmenbezeichnung Materialentnahmeschein			Ausstellvermerke: Datum: 6.6.74	Name: Meier	Auftrags-/Artikel-Nr.: 307 428 Werkauftrags-Nr.:		
Zeilen-Nr.	Materialarten-Bezeichnung		Material-Nr.	Mengeneinheit	Ausgegebene Menge	Preis pro Mengeneinheit	Kostenbetrag
1	Zugfedern		66743	Stück	1000	0,50	500,–
2	Dichtungen		66815	Stück	2000	0,10	200,–
3							
4							
5	Summe						700,–
Ausgabevermerke:			Empfänger:		Lagerkartei gebucht:		
Datum:	Name:	Lager-Nr.:			Datum:	Name:	
7.6.74	Schulz	14	Müller		28.6.74	Meier	

(Quelle: Kilger Einführung in die Kostenrechnung, S. 82)

Abb. F-6: Materialentnahmeschein

Aus dem Lager entnommene Hilfs- und Betriebsstoffe gelten häufig mit der Entnahme aus dem Lager auch dann als verbraucht, wenn bestimmte Teilmengen zunächst in einer Kostenstelle noch zwischengelagert und damit in der betreffenden Abrechnungsperiode nicht unbedingt vollständig verbraucht werden (Problem der Wirtschaftlichkeit des Verfahrens).

Für Stoffe wie Strom, Gas, Wasser und Dampf lassen sich die Gesamtverbräuche durch entsprechende Messgeräte meist leicht feststellen. Schwierigkeiten bereitet dagegen die für Zwecke der Kalkulation notwendige Zurechnung der Verbräuche auf Kostenstellen oder Kostenplätze (z. B. eine bestimmte Maschine), weil der Einbau entsprechender Zwischenzähler in vielen Fällen gegen das Wirtschaftlichkeitsprinzip verstoßen würde. Man ist insoweit also auf fundierte Schätzungen bzw. darauf angewiesen, mit Schlüsselgrößen zu arbeiten. Der Stromverbrauch kann z. B. anhand der installierten Leistung und des Leistungsgrades geschätzt werden. Hier zeigt sich, dass sich einzelne Probleme der Kostenrechnung immer nur mit Unterstützung von Technikern lösen lassen.

c) Die Bewertung des Materialverbrauchs

257   Hier ist zuerst die Frage zu erörtern, welche Faktoren bei der Bestimmung der Preiskomponente im Materialbereich berücksichtigt werden, also mit in die Bewertung einfließen müssen.

Ohne damit ein Präjudiz setzen zu wollen, darf wohl von der Annahme ausgegangen werden, dass den Anschaffungskosten (eigentlich müsste von Anschaffungsausgaben gesprochen werden) eine wichtige Rolle bei der Bewertung der Materialverbräuche zukommt. Wichtigster Bestandteil dieser Anschaffungsausgaben ist der (Netto-)Einkaufspreis (Listenpreis abzüglich eventueller Rabatte). Außerdem sind die sogenannten Beschaffungsnebenkosten zu berücksichtigen. Dazu gehören z. B. Verpackung, Frachten, Zölle, Transportversicherungen u. Ä. Innerbetriebliche Beschaffungsnebenkosten, wie z. B. die Kosten des Einkaufs, der Lagerung oder von Eingangsprüfungen, bleiben hier noch außer Ansatz; sie sind als Materialgemeinkosten (s. Rz. 327ff.) gesondert zu verrechnen. Die Mehrwertsteuer zählt nicht zu den Beschaffungs(neben)kosten; sie ist als durchlaufender Posten für die Kostenrechnung ohne Interesse. Auch eventuelle Lieferantenskonti beeinflussen die Beschaffungskosten in der Industrie nicht (neutraler Ertrag). Ihre Ausnutzung ist eine reine Finanzierungsfrage, aber kein Problem der Kostenrechnung (*Mellerowicz*, Bd. 2, S. 369).

Werden mit einer Sendung verschiedene Materialien angeliefert, so ergeben sich Probleme mit der Zuordnung der Nebenkosten. Diese Zuordnung kann auf der Basis des Gewichts oder der jeweiligen Volumina erfolgen. Werden die Nebenkosten maßgeblich vom Wert der Materialien bestimmt, kann auch er als Verteilungsschlüssel in Betracht kommen. Aus der oben geführten (allgemeinen) Diskussion zur Frage der Bewertung für Zwecke der Kosten- und Leistungsrechnung folgt, dass Materialverbräuche aller Art grundsätzlich zu den durchschnittlichen aktuellen Wiederbeschaffungskosten zu bewerten sind. Zur Erfüllung dieser Forderung bietet es sich an, die zum Zwecke der Erfassung der Materialbewegungen eingesetzte Skontration mit dem Verfahren der Istpreisbewertung mit permanenter Durchschnittsbildung zu verbinden. Das weiter unten als Tabelle F-7 dargestellte Beispiel soll zeigen, was damit gemeint ist.

258   Die permanente Durchschnittsbildung kann theoretisch beliebig lange fortgesetzt werden. Bei steigenden Preisen führt das aber dazu, dass der Rückfluss der für den Materialverbrauch einkalkulierten Kosten nicht ausreicht, um die verbrauchten Materialien vollständig (in Mengeneinheiten gemessen) zu ersetzen (wiederzubeschaffen). Um die daraus resultierenden Fehler möglichst gering zu halten, empfiehlt sich die Skontration mit Istpreisbewertung und periodischer Durchschnittsbildung. Dabei wird die Rechnung nach jeder Abrechnungsperiode (Monat, Quartal) mit dem dann gültigen Preis neu begonnen. Eine etwas andere Version liefert dazu *Kilger* (Einführung, S. 86). Seine Variante erlaubt eine Bewertung der Abgänge aber jeweils erst am Ende der Periode.

259   Die Kombination von Skontration und Istpreiswertung mit permanenter oder periodenweiser Durchschnittsbildung wird der Forderung nach einer Bewertung zu aktuellen

III. Zur Erfassung und Verrechnung der Grundkosten

Wiederbeschaffungswerten nicht vollständig gerecht. Dieser Mangel muss aber aus Gründen der Wirtschaftlichkeit in Kauf genommen werden. Die Kostenrechnung müsste sonst, wie es *F. Schmidt* (S. 188) ausgedrückt hat, in Atome zerlegt werden.

Betriebsstoffe, die wie Gas und Strom laufend verbraucht, aber nicht gelagert werden bzw. nicht gelagert werden können, sind mit dem jeweiligen Einstandspreis zu bewerten, der zumindest über kürzere Perioden hinweg mit dem aktuellen Wiederbeschaffungspreis identisch sein wird. Das gilt auch für Materialien, die nur selten benötigt und deshalb auch nur in geringen Mengen gelagert werden. In besonderen Fällen (z.B. bei längerer Lagerzeit) kann daran gedacht werden, den ursprünglichen Wert mit Hilfe der amtlichen Indizes hochzurechnen.

260

Bestände, Zu- und Abgänge	Menge kg, m, Stück	(Durchschnittlicher) Wert je Einheit €	Gesamtwert €
1. Anfangsbestand	4200	3,2000	13 440,-
2. Abgang	− 500	3,2000	− 1 600,-
3. Bestand	3700	3,2000	11 840,-
4. Zugang	+ 320	3,1200	+ 998,40
5. Bestand	4020	3,1936	12 838,40
6. Abgang	− 215	3,1936	− 686,63
7. Bestand	3805	3,1936	12 151,77
8. Abgang	− 408	3,1936	− 1 302,99
9. Bestand	3397	3,1936	10 848,78
10. Zugang	+ 910	3,2500	+ 2 957,50
11. Bestand	4307	3,2055	13 806,28
Usw. usw.			

Der für den jeweiligen Bestand maßgebende durchschnittliche Wert je Mengeneinheit wird dadurch ermittelt, dass der neue Gesamtwert (Bestand plus Zugang) durch die neue Gesamtmenge (Bestand) dividiert wird. Die folgenden Abgänge (Verbräuche) werden dann mit dem jeweils letzten Durchschnittswert je Einheit bewertet.

Tab. F-7: Skontration mit permanenter Istpreisbewertung

Die Bewertung von Materialverbräuchen auf der Basis von Verbrauchsfolgeverfahren **261** wie etwa FIFO, LIFO und HIFO (vgl. *Wöhe* S. 899 ff.) ist für die Kostenrechnung eigentlich nicht akzeptabel, weil auf diese Weise dem Prinzip der Wertkongruenz nicht bzw. nur zufällig Genüge getan werden kann. Andererseits sind diese Verfahren für die bilanzielle Bewertung von großer Wichtigkeit, weil sie dort erhebliche steuerliche Vorteile bringen können. Soweit aus diesem Grunde im externen Rechnungswesen mit Verbrauchsfolgeverfahren gearbeitet wird, dürfte eine „Sonderbewertung" für Zwecke der Kostenrechnung wirtschaftlich kaum vertretbar sein. Die entsprechenden Fehler müssen dann in Kauf genommen werden.

2. Die Personalkosten

a) Begriff

262 Zu den Personalkosten (Gruppe 42 und 43 des Kostenartenplans) gehören nur die für betriebliche Zwecke bezahlten Bruttolöhne und Bruttogehälter sowie die entsprechenden Sozialkosten. Löhne und Gehälter, die nicht für betriebliche Zwecke bezahlt werden (z. B. für die Haushaltshilfe der Chefin) sind keine Personalkosten im Sinne der Kostenrechnung; sie werden hier völlig ausgeklammert.

Bei den hier relevanten, „wirklichen" Personalkosten ist zunächst zwischen Einzelkosten- und Gemeinkostenlöhnen zu unterscheiden. Einzelkostenlöhne sind definitionsgemäß die Fertigungslöhne (inklusive Fertigungsgehälter). Sie sind den Kostenträgern verursachungsgerecht und direkt zurechenbar. Fertigungsgehälter liegen vor, wenn Arbeitskräfte, die in der Fertigung unmittelbar am Produkt arbeiten, statt eines Lohnes ein Gehalt beziehen. Wenn künftig hier von Fertigungslöhnen gesprochen wird, so sollen die Fertigungsgehälter immer mit eingeschlossen sein.

263 Hilfslöhne sind definiert als Löhne, die den Kostenträgern nicht verursachungsgerecht zugerechnet werden können. Es handelt sich also um Gemeinkosten. Das gilt auch für die Gehälter im „klassischen" Sinne, also für Gehälter für Leitungs- und Verwaltungsaufgaben. Wird nur der Begriff „Gehalt" verwendet, so sind hier immer nur diese Gehälter gemeint.

264 Die von den Arbeitnehmern zu tragenden Abzüge für Lohn- und Kirchensteuer sowie die einschlägigen, gleichfalls vom Arbeitnehmer zu tragenden Sozialabgaben sind selbstverständlich keine (Personal-)Kosten des Unternehmens. Dagegen sind die vom Arbeitgeber zu tragenden Beitragsteile zur Sozialversicherung natürlich Teil der betrieblichen Personalkosten. Zu den Personalkosten gehören ferner auch Zuschläge für Überstunden, Feiertags- oder Nachtarbeit sowie Feiertagslöhne, Urlaubslöhne, Urlaubsgeld und Weihnachtsgeld. Auch der betriebsärztliche Dienst ist Teil der Personalkosten. Dagegen dürfen Zuschüsse zur Kantine und für Betriebswohnungen, bei konsequenter Interpretation der Begriffe Kosten und Leistung, nicht den Personalkosten zugerechnet werden. Es handelt sich dabei vielmehr um neutralen Aufwand. Die entsprechende Begründung wurde bereits geliefert.

b) Erfassung und Bewertung von Löhnen und Gehältern

265 Die Ermittlung und Erfassung von Löhnen und Gehältern ist eine zentrale Aufgabe der Lohn- und Gehaltsbuchhaltung; sie ist dabei natürlich auf die Zusammenarbeit mit Abteilungsleitern, Meistern etc. angewiesen. Die für die Lohnabrechnung notwendige Gliederung nach Lohnarten (z. B. Fertigungslohn und Urlaubslohn) muss auf die Gliederung des Kostenartenplanes abgestimmt sein. Ist das der Fall, so lassen sich die verschiedenen Arten der Löhne und Gehälter von der Buchhaltung direkt in die Kostenartenrechnung übernehmen. In allen anderen Fällen entsteht zusätzlicher Aufwand, weil die Zahlen der Lohnbuchhaltung für Zwecke der Kostenrechnung erst noch gesondert aufbereitet werden müssen.

Abrechnungstechnisch ist weiter zu beachten, dass die Einzelkostenlöhne definitionsgemäß direkt dem jeweiligen Kostenträger zugerechnet werden können. In der Kostenstellenrechnung erscheinen sie deshalb vielfach nur „unter dem Strich". Das ist (u. a.) nötig, um die in den betreffenden (Fertigungs-)Kostenstellen angefallenen betrieblichen Wertverzehre vollständig erfassen zu können. „Über dem Strich" erscheinen die Fertigungslöhne dann, wenn mit Fertigungsstundensätzen gearbeitet wird, in welchen dann in der Regel auch die Fertigungslöhne enthalten sind. Wird in einem Unternehmen mit der sogenannten Zuschlagskalkulation gearbeitet, so dienen die Fertigungslöhne als Verrechnungsgrundlage für die Fertigungsgemeinkosten.

Die Gemeinkostenlöhne und Gehälter sind immer von der Kostenartenrechnung in die Kostenstellenrechnung zu übernehmen und damit den jeweils betroffenen Kostenstellen zu belasten.

Um die Löhne und Gehälter im Rahmen der Kostenstellenrechnung auf möglichst einfache Art und Weise denjenigen Kostenstellen zuordnen zu können, in welchen sie angefallen sind, sollte die Lohn- und Gehaltsabrechnung nach Kostenstellen gegliedert sein oder sich mit Hilfe der EDV entsprechend gliedern lassen. Damit lässt sich die Masse der Löhne und Gehälter problemlos von der Kostenartenrechnung in die Kostenstellenrechnung überführen. Sonderfälle lassen sich dabei relativ leicht berücksichtigen. Ein solcher Sonderfall liegt z. B. vor, wenn ein Meister für zwei Kostenstellen zuständig ist, so dass sein Gehalt für Zwecke der Kostenrechnung entsprechend aufgeteilt werden muss. Auch die sogenannten „Springer" können zur Kategorie der Sonderfälle gehören. Um eine plausible Kostenverrechnung vornehmen zu können, ist die Arbeitszeit dieser Personen anhand der (regelmäßigen) Arbeitsbelastung auf die in Betracht kommenden Kostenstellen zuzuordnen.

Abschließend ist hier noch auf die Behandlung bestimmter Lohnformen in der Kostenrechnung einzugehen. Ob Fertigungslohn als Zeitlohn, Gehalt oder als Akkordlohn bezahlt wird, ist für die Behandlung in der Kostenrechnung ohne Bedeutung. Zur Unterscheidung von Zeitlohn und Akkordlohn muss hier auf die einschlägige Literatur verwiesen werden.

Schwierigkeiten bereitet die Behandlung von Zuschlägen für Überstunden, Nachtarbeit **266** oder Feiertagsarbeit. Wird regelmäßig von Montag bis Freitag im Mehrschichtbetrieb gearbeitet, so macht es keinen Sinn, die zufällig in einer zuschlagspflichtigen Zeit hergestellten Produkte höher zu belasten als den Rest. Um das zu vermeiden, gibt es zwei Möglichkeiten. Die eine besteht darin, alle Lohnzuschläge als Gemeinkosten zu behandeln. Damit steigen die Verrechnungssätze für die Gemeinkosten entsprechend, es werden aber alle Produkte in gleicher Weise belastet. Die zweite Möglichkeit ist, die Zuschläge unmittelbar als Fertigungslohn zu erfassen und sie in der Kostenstellenrechnung besonders auszuweisen, ohne sie aber in die Verrechnungsbasis für die Fertigungsgemeinkosten einzubeziehen. In der Kostenträgerrechnung sind dann die zu verrechnenden Fertigungslöhne um einen entsprechenden Prozentsatz zu erhöhen. Angenommen die Zuschläge machen, gemessen an den insgesamt zu zahlenden regulären Fertigungslöhnen, (durchschnittlich) 6 % aus, so wären die Fertigungslöhne in der Kostenrechnung jeweils mit 106 % anzusetzen. Die Fertigungsgemeinkostenzuschläge müssten aber auf Basis 100 % verrechnet werden. Denkbar ist es natürlich auch, dass solche Zuschläge gar nicht an die Kunden weitergegeben werden (können). Das wird insbesondere dann gelten, wenn nur vorübergehend Überstunden gefahren werden müssen. Zuschläge auf Hilfslöhne und Gehälter lassen sich definitionsgemäß nur als Gemeinkosten verrechnen. Ansonsten gelten die Überlegungen zu den Fertigungslöhnen analog. Probleme gibt es auch mit den Löhnen für Nacharbeit. Hier handelt es sich um die Beseitigung von Mängeln, die durch Fehler in der Produktion entstanden sind und zufällig bestimmte Produkteinheiten betroffen haben. Der Nacharbeitslohn lässt sich zwar den betreffenden Produkten direkt zurechnen, er kann aber dem Kunden nicht weiterverrechnet werden. Es handelt sich deshalb hier eindeutig um Wagniskosten (Fertigungswagnis).

Löhne für innerbetriebliche Leistungen sind nur dann Fertigungslöhne (also keine **267** Hilfslöhne), wenn es sich um Leistungen handelt, die aus der Sicht der Kostenrechnung den zum Verkauf bestimmten Leistungen gleichzusetzen sind. Das gilt z. B., wenn Maschinen für den eigenen Bedarf hergestellt und wie gekaufte Anlagen aktiviert werden. Eine ausführlichere Diskussion zur Frage der innerbetrieblichen Leistungen wird noch geliefert. Die Bewertung von Löhnen und Gehältern bereitet grundsätzlich keine Probleme, da die betreffenden Werte im Rahmen des jeweils aktuellen Preisniveaus liegen. Sie entsprechen außerdem nicht nur dem kalkulatorischen, sondern (zumindest ganz überwiegend) auch dem tatsächlichen Wiederbeschaffungswert. Probleme kann es allerdings geben, wenn eine Tarifvereinbarung ausläuft bzw. unwirksam geworden ist, der neue Tarifabschluss aber noch aussteht. Aktuelle Werte und Wiederbeschaffungswerte stimmen dann nicht mehr überein. Das Problem läßt sich wohl nur dadurch entschärfen, dass entweder mit den „alten" oder mit geschätzten (voraussichtlichen) Wiederbeschaffungswerten kalkuliert wird.

c) Die Sozialkosten

268 Unter Sozialkosten werden hier im Gegensatz zur Mehrheitsmeinung (s. Rz. 226) nur solche Wertverzehre im Sozialbereich verstanden, die kraft Gesetz, Tarifvertrag oder Betriebsvereinbarung erbracht werden müssen. Die relevanten Positionen sind im Kostenartenplan in den Gruppen 43 und 425 zusammengefasst. Hierher gehören also die Soziallöhne (z. B. Feiertagslöhne, Urlaubs- und Krankheitslöhne) sowie die Arbeitgeberbeiträge zur Sozialversicherung. Nicht dagegen die schon mehrfach erwähnten Zuschüsse zur Kantine und ähnlichen Einrichtungen. Das schließt nicht aus, dass etwa Kantine und Werkswohnungen zum Zwecke der Wirtschaftlichkeitskontrolle in die Betriebsabrechnung mit einbezogen werden, zumal es für die Geschäftsleitung eines Unternehmens durchaus von Interesse sein dürfte, zusammen mit den Informationen zur Kostenentwicklung auch die Entwicklung des freiwilligen Sozialaufwands in Augenschein nehmen zu können. Eben aus diesen Gründen ist es durchaus zweckmäßig, wenn auch logisch nicht ganz einwandfrei, einschlägige Aufwendungen im Kostenartenplan als Aussonderungen unter der Gruppe 43 (Sozialkosten) zu erfassen. Der Widerspruch, dass damit neutraler Aufwand im Kostenartenplan erscheint, muss in Kauf genommen werden.

Sonderprobleme ergeben sich hinsichtlich der Verrechnung der Sozialkosten daraus, dass ein Teil dieser Kosten sehr unregelmäßig anfällt bzw. sich in bestimmten Monaten (Quartalen) konzentriert. Das gilt besonders für Urlaubslöhne, Feiertagslöhne sowie für das Weihnachtsgeld und (mit Einschränkungen) auch für Krankheitslöhne. Würden diese Kosten zu den Zeitpunkten in die Kostenrechnung aufgenommen, zu denen sie mehr oder weniger zufällig anfallen, so würden dadurch Kalkulation und Betriebsergebnisrechnung erheblich verzerrt. Um dies zu vermeiden, muss insoweit unbedingt mit (normalisierten) Durchschnittswerten gearbeitet werden.

269 Ein weiteres Problem ergibt sich bei der Verrechnung derjenigen Arbeitgeberbeiträge zur Sozialversicherung, die im Bereich der Fertigungslöhne anfallen, weil diese soweit sie unmittelbar am Produkt anfallen eigentlich als Einzelkosten verrechnet werden müssten. Soweit es um Urlaubslöhne geht, liegen natürlich Gemeinkosten vor. Unabhängig davon ist es zweckmäßig, zur Verrechnung der Sozialkosten besondere kalkulatorische Verrechnungssätze zu bilden. In diese Sätze sind dann natürlich auch die Kosten für den Betriebsrat, einen Werksarzt u. ä. einzubeziehen. Wie diese kalkulatorischen Sozialkostensätze ermittelt werden können, zeigen die in den Abbildungen F-8 a bis F-8 d dargestellten Beispielrechnungen. Dabei werden unterschieden. Lohnbezogene Sozialkosten, sie betragen im Beispiel 54,0 %, gehaltsbezogene Sozialkosten, sie belaufen sich im Beispiel auf 26,0 % und schließlich die lohn- und gehaltsbezogenen Sozialkosten mit 2,7 % (vgl. *Deyhle* Arbeitshandbuch, S. 301 und *Kilger* Einführung, S. 108 f.). Für den neutralen Sozialaufwand (Tabelle F-8 d) ergibt sich eine Quote von 4,8 %.

	Voraussichtliche Kostenbildung pro Jahr in €	Prozent
Basis: Voraussichtliche Bruttolöhne (ohne Soziallöhne)	6 054 000,–	100,0
Urlaubslöhne	593 292,–	9,8
Feiertagslöhne	611 454,–	10,1
Krankheitslöhne	369 294,–	6,1
Arbeitgeberbeiträge zur Sozialversicherung	1 228 962,–	20,3
Urlaubs- und Weihnachtsgeld	308 754,–	5,1
Sonstiges	157 404,–	2,6
Summe	3 269 160,–	54,0

Tab. F-8 a: Lohnbezogene Sozialkosten

	Voraussichtliche Kosten pro Jahr in €	Prozent
Basis: Voraussichtliche Bruttogehälter	1 181 000,–	100,0
Arbeitgeberbeiträge zur Sozialversicherung	218 500,–	18,5
Urlaubs- und Weihnachtsgeld	53 145,–	4,5
Sonstige	35 430,–	3,0
Summe	307 075,–	26,0

Tab. F-8 b: Gehaltsbezogene Sozialkosten

	Voraussichtliche Kosten pro Jahr in €	Prozent
Basis: Voraussichtliche Bruttolöhne (ohne Soziallöhne) und Bruttogehälter	7 235 000,–	100,0
Berufsgenossenschaft	86 820,–	1,2
Sonstige Sozialeinrichtungen	108 525,–	1,5
Summe	195 345,–	2,7

Tab. F-8 c: Lohn- und gehaltsbezogene Sozialkosten

	Voraussichtliche Kosten pro Jahr in €	Prozent
Basis: Voraussichtliche Bruttolöhne (ohne Soziallöhne) und Bruttogehälter	7 235 000,–	100,0
Kantine	144 700,–	2,0
Werkswohnungen	130 230,–	1,8
Sonstige	72 350,–	1,0
Summe	347 280,–	4,8

Tab. F-8 d: Neutraler Sozialaufwand

3. Fremdreparaturen und andere technische Fremdleistungen

270 Es geht hier um die im Kostenartenplan unter der Nummer 44 zusammengefassten Kosten.

Fremdreparaturen lassen sich anhand der Eingangsrechnungen leicht erfassen und den betroffenen Kostenstellen zuordnen. Zu beachten ist dabei allerdings, dass nicht jeder Rechnungsbetrag bzw. die dadurch dokumentierten Kosten voll derjenigen Periode zugerechnet werden können, in welcher die Rechnung anfällt. Aperiodisch anfallende hohe Reparaturkosten sollten, auch wenn das nach Handels- und Steuerrecht nicht erforderlich ist, für Zwecke der Kostenrechnung, also in der Betriebsbuchhaltung aktiviert werden. Die Verrechnung auf Kostenstellen und Kostenträger erfolgt dann über die kalkulatorischen Abschreibungen.

Mit Ausnahme der Aktivierungen gilt das zu den Fremdreparaturen Gesagte für andere technische Fremdleistungen, wie zum Beispiel für nach außen vergebene Konstruktionsaufträge, analog. Vielfach können diese Leistungen direkt (als Einzelkosten) einem bestimmten Kostenträger (Auftrag oder Produkt) zugerechnet werden. Soweit das nicht möglich ist, handelt es sich um Gemeinkosten der betreffenden Kostenstelle, also z. B. der Konstruktionsabteilung.

4. Steuern, Gebühren, Beiträge und Versicherungen

271 Unter dieser Sammelüberschrift sind im Kostenartenplan unter der Gruppe 45 eine Reihe von unterschiedlichen Kostenarten zusammengefasst worden.

Definitionsgemäß dürfen in der Kosten- und Leistungsrechnung nur Steuern mit Kostencharakter ihre Spuren hinterlassen. Dazu gehörten insbesondere zwei Steuern, die zum 31.12.97 abgeschafft worden sind. Nämlich die betriebliche Vermögenssteuer und die Gewerbekapitalsteuer. Nach wie vor aktuelle Kostensteuern sind die Grundsteuer auf betrieblich genutzte Grundstücke, die Gewerbeertragsteuer und natürlich die Kraftfahrzeug- und die Versicherungssteuer, soweit sie betrieblich bedingt sind. Selbstverständlich können auch Verbrauchssteuern für ein Unternehmen Kostencharakter haben. Ein typisches Beispiel dafür ist die Mineralölsteuer.

Nicht zu den Kostensteuern gerechnet werden die Körperschafts- und die Einkommensteuer. Ob das dem Charakter der Körperschaftssteuer wirklich gerecht wird, muss hier dahingestellt bleiben.

Mit der Gewerbekapitalsteuer und mit der Vermögenssteuer wurde das im Unternehmen gebundene Kapital bzw. das Betriebsvermögen besteuert; beide konnten deshalb in Relation zu dem jeweils gebundenen betriebsnotwendigen Kapital auf die Kostenstellen zugeordnet werden.

Die Gewerbeertragsteuer wird trotz ihres Charakters als Ertragsteuer als Kostensteuer betrachtet. Ihre Zuordnung auf die Kostenstellen kann mangels einer geeigneten Maßgröße nur willkürlich erfolgen. Da der Ertrag eines Unternehmens in erster Linie von den Mitarbeitern und dem eingesetzten Kapital erwirtschaftet wird, ist es naheliegend, dadurch einen Verrechnungsschlüssel zu bilden, dass für jede Kostenstelle das betriebsnotwendige Kapital sowie die Löhne und Gehälter addiert werden. Die sich ergebenden Summen bilden dann den gesuchten Schlüssel. Eine andere Möglichkeit ist es, die Gewerbeertragsteuer voll der Geschäftsleitung zu belasten.

Zur Kraftfahrzeug- und Versicherungssteuer erübrigt sich hier ein Kommentar.

Die Umsatzsteuer braucht als durchlaufender Posten in der Kostenrechnung nicht berücksichtigt zu werden. Daran ändert auch die Tatsache nichts, dass die Umsatzsteuer im Einzelhandel Probleme bei der Preisgestaltung verursachen kann.

Quelle für die Erfassung der Steuern sind in erster Linie die jeweiligen Steuerbescheide.

Versicherungsbeiträge lassen sich über die Prämienrechnungen leicht erfassen. Sachversicherungen, wie Feuer-, Einbruch-, Diebstahl- und Betriebsunterbrechungsversicherung, aber auch Wasser- und Sturmschadenversicherung, können wieder nach dem Schlüssel „Betriebsnotwendiges Kapital" auf die Kostenstellen zugerechnet werden. Spezielle Haftpflicht- und Rechtsschutzversicherungen sind den mit den betreffenden Risiken behafteten Kostenstellen zu belasten. Für Fahrzeuge ist das z. B. der Fuhrpark. Allgemeine Haftpflichtversicherungen gehen zu Lasten der Geschäftsleitung. **272**

Beiträge und Gebühren werden von öffentlichen Händen (Körperschaften) und von Verbänden für ihre „Leistungen" und Dienste erhoben. Straßenanliegerbeiträge, (reguläre) Müllgebühren u. Ä. sind den betreffenden Gebäuden anzulasten. Spezielle Entsorgungsleistungen haben die betreffenden Kostenstellen zu tragen. Kammerbeiträge gehen zu Lasten der Geschäftsleitung. Das gilt auch für Verbandsbeiträge, sofern sie sich nicht auf spezielle Funktionen (z. B. Verkauf, Einkauf, Produktion) beziehen. **273**

Bei den eben angesprochenen Kostenarten sind vielfach zeitliche Abgrenzungen notwendig, weil die entsprechenden Rechnungen und Beitragsbescheide in der Regel auf Zeiträume zwischen drei Monaten und einem Jahr ausgestellt sind. Bei unterjährigen Abrechnungsperioden sowie dann, wenn sich Prämienrechnungen teilweise auf das nächste Geschäftsjahr beziehen, ist es deshalb notwendig, entsprechende Abgrenzungen vorzunehmen.

5. Verschiedene Kosten

Unter dieser Bezeichnung wird in der Gruppe 46 des Kostenartenplanes eine recht heterogene Gruppe von Kostenarten zusammengefasst. **274**

Mieten und Pachten können anhand der abgeschlossenen Verträge problemlos erfasst und auf Grund der vereinbarten Preise je Mengeneinheit (z. B. Mietpreis pro m²) den einschlägigen Kostenstellen zugeordnet werden. Liegt die für ein bestimmtes Objekt zu bezahlende Miete oder Pacht erheblich unter (oder über) dem Marktpreis, so sollte nicht mit den effektiven Werten, sondern mit einer marktgerechten Größe in Form einer kalkulatorischen Miete oder Pacht gearbeitet werden. Geschieht das nicht, so sind die Kalkulationen falsch, weil sie nicht dem aktuellen Preisniveau (keine Wertkongruenz) entsprechen. Unterbleiben solche Maßnahmen im Rahmen der kalkulatorischen Erfolgsrechnung, so kann das z. B. beim Auslaufen eines günstigen Mietvertrags zu einem bösen Erwachen führen, weil die neuen Konditionen nicht von heute auf morgen in der Kalkulation (und schon gar nicht in den Preisen) untergebracht werden können.

Die Kosten für Telefon, Telefax und andere Kommunikationsmedien richtig zu erfassen und zuzuordnen, ist bei den heute gegebenen technischen Mitteln kein Problem. Anders verhält es sich beim Porto, weil nicht jeder Kostenstelle ein Freistempler oder eine Portokasse zur Verfügung gestellt werden kann. Ob es dann wirtschaftlich sinnvoll ist, die Portokosten je Kostenstelle durch besondere Aufschriebe genau zu erfassen, kann nur im Einzelfall entschieden werden. Ein Kompromiss wäre es, die Zahl der Sendungen festzustellen und sie mit einem Durchschnittsportosatz zu bewerten. Die Porti für Sonderaktionen (z. B. halbjährlicher Versand von Katalogen) sollten aber möglichst gesondert erfasst werden. Das müsste problemlos möglich sein, weil die Abrechnung anhand des Verteilers (An- **275** schriftenliste) die nötigen Informationen liefert, sofern Zählen (oder Wiegen) allein nicht schon genügt.

In der Gruppe 4620 sind nur solche Frachten und Rollgelder zu erfassen, die nicht bei der Materialbewertung berücksichtigt werden können; sie sind den verursachenden Kostenstellen zuzurechnen.

Bei den Reise- und Repräsentationskosten sorgt die Finanzverwaltung dafür, dass alles eindeutig dokumentiert wird. Damit ergeben sich keine besonderen Erfassungs- und Zuordnungsprobleme.

276 Die Kosten für Werbematerial, Fernsehspots, Anzeigen usw. lassen sich anhand der eingehenden Rechnungen leicht erfassen; sie sind in aller Regel ausschließlich dem Vertriebsbereich anzulasten. Auch hier kann teilweise eine Verteilung auf mehrere Geschäftsjahre, also eine zeitliche Abgrenzung nötig sein. Zu denken ist dabei z.B. an bestimmte Messekosten, wenn die betreffende (wichtige) Messe nur alle zwei oder drei Jahre stattfindet.

Die Kosten für Gremien, welche kraft gesetzlicher Vorschrift (Aufsichtsrat) oder freiwillig (Beirat, Schiedsgericht) eingerichtet wurden, hat die Verwaltung zu tragen. Dabei geht es nicht nur um die Honorare der Mitglieder, sondern auch um die Kosten einer Geschäftsstelle. Letztere sind notfalls (Problem der Wirtschaftlichkeit) per Schätzung zu bestimmen.

6. Die kalkulatorischen Kosten

277 Diese Kostenartengruppe (Nr. 47) wurde aus den dort dargelegten Gründen weiter oben ausführlich behandelt.

7. Die Sonderkosten

278 In der deutschsprachigen Literatur ist zumindest überwiegend nicht von Sonderkosten, sondern von Sondereinzelkosten die Rede. Aus Gründen, die unten darzulegen sind, wird hier ganz bewusst nur von Sonderkosten gesprochen.

Sondereinzelkosten werden in der Literatur meist definiert als Kosten, die zwar nicht pro Stück, i.d.R. aber pro Auftrag als Einzelkosten erfasst und verrechnet werden können (vgl. z.B. *Hummel/Männel*, S. 97). Von der Sache her (inhaltlich) handelt es sich bei den Sondereinzelkosten um betriebsbedingte Wertverzehre, die (außerhalb einer Einzelfertigung) auf kunden- bzw. auftragsspezifische Sonderleistungen zurückzuführen sind. Dabei wird unterschieden zwischen den Sondereinzelkosten der Fertigung und den Sondereinzelkosten des Vertriebs. Den ersteren werden z.B. die Kosten für Modelle und Sonderwerkzeuge zugerechnet. Auch Kosten für die Konstruktion von Sonderanfertigungen sowie spezielle (kundenbezogene) Forschungs- und Entwicklungskosten werden vielfach als Sondereinzelkosten betrachtet. Als Sondereinzelkosten des Vertriebs gelten insbesondere Verpackungsmaterial, Ausgangsfrachten, Vertreterprovisionen, Zölle und Kosten der Transportversicherung. Werden die angeführten Beispiele genauer durchleuchtet, so zeigt sich schnell, dass Beispiele und Definition teilweise nicht zusammenpassen. So können z.B. Provisionen in aller Regel sowohl pro Stück als auch pro Auftrag als Einzelkosten verrechnet werden. Modelle, Sonderwerkzeuge, Verpackung und Fracht lassen sich zwar meist einem bestimmten Kunden, aber eben nicht immer einem bestimmten Auftrag zurechnen. So kann z.B. ein Sonderwerkzeug nicht selten für mehrere Aufträge eingesetzt werden. Fracht, Verpackung und Transportversicherung können eine Sendung betreffen, mit der verschiedene Aufträge ganz oder teilweise abgewickelt werden. Eine Verrechnung

III. Zur Erfassung und Verrechnung der Grundkosten

dieser Kosten als Sondereinzelkosten im Sinne von „Auftragseinzelkosten" ist dann nicht mehr möglich. Trotzdem bleibt die kundenspezifische Orientierung dieser Kosten erhalten. Es ist also durchaus gerechtfertigt, von Sonderkosten zu sprechen, nicht aber von Sondereinzelkosten.

Jetzt zur Behandlung der Sonderkosten in der Kostenrechnung. Die Sonderkosten des Vertriebs werden am zweckmäßigsten als Erlösschmälerungen direkt auf die Kostenträger zugerechnet, also ohne Umweg über die Kostenstellenrechnung. Dazu sind zur Verrechnung der Verpackungskosten je nach Art und Volumen der Verpackung differenzierte Standardsätze zu bilden (kalkulieren). Dieser Satz könnte z.B. für eine Holzkiste der Größe 150 × 100 × 80 cm in der Qualitätsstufe A 70,– € betragen. Inwieweit die Verrechnung als Auftragseinzelkosten möglich ist, hängt vom Inhalt ab. Falls eine Zurechnung auf einzelne Aufträge grundsätzlich für notwendig gehalten wird, muss ggf. mit Verteilungsschlüsseln (z.B. Volumen oder Gewicht) gearbeitet werden. Zu erwähnen ist schließlich noch, dass für den Fall der Rücksendung von Kisten und anderen Emballagen entsprechende Gutschriften üblich sind. **279**

Für die Sonderkosten der Fertigung sind Sonderkalkulationen notwendig. Das ist insbesondere dann wichtig, wenn die entsprechenden Werkzeuge, Konstruktionen usw. selbst erstellt worden sind.

Für die Weiterverrechnung an den Kunden gibt es zwei Möglichkeiten: Die für den Lieferanten günstigste ist es, wenn er die Sonderkosten der Fertigung dem Kunden komplett gesondert in Rechnung stellen kann. Das ist aber vielfach nicht üblich bzw. für den Kunden nicht akzeptabel. Die Sonderkosten müssen dann auf verschiedene Aufträge verteilt werden, deren Zahl und Volumen meist aber noch gar nicht feststeht. In diesem Fall ist das Potenzial der Sonderleistung analog zu den kalkulatorischen Abschreibungen zu schätzen und auf die tatsächlich ausgebrachten Produkteinheiten zu verrechnen. Wegen des Risikos, dass das geschaffene Potenzial (mangels hinreichender Aufträge) nicht voll genutzt werden kann, sollte ein entsprechender Wagniszuschlag einkalkuliert werden. Auch an einen kalkulatorischen Gewinnzuschlag könnte gedacht werden – die Frage ist, ob der Markt das zulässt.

8. Sekundäre (gemischte) Kosten

Es handelt sich hier um die Gruppe 49 des Kostenartenplanes. Die hier aufgeführten sekundären Kostenarten entsprechen denjenigen Kosten, welche in der Kostenstellenrechnung als Kosten der innerbetrieblichen Leistungsverrechnung entstehen. **280**

(einstweilen frei) **281-289**

G. Die Kostenstellenrechnung

I. Grundfragen

1. Gegenstand und Aufgaben der Kostenstellenrechnung

Kostenstellen wurden als organisatorische Einheiten definiert, in welchen Kosten entstehen. Die Kostenstellenrechnung setzt die Existenz von Kostenstellen, also die Gliederung des Unternehmens in entsprechende Teilsysteme, als gegeben voraus. Als die zweite Stufe der Kostenrechnung und als Bindeglied zwischen Kostenarten- und Kostenträgerrechnung hat die Kostenstellenrechnung folgende Aufgaben zu erfüllen:

- Zuordnung der primären Gemeinkosten und von Teilen der Einzelkosten auf die Kostenstellen.
- Durchführung der innerbetrieblichen Leistungsverrechnung.
- Ermittlung von Kalkulationssätzen zur Weiterverrechnung der Gemeinkosten (von den Kostenstellen) auf die Kostenträger.
- Bereitstellung von Informationen zur Kontrolle der Wirtschaftlichkeit der betrieblichen Abläufe.

2. Begriffliche Ergänzungen

Obwohl der Begriff Kostenstelle seit langem eingeführt ist, wird neuerdings auch noch mit dem Begriff Cost-Center gearbeitet. Dafür gibt es allerdings keinen vernünftigen Grund. Das gilt ganz besonders dann, wenn versucht wird, den deutschen und den angelsächsischen Begriff in unterschiedlicher Bedeutung zu verwenden. Auf einer vergleichbaren Ebene läge, wenn man versuchen würde, den Begriffen „Wagen" und „car" unterschiedliche Bedeutungen beizulegen.

Insbesondere in der älteren deutschen Literatur wird in diesem Zusammenhang von Sparten gesprochen. In seiner ursprünglichen Bedeutung werden unter dem Begriff „Sparten" (Profit-Center) wirtschaftlich (häufig auch juristisch) verselbständigte Unternehmenseinheiten verstanden, die am Markt wie völlig selbständige (wirtschaftlich unabhängige) Unternehmen agieren. Damit wird es möglich, die Ergebnisverantwortung auf die Spartenleitung zu übertragen. Sinnvoll ist das offensichtlich aber nur dann, wenn der Spartenleitung zugleich weitgehende Gestaltungsfreiheit im Bereich von Kosten und Erträgen eingeräumt wird. Durch die Aufgliederung des Gesamtunternehmens in verschiedene Sparten (Spartenorganisation oder divisionale Organisation) gelingt es also, jeweils denjenigen Beitrag zu ermitteln, der von den einzelnen Teileinheiten (Sparten) zum Gesamtergebnis beigetragen worden ist (Näheres bei *Eisenführ* S. 256 ff.). Zu beachten ist bei diesem Konzept, dass die Spartenleitungen natürlich nicht für die Konsequenzen von Entscheidungen verantwortlich gemacht werden dürfen, die auf höherer Ebene getroffen worden sind.

In einer etwas abgewandelten Form wird von einem Profit-Center auch bereits dann gesprochen, wenn einer Unternehmenseinheit im Rahmen relativ enger Vorgaben die Ergebnisverantwortung übertragen wird. Das gilt z.B., wenn in einem Kaufhaus dem Chef der Sparte Herrenoberbekleidung nicht nur die Umsatzverantwortung, sondern auch die Einkaufs- und vielleicht auch die Personalverantwortung übertragen wird.

3. Probleme der Kostenstellenbildung und der Kostenstellengliederung

292 Der Begriff „Kostenstelle" steht im Zentrum der Begriffstriade Kostenplatz – Kostenstelle – Kosten(stellen)bereich. Kostenplätze sind abrechnungstechnisch ausgegliederte Teilsysteme einer Kostenstelle (Teilkostenstellen). Eine Kostenstelle kann also aus mehreren Kostenplätzen bestehen. Ein Kostenbereich wird grundsätzlich durch die Zusammenfassung mehrerer Kostenstellen gebildet, die von ihrer Funktion her miteinander verwandt sind, wie das z. B. bei den Kostenstellen des Vertriebs und der Verwaltung der Fall ist. Ein Kostenbereich kann aber auch aus nur einer Kostenstelle bestehen.

In der Literatur (vgl. z. B. *Kilger* Einführung, S. 154 ff und *Haberstock* Bd. I, S. 104 ff.) wird für die Kostenstellenbildung eines Unternehmens die Einhaltung folgender Regeln gefordert:

a) Jede Kostenstelle muss einen selbständigen Verantwortungsbereich bilden.

b) Für jede Kostenstelle bzw. für jeden Kostenplatz müssen sich geeignete Maßgrößen (Bezugsgrößen) der Kostenverursachung finden lassen, um die Gemeinkosten, wenn schon nicht verursachungsgerecht, so doch in möglichst plausibler und überschaubarer Weise auf die Kostenträger weiterverrechnen zu können. Das setzt voraus, dass die relevanten Betriebsmittel (Arbeitsplätze, Maschinen) der jeweiligen Abrechnungseinheit (z. B. Kostenstelle) eine weitgehend einheitliche Kostenstruktur aufweisen. Das ist dann der Fall, wenn Einzelkosten und Gemeinkosten in einem zumindest annähernd gleichen Verhältnis zueinander stehen oder im Durchschnitt einen einheitlichen Kostensatz (z. B. €/Std.) aufweisen.

c) Die in den Kostenstellen anfallenden Wertverzehre müssen sich mit vertretbarem Aufwand erfassen und weiterverrechnen lassen.

Es ist zu prüfen, inwieweit diese Regeln wirklich tragfähig sind.

293 Die erste Regel verlangt, dass es für jede Kostenstelle einen Verantwortlichen (Meister oder Kostenstellenleiter, Abteilungsleiter) geben muss. Einem Verantwortlichen können dabei durchaus mehrere Kostenstellen unterstehen. Mehrere gleichrangige Personen, welche sich die Gesamtverantwortung für eine Kostenstelle teilen, darf es dagegen nicht geben. Das gilt für Kostenplätze und Kostenbereiche analog. Aus der Forderung, dass Kostenstellen zugleich Verantwortungsbereiche sein müssen, folgt, dass es meist zweckmäßig ist, sich bei der Kostenstellenbildung zunächst einmal am Organisationsplan zu orientieren. Damit werden die Gliederungskriterien der Abteilungsbildung auch in die Kostenstellengliederung übernommen. Es wird also auch bei der Bildung von Kostenstellen in erster Linie nach Funktionen (Beschaffen, Produzieren, Verkaufen bzw. Drehen, Bohren, Gießen) sowie nach Objekten (z. B. Produktgruppen, Kundengruppen, Absatzgebieten) gegliedert. Von einer prozessorientierten Kostenstellengliederung kann gesprochen werden, wenn z. B. ein Fließband in mehrere Kostenstellen oder Kostenplätze gegliedert wird. Eine Kostenstellenbildung nach rein räumlichen Gesichtspunkten dürfte nur in Ausnahmefällen sinnvoll sein. Es geht vielmehr darum, Kostenstellen, die etwa nach funktionalen oder objektbezogenen Gesichtspunkten gebildet wurden, räumlich eindeutig abzugrenzen. Das führt dazu, dass bei der Kostenstellenbildung auch räumliche Gesichtspunkte (zwangsläufig) beachtet werden müssen.

294 Eine allein am Organisationsplan bzw. an den genannten Kriterien ausgerichtete Gliederung der Kostenstellen ist für die Kosten- und Leistungsrechnung aber nicht ohne weiteres ausreichend, wie das folgende Beispiel zeigt: Angenommen in einem Unternehmen gäbe es eine Handschweißerei und eine Maschinenschweißerei, die unter funktionalen Gesichtspunkten zu einer Abteilung zusammengefasst sein sollen und unter der Leitung eines Meisters stehen. Für Zwecke der Kostenrechnung müssen aus dieser Abteilung zumindest zwei Teilkostenstellen (Kostenplätze) gebildet werden, weil die beiden Schweißereien keine homogene Kostenstruktur aufweisen. In der Handschweißerei werden die Einzelkosten in Form der Fertigungslöhne viel stärker ins Gewicht fallen als die Fertigungsgemeinkosten. Bei der Maschinenschweißerei werden die Verhältnisse eher umgekehrt liegen. Damit kommt die zweite der oben angeführten Regeln zum Tragen. Für beide Schweißereien kann zwar wahrscheinlich mit der Bezugsgröße „Fertigungslöhne" gearbeitet werden, wegen der heterogenen Kostenstruktur werden sich aber sehr unterschiedliche Kostensätze (Kalkulationssätze) ergeben.

Einigermaßen problematisch ist die Forderung nach geeigneten Maßgrößen für die Kostenverursachung, weil sie in weiten Bereichen gar nicht realisierbar ist. So kann es z.B. keine Maßgröße geben, die es erlauben würde, wenigstens den größten Teil der Verwaltungs- und Vertriebsgemeinkosten einigermaßen verursachungsgerecht auf die Kostenträger zu verrechnen, weil es an der nötigen direkten Beziehung fehlt.

Der Wunsch, die in einer Kostenstelle anfallenden Wertverzehre mit vertretbarem Aufwand (leicht) erfassen und handhaben zu können, lässt sich mit Hilfe der modernen Techniken der Datenverarbeitung weitgehend erfüllen. Allerdings wird der erforderliche Aufwand immer größer werden, je differenzierter die Kostenstellengliederung im Interesse eines breit gefächerten Informationsspektrums gestaltet wurde. Hier muss im Einzelfall auf der Basis des Wirtschaftlichkeitsprinzips ein tragbarer Kompromiss gefunden werden.

4. Arten von Kostenstellen

Primär aus abrechnungstechnischen Gründen werden verschiedene Arten von Kostenstellen unterschieden. Welche das sind, wird unten in Abbildung G-1 dargestellt Darüber, welche Kostenstellen zu welcher Kategorie gehören, herrscht in der Literatur keine völlige Übereinstimmung. Am weitesten verbreitet sind wohl folgende Interpretationen (*Kilger* Einführung, S. 15, *Haberstock* Bd. I, S. 105 ff., *Schwarz* S. 30).

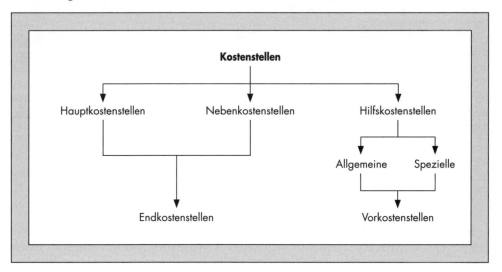

Abb. G-1: Arten von Kostenstellen

296 Hauptkostenstellen sind dadurch charakterisiert, dass es für sie (zumindest) einen spezifischen Kalkulationssatz gibt, über den sich die dort angefallenen Gemeinkosten unmittelbar (ohne Zwischenstation) auf die zum Verkauf bestimmten (und die zu aktivierenden Eigen-)-Leistungen weiter verrechnen lassen. Das setzt voraus, dass in der ganzen Kostenstelle eine weitgehend einheitliche Kostenstruktur vorherrscht. Ist das nicht der Fall, so ist die Kostenstelle abrechnungstechnisch in kleinere Einheiten (Kostenplätze) mit einer jeweils einheitlichen Kostenstruktur aufzugliedern. Konsequenterweise müsste dann eigentlich von Hauptkostenplätzen statt von Hauptkostenstellen gesprochen werden. Üblicherweise werden die Hauptkostenplätze aber in den Begriff „Hauptkostenstellen" mit einbezogen.

Wegen ihres spezifischen Kalkulationssatzes werden die Hauptkostenstellen als kalkulatorisch selbständig bezeichnet. Es handelt sich dabei prinzipiell zugleich um Endkostenstellen. Damit sind Kostenstellen gemeint, die „ihre" Kosten, von Sonderfällen der innerbetrieblichen Leistungsverrechnung (s. Rz. 316ff.) abgesehen, nicht an andere Kostenstellen weitergeben, sondern direkt an die Kostenträger. Die auf einer Endkostenstelle angekommenen bzw. gesammelten Kosten haben damit also die „Endstation" der Kostenstellenrechnung erreicht.

297 Nebenkostenstellen sind abrechnungstechnisch mit den Hauptkostenstellen gleichgestellt. Es gibt also auch für jede Nebenkostenstelle (zumindest) einen spezifischen Kalkulationssatz. Damit sind die Nebenkostenstellen im Regelfall zugleich auch Endkostenstellen. Nebenkostenstellen betreffen aber (im Gegensatz zu den Hauptkostenstellen) nur mittelbar den angestrebten Betriebszweck. Sie dienen vielmehr der Erfassung derjenigen Kosten, die etwa für die Aufbereitung und den Vertrieb von Nebenleistungen anfallen. Typische Beispiele für solche Nebenleistungen sind verkaufsfähige Abfallprodukte, wie Gas und Teer in Kokereien oder Trester bei der Herstellung von Bier.

298 Für Hilfskostenstellen (oder Hilfskostenplätze) werden keine eigenen Kalkulationssätze ermittelt. Sie sind kalkulatorisch nicht selbständig. Die dort anfallenden Kosten werden im Wege der innerbetrieblichen Leistungsverrechnung nach und nach vollständig auf die Hauptkostenstellen zugeordnet. Die Hilfskostenstellen werden deshalb auch als Vorkostenstellen bezeichnet. Auf dem Weg zu den Hauptkostenstellen werden die in einer Hilfskostenstelle gesammelten Kosten vielfach auch noch in anderen Hilfskostenstellen quasi „zwischengelagert".

Üblicherweise wird zwischen allgemeinen Hilfskostenstellen und speziellen Hilfskostenstellen unterschieden.

299 Allgemeine Hilfskostenstellen sind prinzipiell darauf ausgerichtet, Leistungen für alle anderen Kostenstellen zu erbringen. Typisch dafür sind Kostenstellen wie Heizung, Stromerzeugung oder Wasserversorgung.

300 Spezielle Hilfskostenstellen sind bereichsorientiert, d.h. sie arbeiten ganz überwiegend für die Kostenstellen eines bestimmten Kostenbereichs, dem sie auch selbst zugeordnet sind. So gehört z.B. die Arbeitsvorbereitung zum Fertigungsbereich und die Wareneingangsprüfung meist zum Materialbereich.

II. Der Kostenstellenplan

1. Allgemeine Bemerkungen

301 Beim Kostenstellenplan handelt es sich um eine systematische Zusammenstellung der in einem Unternehmen gebildeten Kostenbereiche, Kostenstellen und Kostenplätze. Jedem dieser Teilsysteme muss eine möglichst unverwechselbare Bezeichnung und eine Nummer zugeordnet werden. Die Ausführungen zum Kostenartenplan gelten hier analog. Bei der

II. Der Kostenstellenplan

Entwicklung eines Kostenstellenplanes ist zu bedenken, dass dieser Plan immer wieder geändert und ergänzt werden muss; deshalb sollten in allen Bereichen einige Nummern freigehalten werden. Schließlich ist zu beachten, dass Verwechslungen mit anderen Nummernsystemen (z.B. Kostenartennummern) unbedingt vermieden werden sollten. Erreichen lässt sich das durch die Wahl einer entsprechenden Spitzenkennzahl, die auch aus mehreren Ziffern bestehen kann. In Anlehnung an den GKR wurde im unten dargestellten Beispiel die Ziffer 5 als Spitzenziffer (Kennziffer) für die Kostenstellennummern gewählt.

2. Gliederung

Abgesehen von gewissen formalen Gepflogenheiten, die sich in Theorie und Praxis weitgehend durchgesetzt haben, gibt es für die Gestaltung und die Tiefengliederung eines Kostenstellenplanes keine allgemeingültigen, ins Detail gehenden Regeln. Das ist schon deshalb nicht möglich, weil dabei neben der Betriebsgröße immer auch branchenspezifische Erfordernisse (z.B. Produktionsprogramm und Fertigungstechnik) berücksichtigt werden müssen. Andererseits muss das, was kalkulatorisch vielleicht wünschenswert wäre, wirtschaftlich vertretbar sein.

Das unten angeführte Beispiel eines Kostenstellenplanes ist auf einen Industriebetrieb der Sparte Maschinenbau abgestellt. Dabei werden in der Grobgliederung folgende Kostenstellenbereiche unterschieden: Der Allgemeine Bereich (Nr. 51), der Fertigungsbereich (Nr. 52), der Entwicklungsbereich (Nr. 53) und der Materialbereich (Nr. 54). Dazu kommen die Bereiche Verwaltung (Nr. 55) und Vertrieb (Nr. 56) sowie (als wichtige Besonderheit) ein Aussonderungsbereich (Nr. 57).

51	Allgemeiner Bereich		54	Materialbereich
510	Grundstücke und Gebäude		541	Leitung
511	Heizung		5411	Einkauf I
512	Stromerzeugung		5412	Einkauf II
513	Reparatur-Werkstätten			
			543	Wareneingangsprüfung
514	Fuhrpark			
5141	PKW		545	Rechnungsprüfung
5142	LKW			
5143	Stapler u. ä.		547	Materialläger
			5471	Lager I
52	Fertigungsbereich		5472	Lager II
521	Technische Leitung			
522	Konstruktion		55	Verwaltungsbereich
523	Arbeitsvorbereitung		551	Geschäftsleitung
			5511	Rechtsabteilung
524	Bearbeitungszentren I		5512	Organisation
5241				
5242			552	Kaufmännische Leitung
525	Bearbeitungszentren II		554	Rechnungswesen
5251			5541	Buchhaltung
5252			5542	Kostenrechnung

Abb. G-2: Beispiel für einen Kostenstellenplan (Teil I)

5261	Drehen und Fräsen	555	Personalwesen
5262	Drehen I		
5263	Drehen II	56	Vertrieb
5264	Fräsen	561	Leitung
		562	Verkaufsabteilungen
527	Bohren	5621	Verkauf Inland I
		5622	Verkauf Inland II
528	Montage	5623	Export
529	Kontrolle		
		564	Werbung
53	Entwicklung		
531	Konstruktion (CAD)	565	Versand
532	Labor I		
533	Labor II	567	Fertigläger
535	Versuchswerkstatt	57	Aussonderungsbereich
		571	Kantine
537	Spezielle EDV	572	Werkswohnungen
539	Bibliothek		

Abb. G-2: Beispiel für einen Kostenstellenplan (Teil II)

Im Allgemeinen Bereich sind, wie sich aus dem Namen ergibt, die oben beschriebenen allgemeinen Hilfskostenstellen zusammengefasst worden.

304 Der Fertigungsbereich umfasst zunächst alle Kostenstellen, welche unmittelbar der Erstellung der betrieblichen Leistungen (der zum Verkauf bestimmten Erzeugnisse) dienen. Im Beispiel sind das die Kostenstellengruppen 524 bis 529. Zum Fertigungsbereich gehören aber auch diejenigen speziellen Hilfskostenstellen, welche den produzierenden Stellen unmittelbar zuarbeiten bzw. eine übergeordnete Koordinationsfunktion (im Fertigungsbereich) ausüben. Im Plan sind das die Kostenstellen 521, 522 und 523.

Die im Fertigungsbereich anfallenden Gemeinkosten werden als Fertigungsgemeinkosten bezeichnet.

Speziell im Fertigungsbereich wird die Ausgestaltung des Kostenstellenplanes besonders stark von der Branche beeinflusst. In einem Ingenieurbüro sind die Konstruktionsabteilungen die produzierenden Hauptkostenstellen, in einem Kaufhaus haben die verschiedenen Verkaufsabteilungen diese Funktion. Sie können dort zugleich als Ergebniseinheiten (Ertragsstellen, Profit-Center) ausgestaltet sein .

305 Ein besonderer Entwicklungsbereich (Gruppe 53) wird nur in größeren Unternehmen zu finden sein. Ansonsten werden Forschung und Entwicklung einfach dem Fertigungsbereich zugeordnet. Die hier anfallenden Kosten können, soweit es sich um spezielle Forschungsaufträge von Kunden handelt, diesen Aufträgen teilweise als Einzelkosten zugerechnet werden. Sofern das auch für ein eigenes Produkt bzw. eine Produktgruppe möglich ist, lassen sich diese Kosten der Gesamtheit der jeweils hergestellten Mengen als Einzelkosten zurechnen. Bezogen auf eine Mengeneinheit handelt es sich um Gemeinkosten.

306 Zum Materialbereich (Gruppe 54) gehören alle Kostenstellen, die in irgendeiner Weise mit der Beschaffung und Lagerung von Roh-, Hilfs- und Betriebsstoffen befasst sind. Bei der Beschaffung von Investitionsgütern hat der Materialbereich vielfach die Aufgabe, entscheidungsrelevante Informationen zu beschaffen und die (meist von der Geschäftsleitung) getroffenen Entscheidungen umzusetzen. Personal- und Kapitalbeschaffung gehören nicht hierher.

Die im Materialbereich anfallenden Gemeinkosten werden Materialgemeinkosten genannt.

Wie aus dem Beispiel ersichtlich ist, umfasst der Verwaltungsbereich (Gruppe 55) die Geschäftsleitung mit ihren Stabsstellen (Stellengruppe 551), die kaufmännische Leitung sowie das Rechnungswesen und das Personalwesen. Die dort anfallenden Gemeinkosten heißen Verwaltungsgemeinkosten. **307**

Zum Vertriebsbereich gehören alle dem Absatz der betrieblichen Leistungen gewidmeten Kostenstellen (Gruppe 56). Die Gliederung dieses Bereichs kann nach funktions- oder objektorientierten Merkmalen erfolgen. Im Beispiel findet sich prinzipiell eine funktionale Gliederung (Verkauf, Werbung, Versand, Fertigläger). Innerhalb des Verkaufs wurde aber eine objektbezogene Gliederung vorgenommen. Zum einen wurden die Verkaufsabteilungen für Inland und Ausland getrennt und zum anderen wurde im Inland eine weitere regionale Gliederung (Inland I und II) vorgenommen. **308**

Die im Vertriebsbereich entstehenden (Gemein-)Kosten werden unter dem Begriff Vertriebsgemeinkosten subsumiert.

Von einem Aussonderungsbereich ist in der Literatur außer bei *Gau* (S. 38 f.) nicht die Rede. Im Aussonderungsbereich werden Aufwendungen gesammelt (ausgesondert), welche dem betreffenden Unternehmen überhaupt nicht zugerechnet werden dürfen oder aber neutralen Aufwand darstellen. Zur zweiten Gruppe gehören, wie aus dem Plan ersichtlich ist, Aufwendungen für eine Kantine, für Werkswohnungen u. ä. Das wurde bereits begründet. Die zuerst genannte Variante liegt z. B. vor, wenn in einer GmbH & Co. KG die Buchhaltung von der GmbH der KG miterledigt wird. Die einschlägigen Wertverzehre sind offensichtlich keine Kosten der KG, sondern eben der GmbH. Theoretisch ist diese Aussonderung deshalb unabdingbar. In der Praxis wird man sich diese Arbeit sparen, wenn es sich absolut und relativ um völlig unwesentliche Beträge handelt. **309**

III. Formen der Kostenstellenrechnung

Die zentralen Aufgaben der Kostenstellenrechnung, nämlich die Zuordnung der Kostenarten auf die Kostenstellen und die innerbetriebliche Leistungsverrechnung, lassen sich abrechnungstechnisch sowohl in buchhalterischer als auch in tabellarisch-statistischer Form (Betriebsabrechnungsbogen – BAB) lösen. Eindeutig durchgesetzt hat sich die statistische Form. Sie wird anschließend diskutiert. Die buchhalterische Form spielt heute in der Praxis kaum noch eine Rolle, weil sie im Vergleich zur statistischen Form in aller Regel einen erheblich höheren Aufwand erfordert. **310**

In statistischer Form lässt sich die Kostenstellenrechnung auf zweierlei Weise gestalten. Einmal als „echter" Betriebsabrechnungsbogen, der aber in mehrere Teilabrechnungsbögen ausgegliedert sein kann. Jeder dieser Bögen hat die Form einer Matrix, wobei die Kostenstellen in der Waagrechten und die Kostenarten in der Senkrechten dargestellt werden. Die andere Variante ist die Betriebsabrechnung in Loseblattform, also eine Art Pendant zur Loseblattbuchhaltung. In diesem Fall wird für jede Kostenstelle eine Art Kontoblatt angelegt, das wiederum eine Matrixstruktur aufweist.

Ob die Betriebsabrechnung primär in Form eines „echten" BAB oder nach dem Loseblattsystem gestaltet wird, hängt zunächst einmal von der Zahl der für erforderlich gehaltenen Kostenstellen und Kostenarten und damit von der Betriebsgröße ab. Wird die Abrechnung mit Hilfe der EDV erstellt, so wird überwiegend mit „losen Blättern" gearbeitet werden, zumal sich die Abrechnung auf diese Weise auch informativer gestalten lässt. Schließlich hängt die Gestaltung der Kostenstellenrechnung auch noch davon ab, wie die anschließende Kostenträgerrechnung strukturiert ist. Wird mit einfachen Formen der Kostenträgerrechnung, also z. B. mit einer Variante der Divisionskalkulation gearbeitet, so genügen meist auch relativ einfache Formen der Kostenstellenrechnung. Andererseits müssen bereits in der Betriebsabrechnung entsprechende Vorkehrungen getroffen werden (Kostenspaltung), wenn später in irgendeiner Form mit Teilkosten und Deckungsbeiträgen (s. Abschnitt N) gerechnet werden soll.

Im folgenden Unterabschnitt werden zunächst der Aufbau und die rechentechnische Abwicklung eines Betriebsabrechnungsbogens in der Form einer Vollkostenrechnung erläutert. Diese Diskussion wird dann im Abschnitt H anhand eines Beispiels vertieft. Abschließend sei hier noch ausdrücklich darauf hingewiesen, dass sich schon bei relativ kleinen Betrieben in einem Gesamt-BAB immer nur stark verdichtete Werte darstellen lassen. Für Teilbetriebe größerer Unternehmen gilt das natürlich analog. Diese Verdichtung bedeutet, dass es in diesem Rahmen nicht möglich ist, jede einzelne Kostenart und auch nicht jede einzelne (Teil-)Kostenstelle gesondert auszuweisen. Die Gesamtdarstellung muss sich vielmehr auf Kostenartengruppen und Kostenstellengruppen (Kostenbereiche) beschränken. Die Rechnungen sind aber so zu organisieren, dass es jederzeit möglich ist, auch Detailinformationen abzurufen. Schließlich muss es mit Hilfe der Rechnungen natürlich auch möglich sein, brauchbare Kalkulationssätze zu ermitteln.

IV. Der Betriebsabrechnungsbogen (BAB) Formaler Aufbau und Arbeitsschritte

1. Gesamtschau

311 Wie die Abbildung G-3 zeigt, ist der BAB, in seiner auf eine Vollkostenrechnung ausgerichteten Grundform, zum einen durch die schon erwähnte Matrixstruktur und zum anderen durch vier Arbeitsschritte gekennzeichnet, die in einer sachlogischen Reihenfolge hintereinander geschaltet sind. Diese Arbeitsschritte werden anschließend erläutert. Wird von gewissen, mehr abrechnungstechnischen Unterschieden abgesehen, so gelten diese Arbeitsschritte auch für einen BAB bzw. eine Kostenstellenrechnung auf Teilkostenbasis. Unbedingt zu beachten ist dabei, dass im ersten Arbeitsschritt nur primäre Kosten im BAB verrechnet werden dürfen.

2. Zuordnung der primären (Kostenträger-)Gemeinkosten auf die Kostenstellen

312 Hier ist zunächst zu unterscheiden zwischen der Verrechnung direkter und indirekter Kosten. Direkte Kosten oder Kostenstelleneinzelkosten sind Kosten, welche den Kostenstellen anhand besonderer Aufzeichnungen direkt (also ohne Schlüsselung) und verursachungsgerecht zugeordnet werden können. Dazu gehören in aller Regel zumindest der größte Teil der Hilfslöhne und der Verwaltungsgehälter. Bezogen auf die Kostenträger handelt es sich hierbei um Gemeinkosten. Dagegen lassen sich die Fertigungslöhne (inkl. Fertigungsgehälter) sowohl den Kostenstellen als auch den Kostenträgern als Einzelkosten zurechnen.

IV. Der Betriebsabrechnungsbogen (BAB)

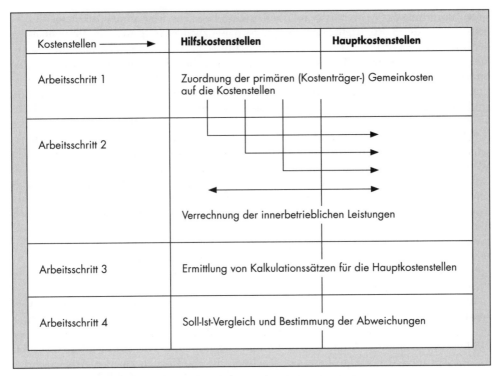

Abb. G-3: Formale Struktur eines Betriebsabrechnungsbogens (Nach *Haberstock* Bd. I, 9. Aufl., 1997, S. 117)

Indirekte Kosten (oder Kostenstellengemeinkosten) können nur mit Hilfe sogenannter Schlüsselgrößen auf die Kostenstellen zugeordnet werden, weil eine direkte und verursachungsgerechte Zuordnung von der Sache her einfach unmöglich ist oder aber mit wirtschaftlich vertretbarem Aufwand nicht bewerkstelligt werden kann. Zu der ersten Gruppe indirekter Kosten gehören z. B. die kalkulatorischen Abschreibungen und die kalkulatorischen Zinsen, weil sie letztlich immer nur auf Schätzungen beruhen und deshalb niemals verursachungsgerecht verrechnet werden können. Zur zweiten Gruppe gehören meist zumindest Teile der Stromkosten, weil es unwirtschaftlich wäre, an jedem elektrisch betriebenen Gerät einen Zähler anzubringen. Das gilt sinngemäß auch für die Kosten der Heizung sowie des Verbrauchs von kleineren Wassermengen (z. B. in Büros, aber nicht nur dort).

Generell gilt, dass bei Kosten, welche den Kostenstellen über irgendwelche Schlüsselgrößen zugeordnet werden, ex definitione nicht mehr von einer verursachungsgerechten Verrechnung gesprochen werden kann. Meist lässt sich nicht einmal feststellen, wie eine verursachungsgerechte Zuordnung hätte aussehen müssen. Die Forderung, mit Hilfe von Schlüsselgrößen solle eine möglichst verursachungsgemäße Zuordnung der Kosten auf die Kostenstellen und damit auch auf die Kostenträger erreicht werden (*Schweitzer/Küpper* S. 135), ist also nicht sinnvoll. Es kann vielmehr nur verlangt werden, dass die eingesetzten Schlüssel zumindest zu plausiblen Ergebnissen führen müssen. Soll die Kostenrechnung akzeptable Ergebnisse liefern, so darf diese Forderung keinesfalls auf die leichte Schulter genommen werden. Deshalb ist es problematisch, wenn in eben diesem Zusammenhang häufig einfach nur von einer Verteilung der Kosten auf die Kostenstellen gesprochen wird, weil es hier nicht um eine mehr oder weniger beliebige Verteilung, sondern um eine plausible Zuordnung der Kostenarten auf die Kostenstellen geht. Eine allzu großzügige Vorgehensweise in der Kostenstellenrechnung muss dabei zwangsläufig auch die Brauchbarkeit der Kalkulationsergebnisse beeinflussen. Die Schlüsselgrößen müssen also unbedingt sorgfältig ausgewählt werden. Klarheit sollte auch darüber bestehen, dass bei einer Kostenzuordnung anhand von Schlüsselgrößen immer unterstellt wird, dass sich die Kosten proportional zur Bezugsgröße (Schlüsselgröße) entwickeln. Erweist sich diese Unterstellung eindeutig als falsch, so sollte zumindest über Verbesserungsmöglichkeiten nachgedacht werden. Eine Vertiefung dieses Punktes würde hier aber zu weit führen.

314 Schließlich ist hier noch darauf hinzuweisen, dass hinsichtlich der Bezugs- oder Schlüsselgrößen zwischen einfachen und kombinierten Schlüsseln zum einen und zwischen Wertschlüsseln und Mengenschlüsseln zum andern unterschieden werden muss. Mit einem einfachen Schlüssel wird z. B. gearbeitet, wenn die Verrechnung der Raumkosten in Relation zur Größe der von den einzelnen Kostenstellen insgesamt belegten und in Quadratmetern gemessenen Flächen vorgenommen wird. Wird bei dieser Zuordnung etwa noch die Art und der Zustand der Räume berücksichtigt, so liegt ein kombinierter Schlüssel vor. Je nachdem, ob Wertgrößen oder Mengengrößen als Schlüssel verwendet werden, wird von Wertschlüsseln oder von Mengenschlüsseln gesprochen. Im Zweifel ist dabei Mengenschlüsseln der Vorzug zu geben, weil durch deren Verwendung Verzerrungen durch die Preiskomponente vermieden werden.

Wird von irgendwelchen besonderen Konstellationen abgesehen, so gibt es für die Verrechnung einer Reihe von Kostenarten plausible Schlüsselgrößen, die eben wegen ihrer Plausibilität in Theorie und Praxis weitestgehend akzeptiert sind. Eine Auswahl dieser Größen wurde unten in Abbildung G-4 zusammengestellt. Da die Problemlage identisch ist, wurden auch Schlüsselgrößen berücksichtigt, die erst für den zweiten Arbeitsschritt, also bei der internen Leistungsverrechnung, in Betracht kommen. Schließlich sind in der Abbildung auch noch die Verrechnungsgrundlagen für einige Kostenarten aufgeführt, die den Kostenstellen eben anhand dieser Informationen direkt (ohne Schlüsselung) zugerechnet werden können.

Während die oben angeführten Schlüsselgrößen bei sorgfältiger Handhabung (grundsätzlich) zu plausiblen Ergebnissen führen, ist das absolut nicht der Fall, wenn z. B. für die Verrechnung von Lichtstrom die Anzahl der Lampen und für Teile des Wasserverbrauchs (etwa in den Büros) die Anzahl der Zapfstellen als Schlüsselgrößen vorgeschlagen werden. Eine Verrechnung zusammen mit den Raumkosten ist hier der bessere Weg. Die Rechnung wird dadurch zwar nicht plausibler, es wird aber auch keine absolut nicht vorhandene Genauigkeit suggeriert.

Die Einzelheiten der Zuordnung der Kostenarten auf die Kostenstellen sollte (einschließlich der eingesetzten Schlüssel) immer auf einem Hilfsblatt (Sammelblatt) dokumentiert werden, und zwar unabhängig davon, in welcher Art und Weise die Zuordnung erfolgt.

315

Kostenarten	Verfahren der Zuordnung und in Betracht kommende Schlüssel	
Löhne und Gehälter	direkt:	Nach den Aufzeichnungen der Lohn- und Gehaltsbuchhaltung.
Sozialkosten	indirekt:	Auf die Lohn- und Gehaltssumme bezogene Verrechnungssätze.
Fremdstrom	direkt:	Effektiver Verbrauch, wenn Zähler vorhanden sind.
	indirekt:	Geschätzter Verbrauch anhand von Leistungsgrad und installierter Leistung.

Fertigungsmaterial	direkt:	Nach Entnahmebelegen
Fremdreparaturen	direkt:	Nach Eingangsrechnungen
Kalkulatorische Abschreibungen	indirekt:	Nach geschätzter Nutzungsdauer auf Basis der aktuellen kalkulatorischen Wiederbeschaffungswerte.
Kalkulatorische Zinsen	indirekt:	Auf Basis des in den Kostenstellen gebundenen, auf der Basis aktueller Wiederbeschaffungswerte ermittelten, betriebsnotwendigen Kapitals.
Reisekosten und Bewirtung	direkt:	Anhand der entsprechenden Belege und Rechnungen.
Raumkosten	indirekt:	Beanspruchte Flächen evtl. differenziert nach Gebäudequalität.
Fuhrpark	indirekt:	Kilometer unter Berücksichtigung von Fahrzeugart und Fahrzeugtyp.

Abb. G-4: Verrechnungsgrundlagen für ausgewählte Kostenarten

3. Die Verrechnung der innerbetrieblichen Leistungen

a) Problemlage

Wie schon wiederholt festgestellt wurde, produzieren insbesondere Industriebetriebe nicht nur Leistungen, die im Rahmen des Betriebszwecks am Markt verkauft werden sollen, sondern auch Leistungen, die im eigenen Hause wieder verbraucht bzw. genutzt werden und die deshalb als „innerbetriebliche Leistungen" oder „Wiedereinsatzleistungen" bezeichnet werden. Soweit es sich dabei um Güter mit einer längeren Nutzungsdauer handelt (z.B. Maschinen, Werkzeuge oder Gebäude), sind diese zu aktivieren und in der Betriebsabrechnung in gleicher Weise zu behandeln, wie das bei gekauften Anlagen der Fall ist. Bei Maschinen sind also z.B. die anfallenden Betriebskosten (Energie, kalkulatorische Abschreibungen, kalkulatorische Zinsen usw.) in die Kosten- und Leistungsrechnung aufzunehmen. **316**

Die zweite Gruppe der innerbetrieblichen Leistungen, wie z.B. selbsterzeugter Strom, Heizung oder nicht zu aktivierende Eigenreparaturen sind in einer zumindest plausiblen Art und Weise denjenigen Kostenstellen zuzurechnen, welche die betreffenden Leistungen empfangen haben. Im Hinblick auf die dabei anwendbaren Verfahren ist zu unterscheiden zwischen den verschiedenen Formen der Kostenstellenumlage zum einen und dem Kostenstellenausgleich zum anderen. **317**

Von einer Kostenstellenumlage wird gesprochen, wenn eine Kostenstelle Leistungen für andere Kostenstellen erbringt, ohne aber selbst Leistungen der belieferten Stellen in Anspruch zu nehmen. Es handelt sich also um eine einseitige Leistungsbeziehung. Eine solche einseitige Leistungsbeziehung besteht z.B. zwischen der Kostenstelle „Heizung" und den von dort mit Wärme versorgten Kostenstellen im Verwaltungs- und Vertriebsbereich.

Mit dem Begriff Kostenstellenausgleich sind dagegen zwei- oder mehrseitige Leistungsbeziehungen gemeint. Sie bestehen z.B. zwischen den Kostenstellen Fuhrpark, Stromerzeugung und Heizung, wenn der Fuhrpark für die beiden anderen Kostenstellen, die ihn mit Wärme bzw. Strom versorgen, Transporte durchführt. Die Kostenstelle Heizung braucht ihrerseits Strom und die Kostenstelle Stromversorgung wird nicht ganz ohne Wärme auskommen.

Um den Überblick zu erleichtern, werden die eben diskutierten Sachverhalte anschließend noch in einer Graphik symbolisch dargestellt.

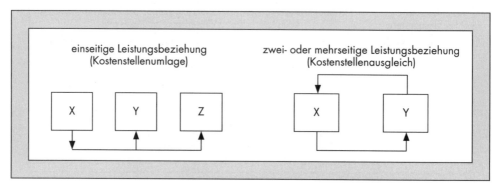

Abb. G-5: Formen der innerbetrieblichen Leistungsbeziehungen

b) Verfahren der Kostenstellenumlage bei einseitigen Leistungsbeziehungen

318 Hier ist zu unterscheiden zwischen dem sogenannten Treppenverfahren, das auch als Stufenleiterverfahren bezeichnet wird, und dem Anbauverfahren. Für beide Verfahren (sie werden unten näher beschrieben) wird grundsätzlich davon ausgegangen, dass tatsächlich nur eine einseitige Leistungsbeziehung besteht. Im Sinne des Prinzips der Wirtschaftlichkeit ist es jedoch in Theorie und Praxis unbestritten, dass, soweit dem keine gravierenden sonstigen Gründe entgegenstehen, auch dann mit einem der beiden Verfahren gearbeitet werden kann, wenn einer der beiden Leistungsströme wegen seines geringen Volumens praktisch bedeutungslos ist und deshalb vernachlässigt werden darf.

319 Um Leistungsbeziehungen zwischen verschiedenen Kostenstellen überhaupt in der Kostenrechnung erfassen und darstellen zu können, müssen sich die Volumina dieser Leistungsströme entweder direkt messen oder aber über plausible Schlüsselgrößen schätzen (erfassen) lassen. Wie in Abbildung G-4 dargestellt, kann z.B. der Strom direkt erfasst werden, wenn entsprechende Zähler vorhanden sind. Ist das nicht der Fall, kann aus installierter Leistung und Leistungsgrad ein kombinierter Schlüssel gebildet werden. Heizkosten können nach dem Volumen der beheizten Räume verrechnet werden, dabei sollten allerdings der Grad der Wärmedämmung der Außenwände sowie in den Räumen vorhandene Wärmequellen (z.B. Maschinen) berücksichtigt werden. Dabei kann in ähnlicher Weise vorgegangen werden, wie das für die kalkulatorische Miete dargestellt worden ist. Prinzipiell gibt es bei der Verwendung von Schlüsselgrößen hier dieselben Probleme, wie bei der Zuordnung der primären Kostenarten auf die Kostenstellen.

320 Wie das unten (Abbildung G-6) dargestellte Beispiel zeigt, besteht zwischen dem Treppenverfahren und dem Anbauverfahren folgender Unterschied: Beim Anbauverfahren werden die in den Hilfskostenstellen gesammelten Kosten ausschließlich auf die Hauptkostenstellen zugeordnet. Leistungsbeziehungen zwischen den Hilfskostenstellen werden überhaupt nicht erfasst.

321 Im Gegensatz zum Anbauverfahren werden beim Treppenverfahren auch Leistungsbeziehungen zwischen den Hilfskostenstellen in die Abrechnung mit einbezogen. Die in einer bestimmten Hilfskostenstelle angefallenen Kosten können im Bedarfsfall also nicht nur auf die Hauptkostenstellen, sondern auch auf andere Hilfskostenstellen weiterverrechnet werden. Die Verrechnung von einer auf eine andere Kostenstelle ist allerdings, wie die Abbildung G-6 zeigt, immer nur dann nicht möglich, wenn von einer Kostenstelle (in Be-

tracht kommen insbesondere Hilfskostenstellen) Leistungen für andere Stellen erbracht werden, welche der leistenden Stelle abrechnungstechnisch vorgelagert sind. Für das Beispiel heißt das, dass die Hilfsstelle X nicht für Leistungen belastet werden kann, die sie von der Kostenstelle Y erhalten hat. Um die aus solchen Konstellationen resultierenden Fehler möglichst gering zu halten, sind die Hilfskostenstellen so anzuordnen, dass zuerst diejenige Stelle abgerechnet werden kann, welche die anderen Hilfsstellen im geringsten Maße (kleinster Wert der bezogenen Leistungen) oder gar nicht in Anspruch zu nehmen pflegt. Als nächste ist diejenige Hilfsstelle abzurechnen, welche die dann noch verbleibenden (noch nicht abgerechneten) Stellen am wenigsten beansprucht. Dieser Prozess wird so lange fortgesetzt, bis alle Hilfskostenstellen abgerechnet, und damit alle in die Rechnung eingehenden Kosten den Hauptkostenstellen zugeordnet worden sind.

Innerbetriebliche Leistungsverrechnung nach dem Anbauverfahren[1]						
	Hilfsstellen		Hilfskostenstellen			
	X	Y	A	B	C	D
Primäre Gemeinkosten	10 000	13 000	42 367	52 068	38 795	47 675
Umlage Hilfsstelle Y			3 300	2 700	2 500	1 500
Umlage Hilfsstelle X			4 200	3 500	2 500	2 800
Kosten nach Umlage			49 867	58 268	43 795	51 975

Innerbetriebliche Leistungsverrechnung nach dem Treppenverfahren						
	Hilfsstellen		Hauptkostenstellen			
	X	Y	A	B	C	D
Primäre Gemeinkosten	10 000	13 000	42 367	52 068	38 795	47 675
Umlage Hilfsstelle X		490	3 220	2 530	2 400	1 360
Umlage Hilfsstelle Y			4 280	3 500	2 720	2 990
Kosten nach Umlage			49 867	58 098	43 915	52 025
1) Alle Werte in €.						

Abb. G-6: Innerbetriebliche Leistungsverrechnung bei einseitigen Leistungsbeziehungen

Es liegt auf der Hand, dass das Treppenverfahren im Interesse einer zumindest methodisch möglichst richtigen Abrechnung dem Anbauverfahren vorzuziehen ist. Für das Anbauverfahren könnten in besonderen Fällen Wirtschaftlichkeitsgründe sprechen. Außerdem wäre es zumindest theoretisch denkbar, dass keine oder wirklich vernachlässigbare Leistungsbeziehungen im Bereich der Hilfskostenstellen bestehen.

c) Die Verrechnung innerbetrieblicher Leistungen bei mehrseitigen Leistungsbeziehungen

Wie eben schon festgestellt worden ist, wird von einem Kostenausgleich gesprochen, wenn, wechselseitige, also zwei oder mehrseitige Leistungsbeziehungen methodisch einwandfrei abzurechnen sind. Das Problem besteht dabei darin, dass der Verrechnungssatz für jede Stelle erst bestimmt werden kann, wenn auch die Sätze für die übrigen Stellen bekannt sind. Die Verrechnungssätze lassen sich deshalb nur simultan mit Hilfe eines Gleichungssystems ermitteln. Wird die Zahl der am wechselseitigen Leistungsaustausch beteiligten Stellen mit n bezeichnet, so heißt das, dass ein System von n Gleichungen mit n Unbekannten (das sind die gesuchten Verrechnungssätze) aufzustellen ist. Zur näheren Erläuterung dieses sogenannten Gleichungs- oder Simultanverfahrens soll ein Beispiel dienen, das, um möglichst leicht nachvollziehbar zu sein, nur auf einen zweiseitigen Leistungsaustausch ausgerichtet ist.

323 **Beispiel:**
Für die Abrechnung der Kostenstellen Stromerzeugung und Reparaturwerkstatt sollen in einem Unternehmen folgende Informationen vorliegen: In der Kostenstelle Stromerzeugung sind primäre Kosten in Höhe von 14 000,– € angefallen. Es wurden 70 000 kWh Strom erzeugt. Davon hat die Reparaturstelle 2100 kWh verbraucht. In der Reparaturstelle sind primäre Kosten in Höhe von 12 000,– € aufgelaufen. Es wurden 300 Reparaturstunden geleistet. Von diesen 300 Stunden hat die Stromerzeugung 20 Stunden in Anspruch genommen. Als Unbekannte gesucht werden die Kosten (Verrechnungssätze) für eine Kilowattstunde Strom (x) und für eine Reparaturstunde (y). Damit ergeben sich als Lösungsansatz folgende Gleichungen:

$$\text{FG-1:} \quad 14\,000 + 20y = 70\,000x$$
$$\text{FG-2:} \quad 12\,000 + 2100x = 300y$$

Auf der linken Seite der beiden Gleichungen stehen zum einen die in den Kostenstellen angefallenen primären Kosten und zum andern die von der jeweils anderen Kostenstelle bezogenen Leistungseinheiten, deren Wert noch nicht bestimmt werden kann, weil die Höhe der jeweiligen Kostensätze noch nicht bekannt ist. Sie werden deshalb durch die beiden Unbekannten repräsentiert. Auf der rechten Seite stehen die Gesamtleistungen der beiden Kostenstellen, die aber gleichfalls noch nicht bewertet werden können.

324 Zur Lösung des Gleichungssystems werden zunächst die beiden Unbekannten jeweils auf die gleiche Seite gebracht. Danach wird Gleichung FG-4 durch 300 dividiert.

$$\text{FG-3:} \quad 14\,000 - 70\,000x = -20y$$
$$\text{FG-4:} \quad 12\,000 + 2100x = 300y : 300$$
$$\text{FG-5:} \quad 40 + 7x = y$$

Jetzt kann Gleichung FG-5 in Gleichung FG-3 eingesetzt werden

$$\text{FG-6:} \quad 14\,000 - 70\,000x = -20(40 + 7x)$$
$$14\,000 - 70\,000x = -800 - 140x$$
$$14\,800 = 69\,860x$$
$$x = 0{,}2118$$

Wird x in Gleichung FG-5 eingesetzt, so ergibt sich

$$\text{FG-7:} \quad 40 + (7 \times 0{,}2118) = y$$
$$40 + 1{,}4826 = y$$
$$41{,}4826 = y$$

Die Kosten für eine Kilowattstunde Strom betragen also rund 0,212 €; die Kosten für eine Reparaturstunde sind mit rund 41,48 € anzusetzen. Damit betragen, wie sich aus der Aufgabe ergibt, die Gesamtkosten der Kostenstelle Stromerzeugung rund 14 830,– € und der Kostenstelle Reparatur rund 12 445,– €. Definitionsgemäß sind in diesen Werten die Kosten (Belastung) für die Beanspruchung der jeweils anderen Kostenstelle enthalten. Noch nicht berücksichtigt ist, dass beide Kostenstellen um den Wert der Leistung, die sie für die andere Stelle erbracht hat, entlastet werden müssen, weil diese Werte in der Gesamtrechnung sonst zweimal enthalten wären. Die 20 Stunden, welche von der Reparaturstelle für die Stromerzeugung erbracht worden sind, haben einen Wert von rund 830,– €. Um diesen Wert ist die Reparaturstelle zu entlasten. Danach verbleiben noch Kosten in Höhe von rund 11 615,– €. Die 2100 kWh, welche von der Stromerzeugung an die Reparaturstelle geliefert wurden, sind mit rund 445,– € anzusetzen, die der Stromerzeugung gutzuschreiben sind. Die verbleibenden Kosten betragen also rund 14 385,– €. Als Summe ergeben sich damit wieder die in den beiden Kostenstellen insgesamt angefallenen Kosten von 26 000,– €.

4. Ermittlung von Kalkulationssätzen für die Hauptkostenstellen

a) Aufgabe und Formen

Um die auf den Hauptkostenstellen gesammelten Gemeinkosten auf die Kostenträger weiterverrechnen zu können, müssen im Rahmen der Kostenstellenrechnung spezifische Verrechnungssätze, die sogenannten Kalkulationssätze ermittelt werden. Sie sind das Bindeglied zwischen Kostenstellenrechnung und Kostenträgerrechnung. Dabei ist zu unterscheiden zwischen den sogenannten Gemeinkostenzuschlagssätzen und den Arbeitsplatz- oder Maschinenstundensätzen. Erstere werden verkürzt auch einfach als Gemeinkostenzuschläge bezeichnet; bei letzteren handelt es sich um Kalkulationssätze auf Zeitbasis. In beiden Fällen ist zwischen Istkostensätzen und Normal- oder Standardkostensätzen zu unterscheiden.

325

Wie der Name schon sagt, werden mit den Istkostensätzen die in einer Abrechnungsperiode angefallenen Istkosten erfasst. Bei den Normalkostensätzen handelt es sich dagegen um Größen mit Vorgabecharakter (Sollgrößen), die für Zwecke der Vorkalkulation unentbehrlich sind.

b) Grundfragen der Bestimmung von Gemeinkostenzuschlagssätzen

Generell gilt folgende Definition

326

FG-8: $\text{Gemeinkosten-Zuschlagsatz (in Prozent)} = \dfrac{\text{Gemeinkosten einer Periode} \times 100}{\text{(Bezugs-)Basis}}$

Wie schon der Begriff Gemeinkosten zeigt, und wie sich aus der oben beschriebenen Zuordnung der Kostenarten auf die Kostenstellen ergibt, ist es falsch, wenn z.B. von *Gabele/Fischer* (S. 119) behauptet wird, mit Hilfe der Zuschlagssätze sei eine verursachungsgerechte Zuordnung der Gemeinkosten auf die Kostenträger möglich. Eine verursachungsgerechte Verrechnung der Gemeinkosten auf die Kostenträger ist definitionsgemäß ausgeschlossen. Ließen sich diese Kosten verursachungsgerecht zuordnen, so wären es Einzelkosten. Eben deshalb muss aber größter Wert darauf gelegt werden, dass sich die einschlägigen Rechenergebnisse wenigstens plausibel begründen lassen. Auch die Forderung, die Bezugsbasen seien so zu wählen, dass zwischen ihnen und den Gemeinkosten eine proportionale Beziehung bestehe, ist zumindest im Rahmen einer Vollkostenrechnung nicht erfüllbar, weil sich zumindest die Fixkosten eben nicht proportional zu einer flexiblen Basis (z.B. den Fertigungslöhnen) entwickeln. Auf diese Schwachstelle der Systeme der Vollkostenrechnung wird noch zurückzukommen sein. Zunächst müssen die verschiedenen Gemeinkostenzuschlagssätze, wie sie in der traditionellen Kostenrechnung gebräuchlich sind, erläutert werden.

c) Typen von Gemeinkostenzuschlagssätzen in der traditionellen Kostenrechnung im Überblick

In Abhängigkeit von den in die jeweilige Rechnung eingehenden Größen, lassen sich vier Typen von Gemeinkostenzuschlagssätzen unterscheiden. Bezogen auf eine Abrechnungsperiode sind sie wie folgt definiert:

327

FG-9: $\text{Fertigungs-Gemeinkosten-Zuschlag (in Prozent)} = \dfrac{\text{(Relevante) Fertigungsgemeinkosten} \times 100}{\text{(Relevante) Lohneinzelkosten}}$

FG-10: Material-Gemeinkosten-Zuschlag (in Prozent) $= \dfrac{\text{(Relevante) Materialgemeinkosten} \times 100}{\text{(Relevante) Materialeinzelkosten}}$

FG-11: Verwaltungs-Gemeinkosten-Zuschlag (in Prozent) $= \dfrac{\text{(Relevante) Verwaltungsgemeinkosten} \times 100}{\text{(Relevante) Herstellkosten}}$

FG-12: Vertriebs-Gemeinkosten-Zuschlag (in Prozent) $= \dfrac{\text{(Relevante) Vertriebsgemeinkosten} \times 100}{\text{(Relevante) Herstellkosten}}$

328 Diese Definitionen unterscheiden sich von den in der Literatur ansonsten üblichen Darstellungen dadurch, dass jeweils explizit (wenn auch in Klammern gesetzt) von den relevanten Kosten gesprochen wird. In der Literatur ist dagegen entweder nur von Fertigungsgemeinkosten, Materialgemeinkosten usw. die Rede, oder aber, wie bei *Gabele/Fischer* (S. 120 ff.), von der „Gesamtsumme der Gemeinkosten" einer bestimmten Kostenstelle bzw. eines Kostenstellenbereichs. Wie anhand eines Beispiels (s. Rz. 371 ff.) deutlicher gezeigt werden wird, sind derart „global" formulierte Empfehlungen für die Verrechnung der Gemeinkosten äußerst problematisch. Abgesehen von der Frage nach der Art der Beziehung zwischen Basis und Gemeinkosten, geht es hier darum, dass prinzipiell unabhängig voneinander arbeitende betriebliche Teileinheiten (z. B. Arbeitsplätze, Maschinen) genau genommen nur dann zu einer Abrechnungseinheit (Kostenstelle) zusammengefasst werden dürfen, wenn sie eine weitgehend einheitliche Kostenstruktur aufweisen. Diese Bedingung wäre z. B. nicht erfüllt, wenn ein traditionelles Regallager und ein elektronisch gesteuertes Hochregallager zu einer Abrechnungseinheit zusammengefasst würden. In diesem Sinne ist es zu verstehen, wenn hier von den „relevanten" Kosten gesprochen wird.

d) Fertigungsgemeinkostenzuschläge und Materialgemeinkostenzuschläge (Darstellung und Kritik)

329 Wie die Formel für die Fertigungsgemeinkostenzuschläge zeigt, ist es üblich, im Fertigungsbereich die Fertigungslöhne als Bezugsbasis für die Fertigungsgemeinkosten heranzuziehen. Diese Vorgehensweise lässt sich einigermaßen plausibel wie folgt begründen: Hinter der Bezugsbasis Fertigungslöhne steht der Faktor Arbeitszeit. Während dieser Zeit fallen aber nicht nur die Einzelkosten (Fertigungslöhne) an, sondern synchron dazu auch die Fertigungsgemeinkosten. Durch den Zuschlagssatz können also prinzipiell diejenigen (anteiligen) Fertigungsgemeinkosten ermittelt werden, die in der Zeit angefallen sind, in welcher ein bestimmter Arbeitsgang ausgeführt wurde. Eine gewisse Verzerrung der Rechnung entsteht allerdings immer dann, wenn in einer Kostenstelle bei den Fertigungslöhnen mit unterschiedlichen Lohnsätzen gearbeitet wird.

Ein weiteres Problem ergibt sich aus den Löhnen für Rüstzeiten, die eindeutig als Fertigungslöhne einzustufen sind. Da die Maschinen während der Rüstzeiten nur in geringem Maße beansprucht werden, fallen im Vergleich zu den effektiven Einsatzzeiten auch weniger Gemeinkosten an. Wie viel das ausmacht lässt sich in der Regel mit vertretbarem Aufwand nicht ermitteln. Deshalb kann man sich auf den Standpunkt stellen, es sei sinnvoll, Gemeinkosten nur auf Ausführungszeiten zu verrechnen. Das verlangt allerdings eine entsprechende Differenzierung bei den Fertigungslöhnen. Eine andere Möglichkeit besteht darin, bei der Bestimmung der Zuschlagssätze alle Fertigungslöhne (einschließlich der „Rüstlöhne") in die Basis aufzunehmen und somit Rüstzeiten und Ausführungszeiten als gleichwertig zu behandeln. Welcher Weg zweckmäßiger ist, hängt wohl davon ab, welcher Teil der gesamten Fertigungszeiten auf Rüstzeiten entfällt. Sind die Rüstzeiten insgesamt hoch, aber von Fall zu Fall einigermaßen verschieden, so müssen auch die Rüstzeiten mit Gemeinkosten belastet werden, um die Kostenträgerrechnungen nicht zu verfälschen.

Schließlich ist hier nochmals ausdrücklich darauf hinzuweisen, dass in einer Fertigungskostenstelle (von allen anderen Problemen abgesehen) nur dann mit einem einzigen (durchschnittlichen) Fertigungsgemeinkostenzuschlag gearbeitet werden darf, wenn die betreffenden Handarbeits- oder Maschinenarbeitsplätze eine zumindest nahezu gleiche Kostenstruktur aufweisen; Fertigungslöhne und Gemeinkosten müssen also im nahezu gleichen Verhältnis zueinander stehen. Ist das nicht der Fall, so muss mit entsprechend differenzierten Sätzen gearbeitet werden. Das bedeutet, dass jedem Platz bzw. jeder Maschine diejenigen Kosten zuzuordnen sind, welche dem Grunde nach durch das betreffende Objekt verursacht werden. Dazu gehören neben den kalkulatorischen Abschreibungen und den kalkulatorischen Zinsen insbesondere die Kosten für Energie und andere Betriebsstoffe sowie die Raumkosten für diejenige Fläche, welche für den betreffenden Arbeitsplatz gebraucht wird. Bei einer Maschine besteht diese Fläche aus der Grundfläche der Anlage, der vom Bedienungspersonal benötigten Flächen sowie den Abstellflächen für Materialzulieferungen und für die produzierten Teile.

Gemeinkosten, die sich den einzelnen Kostenplätzen (seien es Handarbeitsplätze oder Maschinen) dem Grunde nach nicht zurechnen lassen, werden als Restgemeinkosten bezeichnet. Dazu gehören z. B. die Kosten für Verkehrsflächen, Heizung und Beleuchtung sowie für das Meisterbüro. Für sie sollte ein Restgemeinkostenzuschlag auf der Basis aller Fertigungslöhne gebildet werden. Dabei gilt:

FG-13:   Restgemeinkostensatz = $\dfrac{\text{Restgemeinkosten der Kostenstelle} \times 100}{\text{Gesamte Fertigungslöhne der Kostenstelle}}$

Gegen das Gebot, die Gemeinkostenzuschläge in den Fertigungskostenstellen in einem sachlich gebotenen und wirtschaftlich vertretbaren Umfang zu differenzieren, wird in der Praxis offenbar häufig verstoßen, was nicht zuletzt darauf zurückzuführen sein dürfte, dass in der Literatur dazu kaum einmal hinreichende Informationen geliefert werden.

Wegen des schon angesprochenen Umstandes, dass sich verschiedene Kostenarten (z. B. Meistergehalt, kalkulatorische Zinsen und Raumkosten) unterschiedlichen Beschäftigungslagen zumindest auf kürzere Sicht nicht anpassen lassen (gelten die Fertigungsgemeinkostenzuschläge (der Vollkostenrechnung) immer nur für einen ganz engen Beschäftigungsbereich. Die Toleranz dürfte kaum über +/− 3 % liegen. Ein Normalkostensatz auf der Basis einer Beschäftigung von 40 Stunden (100 %) lässt sich also mit einem Istkostensatz bei 36 Stunden (90 %) Beschäftigung überhaupt nicht vergleichen.

Zur Bestimmung eines Materialgemeinkostenzuschlagssatzes werden, wie schon dargestellt, die relevanten Materialgemeinkosten zu den relevanten Materialeinzelkosten in Beziehung gesetzt. Mit dieser Vorgehensweise wird das Ziel verfolgt, die in den Kostenstellen des Materialbereichs anfallenden Gemeinkosten so auf die verschiedenen, als Fertigungsmaterial (Materialeinzelkosten) eingestuften Rohstoffe zuzuordnen, dass die Zuordnung der „Beanspruchung" dieser Kostenstellen durch die verschiedenen Materialarten wenigstens näherungsweise entspricht. Tatsächlich ermittelt wird aber ein Wert, der angibt, wie viele Materialgemeinkosten auf einen Euro Materialeinsatz (Fertigungsmaterial) durchschnittlich entfallen. Damit wird das gesteckte Ziel weit verfehlt, und zwar aus folgenden Gründen:

Die Berechnung des Materialgemeinkostenzuschlags auf Basis der Materialeinzelkosten bewirkt, dass bei der Verteilung der Materialgemeinkosten weder das beanspruchte Lagervolumen noch die Lagerdauer berücksichtigt werden. Im Ergebnis bedeutet das, dass eine Partie Edelstahl im Wert von 10 000,− €, die 2 m³ Lagerraum in Anspruch nimmt und

2 Wochen lang im Lager liegt, über den durchschnittlichen Materialgemeinkostensatz in gleicher Höhe belastet wird wie eine Partie Schaumstoff, die gleichfalls einen Wert von 10 000,– € hat, aber 20 m³ Lagerraum benötigt und 4 Wochen lang auf Lager liegt. Auch Kostenunterschiede, die aus verschiedener Ausstattung der Läger resultieren, bleiben außer Ansatz. Werden, um das oben angesprochene Beispiel noch mal aufzunehmen, etwa ein Hochregallager und ein einfaches Regallager über einen Kamm geschoren, so ergibt sich ein durchschnittlicher Materialgemeinkostensatz, der allen Regeln der Statistik und der Kostenrechnung Hohn spricht.

Abhilfe lässt sich auch hier durch eine stärkere Differenzierung schaffen. Bezogen auf die beiden Läger hieße das, dass für jedes Lager ein gesonderter Zuschlagssatz gebildet werden muss. Ein weiterer (dritter) Satz wäre dann für den eigentlichen Einkauf und die damit zusammenhängenden Arbeiten zu bilden. Wirtschaftlichkeitsüberlegungen können hier für eine vereinfachte, weniger differenzierte Abrechnung sprechen, sie dürfen aber nicht überbewertet werden. Um an einem besonderen Beispiel zu zeigen, wie sich auch unterschiedliche Beanspruchungen dieser Bereiche zumindest bedingt berücksichtigen lassen, fehlt hier der Raum.

e) Analyse der Gemeinkostenzuschlagssätze für Verwaltung und Vertrieb

332 Wie die oben vorgestellten Formeln zeigen, wird versucht, die Verwaltungs- und Vertriebsgemeinkosten auf Basis der Herstellkosten auf die Kostenträger weiterzuverrechnen. Zu ermitteln sind die Herstellkosten dabei nach folgendem Schema:

1. Fertigungsmaterial (Materialeinzelkosten)
2. Materialgemeinkosten
3. Materialkosten (1 + 2)
4. Fertigungslöhne aller beanspruchten Fertigungshauptstellen
5. Fertigungsgemeinkosten aller beanspruchten Fertigungshauptstellen
6. Sonderkosten der Fertigung
7. Fertigungskosten (4 + 5 + 6)
8. Herstellkosten (3 + 7)

Tab. G-7: Bestimmung der Herstellkosten

Im Gegensatz zu den Herstellungskosten des Handelsrechts, sind in den Herstellkosten keine Verwaltungskosten enthalten. Außerdem gelten natürlich unterschiedliche Bewertungsregeln.

Strittig ist, ob für die Verrechnung der Vertriebsgemeinkosten die Herstellkosten der produzierten oder der verkauften Leistungen (Herstellkosten des Umsatzes) als Basis anzusetzen sind. Für die Herstellkosten der produzierten Leistungen spricht der Umstand, dass in der Regel (zumindest in der Industrie) ein großer Teil der Vertriebskosten einer Periode eben nicht für den Umsatz der laufenden Periode anfällt, sondern für die Akquisition neuer Aufträge. Für die Herstellkosten des Umsatzes lässt sich anführen, dass die Vertriebskosten einer Abrechnungsperiode als ein Teil der Kosten dieser Periode auch durch die Umsätze der betreffenden Periode zu decken seien. Hier wird das erste Argument für sachlich bedeutsamer gehalten.

Die Verrechnung der Verwaltungs- und der Vertriebskosten auf Basis der Herstellkosten steht in einem eklatanten Widerspruch zu den bereits beschriebenen Regeln für die Bezugsgrößenwahl. Der Grund dafür ist, dass zwischen den Herstellkosten eines Unternehmens und seinen Aufwendungen für Verwaltung und Vertrieb keine unmittelbare, also auch keine proportionale, in einer mathematischen Funktion darstellbare Beziehung besteht. Der Zusammenhang zwischen beiden Größen ist vielmehr nur sehr loser und indirekter Natur (*Gau* S. 21). Angenommen, die Herstellkosten eines Unternehmens würden sich auf Grund entsprechender Umsatzsteigerungen um einen Faktor 10 erhöhen, so werden die Verwaltungs- und Vertriebsgemeinkosten in aller Regel in wesentlich geringerem Maße ansteigen. Andererseits müssten sich die Kosten des Vertriebsbereichs gerade dann erhöhen, wenn man sich wegen schlechter Auftragslage verstärkt darum bemüht, neue Kunden und neue Aufträge zu gewinnen.

Die Verrechnung der Verwaltungs- und der Vertriebsgemeinkosten auf Basis der Herstellkosten, die sich streng sachlich nicht begründen lässt, hat wahrscheinlich einen rein praktischen Grund. Er ergibt sich aus dem eben vorgestellten Schema zur Bestimmung der Herstellkosten, das zwangsläufig auch für den Aufbau einer differenzierten Zuschlagskalkulation gelten muss. Das Schema zeigt, dass sich die Herstellkosten als der bis dahin erreichte Stand der Rechnung geradezu dazu anbieten, als Basis für die Weiterführung der Rechnung in Form der Verwaltungs- und Vertriebsgemeinkosten eingesetzt zu werden. Wie problematisch diese Vorgehensweise ist, zeigt sich besonders deutlich, wenn man, dem Sinn der Sache entsprechend, die Rechnung auf einzelne Aufträge oder Kostenträger bezieht. Das folgende Beispiel soll diese Behauptung unterstreichen:

333 Angenommen, ein Unternehmen rechnet mit einem Zuschlag von 30 % für Verwaltungs- und Vertriebsgemeinkosten, so wird ein Produkt, dessen Herstellkosten mit 120,- € kalkuliert wurden, mit 36,- € je Einheit belastet. Einem Auftrag über zwei Einheiten werden also 72,- € und einem Auftrag über 50 Einheiten werden 1800,- € für Verwaltungs- und Vertriebsgemeinkosten zugerechnet. Damit wird ein Kunde um so stärker mit Verwaltungs- und Vertriebskosten belastet, je größer sein Auftrag ist. Mit entsprechend höheren Kosten für die Akquisition und Abwicklung größerer Aufträge lässt sich diese Rechnung nicht begründen, denn diese Kosten werden für einen Auftrag über 50 Einheiten nicht um einen Faktor 25 höher sein, als bei einem Auftrag über zwei Einheiten. Die Praxis kennt diese Problematik und gewährt (nicht nur, aber auch) aus diesem Grund Mengenrabatte.

Eine praktikable und zugleich methodisch einwandfreie Lösung für die Zurechnung der Verwaltungs- und Vertriebsgemeinkosten auf einzelne Produkte und Aufträge gibt es nicht; Verbesserungen der Rechnung sind aber möglich.

f) Kalkulationssätze auf Zeitbasis (Mengenbasis)

334 Während die Kalkulation mit Fertigungsgemeinkostenzuschlägen auf der Basis des Fertigungslohns bei arbeitsintensiver Produktion gerade noch vertretbar zu sein scheint, gilt das für stark automatisierte und kapitalintensive Fertigungen nicht. Der Unterschied wird deutlich, wenn man die Produktion auf einer traditionellen Dreh- oder Fräsmaschine mit dem Einsatz eines rechnergesteuerten Bearbeitungszentrums vergleicht. Bei den einfachen Maschinen mag der Lohn der wichtigste Kostenfaktor sein; bei einem Bearbeitungszentrum können dagegen allein die auf kalkulatorische Abschreibungen und Zinsen entfallenden Teile der Fertigungskosten ein Mehrfaches der Fertigungslöhne ausmachen. Von einer proportionalen Beziehung zwischen Fertigungslöhnen und Fertigungsgemeinkosten kann hier keine Rede mehr sein. Außerdem können extrem hohe Gemeinkostenzuschläge dazu führen, dass sich schon aus kleinsten Änderungen beim Fertigungslohn enorme, sachlich nicht gerechtfertigte Veränderungen der verrechneten Fertigungsgemeinkosten ergeben. Um unter diesen Bedingungen zu Informationen zu kommen, die eine aussagefähige Kalkulation ermöglichen, muss mit Maschinenstundensätzen gearbeitet werden. Es können hier aber wiederum nur Maschinen mit einer in etwa gleichen Kostenstruktur zu einer Gruppe zusammengefasst werden. Dabei sind jeder Maschine (bzw. den entsprechenden Maschinengruppen) diejenigen Kosten zuzuordnen, welche dem Grunde nach durch sie verursacht werden. Keine eindeutige Antwort gibt es auf die Frage, wie bei Kalkulationssätzen auf Zeitbasis die Fertigungslöhne zu behandeln sind.

335 Sind die Fertigungslöhne, wie oben angenommen wurde, von völlig untergeordneter Bedeutung, dürfte es aus Wirtschaftlichkeitsgründen vertretbar sein, sie in den Stundensatz mit einzubeziehen, auch wenn das ihrer Zuordnung zu den Einzelkosten nicht ganz gerecht wird. Spielen die Fertigungslöhne in einer Stundensatzrechnung dagegen eine erhebliche Rolle, so kann sich eine gesonderte Verrechnung im Einzelfall als die bessere Lösung erweisen.

336 Auch für die Behandlung von Fertigungsmaterial kann es für Stundensatzrechnungen keine einheitliche Vorgehensweise geben. Die folgenden Beispiele sollen das zeigen: Werden aus einem Kunststoffgranulat Schraubverschlüsse für irgendwelche Tuben oder andere Kleinteile hergestellt, so kann das Material offensichtlich in den Kalkulationssatz mit einbezogen werden. Bei einem Gussteil, das sukzessive auf mehreren Maschinen bearbeitet werden muss, ist die Einbeziehung dagegen nicht möglich.

Für die Bestimmung eines Maschinenstundensatzes gilt, wenn die Sonderprobleme bei Fertigungslöhnen und Fertigungsmaterial außer acht bleiben, die Formel:

337 FG-14: $$\frac{\text{Maschinenstundensatz}}{(\text{€/Std.})} = \frac{\text{(Relevante) Fertigungsgemeinkosten}}{\text{(Relevante) Maschinenstunden}}$$

Für die auch hier vorhandenen Restgemeinkosten gilt jetzt:

FG-15: $$\frac{\text{Restgemeinkostensatz}}{(\text{€/Std.})} = \frac{\text{Gesamte Restkosten einer Fertigungskostenstelle}}{\text{Gesamtheit der in der Kostenstelle gefahrenen Stunden}}$$

Wird bei den Restkosten, was natürlich möglich ist, auch jetzt auf Lohnbasis gerechnet, so müssen die Fertigungslöhne auf jeden Fall in der Kalkulation gesondert ausgewiesen werden. Allerdings werden die Restgemeinkostenzuschläge dann wieder durch wertmäßige Veränderungen der Bezugsbasis beeinflusst, obwohl das sachlich nicht gerechtfertigt ist. Ein Beispiel, in welchem mit Restkosten gearbeitet wird, findet sich weiter unten (s. Rz. 546ff.).

Was die Rüstkosten anlangt, so gelten die Ausführungen zur Kalkulation mit Gemeinkostenzuschlagssätzen analog.

5. Soll-Ist-Vergleich und Bestimmung von Abweichungen

338 In diesem Arbeitsschritt werden die in einer Periode angefallenen (bereinigten) Istkosten den über die Standardkostensätze verrechneten Gemeinkosten gegenübergestellt. Eine genauere Beschreibung dieses Vorgangs kann in sinnvoller Weise erst anhand eines Beispiels erfolgen (s. Rz. 351ff.).

339–350 *(einstweilen frei)*

H. BAB - Beispiele

I. Gesamt BAB

Bei dem unten in Tabelle H-1 dargestellten BAB wird von einem kleineren Unternehmen in der Rechtsform einer GmbH ausgegangen das in folgende Kostenstellen gegliedert sein soll:

- Allgemeiner Bereich
- Grundstücke und Gebäude
- Fuhrpark
- Fertigungsbereich
- Arbeitsvorbereitung und Konstruktion
- Teilevorfertigung
- Teileendfertigung
- Montage
- Materialbereich
- Verwaltungsbereich
- Vertriebsbereich.

1. Erläuterung der Kostenstellengliederung

Bei den Kostenstellen des allgemeinen Bereichs sowie bei der Kostenstelle Arbeitsvorbereitung und Konstruktion handelt es sich um Hilfskostenstellen. Alle anderen Kostenstellen werden als Hauptkostenstellen behandelt.

Der Materialbereich umfasst den Einkauf sowie die Läger für Roh-, Hilfs- und Betriebsstoffe. Zur Verwaltung gehören Geschäftsleitung, Rechnungswesen und Personalabteilung. Der Vertrieb beinhaltet die Funktionen Verkauf, Werbung, Versand und Lagerung von Halb- und Fertigerzeugnissen.

In der Senkrechten werden in Abteilung I die primären Kostenträgergemeinkosten erfasst. Die Zahl der Kostenarten wurde bewusst gering gehalten. Es handelt sich dabei um eine mehr beispielhafte Auswahl. Die in Betracht kommenden Verrechnungsgrundlagen wurden oben (Rz. 315) bereits dargestellt.

In der Abteilung II werden die Bezugsbasen für die Weiterverrechnung der Kosten sowie die Soll- und Istgemeinkostenzuschläge ausgewiesen.

Im Beispiel ist die Zuordnung der Kostenarten auf die Kostenstellen bereits vorgenommen worden. Es wurde aber bewusst darauf verzichtet, hierzu künstlich stark vereinfachte Schlüssel anzugeben.

2. Erläuterungen zu den Kostenarten

Die Ermittlung der für die einzelnen Kostenarten insgesamt angefallenen Beträge sowie die Probleme und Techniken der Verrechnung der Kostenarten auf die Kostenstellen (einschließlich der innerbetrieblichen Leistungsverrechnung) sind im Abschnitt G ausführlich

Kostenarten ↓ / Kostenstellen →	Gesamt-summe	Allgemeiner Bereich			Fertigungsbereich				Material-bereich	Verwaltungs-bereich	Vertriebs-bereich
		Grundstücke und Gebäude	Fuhrpark	Arbeitsvorbereitung und Konstruktion	Teile-vorfertigung	Teileend-fertigung	Montage				
1 Primäre Gemeinkosten	3	4	5	6	7	8	9		10	11	12
Abteilung I											
2 Hilfslöhne	203 194	17 898	27 508	12 756	19 986	21 615	16 815		19 672	17 008	49 936
3 Gehälter	673 286	–	–	166 843	24 468	27 950	25 682		39 744	132 482	256 117
4 Sozialkosten	525 349	7 785	11 718	105 995	68 503	69 034	18 231		25 620	89 829	128 634
5 Hilfs- und Betriebsstoffe	158 714	19 324	18 750	8 612	10 003	12 927	10 872		11 308	35 346	31 572
6 Steuern, Abgaben, Versicherungen	80 604	12 828	11 332	2 760	8 742	7 236	6 377		3 706	7 419	20 204
7 Werbung	73 256	–	–	–	–	–	–		–	–	73 256
8 Kalkulatorische Kosten	196 954	11 867	12 780	3 277	32 820	46 735	54 812		5 728	13 331	15 604
9 **Summe I** Primäre Istgemeinkosten	1 911 357	69 702	82 088	300 243	164 522	185 497	132 789		105 778	295 415	575 323
10 Umlage: Grundstücke und Gebäude	–	↱	3 403	4 827	8 309	10 283	9 616		10 815	9 687	12 762
11 Umlage: Fuhrpark	–	–	↳ (85 491)	12 487	4 803	5 763	7 685		17 290	13 448	24 015
12 Umlage: Arbeitsvorbereitung und Konstruktion	–	–	–	↳ (317 557)	105 728	108 316	103 513		–	–	–
13 **Summe II** (Istgemeinkosten)	1 911 357	–	–	–	283 362	309 859	253 603		133 883	318 550	612 100
14											
Abteilung II											
15 Fertigungslöhne	323 687				88 331	114 236	121 236		–	–	–
16 Fertigungsmaterial	862 418				–	–	–		862 418	–	–
17 Istherstellkosten	2 166 812				–	–	–		–	2 166 812	2 166 812
18 Standard -Herstellkosten / Soll	2 149 948				–	–	–		–	2 149 948	2 149 948
19											
20 Istgemeinkostenzuschläge	–				320,79 %	271,52 %	209,18 %		15,52 %	14,70 %	28,25 %
21 Standard { -Gemeinkostenzuschläge / Soll	–				315,00 %	273,00 %	212,50 %		13,50 %	15,00 %	27,00 %
22											
23 Verrechnete oder Standard-Gemeinkosten	1 866 821				278 243	311 548	257 626		116 426	322 492	580 486
24 Abweichungen (23–13)	–44 536				–5 119	+1 689	+4 023		–17 457	+3 942	–31 614

Tab. H.1: Gesamt BAB (Vollkosten)

I. Gesamt BAB

diskutiert worden. Durch die Umlagen verändert sich die Gesamtsumme der im BAB verrechneten Kosten natürlich nicht. Summe I und Summe II sind deshalb identisch.

Die in Zeile 20 aufgeführten Istgemeinkostenzuschläge sind anhand der bereits angegebenen Formeln ermittelt worden. Als relevante Kosten gelten dabei die in Zeile 13 ausgewiesenen Beträge. Für die Kostenstelle Teileendfertigung wurden z. B. Fertigungsgemeinkosten in Höhe von 309 859,- € ermittelt. Damit ergibt sich, bezogen auf die einschlägigen Fertigungslöhne von 114 120,- € (Zeile 15), ein Fertigungsgemeinkostenzuschlag (Ist) von 271,52 % (Zeile 20, Spalte 8). Auf zwei Stellen hinter dem Komma wurde gerechnet, damit sich die Rundungsdifferenzen im Rahmen halten. Wird davon abgesehen, so dürfte eine Rechnung mit einer Stelle hinter dem Komma ausreichend sein.

Die in Zeile 17 erfassten Istherstellkosten ergeben sich aus der in Tabelle H-2 dargestellten Rechnung. Die in Klammern stehenden Ziffern geben an, wo (Zeile und Spalte) die aufgeführten Beträge (Istwerte) im BAB zu finden sind.

Relevante Positionen	€	€
Fertigungsmaterial (16/3)	862 418,-	
Materialgemeinkosten (13/10)	133 883,-	
Materialkosten	996 301,-	996 301,-
Fertigungslöhne Teilevorfertigung (15/7)	88 331,-	
Fertigungsgemeinkosten Teilevorfertigung (13/7)	283 362,-	
Fertigungslöhne Teileendfertigung (15/8)	114 120,-	
Fertigungsgemeinkosten Teileendfertigung (13/8)	309 859,-	
Fertigungslöhne Montage (15/9)	121 236,-	
Fertigungsgemeinkosten Montage (13/9)	253 603,-	
Gesamte Fertigungskosten	1 170 511,-	1 170 511,-
Herstellkosten (Ist)		2 166 812,-

Tab. H-2: Istherstellkosten

Bezogen auf die Herstellkosten ergibt sich im Verwaltungsbereich ein Zuschlagssatz von 14,70 % und im Vertriebsbereich von 28,25 % (Zeile 20).

In Zeile 21 sind die für das Beispiel angenommenen Standard- oder Normalzuschlagssätze eingetragen, also die in der Vorkalkulation verrechneten Sätze. Werden diese Sätze auf die Fertigungslöhne und auf das Fertigungsmaterial angewendet, so ergeben sich für den Fertigungsbereich und den Materialbereich die sogenannten verrechneten Gemeinkosten. Die entsprechenden Beträge sind in Zeile 23 ausgewiesen. Für die Teilevorfertigung betragen diese z. B. verrechnete Gemeinkosten von 278 243.- € (315 % der Fertigungslöhne von 88 331,- €). Die Sollgemeinkosten im Materialbereich betragen 13,5 % des Einsatzes an Fertigungsmaterial in Höhe von 862 418 €, also 116 426.- €.

Bei den verrechneten Gemeinkosten soll es sich eigentlich um die in der Vorkalkulation tatsächlich verrechneten Gemeinkosten handeln. Genau richtig ist das allerdings nur, wenn auch die im BAB verrechneten Einzelkosten genau mit jenen Werten übereinstimmen, welche in den betreffenden Vorkalkulationen als Einzelkosten angesetzt worden sind. Das wird nicht immer der Fall sein. Im Sinne des Prinzips der Wirtschaftlichkeit kann es aber wohl in aller Regel als vertretbar angesehen werden, wenn diese Fehler in Kauf genommen werden, weil sie nur in Ausnahmefällen ins Gewicht fallen dürften. Jedenfalls würde die Bestimmung der in den Vorkalkulationen tatsächlich angesetzten Einzelkosten zusätzliche Kosten verursachen.

Bei den Normalgemeinkostensätzen für Verwaltung und Vertrieb ist zu beachten, dass sie keinesfalls auf die Istherstellkosten angewendet werden dürfen, weil in den Istherstellkosten ja die tatsächlich angefallenen Material- und Fertigungsgemeinkosten enthalten sind. Die Normalzuschläge für Verwaltung und Vertrieb beziehen sich aber nicht auf Istherstellkosten, sondern auf Normalherstellkosten (Standardherstellkosten von 2 149 948 € (Zeile 18). Teil dieser Normalherstellkosten können nur die verrechneten Gemeinkosten des Material- bzw. des Fertigungsbereichs sein; nicht aber die effektiv angefallenen Beträge. Die im Verwaltungsbereich verrechneten Gemeinkosten belaufen sich auf 15 % der Sollherstellkosten, sie betragen also 322 492 € (Zeile 23). Für den Vertriebsbereich liegen die entsprechenden Werte bei 27 % bzw. bei 580 486 €.

Der Begriff Standardgemeinkosten ist insofern etwas unscharf und mißverständlich, weil dabei natürlich wieder mit den Isteinzelkosten, also den tatsächlich angefallenen Fertigungslöhnen und Fertigungsmaterialien gerechnet wird, nicht also mit geplanten Werten. Trotzdem ist es sinnvoll, für die Berechnung der Standardherstellkosten mit den Standardgemeinkostenzuschlägen aus dem Materialbereich und aus dem Fertigungsbereich zu arbeiten. Die Rechnung zeigt dann nämlich an, welche Gemeinkosten die angefallenen Isteinzelkosten planmäßig hätten nach sich ziehen dürfen. Um zu den Standardherstellkosten von 2 149 948,- € zu kommen, müssen in der in Tabelle H-2 zur Ermittlung der Istherstellkosten gelieferten Rechnung die Istgemeinkosten für Fertigung und Material durch die entsprechenden Standardwerte (Sollwerte) ersetzt werden. So sind z. B. für den Materialbereich nicht mehr 133 883,- € für Materialgemeinkosten anzusetzen, sondern die in Zeile 23 ausgewiesenen 116 426,- €.

Die Standardgemeinkosten (verrechnete Gemeinkosten) für die Bereiche Verwaltung und Vertrieb belaufen sich im Beispiel auf 322 492,- € bzw. auf 580 486,- € (Zeile 23). Sie wurden auf der Basis der Standardherstellkosten von 2 149 948,- € ermittelt.

355 Es liegt nun in der Natur der Sache, dass sich zwischen den Istgemeinkosten (Zeile 13) und den Standardgemeinkosten (Zeile 23), Abweichungen in Form von Kostenüberdeckungen oder Kostenunterdeckungen ergeben werden. Für deren Ermittlung gilt:

Istkosten < Verrechnete Kosten → Überdeckung
(positive Abweichung)
Istkosten > Verrechnete Kosten → Unterdeckung
(negative Abweichung)
Istkosten = Verrechnete Kosten → keine Abweichung.

In der Literatur wird hier oft mit genau umgekehrten Vorzeichen gearbeitet. Sie ergeben sich (ohne sachlichen Grund) einfach aus der Anordnung der Istgemeinkosten bzw. der verrechneten Gemeinkosten im BAB. Bei den hier vorgeschlagenen Definitionen tragen dagegen positive Ergebnisse (Einsparung von Kosten) auch ein positives Vorzeichen und umgekehrt. Nennenswerte Abweichungen (z.B. über 5 %) sollten immer analysiert und auf ihre Ursachen hin durchleuchtet werden, um eventuell aufgetretene Fehler künftig vermeiden und effektiver arbeiten zu können.

3. Kritik

356 Es ist zu fragen, ob bzw. inwieweit ein BAB in der dargestellten einfachen Form seinen Zweck überhaupt erfüllen kann, ob er also insbesondere geeignet ist, Informationen zur

Kontrolle der Wirtschaftlichkeit der betrieblichen Abläufe sowie brauchbare Kalkulationssätze zu liefern.

Für die Kontrolle der Wirtschaftlichkeit der betrieblichen Abläufe, also zur „Beobachtung und Ermittlung von Ursachen der Kostenentstehung und Kostenhöhe" (*Schwarz* S. 26) lassen sich aus einem einfachen BAB zumindest Anhaltspunkte für weitere Nachforschungen gewinnen. Das kann z. B. durch Vergleiche mit den Zahlen früherer Perioden sowie durch die Analyse der Abweichungen zwischen Ist- und Standardgemeinkosten geschehen.

Was die Kalkulationssätze angeht, so muss befürchtet werden, dass Kalkulationssätze, wie sie sich anhand des in Tabelle H-1 dargestellten Beispiels ermitteln lassen, vielfach keine brauchbaren Kalkulationsergebnisse liefern können. Die Ursache dafür ist in dem Umstand zu sehen, dass in den Fertigungskostenstellen meist verschiedene Arbeitsplätze und Maschinen nach funktionalen bzw. organisatorischen Gesichtspunkten zusammengefasst werden, obwohl sie keine einheitliche bzw. keine nahezu einheitliche Kostenstruktur aufweisen. Hier kann zumindest dadurch Abhilfe geschaffen werden, dass mit Stundensätzen gearbeitet wird, die sich auf einzelne Maschinen beziehen.

Welchen Beitrag einzelne Produkte oder Produktgruppen zum Betriebsergebnis einer **357** Periode geleistet haben, lässt sich auf der Basis eines als Vollkostenrechnung konzipierten BAB nicht feststellen.

II. Differenzierung des BAB im Vertriebsbereich

1. Problematik

Wie bereits festgestellt wurde, ist die Gefahr groß, dass sich mit einem BAB in kompri- **370** mierter Form nur bedingt (oder überhaupt nicht) brauchbare Kalkulationssätze ermitteln lassen. Auch im Bereich der Wirtschaftlichkeitskontrolle kann es erhebliche Probleme geben. In der Praxis wird das offenbar häufig nicht erkannt, was nicht zuletzt darauf zurückzuführen sein dürfte, dass in der Literatur für den BAB ganz überwiegend nur relativ einfache Beispiele angeboten werden.

Um wenigstens ansatzweise Verbesserungsmöglichkeiten zeigen zu können, wird in Tabelle H-3 ein entsprechendes Beispiel in Form eines Vertriebs-BAB geliefert.

2. Beschreibung

In dem Bogen ist eine Vertriebskostenstelle in insgesamt sieben (Teil-)Kostenstellen aus- **371** gegliedert worden, darunter zwei verschiedene Läger für Fertigfabrikate.

Die Zeilen 2 bis 18 bedürfen nach den bisherigen Diskussionen keiner Erläuterung mehr. In den Zeilen 2 bis 15 wird vereinfachend nur mit Fixkosten gearbeitet, da zwischen den Kosten des Vertriebs und der Produktion kein unmittelbarer Zusammenhang besteht. Der Fuhrpark ist kein Teilbereich des Vertriebs. Worauf es ankommt ist die Zeile 21. Hier wird in Spalte 6 der auch im Gesamt-BAB ermittelte (und für den ganzen Bereich geltende) durchschnittliche Vertriebsgemeinkostenzuschlagssatz von 9,45 % ausgewiesen. Auf Grund der Aufgliederung des Bereichs lässt sich jetzt darstellen, welche Teile dieses Kalkulationssatzes auf die verschiedenen Funktionskostenstellen des Vertriebsbereichs entfallen.

Die Aufgliederung des Vertriebsbereichs und die damit möglich gewordene Differenzierung des Vertriebsgemeinkostensatzes verbessert zunächst einmal die Möglichkeit der Wirtschaftlichkeitskontrolle. Das kann insbesondere dadurch geschehen, dass den Istsätzen analog zum ersten BAB-Beispiel Standardsätze gegenübergestellt werden. Damit las-

Zeile	Hilfs-blatt	Kostenarten	Zahlen der Buchhaltung	Abgrenzungen	Zahlen der Betriebsabrechnung	561 Vertriebsleitung	5621 Verkauf Inland	5622 Verkauf Ausland	564 Marktforschung Werbung	565 Versand	5671 Fertiglager I	5672 Fertiglager II
		Kostenstellennummern →										
		Kostenstellen →										
1	2	3	4	5	6	7	8	9	10	11	12	13
2	-	Hilfslöhne	50745	-	50745	-	2550	1880	4032	14400	14996	12887
3	-	Gehälter	72955	-	72955	17320	16780	15045	23810	-	-	-
4	-	Sozialkosten	40350	+3225	43575	4096	5247	6222	7850	6940	6870	6350
5	-	Hilfs- und Betriebsstoffe (incl. Strom)	15455	-	15455	826	531	667	1326	8877	1782	1446
6	-	Fremdreparaturen	2525	-	2525	-	186	-	324	667	720	628
7	-	Steuern, Gebühren, Beiträge	4701	-	4701	4701	-	-	-	-	-	-
8	-	Versicherungen	16445	-2810	13635	572	258	1036	1015	2118	4010	4626
9	-	Reisekosten, Bewirtung	21668	-	21668	8763	4654	8251	-	-	-	-
10	-	Werbung	119706	-20000	99706	-	-	-	99706	-	-	-
11	-	Kalkulatorische Abschreibungen	-	+14658	14658	1030	897	708	1209	2231	3962	4621
12	-	Kalkulatorische Zinsen	-	+20826	20826	-	-	-	-	2025	9301	9500
13	-	Kalkulatorische Wagnisse	-	+36900	36900	6260	-	-	-	-	14790	15850
14	-	Kalkulatorischer Unternehmerlohn	-	+10000	10000	10000	-	-	-	-	-	-
15	-	Kalkulatorische Miete	-	+54296	54296	3606	5048	3966	5409	4242	18159	13866
16	-	**Fixkosten Summe I**	344550	+117095	461645	57174	36151	37775	144681	41500	74590	69774
17	-	Umlage Fuhrpark	56823	-	56823	6853	3125	3874	6820	34978	505	668
18	-	**Korrigierte Fixkosten Summe II**	401373	+117095	518468	64027	39276	41649	151501	76478	76095	70442
19	-											
20	-	Istherstellkosten	-	-	5487608	5487608	5487608	5487608	5487608	5487608	5487608	5487608
21	-	Istgemeinkostenzuschläge	-	-	9,45%	1,17%	0,72%	0,76%	2,76%	1,39%	1,37%	1,28%

Tab. H-3: Teil-BAB für den Vertriebsbereich

Die Zahlen sind frei gegriffen. Ein Zusammenhang mit der Tabelle H-1 besteht nicht.

II. Differenzierung des BAB im Vertriebsbereich

sen sich Abweichungen leicht erkennen, die bei entsprechender Größenordnung näher zu untersuchen wären. Da sich alle ermittelten Kostensätze auf die gesamten Herstellkosten beziehen, ergeben sich insgesamt keine unmittelbar nutzbaren Verbesserungsmöglichkeiten für die Verrechnung der Vertriebsgemeinkosten auf die Kostenträger (in der Kalkulation). Hier soll jetzt anhand eines in Tabelle H-4 dargestellten, bewusst einfach gehaltenen Beispiels gezeigt werden, wie man auf relativ einfache Weise im Vertriebsbereich zu plausibleren Kalkulationssätzen kommen kann, als sie in Theorie und Praxis weithin üblich sind. Der geistige Vater dieses Ansatzes war *Eberhard Gau* (Bd. 2, S. 37 ff.).

Um mit diesem Ansatz arbeiten zu können, genügt die Ausgliederung des Vertriebsbereichs nicht. Hinzukommen muss eine Gliederung des Leistungsprogramms nach Produktarten bzw. Produktgruppen. Außerdem müssen für eine Vorkalkulation die Herstellkosten und die Zahl der Aufträge pro Periode und Produktgruppe geschätzt bzw. geplant werden. Für Zwecke der Nachkalkulation sind die entsprechenden Größen konsequent zu erfassen. Diese Voraussetzungen zu erfüllen, müsste den meisten Unternehmen ohne größere Probleme möglich sein.

Bei den folgenden Überlegungen spricht nun sicher einiges dafür, mit den Herstellkosten der umgesetzten (nicht der hergestellten) Leistungen zu arbeiten. Betriebswirtschaftlich zwingend ist das aber nicht. Die Gründe dafür wurden bereits diskutiert. **372**

Im Beispiel (Tabelle H-4) wird von zwei Produktgruppen ausgegangen, die jeweils im **373** Inland und im Ausland angeboten werden. Die Zahl der Aufträge wird als bekannt vorausgesetzt und in die Tabelle (Zeile 1) übernommen. Dort wurde weiter für jede Teil-Kostenstelle des Vertriebsbereichs quasi eine besondere, auf eine bestimmte Produktgruppe spezialisierte Abteilung eingerichtet. Für jede Abteilung (Teil-Kostenstelle) sind dann die im Teil-BAB Vertrieb ermittelten Kosten in die Gesamtspalte übernommen worden. Werden diese Kosten durch die relevante Auftragszahl dividiert, so ergeben sich die Durchschnittskosten je Auftrag in der betreffenden Teil-Kostenstelle. Für die Vertriebsleitung ergibt sich bei Gesamtkosten von 64 027,– € und bei insgesamt 1196 Aufträgen ein Durchschnittskostensatz pro Auftrag von 53,534 €. Aus der Multiplikation dieses Wertes mit den Auftragszahlen pro Produktgruppe ergeben sich die in Zeile 3 aufgeführten, den einzelnen Produktgruppen zuzurechnenden Kosten. Wie bei der Vertriebsleitung, so wurde auch für die Teilkostenstellen Marktforschung und Werbung sowie für den Versand und die beiden Läger die Gesamtzahl der Aufträge als Bezugsgröße für die Kostenverrechnung betrachtet. Für die beiden Verkaufsabteilungen wurden die aus dem Inland bzw. aus dem Ausland stammenden Aufträge addiert.

Auf der Basis der Durchschnittskosten je Auftrag lassen sich nunmehr die Vertriebskos- **374** ten (nach Teil-Kostenstellen getrennt) auf die einzelnen Produktgruppen zuordnen, wobei natürlich wiederum zwischen Inlands- und Auslandsverkäufen unterschieden werden muss. Die Summen der den Produktgruppen für Inlands- und Auslandsumsätze jeweils zugerechneten Kosten können jetzt zu den jeweiligen Herstellkosten in Beziehung gesetzt werden. Damit lässt sich im Beispiel für jede Produktgruppe, und zwar wiederum getrennt nach Inland und Ausland, ein eigener Vertriebsgemeinkostenzuschlag ermitteln. Als besonders wichtige Ergebnisse dieser Rechnungen ist auf folgende Punkte hinzuweisen:

	Produktgruppen Kostenstellen	Gesamt	Inland		Ausland	
			Produkt-gruppe A	Produkt-gruppe B	Produkt-gruppe A	Produkt-gruppe B
	Zahl der Aufträge	1196	414	254	341	187
1	Vertriebsleitung Gesamtkosten	64 027				
	Ø Kosten je Auftrag (64 027 : 1196)	53,534				
	Kosten je Produktgruppe (53,534 × Auftragszahl)	–	22 163	13 598	18 256	10 010
2	Verkauf Inland Gesamtkosten	39 276				
	Ø Kosten je Auftrag (39 276 : 668)	58,796				
	Kosten je Produktgruppe (58,796 × Auftragszahl)	–	24 342	14 934	–	–
3	Verkauf Ausland Gesamtkosten	41 649				
	Ø Kosten je Auftrag (41 649 : 528)	78,880				
	Kosten je Produktgruppe (78,880 × Auftragszahl)	–	–	–	26 898	14 751
4	Marktforschung, Werbung Gesamtkosten	151 501				
	Ø Kosten je Auftrag (151 501 : 1196)	126,673				
	Kosten je Produktgruppe (126,673 × Auftragszahl)	–	52 443	32 175	43 195	23 688
5	Versand Gesamtkosten	76 478				
	Ø Kosten je Auftrag (76 478 : 1196)	63,945				
	Kosten je Produktgruppe (63,945 × Auftragszahl)	–	26 473	16 242	21 805	11 958
6	Fertiglager I Gesamtkosten	75 095				
	Ø Kosten je Auftrag (75 095 : 1196)	62,788				
	Kosten je Produktgruppe (62,788 × Auftragszahl)	–	25 994	15 948	21 411	11 742
7	Fertiglager II Gesamtkosten	70 442				
	Ø Kosten je Auftrag (70 442 : 1196)	58,898				
	Kosten je Produktgruppe (58,898 × Auftragszahl)	–	24 384	14 960	20 084	11 014
8	Summen	518 468	175 799	107 857	151 649	83 163
9	Herstellkosten	5 487 608	2 006 437	1 090 501	1 579 324	811 346
10	Vertriebskosten in % der Herstellkosten	9,45	8,76	9,89	9,60	10,25

(Alle Kosten in €)
Ø = durchschnittlich

Tab. H-4 : Muster zu einer differenzierten Vertriebskostenrechnung

Für die Produktgruppe B ergibt sich im Inland jetzt ein Vertriebsgemeinkostensatz von 9,89 % und im Ausland von 10,25 %. Nach der alten, undifferenzierten Rechnung hätte jeweils mit dem auf den gesamten Vertriebsbereich bezogenen Durchschnittssatz von 9,45 % gearbeitet werden müssen. Die Gründe für diese Unterschiede müssten in praxi näher untersucht werden. Es dürfte aber zumindest plausibel sein, dass die Akquisition und Abwicklung von Inlandsaufträgen billiger ist als bei Aufträgen aus dem Ausland. Das muss aber nicht unbedingt so sein.

Für die in Tabelle H-4 ermittelten differenzierten Vertriebsgemeinkostenzuschläge ist davon ausgegangen worden, dass die Zahl der für eine Produktgruppe eingegangenen Aufträge für die eben dieser Gruppe zuzuordnenden Vertriebsgemeinkosten von erheblicher Bedeutung sei. Nun kommt es für die Kosten, welche im Vertrieb für eine Produktgruppe anfallen, natürlich nicht nur auf die Zahl der Aufträge an, sondern u. a. auch auf den Schwierigkeitsgrad der Auftragsbearbeitung. Dem lässt sich dadurch Rechnung tragen, dass die Aufträge aufgrund von Erfahrungswerten nach Schwierigkeitsgrad und Bearbeitungszeit zu Gruppen zusammengefasst und entsprechend gewichtet werden. Außerdem lassen sich bei entsprechender Organisation des Vertriebs auch die Zahl der Anfragen, der Angebote, der Rechnungen und vielleicht auch die Zahl der „Packungseinheiten" (im Versand) feststellen und zur Bestimmung noch weiter differenzierter Vertriebsgemeinkostenzuschläge verwenden. Ob das wirtschaftlich sinnvoll ist, lässt sich nur für den Einzelfall entscheiden.

3. Ergänzungen

Oben ist bereits begründet worden, dass es im Sinne der Kostentheorie unzulässig und missverständlich ist, wenn in der Literatur versucht wird, im Vertriebsbereich zwischen angeblich fixen und variablen Kosten zu unterscheiden. Es ist deshalb ausdrücklich festzuhalten, dass es sich bei den in Tabelle H-4 als „durchschnittliche Kosten pro Auftrag" bezeichneten Beträgen keinesfalls um mengenabhängige, geschweige denn proportionale Kosten im Sinne der Produktions- und Kostentheorie handelt, sondern einfach nur um relativ grobe Durchschnittswerte.

Den Anforderungen, welche oben für solche Durchschnittswerte aufgestellt worden sind, entsprechen die in Tabelle H-4 ermittelten Größen sicher nur sehr bedingt. Im Vergleich zu einem „globalen" Durchschnittssatz ermöglichen sie aber durchaus eine Verbesserung bei der Verrechnung der Vertriebskosten in der Kalkulation. Gehen die Auftragszahlen zurück, so werden die beschriebenen Durchschnittswerte wahrscheinlich ansteigen. Das zeigt, dass sich diese Werte nicht nur als Hilfsmittel für die Kalkulation nutzen lassen, sondern auch und gerade als Effizienzkennziffern. Die Werte geben an, welcher Aufwand durchschnittlich getrieben werden musste, um einen Auftrag zu bekommen und abzuwickeln. Gehen die Auftragszahlen zurück, so kann es trotz schlechter Effizienz nötig sein, im Vertrieb mehr Geld auszugeben. Problematisch wird die Situation dann, wenn die durchschnittlichen Kosten pro Auftrag steigen, obwohl die Zahl der Aufträge zunimmt.

Zieht man die oben beschriebenen Möglichkeiten einer Verfeinerung der vorgestellten Rechnung mit in Betracht, so darf festgestellt werden, dass auch die Prozesskostenrechnung hier nicht wesentlich mehr bieten kann. Sie ist nur entschieden teurer (s Abschnitt Q).

4. Schlussbemerkung

376 In ähnlicher Weise, wie das für den Vertrieb gezeigt wurde, lassen sich auch im Materialbereich Verbesserungen bei der Kalkulation und bei der Wirtschaftlichkeitskontrolle erzielen. Im Verwaltungsbereich ist dagegen nur eine Aufgliederung in Teilkostenstellen möglich. Zur Verbesserung der Kalkulation ist hier zu prüfen, ob bestimmte, der Verwaltung zugeordnete Kosten beim Vertrieb oder in der Materialwirtschaft nicht besser „aufgehoben" wären. Das gilt z.B. für den größten Teil der Kosten der Debitoren- und der Kreditorenbuchhaltung (*Gau* Bd. 2, S. 37 ff.).

377-399 *(einstweilen frei)*

J. Grundlagen der Kostenträgerrechnung

I. Begriffe

Wie bereits dargelegt worden ist, werden die von einem Unternehmen im Rahmen des **400** Betriebszwecks hervorgebrachten Problemlösungen (Güter und Dienste) als „Kostenträger" bezeichnet. Der Begriff „Kostenträger" bezieht sich auf dieselben Sachverhalte, wie der Begriff „Leistung". Die beiden Begriffe unterscheiden sich nur hinsichtlich des Blickwinkels, aus welchem die dem Betriebszweck entsprechenden Problemlösungen betrachtet werden. Beim Begriff „Kostenträger" stehen dabei die kostenrechnerischen Aspekte im Vordergrund, beim Begriff „Leistung" dominieren die absatzwirtschaftlichen Aspekte. Grundsätzlich lassen sich drei Arten von Kostenträgern unterscheiden: Hauptkostenträger, Nebenkostenträger und Hilfskostenträger. Dabei können, wie gleich zu zeigen sein wird, die Begriffe „Hauptkostenträger" und „Hilfskostenträger" allerdings nicht ganz eindeutig voneinander abgegrenzt werden.

Hauptkostenträger sind die dem Betriebszweck entsprechenden und zum Verkauf auf **401** den Absatzmärkten bestimmten betrieblichen Problemlösungen (Leistungen) des Unternehmens. Bei einer Möbelfabrik sind das also die produzierten Möbel, bei einer Schraubenfabrik die hergestellten Schrauben und bei einer Bank die angebotenen, banküblichen Dienstleistungen. Durch die mit den Hauptkostenträgern erzielten Umsätze sollen die Unternehmen ihre Kosten decken und darüber hinaus Gewinne in einer Höhe erzielen, die von der Geschäftsleitung und/oder den Eigentümern für angemessen gehalten werden.

Als Hilfskostenträger werden die bereits diskutierten innerbetrieblichen Leistungen **402** (Wiedereinsatzleistungen) bezeichnet. Dabei wurde zwischen aktivierbaren und nicht aktivierbaren innerbetrieblichen Leistungen unterschieden. Im Gegensatz zu den Hauptkostenträgern sind die Hilfskostenträger nicht zum Verkauf bestimmt, die Bezeichnungen „innerbetriebliche Leistung" bzw. „Wiedereinsatzleistung" machen das bereits deutlich. Abgrenzungsprobleme zu den Hauptkostenträgern ergeben sich hier insoweit, als zu aktivierende innerbetriebliche Leistungen (z. B. für den Eigenbedarf hergestellte Maschinen) abrechnungstechnisch in gleicher Weise zu behandeln sind wie zum Verkauf bestimmte Leistungen.

Mit dem Begriff Nebenkostenträger lassen sich zum einen Problemlösungen erfassen, **403** die ein Unternehmen als Ergänzung seiner Hauptleistungen (Hauptkostenträger) zu erbringen hat. Zum anderen können solche Produkte als Nebenkostenträger apostrophiert werden, die bei der Produktion der Hauptkostenträger zwangsläufig entstehen. Zur ersten Gruppe gehören z. B. Verpackungs- und Transportleistungen, die im Zusammenhang mit dem Vertrieb der Hauptkostenträger (Hauptleistungen) erbracht werden müssen. Zur zweiten Gruppe gehören insbesondere die bei Prozessen der Kuppelproduktion anfallenden Nebenprodukte aber auch Abfallprodukte, wie sie etwa bei der Holzverarbeitung in Form von Spänen oder Sägemehl anfallen. Im Sinne einer weiten Interpretation des Begriffs lässt sich natürlich auch in diesem Zusammenhang bereits von Kuppelprodukten sprechen. Etwas vereinfacht können die beschriebenen Sachverhalte in der in Abbildung J-1 dargestellten graphischen Form zusammengefasst werden.

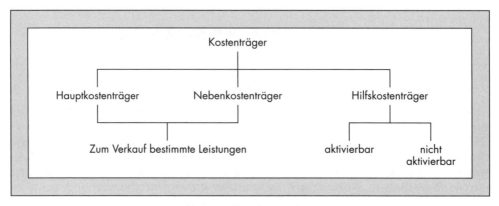

Abb. J-1: Einteilung der Kostenträger

II. Formen und Aufgaben der Kostenträgerrechnung

404 Sowohl die Formen als auch die Aufgaben der Kostenträgerrechnung wurden oben bereits diskutiert. Deshalb kann es hier mit einigen wenigen Bemerkungen sein Bewenden haben.

Zunächst sollte wohl noch mal auf die grundlegende Unterscheidung von Kostenträgerstückrechnung (Kalkulation) und Kostenträgerzeitrechnung hingewiesen werden. Die verschiedenen Formen und Ausprägungen dieser Rechnungen werden in den folgenden Abschnitten überwiegend anhand von Beispielen diskutiert. Das gilt natürlich insbesondere für die drei Grundtypen der Kostenträgerstückrechnung, nämlich die Divisionskalkulation mit ihren Varianten, die Zuschlagskalkulation und die Stundensatzrechnung. Dazu kann auf Grund der Erkenntnisse, die bei der Diskussion der Kostenstellenrechnung gewonnen wurden, schon jetzt festgestellt werden, dass es in der Regel nicht möglich ist, die tatsächlichen Selbstkosten eines Produkts einigermaßen eindeutig zu ermitteln. Die in der Kalkulation auf Vollkostenbasis als Selbstkosten ausgewiesenen Werte werden maßgeblich durch die Art und Weise bestimmt, in der die Verrechnung der Kostenträgergemeinkosten auf die Kostenstellen erfolgt. Jede Änderung im Abrechnungsmodus schlägt auf die sogenannten „Selbstkosten" durch. Echte Gemeinkosten (s. Rz. 33) lassen sich bekanntlich schon definitionsgemäß niemals verursachungsgerecht auf die Kostenträger zurechnen. Die als Selbstkosten bezeichneten Größen können also niemals die tatsächlichen Selbstkosten darstellen. Es kann sich vielmehr immer nur um Näherungswerte handeln, die dann aber wenigstens unter Beachtung der Prinzipien der Kosten- und Leistungsrechnung ermittelt worden sein sollten. Sie können und müssen dann akzeptiert werden, weil bessere Informationen (auf Vollkostenbasis) nicht verfügbar sind. Für die sogenannten „Herstellkosten" gilt das Gesagte analog. Es wird zu zeigen sein, dass diese Probleme auch mit den Systemen der Teilkostenrechnung nur bedingt gelöst werden können.

III. Zur Organisation der Kostenträgerrechnung

405 Analog zur Kostenartenrechnung und zur Kostenstellenrechnung sollte es für die Kostenträgerrechnung einen Kostenträgerplan geben. Beim Einsatz moderner Techniken der Datenverarbeitung ist ein solcher Kostenträgerplan unverzichtbar. Statt von „Kosenträgerplan" wird in der Praxis auch von „Auftragsnummernschlüssel" oder von „Kostenträgerhierarchie" gesprochen.

Im Rahmen eines Kostenträgerplanes sind die Kostenträger in gleicher Weise mit Schlüsselnummern zu versehen, wie das oben für Kostenarten und Kostenstellen dargestellt wurde. Dabei müssen sich die Nummern für Kostenarten, Kostenstellen und Kostenträger eindeutig unterscheiden.

Es wäre nun sicher sinnvoll, wenn hier der Kostenträgerplan eines Unternehmens mit einer breiten und tiefgegliederten Produktpalette zumindest ansatzweise dargestellt werden könnte. Leider steht dem Verfasser kein derartiges Beispiel zur Verfügung. Da es aber nicht zweckmäßig sein dürfte, ein entsprechend komplexes Beispiel zu konstruieren, muss es mit einem relativ einfach strukturierten Beispiel, bei dem die Getränkeindustrie Pate gestanden hat, sein Bewenden haben. Als Spitzenkennzahl für die Kostenträger soll die Zahl 95 verwendet werden. **406**

Wie das Beispiel (s. Tab. J-2) zeigt, sollten im Kostenträgerplan auch Innenaufträge erfasst werden. Alle Auftragsnummern müssen mit der im Kostenträgerplan festgelegten Kennzahl versehen werden. Gegenüber dem Kostenartenplan und dem Kostenstellenplan wurde insofern eine Verfeinerung vorgenommen, als die 4stelligen Zahlen jetzt eine Kostenträgergruppe kennzeichnen. Die Zahl 9500 steht also z. B. für die Kostenträgergruppe Mineralwässer. In gleicher Weise könnten auch Kostenartengruppen und Kostenstellenbereiche gekennzeichnet werden.

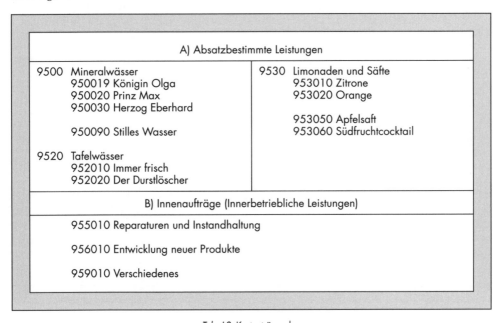

Tab. J-2: Kostenträgerplan

K. Formen der Divisionskalkulation

I. Grundlagen

Unter dem Oberbegriff „Divisionskalkulation" lassen sich folgende Kalkulationsverfahren (Verfahren der Kostenträgerstückrechnung) zusammenfassen:

- Die einstufige Divisionskalkulation,
- die zweistufige Divisionskalkulation,
- die vielstufige Divisionskalkulation und
- die Äquivalenzziffernrechnung.

Von Formen der Divisionskalkulation wird dabei gesprochen, weil der Kern dieser Rechnungen in einer oder mehreren Divisionen besteht, die sich ganz allgemein auf folgende Formel bringen lassen

$$\text{FK-1:} \quad \frac{\text{Durchschnittskosten}}{\text{je Einheit}} = \frac{\text{(Relevante) Kostensumme}}{\text{(Relevante) Ausbringungsmenge}}$$

Welche Bedeutung dem Adjektiv „relevant" in der Formel zukommt, wurde bereits erklärt (s. Rz. 328).

Die verschiedenen Formen der Divisionskalkulation sind, mit Ausnahme der Äquivalenzziffernrechnung, nur dann anwendbar, wenn nur ein einziges homogenes Produkt hergestellt wird. Das wäre z. B. bei einer Brauerei der Fall, wenn nur eine einzige Sorte Bier produziert und nur in einer „Einheitsflasche" verkauft werden würde. Die Äquivalenzziffernrechnung gilt dagegen auch dann als anwendbar, wenn verschiedene Sorten eines ansonsten einheitlichen Produkts hergestellt werden. Dieser Fall wäre z. B. gegeben, wenn in der besagten Brauerei mehrere Biersorten hergestellt oder eine einzige Sorte in unterschiedlichen Flaschen angeboten werden würde.

II. Die einstufige Divisionskalkulation

Für sie gilt

$$\text{FK-2:} \quad \frac{\text{Durchschnittskosten}}{\text{je Einheit}} = \frac{\text{Gesamtkosten einer Abrechnungsperiode}}{\text{Ausbringungsmenge in derselben Periode}}$$

Voraussetzungsgemäß kann mit der einstufigen (einfachen) Divisionskalkulation nur gearbeitet werden, wenn nur ein einziges homogenes Produkt hergestellt und angeboten wird. Darüber hinaus müssen aber noch folgende Bedingungen erfüllt sein:

- Produktionsmenge und verkaufte Menge müssen genau übereinstimmen, weil nur dann die Kosten der Produktion und die Kosten für Verwaltung und Vertrieb auf dieselbe Menge bezogen werden können.
- Es muss sich entweder um eine einstufige Fertigung handeln oder aber um eine mehrstufige Fertigung, bei der auf allen Stufen mit identischen Mengen gearbeitet wird.
- Aus den bereits genannten Bedingungen folgt, dass es bei der einstufigen Divisionskalkulation keinerlei Zwischenläger geben darf.

130   K. Formen der Divisionskalkulation

Unternehmen, die ausschließlich mit einer einstufigen Divisionskalkulation arbeiten, dürfte es in der Praxis kaum geben. Als Unternehmen, die mit dieser Rechnung (theoretisch) arbeiten könnten, werden in der Literatur (z. B. *Steger* S. 292; *Moews* S. 159) besonders Elektrizitätswerke und Wasserwerke genannt. Abgesehen von der Komplexität des Produktionsprozesses ist es fraglich, ob ein E-Werk, das Strom verschiedener Spannung herstellt, noch als Einproduktbetrieb bezeichnet werden kann. Ob die genannten Bedingungen auf ein Wasserwerk zutreffen, ist ebenfalls fraglich, weil hier geförderte Menge und abgesetzte Menge meist nicht übereinstimmen werden.

Um die einstufige Divisionskalkulation anwenden zu können, bedarf es eigentlich keiner Kostenstellenrechnung. Diese wird allerdings notwendig, wenn noch eine Kostenkontrolle ermöglicht werden soll. Ein einfaches, an einem Wasserwerk orientiertes Beispiel für eine solche Kostenstellenrechnung ist in Tabelle K-1 dargestellt worden. Dabei wird, um überhaupt mit einem anschaulichen Beispiel arbeiten zu können, rein fiktiv angenommen, dass Fördermenge und Absatzmenge übereinstimmen. Auf eine Aufgliederung der Kosten in einzelne Kostenarten wurde bewusst verzichtet. Sie wäre für eine wirksame aber sicher erforderlich.

Aus den in Tabelle K-1 gelieferten Informationen folgt, dass sich die durchschnittlichen Gesamtkosten je Kubikmeter Wasser im Beispiel auf 1,4046 € (667 200 € : 475 000 m³) belaufen. Außerdem ist aus der Tabelle ersichtlich, welcher Anteil an diesem Betrag auf die einzelnen Kostenstellen entfällt. Kann der Kubikmeter zu 1,512 € verkauft werden, so ergibt sich ein Umsatz von 718 200,- €, was unter den angenommenen (vereinfachten) Bedingungen einen Gewinn von 51 000,- € bedeuten würde.

Fördermenge gleich Absatzmenge 475 000 m³		
Kostenstellen	Kosten	
	€	€/m³
Brunnen	163 260,-	0,3437
Aufbereitung	96 920,-	0,2040
Speicher	161 750,-	0,3405
Technische Leitung	30 210,-	0,0636
Leitungsnetz	169 460,-	0,3568
Verwaltung	18 820,-	0,0396
Vertrieb	26 780,-	0,0564
Gesamt	667 200,-	1,4046

Tab. K-1: Einfache Kostenstellenrechnung (bei einstufiger Divisionskalkulation)

III. Die zweistufige Divisionskalkulation

409 Für das bereits als Beispiel eingeführte Wasserwerk sollen jetzt die in Tabelle K-2 angegebenen Zahlen gelten. Die Rechnung ist jetzt in die Stufen Förderung und Verteilung aufgegliedert worden. Bei dieser Ausgliederung wurden, um die Dinge nicht zu komplizieren, die Kosten der technischen Leitung voll der Förderung und die Kosten der Verwaltung voll der Verteilung zugerechnet. Durch die Aufgliederung in die Stufen Förderung und Absatz können jetzt auch Bestandsveränderungen in das Beispiel aufgenommen werden. Es wird, wie die Tabelle K-2 zeigt, bei einem Anfangsbestand von 1000 m³, mit einer

Fördermenge von 480 000 m³ und einer Absatzmenge von 475 000 m³ gerechnet. Unter Berücksichtigung des Verlustes von 2000 m³ bleibt damit ein Endbestand von 4000 m³. Es hat also eine Bestandsmehrung um 3000 m³ stattgefunden.

Bei der anschließenden Ermittlung des kalkulatorischen Betriebsergebnisses wurden bei der Bewertung der Bestände bzw. der Bestandsveränderungen nur die Kosten der Förderung berücksichtigt. Die Kosten der Verteilung sind also völlig außer Acht gelassen worden. Das entspricht zwar nicht unbedingt den Regeln des Handels- und Steuerrechts, dürfte aber aus betriebswirtschaftlicher Sicht sogar die bessere Lösung sein, weil die Bestände die Stufe „Verteilung" ja noch nicht durchlaufen haben.

Fördermenge	480 000 m³	Verluste	2000 m³
Endbestand	4000 m³	Anfangsbestand	1000 m³
Absatz	475 000 m³		

Kostenstellen	Kosten €	Kosten €/m³	
1. Stufe: (Förderung)			Der Anfangsbestand wurde mit 942,- € bewertet
Brunnen	163 296,-	0,3402	
Aufbereitung	96 912,-	0,2019	
Speicher	161 712,-	0,3369	
Technische Leitung	30 192,-	0,0629	
Summe	452 112,-	0,9419	
2. Stufe: (Verteilung)			
Leitungsnetz	169 432,-	0,3567	
Verwaltung	18 810,-	0,0396	
Vertrieb	26 790,-	0,0564	
Summe	215 032,-	0,4527	
Gesamt	667 144,-	-	

Tab. K-2: Kostenstellenrechnung für eine zweistufige Divisionskalkulation (Beispiel)

Beträgt der durchschnittliche Verkaufspreis je Kubikmeter (wie oben angenommen) 1,512 €, so ergibt sich unter den angenommenen Bedingungen ein Periodengewinn von 53 882,- €, der sich wie folgt ermitteln lässt (es wird auf volle € gerundet):

Umsatz (475 000 m³ zu 1,512 €/m³)	718 200,- €	
Gesamtkosten der Periode	− 667 144,- €	
Bestandsveränderung (3000 m³ zu 0,9419 €/m³)	+ 2826,- €	
Periodenergebnis	53 882,- €	

410

Zum selben Ergebnis gelangt man, wenn den Umsätzen die Kosten der ersten Stufe nur anteilig (447 402,- €), die Kosten der 2. Stufe aber in voller Höhe (215 032,- €) gegenübergestellt werden. Der sich ergebende Betrag ist dann um die Kosten der Wasserverluste (1884,– €) zu korrigieren. Diese Verluste wurden als „negative Bestände" in gleicher Weise bewertet wie die tatsächlichen Bestände.

IV. Die vielstufige Divisionskalkulation

1. Einführung

411 Die vielstufige Divisionskalkulation ist ausgerichtet auf mehrstufige Produktionsprozesse zur Herstellung einheitlicher (homogener) Massengüter. Auch sie kommt also nur für Einproduktbetriebe in Betracht, lässt aber Bestandsveränderungen an Halb- und Fertigfabrikaten auf allen Stufen zu. Als Beispiel für die vielstufige Divisionskalkulation bietet sich in der Theorie die Zementherstellung an. In der Literatur finden sich denn auch häufig entsprechende Beispiele (*Kosiol* S. 203; *Moews* S. 161 ff.). Ob in der Praxis tatsächlich mit dieser Methode gearbeitet wird, konnte leider nicht ermittelt werden. Trotzdem soll auch hier die Zementindustrie den Aufhänger für ein Beispiel liefern; denn nur anhand eines Beispiels lässt sich die vielstufige Divisionskalkulation einigermaßen anschaulich erklären. Aus Platzgründen ist hier allerdings nur eine stark verkürzte und auf drei Stufen beschränkte Darstellung möglich. Auf eine Kostenstellenrechnung und auf die Unterscheidung von variablen Kosten und Fixkosten muss verzichtet werden.

2. Beispiel

412 In einem Zementwerk wurden in einer Abrechnungsperiode 15 250 Tonnen Zement hergestellt. Verkauft wurden 15 120 t. Der Anfangsbestand betrug 4610 t. Für die betreffende Abrechnungsperiode wurden folgende Zahlen ermittelt:

Fertigungsstufen	Einsatzmengen (Stufeneinsatz)	Stufenleistung (Ausbringungsmengen)	Stufenkosten (Kosten je Stufe)	Anfangsbestände
	Tonnen (t)	Tonnen (t)	€	Tonnen (t)
Spalte 1	Spalte 2	Spalte 3	Spalte 4	Spalte 5
Rohstoffförderung	—	22 320 (Rohmaterial)	43 520	4820
Aufbereitung	21 120 (Rohmaterial)	20 640 (Rohmehl)	51 600	5180
Brennen und Mahlen	23 840 (Rohmehl)	15 250 (Rohzement)	196 800	4610

Tab. K-3: Vielstufige Divisionskalkulation (Aufgabe)

Es sollen ermittelt werden:
- Die Kosten für eine Tonne Zement (insgesamt) und je Produktionsstufe.
- Menge und Wert der Bestandsveränderungen.

Die Antworten auf die gestellten Fragen ergeben sich aus den als Tabelle K-4 und K-5 dargestellten Lösungstableaus. Die ausgewiesenen Größen sind gerundet, so dass sich zwangsläufig auch Rundungsdifferenzen ergeben.

IV. Die vielstufige Divisionskalkulation

Fertigungs-stufen	Stufen-leistung	Stufen-kosten	Stufen-kosten je Einheit	Kum. Stufen-kosten	Kosten je Einheit	Bestands-veränderung
	t	€	€/t	€	€/E	€/Menge
Spalte 1	Spalte 2	Spalte 3	Spalte 4 (= 2 : 1)	Spalte 5 (= 3 + 8*)	Spalte 6 (= 4 : 1)	Spalte 7
Rohstoff-förderung (Rohmaterial)	22 320	43 520	1,950	43 520	1,950	+ 2340 € + 1200 t
Aufbereitung (Rohmehl)	20 640	51 600	2,500	92 784	4,495	− 14 384 € − 3200 t
Brennen und Mahlen	15 250	196 800	12,905	303 968	19,932	+ 2591 € + 130 t

*) Spalte 8 der Vorstufe.

Tab. K-4: Vielstufige Divisionskalkulation (Lösungstableau A)

Fertigungs-stufen	Einsatz nächste Stufe	Kosten der Endleistung pro Stufe	Kum. Kosten der Endleistung	Bestände A = Anfang E = Ende	Z = Zugänge A = Ab-gänge	Bestands-veränderung (Mengen)
	€	€	€/t	t	t	t
Spalte 1	Spalte 8	Spalte 9	Spalte 10	Spalte 11	Spalte 12	Spalte 13
Rohstoff-förderung (Rohmaterial)	41 184	3,119	3,119	A 4820 E 6020	Z 22 320 A 21 120	+ 1200
Aufbereitung (Rohmehl)	107 168	3,908	7,027	A 5180 E 1980	Z 20 640 A 23 840	− 3200
Brennen und Mahlen	301 372	12,905	19,932	A 4610 E 4740	Z 15 250 A 15 120	+ 130

Tab. K-5: Vielstufige Divisionskalkulation (Lösungstableau B)

Die Lösung der Aufgabe hat in drei Abschnitten zu erfolgen. Der erste Abschnitt bezieht sich auf die in den Spalten 1 bis 8 dargestellten Größen, der zweite Abschnitt auf die Spalten 9 und 10 und der dritte Lösungsabschnitt betrifft die Spalten 11 bis 13.

Im allerersten Schritt sind für die erste Produktionsstufe (Rohstoffförderung) die Stufenleistung von 22 320 t (Sp. 1) und die Stufenkosten mit 43 520,− € (Sp. 2) einfach aus der Aufgabenstellung zu übernehmen. Die Stufenkosten je Einheit von 1,950 €/t (Sp. 3) ergeben sich, indem die Stufenkosten durch die Stufenleistung dividiert (43 520,− € : 22 320 t) werden. Bei den kumulierten Stufenkosten (Sp. 5) geht es um die sukzessive Bestimmung der gesamten Kosten, die, bezogen auf Ausbringungsmenge des Endprodukts, angefallen sind. Deshalb sind hier die jeweiligen Stufenkosten und die aus der Vorstufe übernommenen Kosten zu addieren. Da es für die erste Stufe keine Vorstufe geben kann, sind hier Stufenkosten (Sp. 3) und kumulierte Stufenkosten mit 43 520,− € (Sp. 5) identisch. Für die Stufenkosten je Einheit (Sp. 4) und die kumulierten Stufenkosten je Einheit (Sp. 6) gilt das analog. Von der Leistung der 1. Stufe von 22 320 t werden (laut Aufgabe) nur 21 120 t im Werte von 41 184,− € (21 120 t × 1,950 €/t) an die 2. Stufe weitergegeben (Sp. 8). Folglich ergibt sich in der 1. Stufe eine Bestandsveränderung (Zunahme) von 1200 t Rohmaterial im Wert von 2340,− € (Sp. 7).

Für die 2. Produktionsstufe (Aufbereitung) sind zunächst die Stufenleistung (20 640 t Rohmehl) und die Stufenkosten (51 600,– €) von der Aufgabe in das Lösungstableau zu übernehmen. Die kumulierten Stufenkosten von 92 784,– € (Sp. 5) ergeben sich jetzt aus der Addition der Stufenkosten von 51 600,– € und den aus der 1. Stufe zu übernehmenden Kosten von 41 184,– €. Damit unterscheiden sich jetzt auch die Stufenkosten je Einheit (Sp. 4) und die kumulierten Stufenkosten je Einheit (Sp. 6). In der 2. Stufe wurden 20 640 t Rohmehl produziert, an die 3. Stufe weitergegeben wurden aber 23 840 t im Werte von 107 168,– € (Sp. 8). Es ergibt sich also eine Bestandsveränderung (Abnahme) in Höhe von 3200 t bzw. 14 384,– € (Sp. 7).

Für die 3. Stufe gilt das oben Gesagte analog. Der Betrag von 301 372,– € in der Spalte 8 ergibt sich aus der Multiplikation der Absatzmenge von 15 120 t mit den Kosten je Tonne in Höhe von 19 932,– € (Sp. 6).

415 Im 2. Lösungsabschnitt geht es zunächst darum, für jede Produktionsstufe die auf eine Einheit der Endleistung entfallenden Stufenkosten zu ermitteln (Sp. 9). Im Beispiel geht es hier also um die Stufenkosten pro Tonne Rohzement. Um diese Größen bestimmen zu können, müssen die Stufenkosten je Einheit (Sp. 4) auf eine Einheit der Endleistung umgerechnet werden. Das geschieht mit Hilfe besonderer Umrechnungsfaktoren, für deren Bestimmung die unten angegebenen Formeln gelten. Da die Stufenkosten der letzten Produktionsstufe zwangsläufig mit den Stufenkosten für eine Einheit der Endleistung identisch sind, bildet dieser Wert den Ausgangspunkt für die weitere Rechnung.

416 Wird die letzte Produktionsstufe mit n, die vorletzte mit n–1 (usw.) bezeichnet, so ergeben sich für die Umrechnungsfaktoren (f) die folgenden Formeln:

FK-3: $\quad f_n = 1$

FK-4: $\quad f_{n-1} = f_n \times \dfrac{\text{Einsatzmenge aus Stufe n–1 in Stufe n}}{\text{Ausbringungsmenge in Stufe n}}$

FK-5: $\quad f_{n-2} = f_{n-1} \times \dfrac{\text{Einsatzmenge aus Stufe n–2 in Stufe n-1}}{\text{Ausbringungsmenge in Stufe n-1}}$

Aus der Multiplikation der jeweiligen Umrechnungsfaktoren mit den entsprechenden Stufenkosten je (Mengen-)Einheit (Sp. 4) ergeben sich dann die Kosten je Einheit der Endleistung auf den einzelnen Stufen (Sp. 9).

Da sich die Stufenkosten je Einheit in der letzten Stufe bereits auf die Endleistung beziehen, muss der Umrechnungsfaktor hier gleich 1 sein. Es gilt also

FK-6: $\quad f_n = f_3 = 1$

Für das Endprodukt Rohzement können also die bereits ermittelten Kosten je Einheit (Sp. 4) von 12,905 € direkt in die Spalte 9 übernommen werden.

Für den Umrechnungsfaktor (f_2), also für die 2. Stufe, gilt im Beispiel nach Formel FK-4 folgendes:

FK-7: $\quad f_{n-1} = f_{3-1} = f_2 = 1 \quad \times \quad \dfrac{23\,840 \text{ t Rohmehl (Sp. 12)}}{15\,250 \text{ t Rohzement (Sp. 2)}}$

Wird der Bruch aufgelöst, so zeigt sich, dass 1,5633 t Rohmehl für eine Tonne Rohzement gebraucht werden. Da eine Tonne Rohmehl 2,50 € kostet (Sp. 4), entspricht das einem Wert von 3,908 € (Sp. 9, Zeile 2).

Für den Umrechnungsfaktor f_1 gilt nach Formel FK-5 die Gleichung:

FK-8: $\quad f_{n-2} = f_{3-2} = f_1 = 1,5633 \quad \times \quad \dfrac{21\,120 \text{ t Rohmaterial (Sp. 12)}}{20\,640 \text{ t Rohmehl (Sp. 2)}}$

Für eine Tonne Rohmehl werden also 1,0233 Tonnen Rohmaterial gebraucht. Insgesamt beträgt der Umrechnungsfaktor damit 1,5997. Die Kosten je Tonne Rohzement belaufen sich auf der ersten Stufe also auf 3,119 € (1,5997 × 1,95 €, Sp. 4). In der Spalte 10 werden die Werte aus Spalte 9 von oben nach unten sukzessive addiert. Das Ergebnis, nämlich die Gesamtkosten für eine Tonne Rohzement (= 19,932 €), muss mit der letzten Eintragung in Spalte 6 übereinstimmen.

In Spalte 11 stehen als Anfangsbestände (A) die entsprechenden Werte aus der Aufgabenstellung sowie die jeweiligen Endbestände (E). In der Spalte 12 stehen die Zugänge (mit Pluszeichen) in Höhe der jeweils produzierten Mengen sowie die weiterverarbeiteten Mengen (mit Minuszeichen). Als Ergänzung zu den Spalten 11 und 12 sind in Spalte 13 nochmals die bereits in Spalte 7 aufgeführten Bestandsveränderungen (in Tonnen) ausgewiesen worden.

In der 1. Stufe wurden 22 320 t Rohmaterial produziert. An die 2. Stufe weitergegeben wurden 21 120 t. Das ergibt eine Bestandserhöhung um 1200 t (Sp. 13) und einen Endbestand von 6020 t (Sp. 11). Auf der 2. Stufe wurden 20 640 t Rohmehl erzeugt. In der 3. Stufe wurden aber 23 840 t verarbeitet, so dass sich eine Bestandsminderung von 3200 t ergibt. In der letzten Stufe sind 15 250 t Rohzement produziert worden, davon wurden 15 120 t verkauft. Hier ergibt sich also eine Bestandsmehrung um 130 t. Der Endbestand an Rohzement beträgt 4740 t. Bewertet zu den Kosten je Tonne von 19,932 € (Sp. 10) beläuft sich die Bestandsveränderung auf + 2591,– € und der Endbestand auf 94 478,– €. Die Herstellkosten der verkauften Menge von 15 120 t betragen demnach 301 372,– € (Sp. 1).

V. Die Divisionskalkulation mit Äquivalenzziffern

1. Charakteristika und Technik

Die Kalkulation mit Äquivalenzziffern gilt als anwendbar, wenn in einem Unternehmen eine Reihe von Erzeugnissen hergestellt werden, die zwar nicht völlig homogen sind, aber in einer sehr engen Verwandtschaft zueinander stehen, so dass sie als verschiedene Sorten eines „Kern"-Produkts betrachtet werden. Deshalb wird hier auch von Sortenfertigung gesprochen. Kennzeichnend für die Sortenfertigung ist, dass die verschiedenen Sorten eine einheitliche Rohstoffgrundlage haben und in einem prinzipiell gleichen Fertigungsprozess hergestellt werden. Daher scheint es möglich zu sein, sie mit Hilfe der sogenannten Äquivalenzziffern (Umrechnungsfaktoren) in eine fiktive „Einheitssorte" umzurechnen. Gelingt das, so kann versucht werden, auch in diesen Fällen nach dem Divisionsprinzip zu kalkulieren.

417

Von manchen Autoren (z. B. *Steger* S. 297) wird behauptet, die Kalkulation mit Äquivalenzziffern würde z. B. in Brauereien, Ziegeleien und Blechwalzwerken angewendet. Diese Behauptungen sind sicher nicht aus der Luft gegriffen. Es darf aber nicht übersehen werden, dass in den betreffenden Betrieben vielfach auch (noch) mit anderen Kalkulationstechniken gearbeitet wird.

2. Funktion und Problematik der Äquivalenzziffern

Um ihre Funktion als Umrechnungsfaktoren erfüllen zu können, müssen die Äquivalenzziffern angeben, in welchem Verhältnis die Kosten je Mengeneinheit der verschiedenen Sorten, bezogen auf einen bestimmten Prozess oder auf ein Bündel von Prozessen, zueinander stehen. Wird z. B. einer Sorte X die Äquivalenzziffer 1,0 und der Sorte Y die Äquivalenzziffer 1,65 zugewiesen, so wird damit behauptet, dass die Herstellung einer Einheit der Sorte Y das 1,65fache derjenigen Kosten verursache, die für eine Einheit der Sorte X anfallen.

418

Als Grundlage für die Bildung von Äquivalenzziffern werden in der Literatur (*Kilger* Einführung, S. 316 f.; *Hummel/Männel* S. 277; *Steger* S. 297) je nach Produkt insbesondere folgende Größen vorgeschlagen:

- Technisch/physikalische Größen, z. B. Produktabmessungen (Volumen, Dicke, Fläche), Gewicht, Fertigungszeiten und Energievierbräuche).
- Kostenrelationen aus Betriebsvergleichen.
- Monetäre Größen, wie z. B. Marktpreise im Einkauf oder im Verkauf.

Bei näherer Betrachtung zeigt sich, dass die Kostenrelationen aus Betriebsvergleichen und die monetären Größen als Basen für die Bildung von Äquivalenzziffern grundsätzlich

419

abgelehnt werden müssen. Erstere sagen als betriebsfremde Größen über die Kosten im eigenen Betrieb nichts aus, sie können aber als (zu unterbietende) Zielgrößen nützlich sein. Auch Marktpreise sind betriebsfremde Größen. Außerdem haben die Verkaufspreise im Normalfall keinen Einfluss auf die eigenen Gestehungskosten. Das gilt für die Einkaufspreise sicher nicht, sie sind aber nur einer von mehreren Faktoren, welche für die eigenen Kosten bestimmend sind. All diese Größen können deshalb nur im äußersten Notfall als Umrechnungsfaktoren akzeptiert werden. Sofern es überhaupt sinnvoll erscheint, mit Äquivalenzziffern zu arbeiten, so sollten diese dadurch bestimmt werden, dass man die Kostenverhältnisse zwischen den einzelnen Sorten mit Hilfe technisch/physikalischer Größen zu bestimmen versucht. Dabei könnten sich z. B. für die Sorten A, B, C und D folgende Relationen ergeben: 0,87 : 1,13 : 1,56 : 2,09. Da es hier an einem festen Bezugspunkt mangelt, ist diese Reihe einigermaßen unübersichtlich; die Kostenverhältnisse sind schlecht überschaubar. Es ist deshalb üblich, derartige Werte als vorläufige Äquivalenzziffern zu betrachten. Um zu überschaubaren Verhältnissen und damit zu den (endgültigen) Äquivalenzziffern zu kommen, wird eine Sorte (meist die mit der größten Ausbringungsmenge) zur Basissorte erhoben. Sie erhält die (endgültige) Äquivalenzziffer 1. Im Beispiel soll das die Sorte mit der Äquivalenzziffer 1,56 sein. Um nun auch die anderen endgültigen Äquivalenzziffern bestimmen zu können, ohne dabei die in der ursprünglichen Reihe bestimmten Verhältnisse zu verändern, müssen alle anderen vorläufigen Ziffern durch die ursprüngliche Äquivalenzziffer der Basissorte dividiert werden. Damit ergeben sich für das Beispiel folgende endgültige Äquivalenzziffern: 0,558; 0,724; 1,000; 1,340.

Es liegt eigentlich auf der Hand, dass die Äquivalenzziffern strenggenommen nur auf Kosten anwendbar sind, die sich proportional zu den Ausbringungsmengen entwickeln. Trotzdem werden in der Literatur überwiegend Beispiele auf Vollkostenbasis angeboten.

Die technische Abwicklung der Äquivalenzziffernkalkulation wird anschließend anhand von zwei fiktiven Beispielen gezeigt, und zwar einmal für eine einstufige und zum andern für eine zweistufige Rechnung. Auf die Darstellung einer Kostenstellenrechnung muss verzichtet werden. Sie würde sich nicht wesentlich von den für die ein- und zweistufige Divisionskalkulation dargestellten Beispielen unterscheiden.

3. Rechenbeispiele

a) Beispiel I

420 Ein Unternehmen stellt Ziegelsteine verschiedener Abmessungen her. In einer Abrechnungsperiode wurden folgende Mengen produziert:

Sorte A	7200 Stück
Sorte B	12 400 Stück
Sorte C	18 800 Stück
Sorte D	8600 Stück

Es wird mit den oben bestimmten Äquivalenzziffern gearbeitet. Die Gesamtkosten in der betreffenden Periode betrugen 133 280,- €. Davon entfallen 95 680,- € auf variable Kosten und 37 600,- € auf fixe Kosten. Es sollen die variablen Kosten je Sorte sowie für jeweils 100 Steine ermittelt werden. Die Lösung der Aufgabe ergibt sich aus dem nachstehenden Tableau.

V. Die Divisionskalkulation mit Äquivalenzziffern

Sorte	Produzierte Mengen (Stück)	Äquivalenzziffern	Recheneinheiten	Variable Kosten je Sorte €	Variable Kosten je 100 Steine €
1	2	3	4 = (2 × 3)	5 = (4 × R*)	6 = (5 : 2) × 100
A	7200	0,558	4017,6	8873,7	123,25
B	12400	0,724	8977,6	19828,8	159,91
C	18800	1,000	18800,0	41523,6	220,87
D	8600	1,340	11524,0	25453,1	295,97
Summe	47000	-	43319,2	95679,2	-

* R = Kosten je Recheneinheit 2,2087 €

Tab. K-6: Äquivalenzziffernrechnung – Beispiel 1

Zur Lösung sind zunächst die in der Aufgabe vorgegebenen Größen in die Spalten 1, 2 und 3 einzutragen. Sodann sind die Mengen aus Spalte 2 mit den Äquivalenzziffern der Spalte 3 zu multiplizieren. Die sich ergebenden Recheneinheiten oder Schlüsselzahlen sind zu addieren. Aus der Division der gesamten variablen Kosten durch die Summe der Recheneinheiten ergeben sich dann die variablen Kosten je Recheneinheit. Im Beispiel sind das 2,2087 € (95680 : 43319,2). Zur Bestimmung der variablen Kosten je Sorte (Sp. 5) sind die Recheneinheiten (Sp. 4) mit den variablen Kosten je Recheneinheit zu multiplizieren. Die Addition der Spalte 5 muss, von Rundungsdifferenzen abgesehen, wieder die variablen Kosten (hier 95680,- €) ergeben. Werden die variablen Kosten je Sorte (Sp. 5) durch die produzierten Mengen (Sp. 2) dividiert, so ergeben sich die Kosten je Einheit. Diese lassen sich auch dadurch ermitteln, dass die Kosten je Recheneinheit mit den Äquivalenzziffern multipliziert werden. Im Beispiel werden in Spalte 6 allerdings nicht die Kosten je Einheit, sondern für 100 Einheiten (Steine) ausgewiesen.

Zur Zuordnung der fixen Kosten auf die Produkte wäre es im Beispiel wohl am zweckmäßigsten, wenn jeder Einheit ein gleich hoher Anteil dieser Kosten, nämlich jeweils 0,80 €, angelastet würde.

b) Beispiel II

Es soll jetzt angenommen werden, dass für die Kalkulation der Ziegelei mit einer zweistufigen Äquivalenzziffernrechnung gearbeitet werden müsste. Für diesen Fall sollen die im Beispiel I ausgewiesenen Zahlen nur den Materialeinsatz und das Formen betreffen. Für die weiteren Teilprozesse der Herstellung soll die in Tabelle K-7 dargestellte Äquivalenzziffernrechnung gelten. Dabei wurde die Sorte C, die am meisten hergestellt wird, bewusst nicht zur Basissorte bestimmt, um zu demonstrieren, dass die Wahl der Basissorte auf das Ergebnis der Rechnung natürlich keinen Einfluss hat. Die variablen Kosten sollen 98136,- € betragen. Weiterer Erläuterungen bedarf diese Rechnung nur noch insoweit, als, wie aus Spalte 2 ersichtlich ist, nicht immer die in der ersten Stufe hergestellten Mengen auch in die zweite Stufe übernommen worden sind. Das hat zur Konsequenz, dass zur Bestimmung eines Betriebsergebnisses nicht einfach die gesamten Kosten dem Umsatz gegenübergestellt werden dürfen. Unter der Voraussetzung, dass die Anfangsbestände mit Ausnahme der Sorte C gleich Null waren, und alle in Stufe 2 hergestellten Steine auch tatsächlich verkauft worden sind, ergibt sich bei einem Umsatz von 241456,- € ein Betriebsergebnis von 11178,60 €. Die folgende Rechnung zeigt, wie dieses Ergebnis zu Stande kommt. Die Bestandsveränderungen wurden dabei nur auf Basis der variable Kosten bewertet.

Sorte	Produzierte Mengen Stück	Vorläufige Äquivalenzziffern	Endgültige Äquivalenzziffern	Recheneinheiten	Variable-Kosten je Sorte €	Produktkosten je 100 Steine €
1	2	3	4	5 = (2 × 4)	6 = (5 × R*)	7 = (6 : 2) × 100
A	7000	0,973	0,659	4613	11071,2	158,16
B	12400	1,223	0,828	10267	24640,8	198,72
C	19200	1,385	0,938	18010	43224,0	225,12
D	8000	1,476	1,000	8000	19200,0	240,—
Summe	46600	–	–	40890	98136,0	–

* R = Kosten je Recheneinheit 2,400 €

Tab. K-7: Äquivalenzziffernrechnung – Beispiel 2

422

Umsatz		241456,— €
Bestandsveränderungen in Stufe 1:		
Sorte A + 200 Einheiten à 1,232 €	+ 246,40 €	
Sorte C – 400 Einheiten à 2,208 €	– 883,20 €	
Sorte D + 600 Einheiten à 2,959 €	+ 1775,40 €	+ 1138,60 €
Gesamtleistung		242594,60 €
Variable Kosten Stufe 1	95680,— €	
Variable Kosten Stufe 2	98136,— €	
Fixkosten	37600,— €	– 231416,— €
Betriebsergebnis		11178,60 €

Um bestimmen zu können, welche variablen Kosten (insgesamt) bei den angenommenen Kostenverhältnissen auf jeweils 100 Steine entfallen, müssen die Ergebnisse der beiden Abrechnungsstufen addiert werden. Unter Berücksichtigung von 0,80 € Fixkosten je Einheit ergeben sich damit für jeweils 100 Steine folgende Kostensätze:

A 123,25 € + 158,16 € = 281,41 € + 80,— € = 361,41 €
B 159,91 € + 198,72 € = 358,63 € + 80,— € = 438,63 €
C 220,87 € + 225,12 € = 445,99 € + 80,— € = 525,99 €
D 295,97 € + 240,— € = 535,97 € + 80,— € = 615,97 €

Zur Ermittlung des angestrebten Verkaufspreises müsste noch ein für angemessen gehaltener Gewinnzuschlag in die Rechnung einbezogen werden. In der oben durchgeführten Ergebnisrechnung lag dieser Gewinnzuschlag durchschnittlich bei rund 4,3 %. Es ist aber durchaus vorstellbar, dass je nach Marktlage für die verschiedenen Steinsorten mit unterschiedlichen Gewinnzuschlägen gerechnet wird. Auf die Problematik der Verwendung von Zuschlagsätzen wird bei der Diskussion der Zuschlagskalkulation zurückzukommen sein.

4. Fazit

423 Wie gleich zu Beginn festgestellt worden ist, wird in der Äquivalenzziffernrechnung durch die Äquivalenzziffern bestimmt, in welchem Verhältnis, bezogen auf eine Einheit, die Kosten der einzelnen Sorten zueinander stehen. Um sicher sein zu können, dass die Rechnung wenigstens einigermaßen stimmt, müssten also die Kosten je Einheit vorab bekannt sein, denn nur dann ließe sich feststellen, ob die eingesetzten Äquivalenzziffern diese

Kostenverhältnisse zutreffend wiedergeben. Die Rechnung setzt also ihr Ergebnis eigentlich als bekannt voraus und ist deshalb mit entsprechender Skepsis zu betrachten. Positiv zu bewerten ist, dass die Rechnung, wenn die Äquivalenzziffern einmal feststehen, leicht gehandhabt werden kann.

(einstweilen frei)

L. Zur sogenannten „Kalkulation von Kuppelprodukten"

I. Begriffe

Als Kuppelproduktion (oder Komplementärproduktion) werden Produktionsprozesse bezeichnet, bei denen aus technischen Gründen zwangsläufig immer mehrere verschiedene Produkte gleichzeitig (simultan) entstehen, und zwar häufig in relativ starren Mengenverhältnissen. Typische Beispiele für Unternehmen mit Kuppelproduktionen sind Raffinerien (Benzin, Gas, Bitumen, Leichtöl und Schweröl), Hochöfen (Roheisen und Gichtgas), aber auch Getreidemühlen (Mehl und Kleie) und Metzgereien (verschiedene Fleischteile, Därme und Häute). Grundsätzlich liegt eine Kuppelproduktion bereits dann vor, wenn bei einem Produktionsprozess (verwertbare) Abfälle entstehen.

Da alle im Rahmen eines Prozesses der Kuppelproduktion zu gewinnenden Produkte simultan entstehen, ist es unmöglich, den einzelnen Produkten bestimmte Teile der Gesamtkosten einwandfrei zuzurechnen. Damit ist eine am Verursachungsprinzip ausgerichtete Kalkulation, die diesen Namen verdient, nicht durchführbar. Das gilt nicht für Arbeitsgänge, die im Anschluss an den Basisprozess notwendig sein können, um die Produkte zu reinigen, zu veredeln und transportfertig zu machen. Wird von diesen Folgeprozessen und den daraus resultierenden Kosten (Folgekosten) abgesehen, so liegt die Bedeutung der etwas unglücklich als „Kalkulation von Kuppelprodukten" bezeichneten Verfahren weniger im Bereich der Kosten- und Leistungsrechnung als vielmehr in der Aufwandsrechnung. Dort werden diese Verfahren für Zwecke der Bestandsbewertung bzw. der Bilanzierung benötigt.

Die im Rahmen einer Kuppelproduktion entstehenden Produkte werden in Haupt- und Nebenprodukte gegliedert. Die Erzeugung von Hauptprodukten macht den Zweck des Unternehmens aus; Nebenprodukte müssen dagegen notgedrungen in Kauf genommen und so gut wie möglich verkauft werden. Das schließt nicht aus, dass Nebenprodukte im Laufe der Zeit zu Hauptprodukten werden können und umgekehrt.

II. Abrechnungsstufen

Hier ist zu unterscheiden zwischen

- der Restwertrechnung (Subtraktionsverfahren) und
- der Verteilungsrechnung (Schlüsselungsverfahren).

Sofern nur ein Hauptprodukt vorhanden ist, bedarf es der Verteilungsrechnung natürlich nicht.

1. Die Restwertrechnung

Für den Aufbau einer Restwertrechnung, wie sie in Tabelle L-1 dargestellt ist, wird davon ausgegangen, dass diejenigen Kosten, welche in Kauf genommen werden müssen, um zumindest einen Teil der Nebenprodukte in einen „verkaufsfähigen" Zustand zu versetzen, geringer sind als der Erlös, welcher sich durch den Verkauf dieser Nebenprodukte erzielen lässt. Trifft das zu, so entsteht ein Überschuss, von dem zunächst eventuell auftretende Kosten für die Abfallbeseitigung (Entsorgung) gedeckt werden können. Mit einem jetzt noch verbleibenden Überschuss kann dann ein Teil der Kosten des Basisprozesses abgedeckt werden. Sind die mit den Nebenprodukten zu erzielenden Überschüsse geringer als die anfallenden Entsorgungskosten, so muss dieses Manko den Kosten des Basisprozesses zugeschlagen werden. Auch andere Gemeinkosten, wie sie z. B. im Zuge der Weiterverarbeitung der Hauptprodukte entstehen können, lassen sich in die Restwertrechnung einbeziehen. Als Endsaldo der Rechnung ergibt sich dann der sogenannte Restwert.

Kosten des Prozesses der Kuppelproduktion (Basisprozess)
− Erlöse aus Nebenprodukten
+ Kosten für die Aufbereitung von Nebenprodukten
+ Eventuelle Entsorgungskosten
Restwert (Restkosten)

Tab. L-1: Restwertrechnung

Zu beachten ist, dass der Restwert keinesfalls den Herstellkosten des (bzw. der) Hauptproduktes(e) entspricht, wie das teilweise in der Literatur behauptet wird (vgl. z. B. *Steger* S. 313). Das kann schon deshalb nicht richtig sein, weil sich diese Kosten ex definitione gar nicht feststellen lassen. Außerdem dürfen eventuelle Folgekosten nicht vergessen werden. Der Restwert zeigt also nur an, um welchen Betrag die Umsatzerlöse der Hauptprodukte die Folgekosten (einschließlich Verwaltung und Vertrieb) übersteigen müssen, damit die Restkosten gedeckt sind und zumindest ein ausgeglichenes Ergebnis erzielt werden kann.

2. Verteilungsrechnungen

433 Notwendig sind solche Rechnungen nur, wenn es mehr als ein Hauptprodukt gibt. Die Verteilungsrechnungen haben dann den Zweck, den Restwert auf die Hauptprodukte zu verteilen. Es wird hier ganz bewusst von „verteilen" gesprochen, weil eine auch nur näherungsweise verursachungsgerechte Zuordnung überhaupt nicht möglich ist. Für die Durchführung dieser Verteilungsrechnungen bietet sich die bereits bekannte Äquivalenzziffernrechnung an, es kann aber auch mit einfachen Prozentrechnungen gearbeitet werden. Als Verteilungsschlüssel kommen, aus den bei der Diskussion der Äquivalenzziffernrechnung dargelegten Gründen, insbesondere technisch-physikalische Größen in Betracht. Die Restwertrechnung und eine Verteilungsrechnung werden anschließend an einem Beispiel demonstriert. Zuvor sei aber noch darauf hingewiesen, dass auch bei Kuppelproduktion mit Deckungsbeiträgen gearbeitet werden kann. Dazu wird auf die Ausführungen zur Deckungsbeitragsrechnung im Abschnitt N verwiesen.

III. Rechenbeispiel

1. Problemstellung

In einer Erdölraffinerie sollen während einer bestimmten Abrechnungsperiode 3 Millionen Tonnen Rohöl verarbeitet worden sein. Erzeugt wurden:

450 000 t Benzin,
1 200 000 t leichtes Heizöl und
750 000 t Schweröl.

Für 350 000 t verschiedener Nebenprodukte (Gas, Bitumen, Petrolkoks usw.) wurde ein Überschuss von 15 794 000,- € erzielt. Die Kosten für die Aufbereitung von Nebenprodukten betrugen 87 340 000,- €. Die verbleibende Gewichtsdifferenz hat technische Gründe. Die Kosten für das Rohöl und den ersten Destillationsprozess beliefen sich auf 153 126 000,- €. Für die Entsorgung von Abfällen sind 12 326 000,- € angefallen. Die Kosten der Weiterverarbeitung sowie des Verwaltungs- und Vertriebsbereichs betrugen 100 138 000,- €. Davon konnten individuell (als Einzelkosten) erfasst werden:

22 Mio. € für Benzin,
41 Mio. € für leichtes Heizöl und
18 Mio. € für Schweröl.

Die verbleibenden 1 913 800,- € sollen als sonstige Gemeinkosten in der Restwertrechnung berücksichtigt werden.

Dem Unternehmen sind außerdem die folgenden technischen und marktlichen Größen bekannt:

Sorte	Siedepunkt	Heizwert in kcal/kg	Marktpreis ohne Mehrwertsteuer
Benzin	100	11 000	1,70 €/l [1]
Leichtes Heizöl	225	10 250	0,45 €/l
Schweröl	300	9000	0,36 €/l
1) Im Benzinpreis sind 0,80 € Mineralölsteuer pro Liter enthalten. Bei allen Sorten entspricht 1 kg ca. 1,1 Liter (spezifisches Gewicht ca. 0,9 kg/l).			

Tab. L-2: Beispielbezogene technische Daten zur Bestimmung von Äquivalenzziffern

Auf der Grundlage des Ergebnisses einer Restwertrechnung soll ermittelt werden, welche Kosten die drei Hauptprodukte zu tragen haben, wenn die als Restwert verbliebenen Kosten alternativ anhand der oben genannten Größen auf diese Produkte verteilt werden.

2. Lösung

435 Es ergibt sich die in Tabelle L-3 dargestellte Restwertrechnung:

	€	€
Kosten des Prozesses der Kuppelproduktion		153 126 000,–
Erlöse aus Nebenprodukten	– 103 134 000,–	
Kosten für die Aufbereitung von Nebenprodukten	+ 87 340 000,–	– 15 794 000,–
Entsorgungskosten	+ 12 326 000,–	
Sonstige Gemeinkosten	+ 19 138 000,–	+ 31 464 000,–
Restwert (Restkosten)		168 796 000,–

Tab. L-3: Restwertrechnung – Beispiel

Im Sinne des weiteren Gangs der Rechnung wird in Tabelle L-4 dargestellt, welche Kostenverteilung sich auf der Basis einer Äquivalenzziffernrechnung für die Restkosten von 168 796 000,– € ergibt, wenn die Siedepunkte als vorläufige Äquivalenzziffern verwendet werden. Die Kosten je Recheneinheit betragen dabei 31,258 €. In Spalte 7 wird die Rechnung durch die aus der Weiterverarbeitung resultierenden Einzelkosten ergänzt.

In technisch gleicher Weise lässt sich die Rechnung durchführen, wenn statt der Siedepunkte die Heizwerte oder die Marktpreise als vorläufige Äquivalenzziffern verwendet werden. Dabei ist der Marktpreis für Benzin um die Mineralölsteuer zu korrigieren. Außerdem müssen die in € pro Liter angegebenen Preise in Kilopreise umgerechnet werden, so dass sich für die vorläufigen Äquivalenzziffern folgende Werte ergeben: 0,990, 0,495 und 0,396.

Sorte	Produzierte Mengen in Mio. Tonnen	Vorläufige Äquivalenzziffern	Endgültige Äquivalenzziffern	Recheneinheiten in Mio.
Spalte 1	2	3	4	5 = (2 × 4)
Benzin	0,45	100	1,00	0,45
Leichtes Heizöl	1,20	225	2,25	2,70
Schweröl	0,75	300	3,00	2,25
Summen	2,40	–	–	5,4

Sorte	Kosten der Kuppelproduktion in Mio. €	Einzelkosten in Mio. €	Kosten je Sorte in Mio. €	Kosten je Tonne €
Spalte 1	6 = (5 × R*)	7	8 = (6 + 7)	9 = (8 : 2)
Benzin	14,066	22,000	36,066	80,147
Leichtes Heizöl	84,397	41,000	125,397	104,498
Schweröl	70,331	18,000	88,331	117,775
Summen	168,794	81,000	249,794	–

* Kosten je Recheneinheit 31,258 €

Tab. L-4: Verteilungsrechnung zur Kuppelproduktion

III. Rechenbeispiel

Die Kosten je Einheit (gerundet), welche sich im Beispiel je nach Wahl der Äquivalenzziffern ergeben, sind in Tabelle L-5 zusammengestellt worden. Wie nicht anders zu erwarten war, weichen die Ergebnisse der drei Rechnungen erheblich voneinander ab.

436

Maßgrößen für die Äquivalenzziffern	Kosten		
	Benzin	Leichtes Heizöl	Schweres Heizöl
Siedepunkt	80,15 €/t	104,50 €/t	177,77 €/t
Heizwert	126,25 €/t	106,24 €/t	87,33 €/t
Marktpreis	173,92 €/t	99,18 €/t	74,01 €/t

Tab. L-5: Ergebnisvergleich in Abhängigkeit von den gewählten Äquivalenzziffern

Da sich Kuppelprodukte ex definitione nicht im üblichen Sinne kalkulieren lassen, kommt es für die betroffenen Unternehmen neben einer wirtschaftlichen Fertigung besonders darauf an, die Preise unter Beachtung der jeweiligen Situation (Sommergeschäft, Wintergeschäft) insgesamt so zu gestalten, dass zumindest keine Verluste erzielt werden. Besonders wichtig ist dabei, dass es gelingt, die Absatzmengen, die sich zu den jeweiligen Preisen erreichen lassen, einigermaßen zutreffend zu schätzen.

(einstweilen frei) **437–439**

M. Die Zuschlagskalkulation und die Kalkulation mit Stundensätzen auf Vollkostenbasis

I. Anwendungsgebiete und Charakteristika

In Unternehmen, die unterschiedliche Mengen verschiedenartiger und damit nicht addierbarer Erzeugnisse in mehrstufigen Produktionsprozessen fertigen, lassen sich mit den Formen der Divisionskalkulation keine brauchbaren Kalkulationsergebnisse erzielen. Das muss schon deshalb gelten, weil sich die hergestellten Produkte sowohl in Bezug auf den Materialbedarf als auch hinsichtlich der Inanspruchnahme von Maschinen und Personal wesentlich unterscheiden. Um unter diesen Voraussetzungen überhaupt kalkulieren zu können, wurden die Zuschlagskalkulation und die Kalkulation mit Stundensätzen (jeweils auf Vollkostenbasis) entwickelt. Beide Kalkulationsformen lassen sich auch durchaus miteinander kombinieren. Terminologisch werden sie unter dem Begriff Bezugsgrößenkalkulation zusammengefasst. Die auf Vollkostenbasis entwickelten Rechentechniken lassen sich bei einer entsprechenden Ausgliederung der Kosten aber auch im Bereich der Teilkostenrechnung einsetzen.

Das wesentliche Merkmal der Zuschlagskalkulation besteht darin, dass die Einzelkosten den Kostenträgern definitionsgemäß direkt zugerechnet werden, wogegen die Verrechnung der Gemeinkosten auf die Kostenträger mit Hilfe von Gemeinkostenzuschlagssätzen vorgenommen werden muss. Wie diese Gemeinkostenzuschlagssätze bestimmt werden, ist erläutert worden.

Bei der Stundensatzrechnung wird, wie schon die Bezeichnung sagt, mit den (durchschnittlichen) Kosten je Stunde kalkuliert. Auch die Ermittlung solcher Stundensätze wurde bereits beschrieben.

Sowohl für die Zuschlagskalkulation als auch für die Stundensatzrechnung werden je nach Differenzierung der Kostenträgerrechnung (Kalkulation) verschiedene Varianten unterschieden. Wobei es in der Literatur sowohl bezüglich der Anzahl der Varianten als auch in der Terminologie gewisse Unterschiede gibt. Im Folgenden soll unterschieden werden zwischen einer einfachen (summarischen) und einer erweiterten (differenzierten) Zuschlagskalkulation und einer einfachen sowie einer erweiterten (differenzierten) Stundensatzrechnung.

II. Die einfache Zuschlagskalkulation

1. Beschreibung

Von einer einfachen Zuschlagskalkulation wird hier gesprochen, wenn die gesamten Gemeinkosten eines Betriebs den Kostenträgern über einen einzigen Gemeinkostenzuschlagssatz zugerechnet werden. Mit diesem Zuschlagssatz werden also die Kosten der Werkstatt (z. B. kalkulatorische Zinsen und kalkulatorische Abschreibungen, Strom und Raumkosten) ebenso erfasst, wie die Kosten der Verwaltung und des Vertriebs. Vervollständigt wird die Rechnung durch einen (kalkulatorischen) Gewinnzuschlag auf Basis der Selbstkosten. Grundsätzlich in Betracht kommt die einfache Zuschlagskalkulation für kleine Betriebe mit einem (höchstens zwei) Werkstaträumen und mit wenigen Mitarbeitern (20 Mitarbeiter wären schon viel). Im Gegensatz zur einfachen Zuschlagskalkulation wird bei der differenzierten Zuschlagskalkulation mit mehreren Gemeinkostenzuschlagssätzen gearbeitet.

Auf den ersten Blick scheint es so, als könnten bei der einfachen Zuschlagskalkulation alle Einzelkosten gleichrangig als Bezugsbasis zur Verrechnung der Gemeinkosten in Betracht gezogen werden; also sowohl das Fertigungsmaterial als auch die Fertigungslöhne sowie die Summe aus beiden Werten. Plausibel begründen lässt sich in den meisten Fällen aber nur die Bezugsbasis Fertigungslöhne, da sich hier über den Faktor Zeit eine Beziehung zwischen der Bezugsbasis Fertigungslohn und den Gemeinkosten herstellen lässt, weil beide im Zeitablauf gleichzeitig (synchron) anfallen. Zwischen dem Wert des etwa in einer Schlosserei verbrauchten Fertigungsmaterials und der Höhe der dort insgesamt anfallenden Gemeinkosten lässt sich dagegen keine Beziehung herstellen. Damit ist auch eine Kombination von Fertigungslöhnen und Fertigungsmaterial als Bezugsbasis ungeeignet. Aber auch hier gilt der Satz, dass die Ausnahmen die Regel bestätigen. So kann es z. B. wegen des hohen Materialwertes bei einer Edelsteinschleiferei sinnvoll sein, die Gemeinkosten auf der Basis des Fertigungsmaterials zu verrechnen. Das hat dann aber mehr mit Preispolitik als mit Kostenrechnung zu tun.

2. Beispiel

442 In einer Schlosserei soll ein Angebot über die Herstellung eines kleinen Tores erstellt werden. Es wird davon ausgegangen, dass Fertigungsmaterial im Wert von 800,- € verbraucht wird. An Fertigungslöhnen werden 15 Arbeitsstunden zu je 20,- € und 10 Arbeitsstunden zu 14,- € einkalkuliert. Das Unternehmen rechnet mit einem Gemeinkostenzuschlagssatz auf die Fertigungslöhne von 150 % und mit einem kalkulatorischen Gewinnzuschlag auf die Selbstkosten von 20 %.

1. Fertigungsmaterial	800,- €
2. Fertigungslöhne 15 Std. zu 20,- € = 300,- € 10 Std. zu 14,- € = 140,- €	440,- €
3. Summe Einzelkosten 4. Gemeinkostenzuschlag 150 % (auf Position 2)	1240,- € 660,- €
5. Selbstkosten 6. Kalkulatorischer Gewinnzuschlag 20 % (auf Selbstkosten = Position 5)	1900,- € 380,- €
7. Kalkulatorischer Verkaufspreis (o. MWSt.)	2280,- €
Unter Berücksichtigung von 15 % Mehrwertsteuer würde sich ein Angebotspreis von 2622,- € ergeben.	

Tab. M-1: Einfache Zuschlagskalkulation

Wie aus der Tabelle M-1 hervorgeht, ergibt sich unter den angenommenen Bedingungen ein kalkulatorischer Verkaufspreis von 2280,- €. Schließlich wird an dem Beispiel ein Kardinalproblem der Zuschlagskalkulation demonstriert. Dieses Problem besteht darin, dass die Höhe der zu belastenden Gemeinkosten wesentlich von der Preiskomponente der Einzelkosten (hier der Fertigungslöhne) beeinflusst wird. Es besteht nämlich keine sinnvolle Begründung dafür, dass ein Teil der verrechneten Arbeitsstunden wegen des höheren Lohnsatzes auch mit höheren Gemeinkosten belastet wird.

III. Die einfache Stundensatzrechnung

Jetzt werden die Gemeinkosten nicht über Zuschlagssätze, sondern mit Hilfe von Stundensätzen auf die Kostenträger verrechnet. Dabei werden die Fertigungslöhne nicht in den Stundensatz einbezogen. In einem handwerklich strukturierten Betrieb dürfte das schon wegen der Bedeutung der Löhne zweckmäßig sein. Berechnet wird der gesuchte Gemeinkostenstundensatz einfach dadurch, dass man die voraussichtliche Gesamtsumme der Gemeinkosten einer Periode durch die voraussichtliche Gesamtzahl der Arbeitsstunden dieser Periode dividiert. Angenommen, dieser Gemeinkostenstundensatz würde 26,40 € betragen, so würde sich für das in Tabelle M-1 dargestellte Beispiel nichts ändern. Wird nun aber angenommen, dass statt der geplanten 15 Stunden tatsächlich 17 Stunden zu je 20 € und 8 Stunden zu je 14,- € abgerechnet werden müssen, so bedeutet das, dass die Kosten für Fertigungslöhne um 12,- €, und damit die im Rahmen der Zuschlagskalkulation verrechneten Gemeinkosten um 18,- € (150 % aus 12,- €) ansteigen. Da auch der kalkulatorische Gewinn durch die Veränderung betroffen wird, ergibt sich für die Zuschlagskalkulation jetzt ein kalkulatorischer Verkaufspreis von 2316,- €, also eine Steigerung um 36,- €. Wird dagegen mit dem Gemeinkostenstundensatz gearbeitet, so liegt die Erhöhung des kalkulatorischen Verkaufspreises nur bei 14,40 €, wie sich aus der in Tabelle M-2 dargestellten Rechnung ergibt. Die verrechneten Gemeinkosten bleiben jetzt unverändert.

443

1. Fertigungsmaterial	800,- €
2. Fertigungslöhne 17 Std. zu 20,- € = 340,- € 8 Std. zu 14,- € = 112,-€	452,- €
3. Summe Einzelkosten	1252,- €
4. Gemeinkostenzuschlag 26,40 €/Std.	660,- €
5. Selbstkosten	1912,- €
6. Kalkulatorischer Gewinnzuschlag 20 % (auf Selbstkosten)	382,40 €
7. Kalkulatorischer Verkaufspreis (o. MWSt.)	2294,40 €

Tab. M-2: Einfache Stundensatzrechnung

IV. Die erweiterte Zuschlagskalkulation

1. Merkmale

Die erweiterte (differenzierte) Zuschlagskalkulation ist, wie schon festgestellt wurde, dadurch gekennzeichnet, dass mit mehreren Gemeinkostenzuschlagssätzen gearbeitet wird, die ihren Ursprung letztlich in einem Betriebsabrechnungsbogen haben sollten, wie das oben schon gezeigt worden ist. Außerdem werden jetzt, im Gegensatz zur einfachen Zuschlagskalkulation, auch Sonderkosten der Fertigung und des Vertriebs sowie Skonti und Rabatte in die Rechnung einbezogen.

444

2. Das Kalkulationsschema

445 Für den Aufbau der erweiterten Zuschlagskalkulation gibt es ein auf Industriebetriebe zugeschnittenes Schema, das dem logisch-zeitlichen Ablauf der Leistungserstellung folgt und bis zu den Selbstkosten weitestgehend anerkannt ist (s. Rz. 448). Bei den restlichen Positionen gibt es dagegen nicht unbeträchtliche Unterschiede.

446 Der erste Teil des Kalkulationsschemas für die differenzierte Zuschlagskalkulation wurde im Zusammenhang mit der Kostenstellenrechnung bereits angesprochen (s. Rz. 332). Unabhängig davon wird unten das gesamte Kalkulationsschema dargestellt. Auf diese Weise soll es dem Leser leichter gemacht werden, einen Gesamtüberblick zu gewinnen. Im Vergleich zu dem bereits bekannten Teilschema sind im Gesamtschema bis zur Position Selbstkosten zwei Ergänzungen bzw. Änderungen vorgenommen worden: Zum einen wurden die Sonderkosten der Fertigung (Pos. 10) eingefügt, und zum anderen wurden zur begrifflichen Komplettierung einige Positionen durch die jeweiligen Synonyme ergänzt. Oben war auf diese Angaben bewusst verzichtet worden. Ansonsten stimmt das Gesamtschema sachlich mit dem oben vorgestellten, aber nur bis zu den Herstellkosten ausgeführten, Teilschema überein. Das muss so sein, weil es sonst nicht möglich wäre, die im BAB ermittelten Zuschlagssätze in die Kalkulation zu übernehmen.

Unter Position 16 ist ein kalkulatorischer Gewinnzuschlag ausgewiesen. Mit dieser Position wird versucht, einen Verkaufspreis zu erzielen, der höher ist als die für das Produkt kalkulierten Kosten. Die Bezeichnung „Gewinnzuschlag" ist dabei äußerst fragwürdig, weil ein Unternehmen selbst dann ein negatives kalkulatorisches Betriebsergebnis aufweisen kann, wenn bei allen in der betreffenden Periode ausgeführten Aufträgen ein Gewinnzuschlag durchgesetzt werden konnte. Der Beweis für diese Behauptung kann allerdings erst später im Zusammenhang mit der Deckungsbeitragsrechnung angetreten werden.

Die Summe aus Selbstkosten und Gewinnzuschlag wird (Pos. 17) als Basiswert bezeichnet. Dieser in Anlehnung an *Gau* (Bd. I, S. 21) gewählte Begriff ist in Theorie und Praxis wenig bekannt. Wichtig ist diese Größe, weil sie die Basis bildet für die Bestimmung des kalkulatorischen Nettoerlöses III und aller zwischen den beiden Größen liegenden Positionen. Von kalkulatorischen Erlösen wird hier wiederum deshalb gesprochen, weil zunächst nicht feststeht, ob sich diese Werte auch durchsetzen lassen.

447 Zur Berechnung der als Position 18 ausgewiesenen Vertreterprovision ist folgendes zu bemerken: Der Vertreter erhält seine Provision immer aus dem Betrag, der dem Unternehmen nach Abzug aller Rabatte zufließt. Wird Skonto in Anspruch genommen, so gilt in den meisten Unternehmen die Regel, dass dadurch der Provisionsanspruch des Vertreters nicht geschmälert werden soll.

In eine Vorkalkulation, deren Ergebnis als Verhandlungsbasis gedacht ist, muss die maximal mögliche Provision einfließen, also der Betrag, der dem Vertreter zusteht, wenn einkalkulierte Rabatte nicht gewährt werden müssen, weil der Kunde den kalkulierten Preis voll akzeptiert. Basis für die Provisionsberechnung muss also der kalkulatorische Nettoerlös III sein. Neben dieser theoretisch einzig richtigen Vorgehensweise gibt es zu diesem Punkt noch sogenannte „Praktikerlösungen" die einfacher zu handhaben, aber eben nicht ganz korrekt sind. Zu beiden Varianten werden anhand eines Zahlenbeispiels unten nähere Erläuterungen geliefert. Fracht, Verpackung und Mehrwertsteuer sind immer provisionsfrei. Verschiedener Meinung kann man darüber sein, ob es richtig ist, die Position 25 als Angebotspreis zu bezeichnen. In Betracht käme auch die Position 27. Der Angebotspreis würde sich dann c. p. verändern, wenn sich wegen unterschiedlicher Entfernungen die Belastung mit Frachtkosten ändert.

IV. Die erweiterte Zuschlagskalkulation

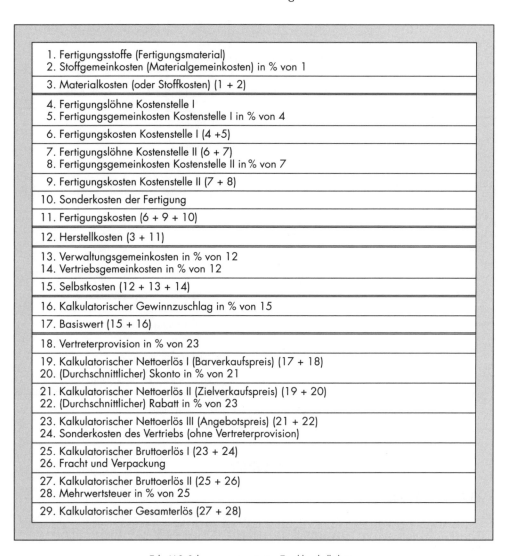

1. Fertigungsstoffe (Fertigungsmaterial)
2. Stoffgemeinkosten (Materialgemeinkosten) in % von 1
3. Materialkosten (oder Stoffkosten) (1 + 2)
4. Fertigungslöhne Kostenstelle I
5. Fertigungsgemeinkosten Kostenstelle I in % von 4
6. Fertigungskosten Kostenstelle I (4 +5)
7. Fertigungslöhne Kostenstelle II (6 + 7)
8. Fertigungsgemeinkosten Kostenstelle II in % von 7
9. Fertigungskosten Kostenstelle II (7 + 8)
10. Sonderkosten der Fertigung
11. Fertigungskosten (6 + 9 + 10)
12. Herstellkosten (3 + 11)
13. Verwaltungsgemeinkosten in % von 12
14. Vertriebsgemeinkosten in % von 12
15. Selbstkosten (12 + 13 + 14)
16. Kalkulatorischer Gewinnzuschlag in % von 15
17. Basiswert (15 + 16)
18. Vertreterprovision in % von 23
19. Kalkulatorischer Nettoerlös I (Barverkaufspreis) (17 + 18)
20. (Durchschnittlicher) Skonto in % von 21
21. Kalkulatorischer Nettoerlös II (Zielverkaufspreis) (19 + 20)
22. (Durchschnittlicher) Rabatt in % von 23
23. Kalkulatorischer Nettoerlös III (Angebotspreis) (21 + 22)
24. Sonderkosten des Vertriebs (ohne Vertreterprovision)
25. Kalkulatorischer Bruttoerlös I (23 + 24)
26. Fracht und Verpackung
27. Kalkulatorischer Bruttoerlös II (25 + 26)
28. Mehrwertsteuer in % von 25
29. Kalkulatorischer Gesamterlös (27 + 28)

Tab. M-3: Schema zur erweiterten Zuschlagskalkulation

Die Herstellkosten im Sinne der Kostenrechnung und die Herstellungskosten nach Handels- und Steuerrecht sind nicht identisch. Der Unterschied liegt einmal darin, dass Teile der Verwaltungskosten in die Herstellungskosten mit einbezogen werden dürfen, und zum andern in dem Umstand, dass im Handels- und Steuerrecht nicht mit Kosten, sondern mit Aufwendungen gearbeitet wird. Kalkulatorische Kosten haben dort also keinen Platz.

Schließlich muss noch darauf hingewiesen werden, dass sich das Schema unmittelbar nur auf die Kalkulation eines einteiligen Produkts oder eines einzelnen Teils anwenden lässt. Bei mehrteiligen Produkten sind zunächst alle Teile bis zu den Herstellkosten zu kalkulieren und dann sukzessive zu den Gesamtherstellkosten zusammenzuführen. Die unten dargestellte Abbildung M-4 zeigt das.

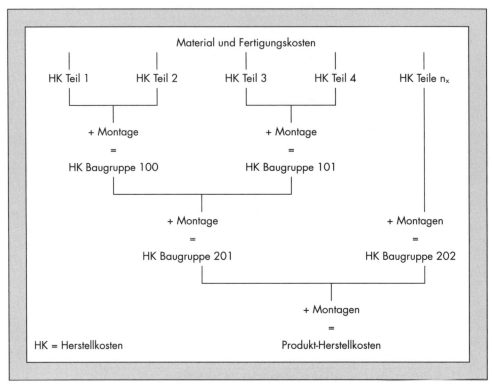

Abb. M-4: Schema zur Kalkulation mehrteiliger Produkte

3. Beispiel

a) Aufgabenstellung

449 Die Maschinenfabrik MZF hat ein Angebot über die Lieferung von 1000 Zahnrädern abzugeben. Nach den Ermittlungen des technischen Büros fallen für die Produktion der Zahnräder voraussichtlich folgende Kosten an:

Fertigungsstoffe		12 000,– €
Hilfsstoffe		386,– €
Betriebsstoffe		678,– €
Fertigungslöhne:		
Fertigungsstelle A		5000,– €
Fertigungsstelle B		7000,– €
Fertigungsstelle C		8500,– €
Sonderkosten der Fertigung auf Fertigungsstelle B		1000,– €

Das Unternehmen kalkuliert mit folgenden Sätzen:

Materialgemeinkosten	6 %	Verwaltung und Vertrieb	18 %
Fertigungsgemeinkosten:		Kalkulatorischer Gewinn	20 %
Fertigungsstelle A	120 %	Skonto	3 %
Fertigungsstelle B	80 %	Rabatt	10 %
Fertigungsstelle C	95 %	Mehrwertsteuer	15 %
Vertreterprovision vom erzielten Nettoerlös (vor Skonto)			10 %
Fracht und Verpackung			1100,– €

Aufgabenstellung:
a) Es ist eine vollständige Vorkalkulation bis zum kalkulatorischen Gesamterlös zu erstellen. **450**
b) Im Rahmen von Verhandlungen wurden 10 % + 3 % Rabatt sowie 4 % Skonto vereinbart. Wie hoch sind unter den neuen Bedingungen (aber bei konstant bleibenden Selbstkosten):
- Der effektiv erzielbare Erlös (Gesamterlös nach Abzug von Fracht, Verpackung und MWSt),
- der erzielte kalkulatorische Gewinn (absolut und relativ) sowie
- die zu bezahlende Vertreterprovision?
Alle Beträge sollen auf volle € gerundet und Rundungsdifferenzen ausgeglichen werden!

b) Lösung

Die Aufgabe ist in zwei Schritten zu lösen. Im ersten Schritt ist die ursprüngliche Vorkalkulation **451** aufzustellen. Dabei ist zu beachten, dass alle Stufen vollständig dokumentiert werden, und zwar einschließlich der jeweiligen Kalkulationssätze. Im zweiten Schritt ist zu bestimmen, welche Konsequenzen aus dem Verhandlungsergebnis resultieren.

aa) Die ursprüngliche Vorkalkulation **452**

Die Lösung des ersten Teils der Aufgabe, also die ursprüngliche Vorkalkulation, ist in Tabelle M-4 dargestellt.
Als Materialkosten dürfen nur das Fertigungsmaterial und die Materialgemeinkosten in die Rechnung einbezogen werden. Die oben zusätzlich angegebenen Hilfs- und Betriebsstoffe dürften selbst dann nicht in die Rechnung einfließen, wenn sie ausnahmsweise hätten gesondert ermittelt werden können. Dem ist so, weil Hilfs- und Betriebsstoffe definitionsgemäß zu den Gemeinkosten gehören und deshalb insbesondere in den Fertigungsgemeinkostenzuschlägen enthalten sein müssen.

1. Fertigungsmaterial	12 000,- €		
2. Materialgemeinkosten 6 %	720,- €		
3. Materialkosten	12 720,- €	12 720,- €	
4. Fertigungslöhne A	5 000,- €		
5. Fertigungsgemeinkosten A 120 %	6 000,- €		
6. Fertigungslöhne B	7 000,- €		
7. Fertigungsgemeinkosten B 80 %	5 600,- €		
8. Sonderkosten der Fertigung	1 000,- €		
9. Fertigungslöhne C	8 500,- €		
10. Fertigungsgemeinkosten C 95 %	8 075,- €		
11. Gesamte Fertigungskosten	41 175,- €	41 175,- €	
12. Herstellkosten		53 895,- €	
13. Gemeinkosten für Verwaltung und Vertrieb 18 %		9 701,- €	
14. Selbstkosten		63 596,- €	
15. Kalkulatorischer Gewinn 20 %		12 719,- €	
16. Basiswert		76 315,- €	77,3 %
17. Vertreterprovision 10 % v. Pos. 22		9 873,- €	10,0 %
18. Kalkulatorischer Nettoerlös I (Barverkaufspreis)		86 188,- €	87,3 %
19. Skonto 3 % (i. H.)		2 665,- €	2,7 %
20. Kalkulatorischer Nettoerlös II		88 853,- €	90,0 %
21. Rabatt 10 % (i. H.)		9 873,- €	10,0 %
22. Kalkulatorischer Nettoerlös III (Angebotspreis)		98 726,- €	100,0 %
23. Fracht und Verpackung		1 100,- €	
24. Kalkulatorischer Bruttoerlös		99 826,- €	
25. Mehrwertsteuer 15 %		14 974,- €	
26. Kalkulatorischer Gesamterlös		114 800,- €	

Tab. M-5: Zuschlagskalkulation als Vorkalkulation

453 Die Fertigungskosten wurden in der Rechnung nur insgesamt, nicht aber je Fertigungskostenstelle ermittelt. Die Verrechnung der Verwaltungs- und Vertriebsgemeinkosten mit einem einheitlichen Kalkulationssatz ist möglich, weil sich beide auf dieselbe Basis beziehen, nämlich auf die in Position 12 ausgewiesenen Herstellkosten. Die Vertreterprovision, der Skonto und der Rabatt sind im Hundert zu berechnen, weil sie in der Position, auf welche sie sich beziehen, bereits enthalten sind. Eine Schwierigkeit ergibt sich bei der Ermittlung der Vertreterprovision, die aus den bereits erläuterten Gründen (s. oben Rz. 447) als Position 17 in die Kalkulation einzustellen, aber auf Basis der Position 22 zu berechnen ist. Zur Lösung des Problems ist das Kalkulationsschema zunächst bis zur Position 22, also dem kalkulatorischen Nettoerlös III, weiterzuführen. Die Position 22 wird dann gleich 100 % gesetzt. Davon sind die 10 % Rabatt abzuziehen. Bleiben 90 %. Auf diese 90 % bezieht sich die Skontorate von 3 %. Bezogen auf die relevante Basis von 100 % sind das 2,7 %, bleiben 87,3 %. Davon geht der Provisionssatz von 10 % ab, der sich auf die Ausgangsbasis von 100 % bezieht und deshalb unverändert übernommen werden kann. Nach dieser Nebenrechnung steht fest, dass der Basiswert im Beispiel (Position 16) 77,3 % vom Nettoerlös III ausmacht; 100 % sind also 98 726,– € (Position 22). Damit lassen sich jetzt alle bisher unbekannten Werte (teils auf unterschiedliche Art und Weise) leicht ermitteln. So entspricht z. B. der Skontobetrag von 2665,– € 2,7 % des Angebotspreises von 98 726,– €. Da der kalkulatorische Nettoerlös I jetzt bekannt ist, läßt sich der Skonto aber auch wie folgt berechnen:

Kalkulatorischer Nettoerlös (Pos. 18)	86 188,– €	97,0 %
Skonto	2665,– €	3,0 %
Kalkulatorischer Nettoerlös II	88 853,– €	100,0 %

Die Provision beträgt, wie aus der Rechnung eindeutig ersichtlich, 10 % vom Angebotspreis, also rund 9873,– €.

Die Mehrwertsteuer ist vom Hundert auf Basis des kalkulatorischen Bruttoerlöses zu berechnen.

bb) Die korrigierte Vorkalkulation

454 Auf Grund der Verhandlungsergebnisse ergibt sich die in Tabelle M-6 dargestellte Korrektur der ursprünglichen Rechnung. Im Vergleich zum ersten Teil der Lösung wird jetzt **rückwärts gerechnet**, d. h. es wird mit dem Angebotspreis begonnen. Das hat zur Folge, dass die Imhundertrechnungen jetzt zu Vomhundertrechnungen werden. Auch die Numerierung der kalkulatorischen Nettoerlöse läuft jetzt in umgekehrter Reihenfolge. Zu beachten ist, dass es sich beim Nettoerlös I sowie beim Bruttoerlös und beim Gesamterlös jetzt um effektive und nicht mehr um kalkulatorische Größen handelt.

(1) Kalkulatorischer Nettoerlös III (Angebotspreis)	98 726,– €	
(2) Rabatt I 10 %	– 9873,– €	
(3) Kalkulatorischer Nettoerlös II/1	88 853,– €	
(4) Rabatt II 3 %	– 2665,– €	
(5) Kalkulatorischer Nettoerlös II/2	86 188,– €	
(6) Skonto 4 %	– 3448,– €	
(7) Effektiver Nettoerlös I	82 740,– €	82 740,– €
(8) Fracht und Verpackung	+ 1100,– €	
(9) Effektiver Bruttoerlös	83 840,– €	
(10) Mehrwertsteuer 15 %	+ 12 576,– €	
(11) Effektiver Gesamterlös	96 416,– €	
(12) Vertreterprovision 10 % von Position 5		– 8619,– €
(13) Basiswert		74 121,– €
(14) Selbstkosten lt. ursprünglicher Kalkulation		– 63 596,– €
(15) Kalkulatorischer Gewinn (bei konstanten Selbstkosten)		10 525,– €

Der (kalkulatorische) Gewinn beträgt noch 10 525,– €. Das sind 16,55 % der Selbstkosten.

Tab. M-6: Zuschlagskalkulation als Rückrechnung

Die Rechnung beginnt damit, dass vom Angebotspreis zunächst die vereinbarten 10 % + 3 % Rabatt abzuziehen sind. Dabei wäre eine Addition der Rabattsätze allerdings unzulässig, weil sich nur der Rabattsatz von 10 % auf den kompletten Angebotspreis bezieht. Die 3 % Rabatt beziehen sich dagegen auf den bereits verkürzten kalkulatorischen Nettoerlös II/1, im Beispiel also nur auf 88 853,– € (Position 3). In der Kaufmannssprache sind 10 % plus 3 % in diesem Fall also nicht 13 %, sondern nur 12,7 %. Beide Rabattsätze sind aber in der Kalkulation und auf der Rechnung gesondert auszuweisen.

Ab dem kalkulatorischen Nettoerlös III muss die Rechnung geteilt werden. Der eine Ast führt zum **455** neuen kalkulatorischen Gesamterlös, hat also Fracht und Verpackung sowie die Mehrwertsteuer zu erfassen. Der zweite Zweig zielt auf den nach den neuen Bedingungen noch verbleibenden kalkulatorischen Gewinn (bei konstanten Selbstkosten). Da der tatsächlich gewährte Rabatt über die ursprünglich einkalkulierten 10 % hinausgeht, sinkt der kalkulatorische Gewinn von kalkulierten 12 719,– € (20,0 %) auf 10 525,– € (16,55 %). Durch die Gewährung von Rabatten hat sich auch die Basis für die Verrechnung der Vertreterprovision geändert. In der Vorkalkulation wurde vom bestmöglichen Fall ausgegangen. Danach wären dem Unternehmen nach Abzug von Fracht, Verpackung und Mehrwertsteuer 98 726,– € zugeflossen. Deshalb wurde die Vertreterprovision in der Vorkalkulation auch auf dieser Basis ermittelt. Würden tatsächlich nur die 3 % Skonto abgezogen, so hätte sich das auf die Vertreterprovision nicht ausgewirkt, denn es wurde ja davon ausgegangen, dass ein Skontoabzug die Provision des Vertreters nicht schmälern soll. Unter den neuen Bedingungen hat der Vertreter Anspruch auf eine Provision aus dem Betrag, der sich nach Abzug der Rabatte ergibt, also aus 86 188,– € (Position 5). Bei einem Satz von 10 % beträgt die Vertreterprovision also 8619,– € (Position 12). Als neuer Basiswert verbleiben jetzt 74 121,– €. Von diesem Betrag sind die unverändert gebliebenen, ursprünglich kalkulierten Selbstkosten abzuziehen. Damit ergibt sich der bereits angesprochene neue kalkulatorische **Gewinn von 10 525,– €** (= 16,55 %). Der von dem Unternehmen **effektiv erzielbare Gesamterlös** vor Fracht, Verpackung und Mehrwertsteuer beträgt 82 740,– €.

cc) Ergänzung

In einem gut geführten Unternehmen wird man die Minderung von Erlös und kalkulatorischem Gewinn, die sich bei den Preisverhandlungen ergeben hat, zum Anlaß nehmen, auch die Selbstkosten einer **456** kritischen Überprüfung zu unterziehen. In dem Maße, wie sich dabei Einsparmöglichkeiten ergeben, erhöht sich der kalkulatorische Gewinn.

c) Alternativlösung (Praktikerlösung)

Wie schon festgestellt wurde, haben sich in der Praxis im Bereich der Zuschlagskalkulation für die **457** Berechnung von Provisionen, Skonti und Rabatten Lösungen herausgebildet, die zwar theoretisch nicht ganz einwandfrei, aber relativ leicht handhabbar sind. Eine dieser Lösungsvarianten ist in den Tabellen M-7 und M-8 dargestellt. Dabei wird wiederum mit gerundeten Zahlen gearbeitet.

458

Zur Information: Selbstkosten aus Tabelle M-5			63 596,– €
Kalkulatorischer Gewinn 20 %			12 719,– €
(1) Basiswert		87 %	76 315,– €
(2) Vertreterprovision (10 % v. Pos. 5)		10 %	8 772,– €
(3) Kalkulatorischer Nettoerlös I (Barverkaufspreis)		97 %	86 087,– €
(4) Skonto 3 % (v. Pos. 4)		3 %	2 631,– €
(5) Kalkulierter Nettoerlös II (Zielverkaufspreis)	90 %	100 %	87 718,– €
(6) Rabatt 10 % (v. Pos. 5)	10 %		9 746,– €
(7) Kalkulatorischer Nettoerlös III (Angebotspreis)	100 %		97 464,– €
(8) Fracht und Verpackung			1 100,– €
(9) Kalkulatorischer Bruttoerlös			98 564,– €
(10) Mehrwertsteuer 15 % (v. Pos. 8)			14 785,– €
(11) Kalkulatorischer Gesamterlös			113 349,– €

Tab. M-7: Alternativmodell zur Zuschlagskalkulation (Vorkalkulation)

156 M. Die Zuschlagskalkulation und die Kalkulation mit Stundensätzen

Aus den oben getroffenen Feststellungen folgt, dass es bis zum Basiswert (einschließlich) keine grundsätzlichen Unterschiede zwischen den verschiedenen Praktikervarianten und dem theoretisch richtigen Lösungsansatz geben kann. In der in Tabelle M-7 dargestellten Variante werden Vertreterprovision und Skonto in der Vorkalkulation nicht, wie das eigentlich richtig wäre, auf Basis des Angebotspreises bestimmt, sondern auf der Basis des Zielverkaufspreises von 87 718,– €.

Zur Bestimmung dieser Größe ist der Basiswert bei 10 % Provision und 3 % Skonto im Rahmen einer Imhundert-Rechnung gleich 87 % zu setzen. Bei dieser Vorgehensweise wird offensichtlich von vornherein davon ausgegangen, dass die einkalkulierten Skonto- und Rabattsätze auch tatsächlich eingeräumt werden müssen, so dass insoweit kein Verhandlungsspielraum vorgesehen ist. Analog zu der in Tabelle M-5 dargestellten Lösung lässt sich aber auch bei dieser Praktikervariante die Provision in Abhängigkeit vom tatsächlich eingeräumten Rabatt variieren, wie die Tabelle M-8 zeigt.

459

Zur Information: Selbstkosten aus Tabelle M-5	63 596,– €
1. Kalkulatorischer Nettoerlös III (Angebotspreis)	97 464,– €
2. Rabatt 8 % (v. Pos. 1)	– 7797,– €
3. Kalkulatorischer Nettoerlös II (Zielverkaufspreis)	89 667,– €
4. Skonto 3 % (v. Pos. 3)	– 2690,– €
5. Kalkulatorischer Nettoerlös I (Barverkaufspreis)	86 977,– €
6. Vertreterprovision 10 % (v. Pos. 3)	– 8967,– €
7. Effektiver Nettoerlös	78 010,– €
8. Fracht und Verpackung	+ 1100,– €
9. Effektiver Bruttoerlös	79 110,– €
10. Mehrwertsteuer 15 %	+ 11 866,– €
11. Effektiver Gesamterlös	90 976,– €
Damit verbleibt ein kalkulatorischer Gewinn von 14 414,– € (Effektiver Nettoerlös minus Selbstkosten)	

Tab. M-8: Alternativmodell zur Zuschlagskalkulation (Rückrechnung)

Dort wurde von einem effektiven Rabattsatz von 8 % ausgegangen, was zu einem Zielverkaufspreis von 89 667,– € führt und damit zu einer Provision von 8967,– € (10 % von 89 667,– €). Zugleich steigt der kalkulatorische Gewinn von 12 719,– € auf 14 414,– € (effektiver Nettoerlös – Selbstkosten). Könnte der ursprünglich kalkulierte Angebotspreis in voller Höhe erlöst werden, so würden dem Vertreter 10 % Provision aus 97 464,– € (also 9746,– €) zustehen. Der Angebotspreis wäre dann mit dem effektiven Nettoerlös identisch. Der kalkulatorische Gewinn würde also bei 24 122,– € liegen. Wäre wie in Tabelle M-5 mit 10 % plus 3 % Rabatt und 4 % Skonto zu rechnen, so würde sich ein Angebotspreis von 81 683,– € und ein effektiver Nettoerlös von 73 174,– € ergeben. Die Provision würde bei 8509,– € und der kalkulatorische Gewinn bei 9578,– € liegen.

Wird das Ergebnis der Vorkalkulation aus Tabelle M-7 mit der in Tabelle M-5 dargestellten Rechnung verglichen, so zeigt sich, dass die Praktikervariante zu einem günstigeren Angebotspreis kommt. Daraus darf nun keinesfalls der Schluss gezogen werden, dass es sich bei der Praktikervariante um die „bessere" **Kalkulationsmethode** handele. Das gilt deshalb, weil die Kalkulation immer nur Preisvorschläge erarbeiten kann, die sich nur dann umsetzen lassen, wenn sie vom Markt bzw. von den Kunden akzeptiert werden. Kommt es zu direkten Preisverhandlungen, so kann es durchaus sinnvoll sein, diese mit einer relativ großzügig bemessenen Forderung zu beginnen.

460 *(einstweilen frei)*

V. Kostenträgerzeitrechnung (kurzfristige Erfolgsrechnung) auf Vollkostenbasis

1. Überblick

Wie schon festgestellt wurde (s. Rz. 37), soll mit der Kostenträgerzeitrechnung das in einer Abrechnungsperiode erzielte kalkulatorische Betriebsergebnis ermittelt werden. Von kurzfristiger Erfolgsrechnung wird gesprochen, weil die entsprechenden Rechnungen auch für relativ kurze Perioden (z. B. Monate oder Quartale) durchgeführt werden. **461**

Analog zur buchhalterischen Erfolgsrechnung (§ 275 Abs. 2 und 3 HGB) stehen für die Kostenträgerzeitrechnung auf Vollkostenbasis zwei Verfahren (Rechenmethoden) zur Auswahl, nämlich

- das Gesamtkostenverfahren und
- das Umsatzkostenverfahren.

Wie in der Überschrift dieses Abschnitts zum Ausdruck gebracht wurde, werden die beiden Verfahren anschließend unter der Voraussetzung diskutiert, dass auf Vollkostenbasis gearbeitet werden soll. Das entspricht dem augenblicklichen Gesamtstand der Diskussion. Konzepte zur kurzfristigen Erfolgsrechnung auf Teilkostenbasis werden im Abschnitt N vorgestellt.

Um Missverständnisse zu vermeiden, sei hier ausdrücklich hervorgehoben, dass es zwar hinsichtlich der Rechenmethode (formal) zwischen der buchhalterischen und der kalkulatorischen Erfolgsrechnung keinen Unterschied gibt, dass sich die beiden Rechnungen aber materiell-inhaltlich ganz erheblich unterscheiden. Zur Erläuterung sei hier nur daran erinnert, dass in der buchhalterischen Erfolgsrechnung mit bilanziellen Abschreibungen operiert werden muss, in der kalkulatorischen Erfolgsrechnung sind dagegen die kalkulatorischen Abschreibungen zu berücksichtigen.

2. Das Gesamtkostenverfahren

Das Gesamtkostenverfahren ist dadurch charakterisiert, dass den Umsatzerlösen einer Periode zunächst die gesamten Kosten (daher Gesamtkostenverfahren) der betreffenden Periode gegenübergestellt werden. Die resultierende Differenz kann offensichtlich nur dann dem Periodenergebnis entsprechen, wenn genau die in der fraglichen Periode hergestellten Güter auch abgesetzt worden sind. Trifft das nicht zu (was die Regel sein dürfte), so ist der Saldo um die Veränderungen bei den Beständen an Halb- und Fertigerzeugnissen sowie um die aktivierten Eigenleistungen zu korrigieren. Wegen der Probleme, die im Zusammenhang mit den Verwaltungs- und Vertriebskosten auftauchen, sollten die Bestandsveränderungen im Rahmen einer Kostenträgerzeitrechnung (auf Vollkostenbasis) zu Herstellkosten bewertet werden. In diesem Sinne wurde bei dem in Tabelle M-9 dargestellten Beispiel verfahren. Auf die Verrechnung aktivierter Eigenleistungen ist dabei verzichtet worden. **462**

Dasselbe Ergebnis ergibt sich natürlich, wenn statt der Umsatzerlöse die Gesamtkosten korrigiert werden. In diesem Fall ist bei den Bestandsveränderungen mit umgekehrten Vorzeichen zu arbeiten.

Umsatzerlöse		12 750 325,– €
Bestandsmehrungen an Halb- und Fertigerzeugnissen	+ 227 686,– €	
Bestandsminderungen an Halb- und Fertigerzeugnissen	– 134 542,– €	
Summe Bestandsveränderungen	+ 93 144,– €	+ 93 144,– €
Gesamtkosten der Periode (nach Kostenarten gegliedert)		– 11 978 609,– €
Periodenergebnis		+ 864 860,– €

Tab. M-9: Gesamtkostenverfahren

Das Gesamtkostenverfahren besticht auf den ersten Blick durch seine einfache Struktur. Es darf aber nicht übersehen werden, dass zur Bestimmung der Bestandsveränderungen entweder eine Inventur oder eine zuverlässige Lagerbuchführung notwendig ist. Außerdem ist, z. B. in einem Industriebetrieb, zur Bewertung der Bestandsveränderungen (auf Basis Herstellkosten) eine Kostenträgerstückrechnung auf Vollkostenbasis erforderlich. Wichtig ist in diesem Zusammenhang schließlich noch, dass bei der Bestimmung der jeweiligen Herstellkosten von Kalkulationssätzen auszugehen ist, die auf der Basis einer als normal betrachteten Beschäftigung ermittelt worden sind.

3. Das Umsatzkostenverfahren

463 Beim Umsatzkostenverfahren sollen den Umsatzerlösen einer Periode unmittelbar die Kosten der verkauften Erzeugnisse gegenübergestellt werden. Dabei werden letztere in der Literatur teilweise mit den Selbstkosten gleichgesetzt (vgl. z.B. *Schweitzer/Küpper* S. 199; *Gabele/Fischer* S. 197). Das ist zumindest insoweit missverständlich, als nach Handelsrecht beim Umsatzkostenverfahren die gesamten Vertriebskosten zu berücksichtigen sind, also nicht nur diejenigen Teile, welche als Teil der Selbstkosten auf die verkauften Erzeugnisse entfallen. Ähnliche Probleme gibt es im Zusammenhang mit den Verwaltungskosten. Hier wird die Ansicht vertreten, dass bei Verwendung des Umsatzkostenverfahrens für Zwecke einer Vollkostenrechnung den Umsatzerlösen zunächst die Herstellkosten der verkauften Erzeugnisse gegenübergestellt werden sollten. Der verbleibende Saldo muss dann noch um die gesamten Verwaltungs- und Vertriebskosten korrigiert werden, um zu dem gesuchten Periodenergebnis zu kommen. Diese Vorgehensweise stimmt mit dem beim Gesamtkostenverfahren gewählten Prozedere überein. Für das angenommene Beispiel ergibt sich damit die in Tabelle M-10 dargestellte Lösung.

464

Umsatzerlöse	12 750 325,– €
Kosten der verkauften Erzeugnisse	– 10 620 135,– €
Rohergebnis	2 130 190,– €
Verwaltungs- und Vertriebskosten	– 1 265 330,– €
Periodenergebnis	+ 864 860,– €

Tab. M-10: Umsatzkostenverfahren

In der Literatur wird nun vielfach (vgl. z.B. *Kilger,* Einführung, S. 16; *Gabele/Fischer* S. 197) zumindest der Eindruck erweckt, dass mit Hilfe des Umsatzkostenverfahrens auf Vollkostenbasis diejenigen Beiträge ermittelt werden könnten, welche die einzelnen Produkte oder Produktgruppen zum Gesamtergebnis einer Periode geliefert haben. Das wäre richtig, wenn jedem dieser Objekte wenigstens annähernd diejenigen Kosten als Selbstkosten zugerechnet werden könnten, die von ihm effektiv verursacht worden sind. Da dies für einen wie auch immer bezeichneten Teil der Kosten eben nicht möglich ist (vgl. z.B. *Heinen* S. 517), liefern solche Rechnungen völlig irreführende und damit unbrauchbare Ergebnisse. Diese Behauptung wird bei der Diskussion der Verfahren der Teilkostenrechnung mit Hilfe eines Beispiels begründet werden.

(einstweilen frei) **465–489**

N. Systeme der Teilkostenrechnung (Deckungsbeitragsrechnung)

I. Allgemeine Grundlagen

1. Konzeption

Die Tatsache, dass sich mit der traditionellen Vollkostenrechnung eine ganze Reihe alltäglicher betriebswirtschaftlicher Probleme nicht lösen lässt, war wohl die wichtigste Ursache für die Entwicklung der Systeme der Teilkostenrechnung. Wie schon dargelegt worden ist sind die Systeme der Teilkostenrechnung dadurch charakterisiert, dass den Kostenträgern, also den hergestellten Produkten bzw. den abgewickelten Aufträgen, nur ein Teil der insgesamt anfallenden Kosten (also die Teilkosten) zugeordnet wird. Die übrigen Kosten (die Restkosten) werden unter Umgehung der Kostenträgerstückrechnung in mehr oder weniger differenzierter Form allein über die kalkulatorische Betriebsergebnisrechnung (Kostenträgerzeitrechnung oder kurzfristige Erfolgsrechnung) abgerechnet. Das Hauptaugenmerk der Systeme der Teilkostenrechnung ist denn auch nicht auf die Kostenträgerstückrechnung gerichtet, sondern darauf, mit Hilfe von Deckungsbeiträgen das kalkulatorische Betriebsergebnis zu ermitteln. Als Deckungsbeitrag wird dabei der Überschuss der Verkaufserlöse über die Teilkosten bezeichnet. Diese Arbeitsdefinition für den Begriff „Deckungsbeitrag" wird unten noch genauer spezifiziert werden.

Welche Kosten den Kostenträgern im Rahmen einer Teilkostenrechnung zugerechnet werden und welche nicht, hängt davon ab, mit welchem der verschiedenen Systeme der Teilkostenrechnung gearbeitet werden soll. Prinzipiell sind hier zwei Hauptformen zu unterscheiden, nämlich die Grenzkostenrechnung und die Einzelkostenrechnung. Wie sich schon aus dem Namen ergibt, werden bei der Grenzkostenrechnung nur die Grenzkosten auf die Kostenträger zugerechnet, wogegen bei der Einzelkostenrechnung in abgestufter Form ausschließlich mit Einzelkosten gearbeitet wird. Da die traditionelle Grenzkostenrechnung (trotz gewisser Mängel) in Theorie und Praxis eine wichtige Rolle spielt, wird die Grenzkostenrechnung unten relativ ausführlich behandelt. Die Einzelkostenrechnung hat sich im Vergleich dazu nur in geringem Maße durchgesetzt; ihr wird deshalb auch nur relativ wenig Raum (s. Rz. 525 ff.) gewidmet.

Festzuhalten ist hier schließlich noch, dass alle Systeme (Formen) der Teilkostenrechnung auf die Ermittlung von Deckungsbeiträgen ausgerichtet sind. Damit ist jede Deckungsbeitragsrechnung immer zugleich eine Teilkostenrechnung und umgekehrt. Folglich lassen sich die Begriffe Teilkostenrechnung und Deckungsbeitragsrechnung als Synonyme verwenden.

2. Zur Philosophie der Teilkostenrechnung

Für die klassische Vollkostenrechnung wird von der Vorstellung ausgegangen, dass ein Unternehmen, um erfolgreich agieren zu können, die vollen Kosten seiner Leistungen (Produkte) kennen müsse, zumal es nur so in der Lage sei, seine Angebotspreise zu bestimmen. Dieser Philosophie entsprechend werden in der Zuschlagskalkulation auf Vollkostenbasis sukzessive alle für relevant erachteten Kostenarten addiert (additives Verfahren).

Die hinter den Systemen der Teilkostenrechnung stehende Philosophie orientiert sich dagegen am Idealtypus einer marktwirtschaftlichen Wirtschaftsordnung, in welcher die

Preise, die sich für die Leistungen eines Unternehmens erzielen lassen, in Abhängigkeit von den jeweiligen Angebots- und Nachfrageverhältnissen, vom Markt bestimmt werden. Für das einzelne Unternehmen gelten diese Preise damit als nicht beeinflussbares Datum. Die Notwendigkeit, Angebotspreise zu kalkulieren, entfällt also.

Als Konsequenz aus der Orientierung an den Marktpreisen ist die Deckungsbeitragsrechnung von der Grundkonzeption her subtraktiv aufgebaut. Die Definition des Deckungsbeitrags zeigt das. Da es die idealtypische marktwirtschaftliche Wirtschaftsordnung praktisch nicht gibt, haben viele Unternehmen de facto aber doch die Möglichkeit, eine aktive Preispolitik zu betreiben. Für sie sind die Preise ihrer Leistungen also kein vom Markt bestimmtes Datum. Außerdem sind die Unternehmen bei der Einführung völlig neuer Produkte sowie bei Einzelanfertigungen einfach gezwungen, einen Angebotspreis zu kalkulieren (*Schwarz* S. 76).

II. Grundlagen der Grenzkostenrechnung

1. Eckpunkte

493 Auf der Grundlage der traditionellen Unterscheidung zwischen (beschäftigungs)variablen und (beschäftigungs)fixen Kosten lässt sich das Teilkostenkonzept dadurch verwirklichen, dass den Kostenträgern oder Kostenträgergruppen nur die variablen Kosten zugerechnet werden. In diesem Sinne ist nach h. L. bei der Grenzkostenrechnung zu verfahren. Dabei wird von einem proportionalen Verlauf der Gesamtkosten ausgegangen, so dass sich im proportionalen Bereich konstante durchschnittliche Stückkosten ergeben, die mit den Grenzkosten identisch sind.

Damit lässt sich der Begriff „Deckungsbeitrag" im Sinne der Grenzkostenrechnung jetzt wie folgt definieren:

494 (Basis-)Deckungsbeitrag = Nettoerlöse − Grenzkosten

Nettoerlöse im Sinne der DB-Rechnung sind nur die dem Unternehmen tatsächlich zufließenden Erlöse. MwSt und Erlösschmälerungen (z. B. Skonti, Rabatte, Zölle) sowie Sonderkosten des Vertriebs sind in den Nettoerlösen nicht enthalten.

Als Restkosten, die durch zu erwirtschaftende Deckungsbeiträge „gedeckt" werden müssen, bevor ein Periodengewinn erzielt werden kann, sind die Fixkosten anzusetzen.

Von einem Basis-Deckungsbeitrag wurde oben gesprochen, weil Teilkostenrechnungen vielfach als mehrstufige Rechnungen konzipiert sind Die daraus resultierenden, unterschiedlichen Deckungsbeiträge werden dann einfach durchnummeriert. Derjenige Deckungsbeitrag, welcher die zentrale Größe der Rechnung repräsentiert, wird als Basis-Deckungsbeitrag bezeichnet.

2. Formen der Grenzkostenrechnung

495 In Abhängigkeit von der Behandlung der Fixkosten ist zu unterscheiden zwischen:
- der Grenzkostenrechnung mit summarischer Fixkostendeckung und
- die Grenzkostenrechnung mit stufenweiser Fixkostendeckung (differenzierte Grenzkostenrechnung).

496 Wie die Tabelle N-1 zeigt, werden bei der einfachen Grenzkostenrechnung die gesamten Fixkosten einer Periode der Summe aller in eben dieser Periode erwirtschafteten De-

II. Grundlagen der Grenzkostenrechnung

ckungsbeiträge gegenübergestellt. Die sich ergebende Differenz bildet das Periodenergebnis. Es beträgt im Beispiel 5300,– €. Diese einfache Form der Grenzkostenrechnung wird in der angelsächsischen Literatur als Direct Costing bezeichnet.

Erzeugnis	A €	B €	C €	D €	Summe €
Nettoerlöse	48 000,–	18 000,–	19 000,–	68 900,–	153 900,–
– Grenzkosten	28 200,–	7 400,–	8 300,–	39 700,–	83 600,–
– Deckungsbeiträge	19 800,–	10 600,–	10 700,–	29 200,–	70 300,–
– Fixkosten (gesamt)					65 000,–
Periodenergebnis (Gewinn)					5 300,–

Tab. N-1: Einfache (Grenzkostenrechnung mit summarischer Deckung der fixen Kosten

Bei der stufenweisen Verrechnung der Fixkosten, die in Tabelle N-2 dargestellt ist, muss (in Anlehnung an *Schwarz* S. 18 f.) zwischen speziellen und allgemeinen Fixkosten unterschieden werden. **497**

Erzeugnis	A €	B €	C €	D €	Summe €
Nettoerlöse	48 000,–	18 000,–	19 000,–	68 900,–	153 900,–
– Grenzkosten (insgesamt)	28 200,–	7 400,–	8 300,–	39 700,–	83 600,–
(Basis-)Deckungsbeitrag (DB) I	19 800,–	10 600,–	10 700,–	29 200,–	70 300,–
– Spez. Fixkosten I	10 400,–	0,–	0,–	39 100,–	49 500,–
Deckungsbeitrag (DB II)	9 400,–	10 600,–	10 700,–	– 9 900,–	20 800,–
Summe DB II von A + B	20 000,–		0,–	0,–	0,–
– Spez. Fixkosten II	10 300,–		0,–	0,–	10 300,–
Deckungsbeitrag (DB III)	9 700,–		10 700,–	– 9 900,–	10 500,–
– Allg. Fixkosten					5 200,–
Periodenergebnis (Gewinn)					5 300,–

Tab. N-2: Grenzkostenrechnung mit stufenweiser Deckung der Fixkosten

Spezielle Fixkosten zeichnen sich dadurch aus, dass sie sich einem bestimmten Erzeugnis, einer Erzeugnisgruppe (nicht der einzelnen Leistungseinheit) oder auch mehreren Erzeugnisgruppen als Einzelkosten zuordnen lassen. Alle anderen Fixkosten sind allgemeine Fixkosten, sie sind nur auf die Gesamtheit der hergestellten Erzeugnisse zurechenbar. In dem in Tabelle N-2 dargestellten Beispiel gibt es zunächst spezielle Fixkosten, die den Erzeugnisgruppen A bzw. D zuzurechnen sind. So wären z.B. die auf eine Zigarettenmaschine entfallenden kalkulatorischen Zinsen spezielle Fixkosten einer bestimmten Zigarettenmarke, wenn auf der Maschine über längere Zeit nur diese eine Marke hergestellt wird. Weitere spezielle Fixkosten lassen sich im Beispiel den Erzeugnisgruppen A und B gemeinsam zuordnen. Das könnte etwa für ein Fließband gelten, auf welchem in „bunter" Reihe verschiedene PKW-Typen montiert werden.

Aus dem Beispiel zur stufenweisen Verrechnung der Fixkosten wird ein entscheidender Mangel der einfachen Grenzkostenrechnung deutlich. Die Produktgruppe D erwirtschaftet absolut und relativ (bezogen auf den Nettoerlös) den höchsten Deckungsbeitrag I. Die ihr zuzurechnenden speziellen Fixkosten kann die Produktgruppe dagegen nicht decken. Der Deckungsbeitrag II ist negativ (− 9900,− €). Wegen der undifferenzierten (globalen) Verrechnung der Fixkosten lässt sich dieses Defizit im Rahmen einer einfachen Grenzkostenrechnung nicht erkennen. Das kann zu erheblichen Fehlentscheidungen führen, weil das Ergebnis der einfachen Grenzkostenrechnung es sinnvoll erscheinen lässt, das Produkt D zu fördern und die entsprechenden Kapazitäten auszubauen, was zu einer weiteren Erhöhung der speziellen Fixkosten und damit zu weiteren Verlusten führen müsste bzw. könnte. Sofern es durch Rationalisierungsmaßnahmen, Verbesserung der Erlössituation etc. nicht möglich ist, auf einen positiven Deckungsbeitrag II zu kommen, müsste die Herstellung des Produkts D eingestellt werden, sofern nicht massive absatzwirtschaftliche Gründe dagegen sprechen. Wie schnell ein solcher Beschluss realisiert werden könnte, hängt davon ab, wie schnell sich die variablen Kosten und insbesondere die speziellen Fixkosten abbauen lassen. Schließlich wäre in diesem Fall auch noch die Frage zu prüfen, ob es nicht möglich wäre, das Produkt D zu günstigen Konditionen von außen zu beziehen.

III. Zur Lösung ausgewählter Entscheidungsprobleme mit Hilfe der Grenzkostenrechnung

1. Vorbemerkung

498 Durch den Einsatz der Grenzkostenrechnung lassen sich eine ganze Reihe alltäglicher betriebswirtschaftlicher Probleme lösen, die mit den Werkzeugen der Vollkostenrechnung nicht erfolgreich angegangen werden können. Das gilt z. B., wenn über eine der folgenden Fragen entschieden werden muss:

- Annahme eines Zusatzauftrags zu einem unter den Vollkosten liegenden Preis (bei Unterbeschäftigung),
- Festlegung der Preisuntergrenze,
- Förderungswürdigkeit eines Produkts und Auftragsauswahl bei Engpasssituationen,
- Bereinigung des Produktionsprogramms und
- Fremdbezug oder Eigenfertigung.

Um die Lösung dieser Entscheidungsprobleme möglichst anschaulich beschreiben zu können, soll das anhand eines Beispiels geschehen, das sukzessive variiert werden wird. Parallel dazu wird versucht, die Unterschiede zur Vollkostenrechnung und somit auch ihre Schwächen dadurch deutlich hervorzuheben, dass jeweils auch gezeigt wird, zu welchen (unbrauchbaren) Ergebnissen der Versuch führen würde, diese Probleme ganz konsequent mit den Mitteln der Vollkostenrechnung zu lösen.

Nicht behandelt werden können Lösungen für Entscheidungsprobleme, wie sie z. B. im Bereich der Maschinenbelegung, der Bestimmung von Mischungsverhältnissen und der Steuerung von intensitätsmäßigen Anpassungsprozessen gefordert sind.

2. Entscheidung über die Annahme von Zusatzaufträgen bei Unterbeschäftigung

a) Aufgabe

Ein Unternehmen produziert die Produkte A, B und C. Mit einem weiteren Produkt H wird gehandelt. Das Unternehmen geht für ein Geschäftsjahr „X" von der in Tabelle N-3 dargestellten Kosten- und Erlössituation aus. Es wird unterstellt, dass die angebotenen Mengen auch verkauft werden können. Die Anfangsbestände sollen gleich null sein. Es gibt also keine Bestandsveränderungen.

Es betragen die/der	Durchschnittskosten je Einheit (k) bei planmäßiger Beschäftigung €	Durchschnittlicher Deckungsbeitrag (dB) je Einheit (dB = e – kp[1]) €	Durchschnittlicher Erlös je Einheit (e) €
Produkt A	17,60	12,–	21,–
Produkt B	24,–	10,–	27,–
Produkt C	25,–	14,–	24,–
Produkt H	10,60	6,–	11,–
Gesamtsumme der planmäßigen Fixkosten 28 425,– €			

[1] Die proportionalen Stückkosten entsprechen den Grenzkosten.

Tab. N-3: Aufgabe I zur Grenzkostenrechnung – Ausgangsdaten

Bei Vollbeschäftigung werden voraussichtlich 18 228,– € an Fertigungslöhnen für 930 Arbeitsstunden anfallen.
Für die relevante Periode hat das Unternehmen bereits folgende Aufträge angenommen:
Produkt A   900 Einheiten   Produkt C   600 Einheiten
Produkt B   450 Einheiten   Produkt H   1000 Einheiten
Die Kapazitäten sind bei dieser Auftragslage allerdings nicht voll ausgelastet. Nun wird dem Unternehmen ein zusätzlicher Auftrag über 120 Einheiten von Produkt C zu einem Preis von 20,– € je Einheit angeboten. Soll das Unternehmen den Auftrag annehmen, obwohl der Preis um 5,– € unter den durchschnittlichen Selbstkosten (auf Vollkostenbasis) pro Einheit liegt und für Produkt C außerdem 2200,– € spezielle Fixkosten anfallen, die in der oben angegebenen Gesamtsumme der Fixkosten enthalten sind? Außerdem sollen (alternativ) die folgenden Bedingungen gelten:

- Die Fertigungslöhne und alle anderen variablen Kosten können der Auftragslage jeweils kurzfristig angepasst werden (Variante a).
- Die engagierten Arbeitskräfte sind auf jeden Fall voll zu bezahlen, obwohl sie ohne Zusatzauftrag nur 840 Stunden und mit Zusatzauftrag nur 900 Stunden regulär beschäftigt werden können. Die anderen variablen Kosten gelten weiterhin als kurzfristig anpassbar (Variante b).
- Sollte der Zusatzauftrag auch dann noch angenommen werden, wenn nur ein Nettoerlös von 15,– € je Einheit angeboten würde?
- Die planmäßigen Fixkosten bleiben, wenn nichts anderes gesagt wird, konstant.

b) Lösung

Aus der Tabelle N-4 ergibt sich zunächst, welches Periodenergebnis das Unternehmen beim derzeitigen Auftragsbestand erzielen würde, und zwar unter der Voraussetzung, dass die Fixkosten konstant (s. o.) bleiben, die Grenzkosten dagegen voll an die reale Beschäftigungslage angepasst werden können. Zu beachten ist, dass beim Zusatzauftrag der Erlös für eine Einheit von C um 4,– € geringer ist als der bisher angesetzte (durchschnittliche) Nettoerlös. Dadurch sinkt der Deckungsbeitrag je Einheit von 14,– € auf 10,– €. Der Zusatzauftrag bringt damit aber insgesamt immer noch einen zusätzlichen Deckungsbeitrag von 1200,– €. Der voraussichtlich erzielbare Periodengewinn steigt damit von 1275,– € auf 2475,– €. Der Zusatzauftrag sollte also unbedingt angenommen werden. Das würde auch noch gelten, wenn der Preis je Einheit des Produkts C auf 15,- € und der Deckungsbeitrag je Einheit damit auf 5,- € absinken würde, weil dadurch ein zusätzlicher Gesamtdeckungsbeitrag von 600,- € erwirtschaftet werden könnte. Immer vorausgesetzt, dass die variablen Kosten mit 10,- € je Einheit konstant bleiben.

Produkt	Menge	Deckungsbeitrag je Mengeneinheit		Summe der erzielbaren Deckungsbeiträge
A	900	12,- €		10 800,- €
B	450	10,- €	DB C	4 500,- €
C	600	14,- €	8 400,-	
Spezielle Fixkosten C			– 2 200,-	6 200,- €
H	1000	6,- €		6 000,- €
Summe Deckungsbeiträge				27 500,- €
Allgemeine Fixkosten				– 26 225,- €
Periodenergebnis ohne Zusatzauftrag für Variante „a"				1 275,- €
Zusatzauftrag für C (120 x 10,- €)				1 200,- €
Periodenergebnis mit Zusatzauftrag für Variante „a"				2 475,- €

Tab. N-4: Aufgabe I zur Grenzkostenrechnung – Lösung

501 In Tabelle N-5 ist dargestellt, wie das Ergebnis des Unternehmens ohne den Zusatzauftrag theoretisch aussehen müsste, wenn die Vollkostenrechnung hier brauchbare Informationen liefern könnte; wenn also die Begriffe „Gewinn je Einheit" und „Selbstkosten je Einheit" tatsächlich diejenigen Aussagen liefern könnten, die zu liefern diese Begriffe suggerieren. Durch den Preisrückgang um 4,- € müsste im Rahmen einer Vollkostenrechnung damit gerechnet werden, dass sich die „angeblichen" Verluste je Einheit des Produkts C von 1,- € auf 5,- € erhöhen. Damit wäre für den Zusatzauftrag insgesamt mit einem Verlust von 600,- € zu rechnen. Der Auftrag wäre also abzulehnen, zumal sich der angebliche Periodengewinn von 4 210,- € auf 3 610,- € verringern müsste. Dieses Ergebnis und die ganze Rechnung sind aber so unsinnig, dass sie wohl von keinem einigermaßen geschulten Manager als richtig akzeptiert würden.

Produkt	Menge	„Stückgewinn"*	„Gesamtgewinn"
A	900	3,40 €	3 060,- €
B	450	3,- €	1 350,- €
C	600	– 1,- €	– 600,- €
H	1000	0,40 €	400,- €
Angeblicher Gesamtgewinn nach Vollkostenrechnung ohne Zusatzauftrag			4 210,- €

* „Stückgewinn" = e – k. (Vgl. Tab. N-3).

Tab. N-5: Aufgabe I zur Grenzkostenrechnung – Scheinlösung auf Vollkostenbasis

502 Offen geblieben ist bisher die Frage, warum die Vollkostenrechnung, insbesondere die klassische Zuschlagskalkulation, in der zur Debatte stehenden sowie in ähnlich strukturierten Entscheidungssituationen völlig falsche Ergebnisse liefert. Dafür bestehen im Wesentlichen folgende Gründe: Der erste dieser Gründe liegt in der Proportionalisierung der gesamten Kosten, also auch derjenigen Kostenbestandteile, die sich Veränderungen der Beschäftigung kurzfristig nicht oder nur teilweise anpassen lassen. Anders formuliert heißt das, dass die Zuschlagssätze insbesondere im Fertigungsbereich schon rein rechnerisch nur für eine Beschäftigung (Auslastung der Kapazitäten) gelten, die bei der Bestimmung dieser Zuschlagssätze zu Grunde gelegt worden ist. Angenommen, eine als normal definierte Beschäftigung würde gleich 100 % gesetzt, so wird ein auf dieser Normalbeschäftigung basierender Zuschlagssatz von 200 % bei einem Beschäftigungsgrad von nur 70 % sicher nicht mehr ausreichen, um alle Kosten auf die verbleibenden Leistungen zu verrechnen. Der Zuschlag müsste dazu vielleicht auf 232 % erhöht werden. Eine entsprechende Erhöhung der Preise dürfte sich aber am Markt kaum durchsetzen lassen. Eventuell einkalkulierte kalkulatorische Gewinne schmelzen unter solchen Umständen wie Schnee an der Sonne. Ein weiterer Grund dafür, dass Vollkostenrechnungen in Situationen der geschilderten Art keine brauchbaren Informationen liefern können, ist die letztlich immer willkürliche Verteilung (zumindest eines Großteils) der Fixkosten) auf die Kostenträger. Die eben diskutierten Gründe sind es auch, die dazu führen, dass eine kurzfristige, nach Produktgruppen oder Produkten aufgegliederte Erfolgsrechnung (Betriebsergebnisrechnung) auf Vollkostenbasis in aller Regel keine brauchbaren Informationen liefern kann.

Wie wird sich nun das im Wege der Grenzkostenrechnung ermittelte Ergebnis verändern, wenn die völlig unrealistische Annahme der vollen Variabilität (Anpassung) der Grenzkosten wenigstens für die Löhne aufgegeben wird. Ohne den Zusatzauftrag ergibt sich dann ein Periodenverlust von 489,- €, wie die folgende Rechnung zeigt: Bei Vollbeschäftigung fallen Fertigungslöhne in Höhe von 18 228,- € an. Bei 930 Arbeitsstunden entspricht das einem durchschnittlichen Stundenlohn von 19.60 €. Da die Mitarbeiter ohne den Zusatzauftrag nur 840 Stunden regulär beschäftigt werden können, aber für 930 Stunden bezahlt werden müssen, entstehen zusätzliche (nicht geplante) „Kosten" von 1764,- € [(930–840) × 19,60]. Die Summe der „freien" Deckungsbeiträge beträgt aber nur 1275,- € (s. Tab. N-4), so dass sich der angeführte Periodenverlust von 489,- € ergibt.

Wird der Auftrag angenommen, so gibt es für 900 Stunden reguläre Arbeit. Es fallen also nur 588,- € [(930–900) × 19,60] für zusätzliche Fixkosten an. Außerdem werden neue Deckungsbeiträge in Höhe von 1200,- € gewonnen, so dass das Periodenergebnis jetzt bei 1887,- € [(1275,- + 1200,-) – 588,-] liegt.

Muss für das Produkt C mit einem Preis von nur 15,- € je Einheit gerechnet werden, so verändern sich die o. a. Werte entsprechend.

Ausdrücklich festzuhalten ist, dass die eben dargestellte Form der Rechnung mit einer insgesamt (oder auch nur teilweise) konstant gehaltenen Lohnsumme im Rahmen der h. L. von der Grenzkostenrechnung nicht möglich wäre, weil dort die Grenzkosten immer, und zwar vollständig, als kurzfristig beeinflussbare (abbaubare) Kosten betrachtet werden.

Im Rahmen einer rein ergebnisorientierten kurzfristigen Betrachtung ergibt sich aus dem Beispiel folgende Schlussfolgerung: Bei Unterbeschäftigung und schlechter Auftragslage sind auf jeden Fall alle Aufträge anzunehmen, die einen positiven Deckungsbeitrag versprechen, weil dadurch das zu erwartende Periodenergebnis verbessert wird. Insbesondere kann dadurch ein zu erwartender Periodenverlust verringert oder sogar in einen kleinen Gewinn umgewandelt werden. Grundsätzlich können auch Aufträge angenommen werde, deren Deckungsbeitrag voraussichtlich bei null liegen wird, um so die Mitarbeiter überhaupt beschäftigen und Fachleute halten zu können. Wird die kurzfristige Betrachtung zugunsten einer längerfristigen Sichtweise verlassen, so ergibt sich ein etwas anderes Bild. Es kann nämlich durchaus einmal sinnvoll sein, einen Auftrag anzunehmen, der einen negativen Deckungsbeitrag liefert. Das gilt z. B. dann, wenn sich dadurch die Chance bietet (verbunden mit anderen Maßnahmen), das Unternehmen über ein vorübergehendes Tief hinwegzuretten. Andererseits ist zu bedenken, dass in schlechter Lage oder aus anderen Gründen gewährte Preisnachlässe später nur sehr schwer wieder nach oben korrigiert werden können. Um hier etwas vorzubeugen, sollte nach Möglichkeit bei unveränderten Listenpreisen mit Sonderrabatten oder Sonderangeboten gearbeitet werden.

3. Bestimmung der Preisuntergrenze

Aus den eben angestellten Überlegungen ergibt sich, dass bei einer rein am Periodenergebnis orientierten, kurzfristigen Betrachtung die Grenzkosten zugleich die Preisuntergrenze bilden. Der Deckungsbeitrag ist in diesem Fall gleich null. Was eben über die Berücksichtigung längerfristiger Überlegungen gesagt wurde, gilt hier aber entsprechend. Darüber hinaus ist festzuhalten, dass es auch in guten Zeiten sinnvoll sein kann, bei wichtigen Kunden einmal mit einem negativen Deckungsbeitrag zu arbeiten.

4. Entscheidung über eine Programmbereinigung

a) Aufgabe

505 Von der Leitung des oben als Beispiel eingeführten Unternehmens wird davon ausgegangen, dass die Kapazitäten für ein Geschäftsjahr weitestgehend ausgelastet sind, wenn es gelingt, in Vertrieb und Produktion folgendes Programm zu realisieren:

| Produkt A | 1000 Einheiten | Produkt C | 750 Einheiten |
| Produkt B | 425 Einheiten | Produkt H | 1000 Einheiten |

Bei der Planung für das Geschäftsjahr „X + 1" wurde festgestellt, dass sich die angestrebte Produktkombination zwar wahrscheinlich realisieren lässt, dass für das Produkt C aber dauerhaft mit einem Preisrückgang auf durchschnittlich 20,- € je Einheit gerechnet werden muss. Damit ergibt sich das in Tabelle N-6 dargestellte Bild. Die für das Produkt C zu erwartenden Erlöse und Deckungsbeiträge sind noch zu bestimmen.

Produkt	Absatzmenge (= prod. Menge)	Erlöse €	Deckungs-beiträge €	Gesamtkosten €
A	1000	21 000,-	12 000,-	17 600,-
B	425	11 475,-	4250,-	10 200,-
C	750	?	?	18 750,-
H	1000	11 000,-	6000,-	10 600,-

Tab. N-6: Aufgabe II zur Grenzkostenrechnung – Ausgangsdaten

506 Die Fixkosten wurden im Rahmen der Planung neu analysiert. Die Gesamtsumme von 28 425,- € blieb dabei unverändert, es wurden aber folgende spezielle Fixkosten ermittelt: Für Produkt B 2600,- €, für C 7200,- € und für H 800,- €. Es sollen folgende Fragen beantwortet werden:

aa) Welches Periodenergebnis ergibt sich bei der aktuellen Kostensituation, wenn C weiter im Programm bleibt, oder aber, wenn C kurzfristig aus dem Programm gestrichen wird und sowohl die Grenzkosten als auch die speziellen Fixkosten von C gleichfalls kurzfristig abgebaut werden können?

bb) Wie soll verfahren werden, wenn 80 % der Grenzkosten kurzfristig und 60 % der speziellen Fixkosten von C innerhalb von 8 Monaten abgebaut werden können? Die restlichen 20 % bzw. 40 % können nach 12 Monaten abgebaut werden.

cc) Ändert sich die Entscheidung, wenn nach 12 Monaten zusätzlich auch noch 4 % der allgemeinen Fixkosten entfallen?

b) Lösung

507 Bei dem jetzt für C geltenden Erlös von durchschnittlich 20,- € pro Einheit ergibt sich bei 750 verkauften Einheiten ein Gesamterlös von 15 000,- €. Der durchschnittliche Deckungsbeitrag für eine Einheit von C liegt also bei 10,- €, so dass insgesamt ein Deckungsbeitrag von 7500,- € zu erreichen ist. Wie sich aus Tabelle N-7 ableiten lässt, liegen die Grenzkosten für C in diesem Fall gleichfalls bei 7500,- €. Unter Berücksichtigung dieser Werte, also unter Beibehaltung des Produkts C, würde das angestrebte Programm, wie die Tabelle N-7 zeigt, einen Gewinn von 1325,- € versprechen. Dieses Ergebnis ist schlechter als dasjenige, welches in Tabelle N-4 für den Fall der Unterbeschäftigung (mit Zusatzauftrag) ermittelt worden ist. Der Grund dafür liegt in dem Preisrückgang und in der damit verbundenen Verminderung des (durchschnittlichen) Deckungsbeitrags für eine Einheit von C. Beim alten Preis wären die von C insgesamt gelieferten Deckungsbeiträge um 3000,- € höher gewesen; das Periodenergebnis hätte dann bei 4325,- € gelegen.

III. Zur Lösung von Entscheidungsproblemen durch Grenzkostenrechnung

	Summe €	Produkt A €	Produkt B €	Produkt C €	Produkt H €
Erlös	58 475,-	21 000,-	11 475,-	15 000,-	11 000,-
– Grenzkosten	28 725,-	9 000,-	7 225,-	7 500,-	5 000,-
DB I	29 750,-	12 000,-	4 250,-	7 500,-	6 000,-
– Spezielle Fixkosten	10 600,-	–	2 600,-	7 200,-	800,-
DB II	19 150,-	12 000,-	1 650,-	300,-	5 200,-

– Allgemeine Fixkosten	17 825,-
Periodenergebnis	1 325,-

Tab. N-7: Aufgabe II zur Grenzkostenrechnung – Lösung

Würde das Produkt C aus dem Programm gestrichen, so müsste das Gesamtergebnis auf 1025,- € absinken, und zwar deshalb, weil der bisher vom Produkt C gelieferte Deckungsbeitrag II von 300,- € nicht mehr verfügbar wäre. Die Gesamtsumme der erwirtschafteten Deckungsbeiträge II würde auf 18 850,- € zurückgehen. Das Produkt C muss unter diesen Umständen (Variante aa) also weiter im Programm bleiben. Das gilt auch für die zweite Variante (bb), die sich von der ersten ja nur dadurch unterscheidet, dass der Abbau der Kosten, welche dem Produkt C zuzurechnen sind nicht sofort, sondern erst auf mittlere Sicht möglich ist. Das Bild ändert sich erst, wenn die dritte Variante (cc) betrachtet wird. In diesem Falle lassen sich innerhalb von 12 Monaten zusätzlich 4 % der allgemeinen Fixkosten von 17 825,- €, also 713,- € abbauen, wenn das Produkt C aufgegeben wird. Dadurch wird der Verlust an Deckungsbeiträgen in Höhe von 300,- € um 413,- € überkompensiert. Das Periodenergebnis würde dann also um diesen Betrag auf 1738,- € ansteigen.

Welche Informationen die Vollkostenrechnung bei konsequenter Anwendung für den Fall der Programmbereinigung liefern würde, zeigt die Tabelle N-8. Es wird dort eine Gewinnsteigerung um 3750,- € und ein neues Periodenergebnis von 5075,- € ausgewiesen. Beide Werte sind natürlich völlig abwegig, so dass sich eine Diskussion erübrigt. Ausdrücklich festzuhalten ist allerdings noch, dass das (gesamte) Periodenergebnis von 1325,- €, welches mit der Vollkostenrechnung für den Fall, dass C im Programm bleibt, ermittelt wurde, nunmehr mit dem Ergebnis der variablen Kostenrechnung (s. Tabelle N-7) übereinstimmt. Das muss im Beispiel so sein, weil jetzt, sowohl was die Kosten als auch das Produktionsprogramm angeht, jeweils auf der Basis der Werte gerechnet worden ist, welche auch der Ermittlung der Kalkulationssätze für die Vollkostenrechnung zugrunde gelegen haben. In der Praxis werden sich hier gewisse Abweichungen allerdings kaum vermeiden lassen.

Produkt	Menge	„Stückgewinn" €	„Gesamtgewinn" €
A	1000	3,40	3400,-
B	425	3,-	1275,-
C	750	– 5,-	– 3750,-
H	1000	0,40	400,-
Periodenergebnis nach Vollkostenrechnung inclusive C			1325,-
Angeblicher wegfallender Verlust bei Aufgabe von Produkt C			+ 3750,-
Angebliches Periodenergebnis bei Aufgabe von Produkt C			5075,-

Tab. N-8: Aufgabe II zur Grenzkostenrechnung – Scheinlösung auf Vollkostenbasis

Massive Unterschiede ergeben sich nach wie vor in der Verteilung der Kosten auf die verschiedenen Produkte. Hier liefert die Vollkostenrechnung wegen der letztendlich willkürlichen Zuordnung der Fixkosten (bzw. der Fixkosten nach h. L.) in jedem Fall unbrauchbare Ergebnisse.

5. Auftragsauswahl bei speziellem Engpass

a) Sachverhalt

509 Wie oben erläutert worden ist, gilt für den Fall der generellen, kurzfristigen Unterbeschäftigung grundsätzlich die Regel, dass jeder Auftrag anzunehmen ist, der noch einen positiven Deckungsbeitrag liefert. Ganz anders liegen die Dinge, wenn in einem Unternehmen generell oder aber in den relevanten Teilen Vollbeschäftigung herrscht. Immer vorausgesetzt, dass Kapazitätserweiterungen, aus welchen Gründen auch immer, nicht in Betracht kommen, kann in dieser Situation der Fall eintreten, dass ein Unternehmen zwischen verschiedenen Aufträgen wählen muss, weil es innerhalb der gewünschten Lieferfristen nicht alle erreichbaren Aufträge erledigen kann (*Schwarz* S. 86 ff.).

510 Sofern dabei, je nach Zusammensetzung der Aufträge, wechselnde Engpässe auftreten, lässt sich die Frage, welche Aufträge angenommen werden sollen, theoretisch einwandfrei nur mit Hilfe des Operation Research beantworten. Deshalb muss dieser Punkt hier ad acta gelegt werden. Handelt es sich dagegen um einen dominierenden, einen sogenannten speziellen Engpass, so lässt sich das Problem mit Hilfe der Grenzkostenrechnung lösen. Ein solcher spezieller Engpass liegt z. B. vor, wenn die von einem bestimmten Produkt in einem bestimmten Zeitraum herstellbare Menge allein durch die Kapazität eines Kostenplatzes (z. B. einer Spezialmaschine) bestimmt wird. Es wird also vorausgesetzt, dass auf den Vor- und Nachstufen keine Kapazitätsprobleme auftreten. Der spezielle Engpass braucht aber nicht unbedingt durch die Kapazität bestimmter Anlagen fixiert zu werden, er kann auch in der Zahl und der Qualität der verfügbaren Arbeitskräfte bzw. im Bereich des Fertigungsmaterials zu suchen sein. In solchen Situationen gilt der Grundsatz, dass aus rein ergebnisorientierter Sicht primär diejenigen Aufträge anzunehmen und abzuwickeln sind, die den größten Deckungsbeitrag je Engpasseinheit versprechen. Die Bevorzugung derjenigen Kostenträger mit dem höchsten absoluten Deckungsbeitrag würde, beim Auftreten eines Engpasses, der nicht durch die Menge der absetzbaren Erzeugnisse bestimmt wird, bedeuten, dass das gegebene Gewinnpotenzial nicht ausgeschöpft werden könnte.

511 Der gesuchte Deckungsbeitrag je Engpasseinheit ergibt sich aus

$$\text{FN-1:} \quad \frac{\text{Deckungsbeitrag je Mengeneinheit}}{\text{Engpassbelastung je Mengeneinheit}}$$

Zwei Beispiele sollen helfen, das Problem in den Griff zu bekommen.

b) Beispiel I: Kapazitätsengpass

512 Für das oben eingeführte Beispiel wird jetzt davon ausgegangen, dass die Kostenstelle X den speziellen Engpass bilde. Deshalb soll, bezogen auf diese Kostenstelle, eine Rangreihe erstellt werden, aus welcher hervorgeht, welchen Deckungsbeitrag je Engpasseinheit die verschiedenen Produkte liefern. Dazu müssen Annahmen über die Kapazität der Kostenstelle X und deren Beanspruchung durch die Produkte A, B und C getroffen werden. Es sollen folgende Werte gelten:

- Gesamtkapazität   10 000 Betriebsstunden
- Engpassbelastung durch A   2 Stunden
- Engpassbelastung durch B   10 Stunden   } je Einheit
- Engpassbelastung durch C   5 Stunden

III. Zur Lösung von Entscheidungsproblemen durch Grenzkostenrechnung 171

Die Deckungsbeiträge je Mengeneinheit betragen (s. Rz. 499 ff.) 12,– € für A, 10,– € für B und gleichfalls 10,– € für C. Somit ergeben sich folgende Deckungsbeiträge je Engpasseinheit (Engpassstunde):

Für A (12,– € : 2 Engpassstunden) = 6,– €/Std.
Für B (10,– € : 10 Engpassstunden) = 1,– €/Std.
Für C (10,– € : 5 Engpassstunden) = 2,– €/Std.

Die Rechnung zeigt, dass die Produkte B und C zwar denselben Deckungsbeitrag je Mengeneinheit liefern, dass der Deckungsbeitrag je Engpassstunde aber bei C doppelt so hoch ist wie bei B. Der Grund dafür ist unschwer zu erkennen, denn eine Einheit des Produkts B beansprucht im Engpass ja auch doppelt soviel Zeit wie eine Einheit von C. Damit ergeben sich die in Tabelle N-9 aufgeführten Rangreihen.

Die Rangreihen zeigen an, welche Produkte bei Überbeschäftigung bzw. bei Vollbeschäftigung jeweils bevorzugt verkauft und produziert werden sollten. Angenommen das Unternehmen müsse sich entscheiden, ob es 500 Stunden freie Kapazitäten mit Aufträgen für das Produkt B oder für das Produkt C auslasten solle, so wäre C eindeutig vorzuziehen. Bei Unterbeschäftigung wären natürlich beide Aufträge anzunehmen.

Rang	DB/Mengeneinheit	DB/Engpasseinheit
1	A → 12,– €	A → 6,– €
2	B → 10,– € C → 10,– €	C → 2,– €
3	Entfällt	B → 1,– €

Tab. N-9: Deckungsbeiträge je Mengeneinheit und je Engpasseinheit im Vergleich

c) Beispiel II: Materialengpass

Ein Farbenhersteller bietet die in Tabelle N-10 aufgeführten Sorten einer besonders wertvollen roten **513** Farbe an. Nähere Informationen über voraussichtliche Verkaufspreise sowie zur Kostenstruktur der Farbsorten sind gleichfalls aus der Tabelle N-10 ersichtlich.

Mischung (Name)	Verkaufspreis €/kg	Variable Kosten (Mengenabhängige Kosten) €/kg	Potenzielle Absatzmengen kg	Anteil der Purpurfarbe „Regina" in %
Spalte 1	Spalte 2	Spalte 3	Spalte 4	Spalte 5
Kastanienrot	62,–	50,–	720,00	28
Zinnoberrot	53,–	43,–	950,00	21
Karminrot	35,–	27,–	840,00	15

Tab. N-10: Variable Kostenrechnung bei Materialengpass – Ausgangsdaten

Wichtiger Bestandteil aller drei Farbsorten ist der Farbstoff „Purpurrot Regina". Eine Seuche unter der Population der Purpurschnecken im mittelamerikanischen Raum hat den Bestand erheblich dezimiert. Das hat die betroffenen Staaten veranlasst, entsprechende Schutzmaßnahmen zu ergreifen, um die Erholung des Bestandes zu sichern. Dadurch ist eine erhebliche Verknappung des Farbstoffes „Purpurrot Regina" eingetreten. Es muss deshalb damit gerechnet werden, dass auf absehbare Zeit pro Vierteljahr nur 430 kg des Farbstoffes verfügbar sein werden. Damit stellt sich die Frage, mit welchem Produktionsprogramm unter den gegebenen Umständen der höchste Deckungsbeitrag pro Quartal erwirtschaftet werden kann.

Zur Lösung des Problems muss zunächst festgestellt werden, welchen Deckungsbeitrag pro Kilogramm (Mengeneinheit) die einzelnen Sorten voraussichtlich liefern können. Dabei ergeben sich aus Tabelle N-10 die folgenden Werte:

Kastanienrot 12,– €/kg,
Zinnoberrot   10,– €/kg und
Karminrot   8,– €/kg.

Aus den Deckungsbeiträgen je Mengeneinheit lassen sich nun die Deckungsbeiträge je Engpasseinheit ableiten. Die Engpasseinheit ist eine Mengeneinheit (ein Kilogramm) des Farbstoffes „Purpurrot Regina". Für die Herstellung von einem Kilo der jeweiligen Farbsorte werden, wie aus Spalte 5 der Tabelle N-10 ersichtlich ist, folgende Mengen des knappen Farbstoffs benötigt: 0,28 kg, 0,21 kg und 0,15 kg. Für die Bestimmung der Deckungsbeiträge je Engpasseinheit gilt damit:

Kastanienrot (14,– € : 0,28 kg) = 50,– €/kg „Regina"
Zinnoberrot   (12,– € : 0,21 kg) = 57,14 €/kg „Regina"
Karminrot   (6,– € : 0,15 kg) = 40,– €/kg „Regina".

514 Die Farbe Zinnoberrot bringt also den höchsten Deckungsbeitrag pro Engpasseinheit, also je Kilo des Farbstoffes „Purpurrot Regina". Von der Farbe Zinnoberrot wird somit die gesamte absetzbare Menge von 950 kg hergestellt. Das gilt auch für die Farbe Kastanienrot, die den zweithöchsten Deckungsbeitrag je Engpasseinheit aufweist. Die Farbe Karminrot bringt sowohl pro Mengeneinheit als auch pro Engpasseinheit den niedrigsten Deckungsbeitrag. Die von Karminrot zu produzierende Menge wird deshalb allein von dem jetzt noch verfügbaren Vorrat des Engpassfaktors bestimmt. Mit dem so fixierten Produktionsprogramm lässt sich, wenn die in die Rechnung eingehenden Größen richtig sind, der höchste Gesamtdeckungsbeitrag erzielen, der unter den gegebenen Umständen überhaupt erreichbar ist.

Farbe	Zu produzierende Menge kg	Verbrauch von „Regina" kg	Gesamt-deckungsbeitrag €
Spalte 1	Spalte 2	Spalte 3	Spalte 4
Zinnoberrot	950,00	199,50	9500,–
Kastanienrot	720,00	201,60	8640,–
Karminrot	192,66	28,90	1541,28
Summen	1862,66	430,00	19681,28

Tab. 11: Grenzkostenrechnung bei Materialengpass – Lösung

Wie die Tabelle N-11 zeigt, beträgt dieser Gesamtdeckungsbeitrag 19 681,28 €. Der jeweilige Verbrauch des Engpassfaktors „Regina" (Sp. 3) ergibt sich, indem man die in Spalte 5 der Tabelle N-10 genannten Prozentsätze auf die zu produzierenden, weil für absetzbar gehaltenen Mengen anwendet. Die von der Farbe Karminrot noch herstellbare Menge wird dadurch bestimmt, dass die Restmenge des Engpassfaktors, nämlich 28,90 kg (= 15 % der herstellbaren Menge der Farbe Karminrot) auf 100 % hochgerechnet wird. Die Gesamtdeckungsbeiträge in Spalte 4 der Tabelle N-11 resultieren aus der Multiplikation der geplanten Absatzmengen mit dem jeweiligen Deckungsbeitrag je Mengeneinheit.

6. Entscheidung zwischen Fremdbezug oder Eigenfertigung

a) Vorbemerkung

515 Die Entscheidung, ob ein Unternehmen bestimmte Leistungen selbst herstellen, oder besser von anderen Unternehmen beziehen soll, kann nicht allein auf Grund der hier im Vordergrund stehenden Kostenbetrachtung und der erwarteten Auslastung der eigenen Kapazitäten getroffen werden. Bei der Entscheidungsfindung sind vielmehr noch eine Reihe weiterer Aspekte zu berücksichtigen. Zu denken ist dabei z. B. an folgende Fragen:

III. Zur Lösung von Entscheidungsproblemen durch Grenzkostenrechnung

Kann der Lieferant die zu stellenden qualitativen Anforderungen dauerhaft erfüllen? Ergeben sich Liquiditätsbelastungen aus erforderlichen Neuinvestitionen? Besteht die Gefahr, Fachkräfte und damit wichtiges Spezialwissen zu verlieren? Wie groß ist das Risiko, von einem Lieferanten abhängig zu werden?

Welchen Beitrag die Kostenrechnung zur Lösung des Problems liefern kann, wird anschließend wiederum anhand eines Beispiels gezeigt werden.

b) Beispiel

Im Rahmen des bekannten Beispiels soll angenommen werden, das Produkt B könne für insgesamt (Kaufpreis inklusive Nebenkosten der Beschaffung) 19,32 € je Einheit von außerhalb bezogen werden. Bei Fremdbezug wird deshalb mit 19,32 € „Variable Kosten" je Einheit gerechnet. Bei einem erwarteten Durchschnittserlös von 27,– € pro Einheit ergibt sich somit ein durchschnittlicher Deckungsbeitrag von 7,68 €. Wie aus Tabelle N-3 hervorgeht, wird bei Eigenfertigung von einem Deckungsbeitrag von durchschnittlich 10,– € pro Einheit ausgegangen. Sofern die vorhandenen Kapazitäten auch für andere Produkte eingesetzt werden können und zuverlässige Lieferanten quasi „Gewehr bei Fuß" stehen, kann es in diesem Fall sinnvoll sein, bei Kapazitätsengpässen zumindest einen Teil der Produktion nach außen zu vergeben (verlängerte Werkbank). Das gilt aber nur unter der Bedingung, dass damit die Gesamtsumme der erzielbaren Deckungsbeiträge im Vergleich zur vollständigen Eigenproduktion erhöht werden kann. Bei schlechter Beschäftigung sollte hingegen im eigenen Hause produziert werden.

In dem angenommenen Fall könnte eine Entscheidung auf Vollkostenbasis zu einer völligen und endgültigen Auslagerung der fraglichen Produktion führen, weil die ermittelten Durchschnittskosten über den Kosten des Fremdbezugs liegen. Dreht sich dieses Verhältnis um, spricht nach Vollkostenrechnung alles für die Eigenfertigung. Wenn die oben angenommenen Bedingungen stimmen, wenn also insbesondere durch Fremdbezug die Summe der insgesamt erzielbaren Deckungsbeiträge erhöht werden könnte, so wäre diese Entscheidung falsch. Es müsste vielmehr wie oben begründet für die Auslagerung entschieden werden.

7. Bestimmung eines optimalen Produktionsprogramms

Als Anschauungsmaterial soll noch gezeigt werden, welches Produktionsprogramm in unserem Beispiel den höchsten Periodengewinn brächte, wenn angenommen wird, dass sich die produzierbaren Mengen auch absetzen lassen. Dieses gewinnoptimale Produktionsprogramm ist dann erreicht, wenn die Summe der erzielbaren Deckungsbeiträge und damit die Differenz zwischen dieser Summe und den Fixkosten maximal ist.

Werden die zu produzierenden bzw. absetzbaren Mengen der Produkte A, B und C mit x_A, x_B und x_C bezeichnet und die jeweiligen Deckungsbeiträge je Einheit mit D_A, D_B und D_C, so gilt für das gesuchte optimale Programm folgende Zielfunktion:

$$(x_A \cdot D_A + x_B \cdot D_B + x_C \cdot D_C) - \text{Fixkosten} \rightarrow \text{Maximum}$$

Mit den Werten aus dem Beispiel belegt, ergibt sich:

$$(x_A \cdot 12 + x_B \cdot 10 + x_C \cdot 10.0) - 28\,425 \rightarrow \text{Maximum}$$

Da die verfügbaren Kapazitäten (s. Rz. 512) bzw. Absatzmengen begrenzt und negative Mengen unzulässig sind, müssen für die Bestimmung des optimalen Programms nachstehende Nebenbedingungen (Restriktionen) berücksichtigt werden:

Kapazität Kostenstelle L: $x_A + 10\,x_B + 5\,x_C \leq 10\,000$
Kapazität Kostenstelle M: $1\,x_A + 2\,x_B + 0\,x_C \leq 2000$
Kapazität Kostenstelle N: $0\,x_A + 0\,x_B + 1\,x_C \leq 750$
Nicht-Negativitätsbedingung: $x_A, x_B, x_C \geq 1$

Als Lösung (optimales Programm) ergibt sich folgende Kombination:

Produkt A   2000 Einheiten (x_A)
Produkt B   0 Einheiten (x_B)
Produkt C   750 Einheiten (x_C)

Mit diesem Programm werden Deckungsbeiträge von insgesamt 31 500,– € erzielt. Dazu kommen die aus dem Produkt H resultierenden Deckungsbeiträge von 6000,– €, so dass sich der erzielbare Gesamtdeckungsbeitrag auf 37 500,– € beläuft. Nach Abzug der Fixkosten in Höhe von 28 425,– € verbleibt also ein Gewinn von 9075,– €.

Die Tatsache, dass B eliminiert wird, wogegen C im Programm bleibt, bestätigt die oben (Programmbereinigung) getroffene Feststellung, dass es nicht sinnvoll wäre, die Produktion von C einzustellen, wenn sich dadurch nicht auch die allgemeinen Fixkosten um mehr als 300,– € senken lassen.

IV. Kalkulation mit variablen Kosten auf Teilkostenbasis

518 Wie bereits festgestellt worden ist, orientiert sich die Teilkostenrechnung am Idealtypus einer marktwirtschaftlichen Wirtschaftsordnung, in welcher die Preise für die Unternehmen ein nicht beeinflussbares Datum darstellen. Damit wird eine Angebotskalkulation auf

Grenzkostenrechnung als Kostenträgerstückrechnung (Kostenträgerstückrechnung auf Teilkostenbasis)	€
A) Erlöse und Erlösschmälerungen 1. Bruttoerlös 2. Fracht und Verpackung	 24 500,– – 1135,–
3. Nettoerlös I 4. Skonto 3 % von Position 3 5. Provision 10 % vom Deckungsbeitrag[1] (Position 13)	23 365,– – 700,95 – 1141,42
6. Nettoerlös II	21 522,63
7. Summe Erlösschmälerungen (2 + 4 + 5)	2977,37

B) Variable Kosten
 8. Fertigungsmaterial
 9. Maschinenabteilung I:
   Maschinengruppe A 38 h à 48,– €
   Maschinengruppe B 26 h à 42,– €
 10. Maschinenabteilung II: 48 h à 35,80 €
 11. Montage: 56 h à 29,– €
	
	 3850,–
	
	 1824,–
	 1092,–
	 1718,40
	 1624,–

12. Summe variable Kosten	10 108,40
13. Gesamtdeckungsbeitrag (6 – 12)	11 414,23

[1] Der Deckungsbeitrag ergibt sich aus [(3 – 4 –12) : 1,10]. Die Zahlen in runder Klammer geben die relevanten Positionen der Rechnung an.

Tab. N-13: Grenzkostenrechnung als Kostenträgerstückrechnung

Vollkostenbasis überflüssig. Unter den angenommenen Voraussetzungen genügt es vielmehr, wenn die Unternehmen feststellen können, ob sich mit dem für ein bestimmtes Produkt geltenden Marktpreis noch ein positiver Deckungsbeitrag erzielen lässt.

Wird der Marktpreis als ein Bruttoerlös (nach Abzug der Mehrwertsteuer) interpretiert, so müssen im Wege einer subtraktiven Kalkulation, wie sie in Tabelle N-13 dargestellt ist, vom Bruttoerlös zunächst alle Erlösschmälerungen sowie die variablen Kosten (Teilkosten) abgezogen werden. Wird der Marktpreis sofort als ein Nettoerlös interpretiert, so vereinfacht sich die Rechnung entsprechend.

In dem als Tabelle N-13 dargestellten Zahlenbeispiel sind als Erlösschmälerungen Fracht, Verpackung, Skonto und die Vertreterprovision berücksichtigt worden. Unter diesen Voraussetzungen ergibt sich im Beispiel der in Zeile 13 ausgewiesene (Gesamt-)Deckungsbeitrag von 11 414,23 €.

519 Das Beispiel weist insofern eine Besonderheit auf, als die Provision nicht vom Erlös, sondern von dem zu erwartenden Deckungsbeitrag ermittelt worden ist. Diese Vorgehensweise hat im Vergleich zur Umsatzprovision den Vorteil, dass die Interessen von Vertreter und Unternehmen gleichgerichtet sind, weil beide von einem hohen Deckungsbeitrag profitieren. Im Fall der Umsatzprovision muss diese Interessengleichheit nicht gegeben sein, weil der Vertreter dann in aller erster Linie am Umsatz interessiert ist. Den erzielten Deckungsbeitrag kennt er dann oft gar nicht.

Für den Fall, dass der Deckungsbeitrag eine vorab zu bestimmende Grenze unterschreitet bzw. gleich null oder negativ wird, scheint es sinnvoll zu sein, wieder auf die Umsatzprovision zurückzugreifen. Dabei kann situationsabhängig mit gestaffelten Sätzen gearbeitet werden. Denkbar wäre in diesen Fällen aber z. B. auch die Fixierung der Provision in Form von (gestaffelten) Festbeträgen.

520 Um im Beispiel aus Tabelle N-13 die Vertreterprovision als Position 5 überhaupt bestimmen zu können, müssen zunächst die variablen Kosten ermittelt werden. Das ist unabhängig von den Positionen 1 bis 7 möglich. Sind die variablen Kosten bekannt, so sind (zur Fixierung des Deckungsbeitrags) vom Nettoerlös I von 23 365,– € (Pos. 3) der Skonto von 700,95 € und die variablen Kosten in Höhe von 10 108,40 € abzuziehen. Es verbleibt ein Rest von 12 555,65 €. Wird dieser Betrag durch 1,10 dividiert, so ergibt sich der gesuchte Deckungsbeitrag von 11 414,23 €. Für die Bestimmung des im Beispiel mit 1,10 angesetzten Divisors gilt folgende Formel: [1 + (Provisionssatz : 100)]. Die Provision in Höhe von 10 % beträgt im Beispiel also 1141,42 €. Dabei wurde jetzt, der Philosophie der Teilkostenrechnung entsprechend davon ausgegangen, dass der Skonto in Höhe von 3 % die Vertreterprovision beeinflusst und auch tatsächlich in Anspruch genommen wird. Wird der Skonto nicht beansprucht, so erhöht sich der Gesamtdeckungsbeitrag auf 12 115,18 € und die Provision auf 1211,52 €. Wird wie oben, davon ausgegangen, dass der Skonto die Provision nicht beeinflussen soll, so ist zunächst der für die Berechnung der Provision geltende Deckungsbeitrag zu bestimmen. Er beträgt im Beispiel 12 051,45 € [(23 365,– € – 10 108,40 €) : 1,10]. Die Provision beläuft sich dann also auf 1205,14 €. Wird Skonto abgezogen, so ist dieser allein vom Unternehmen zu tragen. Der Deckungsbeitrag verringert sich damit auf 11 350,50 €.

Selbstverständlich kann auch in einer Teilkostenkalkulation die Provision vom Umsatz (Nettoerlös I) bezahlt werden. Um etwa auf die ursprünglich angesetzte Höhe von rund 1141,– € zu kommen, müsste der Provisionssatz dann bei 4,9 % liegen. Das würde einer Provision von rund 1145,– € entsprechen. Unter Berücksichtigung des Skontos (aber vor Abzug der Provision) würde sich damit ein vorläufiger Deckungsbeitrag von 12 555,65 € ergeben. Nach Abzug der Provision von 1145,– € verbleibt dem Unternehmen also ein Deckungsbeitrag von 11 410,65 €. Der oben betonte Gleichklang der Interessen von Vertreter und Unternehmen geht bei dieser Vorgehensweise allerdings wieder verloren.

521 Es stellt sich nun natürlich die Frage, wie im Rahmen einer Teilkostenrechnung verfahren werden soll, wenn nicht mehr von einem idealtypischen Markt (vollkommene Konkurrenz) ausgegangen wird, sondern von einem (realistischen) Markt, der es den Unternehmen erlaubt, bei „heterogener Konkurrenz mit Produkten, für die es keine (allgemein geltenden) Marktpreise gibt" (*Schwarz* S. 76) eine aktive Preispolitik zu betreiben. Unter diesen Umständen kann eine Angebotskalkulation auf Vollkostenbasis für die Unternehmensführung unentbehrlich werden (*Schwarz* S. 76). Das gilt z. B. für die Hersteller von Verpackungen für die Bereiche der Kosmetik-, der Lebensmittel- und der Arzneimittelindustrie. In der Literatur wird vorgeschlagen, solche Probleme in der Weise zu lösen, dass man die Kalkulation auf Teilkostenbasis durch eine Parallelkalkulation auf Vollkostenbasis ergänzt (s. z. B. *Gau* Bd. I., S. 102 f.). Sinnvoller dürfte es sein, einem Vorschlag von *Schwarz* zu folgen und die Kalkulation von vornherein so aufzubauen, zumindest aber die Kalkulationsgrundlagen so zu organisieren, dass Vollkostenrechnung und Teilkostenrechnung in einer „Gesamtrechnung" zusammengefasst werden können. *Schwarz* spricht in diesem Zusammenhang von einer kombinierten Grenz- und Vollkostenrechnung (S. 78 ff.). Dieses Konzept wird im Hauptabschnitt O anhand von Beispielen näher erläutert werden.

522 Um auf der Basis von Teilkosten rasch und ohne großen Aufwand einen Angebotspreis (auf Vollkostenbasis) bestimmen zu können, werden in der Praxis nicht selten Multiplikatoren eingesetzt, mit deren Hilfe die Teilkosten dann auf den Angebotspreis hochgerechnet werden. In der in Tabelle N-13 dargestellten Kalkulation wären die variablen Kosten 10 108,40 € z. B. mit 2,31 zu multiplizieren, um etwa auf den Nettoerlös I von 23 365,– € zu kommen. Für den Nettoerlös II ergibt sich ein Multiplikator von 2,13. Diese Multiplikatoren lassen sich in Abhängigkeit von Produktgruppe, Kundengruppe, Auftragsgröße usw. beliebig differenzieren. Ihrer Natur nach kann es sich dabei aber immer nur um Erfahrungswerte bzw. Vorgabewerte handeln, die aus Kalkulationen auf Vollkostenbasis gewonnen worden sind. Sie sollten zumindest einmal im Jahr durch aktuelle Rechnungen überprüft werden. Durch den Einsatz der Multiplikatoren werden Kalkulationen auf Vollkostenbasis also nicht überflüssig. Die Zahl der notwendigen Rechnungen kann aber (bei steigendem Fehlerrisiko) im Sinne des Prinzips der Wirtschaftlichkeit wohl erheblich eingeschränkt werden.

523 Ein wesentlicher, hier noch nicht erwähnter Vorteil der Kalkulation mit Teilkosten liegt darin, dass damit relativ schnell und sicher bestimmt werden kann, wie sich Preiszugeständnisse auf das (kalkulatorische) Betriebsergebnis auswirken. Auch die kostenorientierte Preisuntergrenze lässt sich, wie schon festgestellt wurde, mit Hilfe der Teilkostenkalkulation bestimmen. Sie liegt bekanntlich dort, wo der Deckungsbeitrag null wird. Diese Dinge wurden bereits ausführlich behandelt.

Um die einschlägigen Möglichkeiten der Grenzkostenrechnung besser darstellen zu können, soll angenommen werden, ein Kunde sei bereit, für die in der Beispielrechnung aus Tabelle N-13 kalkulierte Leistung einschließlich Fracht und Verpackung maximal 20 000,– € zu bezahlen, so dass dem Unternehmen netto 18 865,– € zufließen. Damit ergibt sich nach der in Tabelle N-13 angeführten Fußnote ein Deckungsbeitrag in Höhe von 7446,05 €. Bei schlechter Geschäftslage ist der Auftrag also anzunehmen, wenn andere wichtige Gründe (z. B. preispolitischer Natur) nicht dagegen sprechen.

Das Beispiel zeigt erneut, dass sich selbst mit Aufträgen mit stark „reduziertem" Deckungsbeitrag noch ein nennenswerter Beitrag zum Periodenergebnis erwirtschaften lässt. Solche Aufträge können also durchaus auch die Voraussetzung dafür sein, dass die Gewinnschwelle überhaupt erreicht bzw. überschritten werden kann. Wird für das Beispiel davon ausgegangen, dass Aufträge mit einem negativen Deckungsbeitrag nicht angenommen werden, so würde, bei einer Umsatzprovision von 4 %, die Preisuntergrenze bei

10529,58 € liegen. Nach Abzug der Provision von 421,18 € würden dem Unternehmen dann noch genau die variablen Kosten von 10108,40 € verbleiben. Der Deckungsbeitrag wäre gleich null. Es sei hier aber ausdrücklich nochmals darauf hingewiesen, dass aus den zu Preisnachlässen angestellten Überlegungen nicht der Schluss gezogen werden darf, dass sich ein Periodengewinn quasi dadurch garantieren lasse, dass alle Aufträge angenommen werden, die einen positiven Deckungsbeitrag liefern. Gewinn wird vielmehr immer erst dann erzielt, wenn die Summe der in einer Periode erwirtschafteten Deckungsbeiträge höher ist als die Summe der Fixkosten. Die Kostenrechnung darf deshalb nur ausnahmsweise das Maß für die Preispolitik sein, nämlich z. B. dann, wenn akut die Gefahr besteht, dass eine Abrechnungsperiode mit Verlust abgeschlossen werden muss. Grundsätzlich muss das Hauptaugenmerk der betrieblichen Preispolitik aber ganz konsequent darauf gerichtet sein, Preise durchzusetzen, die es dem Unternehmen ermöglichen, über entsprechende (positive) Deckungsbeiträge Periodengewinne zu erzielen, die sowohl auf kurze als auch auf längere Sicht für ausreichend (auskömmlich) gehalten werden.

524 Als Ergebnis der Diskussion sei folgendes festgehalten: Die Mängel der traditionellen Zuschlagskalkulation lassen sich durch die Grenzkostenrechnung weitgehend vermeiden. Darüber dürfen aber die Schwächen der Teilkostenkonzepte nicht übersehen werden. Sie bestehen insbesondere darin, dass die Rechnung (voraussetzungsgemäß) zur Kalkulation von Angebotspreisen auf Vollkostenbasis ungeeignet ist. Es dürfte aber, wie schon bemerkt wurde, zahlreiche Unternehmen geben, die auf solche Rechnungen angewiesen sind. Mit anderen Worten: Es gibt auch Vorteile der Vollkostenrechnung gegenüber der Grenzkostenrechnung. Die Vorteile beider Konzepte in sich zu vereinen, ist das Ziel der bereits angesprochenen kombinierten Teil- und Vollkostenrechnung, die im nächsten Hauptabschnitt behandelt werden wird.

VI. Zur Einzelkostenrechnung

525 Das wesentlichste Merkmal der Einzelkostenrechnung besteht darin, dass ganz konsequent nur mit Einzelkosten gearbeitet wird. Einzelkosten sind dabei aber nicht nur die Kostenträgereinzelkosten. Vielmehr wird dabei immer dann von Einzelkosten gesprochen, wenn sich bestimmte Kosten einer bestimmten Bezugsgröße direkt (also ohne Schlüsselung) zurechnen lassen. Um das für die Kostenträgerzeitrechnung zu erreichen, wird mit einem hierarchisch gegliederten (mehrstufigen) Abrechnungssystem gearbeitet. Wie die Tabelle N-14 zeigt, ist das System so aufgebaut und gegliedert, dass sich auf jeder Bezugsebene bestimmte, wohl definierte Kosten als Einzelkosten verrechnen lassen. Die Verrechnung von Gemeinkosten ist unzulässig. Es müssen also alle Kosten genau dort (auf derjenigen Stufe) zugerechnet werden, wo das erstmals als Einzelkosten möglich ist.

In Tabelle N-14 ist beispielhaft eine dreistufige Kostenträgerzeitrechnung (als Einzelkostenrechnung) dargestellt, in der nur zwischen Kostenträgereinzelkosten, Kostenträgergruppeneinzelkosten und Unternehmenseinzelkosten unterschieden wurde.

Durch eine weitere Aufgliederung der in den einzelnen Stufen erfassten Kostengruppen kann die Rechnung je nach Bedarf weiter differenziert werden. Auf der ersten Stufe lassen sich z. B. Fertigungslöhne und Fertigungsmaterial unterscheiden, die sich dann etwa nach Kostenstellen und Materialgruppen weiter aufgliedern lassen. In dieser Weise müsste (bei einer Einzelkostenrechnung) auch die Kostenträgerstückrechnung (Kalkulation) aufgebaut werden. Sie kann definitionsgemäß aber immer nur die Kosten der ersten Stufe des dargestellten Schemas umfassen, weil danach unzulässigerweise in der Kalkulation mit (Kostenträger-)Gemeinkosten gearbeitet werden müsste.

178   N. Systeme der Teilkostenrechnung (Deckungsbeitragsrechnung)

Abrechnungsschema zur Einzelkostenrechnung (Kostenträgerzeitrechnung)				
Kostenträger	A	B	C	Bezugs-ebene
Nettoerlöse – Kostenträgereinzelkosten	a d	b e	c f	I
Deckungsbeitrag I (Basisdeckungsbeitrag) – Kostenträgergruppeneinzelkosten		g ⌐ h k l	i	II
Deckungsbeitrag II – Unternehmenseinzelkosten		m ⌐ j n o		III
Periodenergebnis		p		

Tab. N-14: Abrechnungsschema zur Einzelkostenrechnung

VII. Ergänzendes Beispiel zur Fixkostendeckungsrechnung

526 Die Grundzüge der Fixkostendeckungsrechnung wurden oben unter dem Stichwort „Stufenweise Deckungsbeitragsrechnung" bereits erläutert. Ein stärker differenziertes Beispiel wird anschließend geliefert.

1. Grundlagen

Voraussetzung dafür, dass eine mehrstufige Deckungsbeitragsrechnung in Form einer Fixkostendeckungsrechnung überhaupt erstellt werden kann ist, dass bereits in der Betriebsabrechnung bzw. im BAB eine Trennung zwischen variablen und fixen Kosten vorgenommen wird. Einen Vorschlag, wie das technisch geschehen kann, hat *Olfert* (S. 274) entwickelt. Dieser Vorschlag ist in leicht veränderter Form oben abgedruckt worden.

Kostenarten \ Kostenstellen	Kostenstellen				Kostenstellen					Erzeugnisgruppen		
	A	B	C	D	E	F	G	H	I	I	II	III
Variable Einzelkosten												
Summe variabler Einzelkosten												
Variable Gemeinkosten												
Summe variabler Gemeinkosten												
Fixe Kosten												
Summe fixer Kosten												

Tab. N-15: Ergebnisse der Kostenauflösung
(Sammelblattvorlage in Anlehnung an *Olfert* S. 273.)

2. Rechnung

Zur Erläuterung der Fixkostendeckungsrechnung wird hier aus besonderen Gründen **527**
auf ein Beispiel (siehe unten Tab. N-16) von *Olfert* (S. 539) zurückgegriffen.
In dem Beispiel werden zunächst die Brutto- und Nettoerlöse ermittelt, die mit den in die Betrachtung einbezogenen vier Produkten erzielt worden sind.
Im zweiten Schritt beginnt die eigentliche Deckungsbeitragsrechnung. Hier werden den Nettoerlösen der verschiedenen Produkte die ihnen jeweils zurechenbaren variablen Fertigungskosten gegenüber gestellt. Es handelt sich dabei zum einen um die Fertigungslöhne und um das Fertigungsmaterial und zum andern um die anteiligen variablen Fertigungsgemeinkosten. Außerdem werden die variablen Fertigungskosten gezeigt, die unter den angenommenen Bedingungen auf ein Stück entfallen.
Im nächsten Schritt werden die im Vertrieb angefallenen variablen Einzel- und Gemeinkosten den vier Produkten zugeordnet und in die Deckungsrechnung übernommen. Als Differenz zwischen den jetzt insgesamt verrechneten variablen Kosten und den Nettoerlösen ergibt sich das mit den verschiedenen Produkten jeweils erzielte Bruttoergebnis, das jetzt besser als Deckungsbeitrag I bezeichnet wird. Die entsprechenden Beträge stehen zur Deckung der noch zu verrechnenden fixen Kosten insgesamt zur Verfügung.
Es stellt sich die Frage, warum im Beispiel, also in der Deckungsrechnung, **keine** variablen Kosten aus den Bereichen Material und Verwaltung erscheinen. Im Sinne der herr-

	A	B	C	D
Produktion und Verkauf (in Stück)	20 000	40 000	10 000	25 000
Preis in €/Stück	4,50	2,50	8,25	1,20
Bruttoerlös:	90 000	100 000	82 500	30 000
– Erlösschmälerungen	2000	1000	3000	800
Nettoerlös:	88 000	99 000	79 500	29 200
Variable Fertigungskosten/Stück	(2,50)	(1,25)	(3,00)	(0,40)
– Variable Fertigungskosten	50 000	50 000	30 000	10 000
Zwischenergebnis:	38 000	49 000	49 500	19 200
Variable Vertriebskosten/Stück	(0,75)	(0,25)	(1,00)	(0,20)
– Variable Vertriebskosten	15 000	10 000	10 000	5000
Bruttoergebnis: = Deckungsbeitrag I	23 000	39 000	39 500	14 200
– Erzeugnisfixkosten	10 000	10 000	5000	5000
Deckungsbeitrag II	13 000	29 000	34 500	9200
	\multicolumn{2}{c}{42 000}	\multicolumn{2}{c}{43 700}
– Erzeugnisgruppenfixkosten	\multicolumn{2}{c}{13 000}	\multicolumn{2}{c}{9000}
Deckungsbeitrag III	\multicolumn{2}{c}{29 000}	\multicolumn{2}{c}{34 700}
– Kostenstellen- und Bereichsfixkosten	\multicolumn{2}{c}{13 000}	\multicolumn{2}{c}{12 000}
Deckungsbeitrag IV	\multicolumn{2}{c}{16 000}	\multicolumn{2}{c}{22 700}
	\multicolumn{4}{c}{38 700}
– Unternehmensfixkosten	\multicolumn{4}{c}{20 000}
= Nettoergebnis	\multicolumn{4}{c}{**18 700**}

Tab. N-16: Beispiel zur Fixkostendeckungsrechnung
(Quelle: *Olfert* S. 539)

schenden Lehre ist es unstritig, dass auch dort Kosten anfallen, die sich in Abhängigkeit von der Beschäftigung ändern, also als variabel einzustufen und entsprechend zu verrechnen sind. Diese Kosten lassen sich allerdings immer nur näherungsweise bestimmen. Deshalb wird es hier für vertretbar gehalten, sie vollständig als fixe Kostenstellenkosten oder fixe Kostenbereichskosten einzuordnen. Einer dieser beiden Wege müsste im Beispiel gegangen worden sein. Diese Fragen sind bei Olfert offen geblieben. Nicht zuletzt deshalb ist sein Beispiel hier aufgegriffen worden. Würden die Gemeinkosten aus den Bereichen Material und Verwaltung völlig außer Acht gelassen, so könnte der sich am Ende der Rechnung ergebende Überschuss offensichtlich nicht dem Nettoergebnis der Abrechnungsperiode entsprechen.

Die Verrechnung der Fixkosten muss in einer Fixkostendeckungsrechnung stufenweise erfolgen, um jede Möglichkeit nutzen zu können, Teile dieser Kosten ganz bestimmten Objekten direkt (ohne Schlüsselung) zuordnen zu können. Daraus folgt, dass die Verrechnung der Fixkosten mit den Erzeugnisfixkosten beginnen muss. Es handelt sich dabei um Kosten, die bei der Produktion oder dem Vertrieb eines bestimmten Produkts anfallen, und sich zumindest der in einer Periode abzurechnenden Gesamtmenge eines Produkts direkt zurechnen lassen. Für die Erzeugnisgruppenfixkosten, die sich jeweils nur einer Erzeugnisgruppe direkt zurechnen lassen, gelten die Aussagen analog. Diese ihren Besonderheiten entsprechende Zuordnung der betreffenden Kosten ist aus dem Rechenbeispiel klar ersichtlich. Aus der Verrechnung der Erzeugnisfixkosten und der Erzeugnisgruppenfixkosten ergeben sich die Deckungsbeiträge II und III.

Vom Deckungsbeitrag III werden schließlich diejenigen fixen Kosten abgezogen, die sich bestimmten Kostenstellen oder Kostenbereichen und damit auch denjenigen Produkten, die nur dort hergestellt werden, sich aber nicht differenziert zuordnen lassen. Zu denken ist dabei etwa an Kostenstellenleiter (z. B. Meister) oder es verbleiben die Unternehmensfixkosten, die, wie schon der Name sagt, nur dem Unternehmen als Ganzem direkt zurechenbar sind. Im Beispiel wurde davon ausgegangen, dass das auf die Kosten der Geschäftsleitung zutrifft. Als Endpunkt der Rechnung ergibt sich das Nettoergebnis der Periode. Das gilt allerdings nur, wenn tatsächlich alle in der betreffenden Periode zuzuordnenden Kosten in die Rechnung einbezogen wurden.

3. Ergebnis

528 Die angestellten Überlegungen zeigen, dass der Einsatz einer Fixkostendeckungsrechnung mit erheblichem Aufwand verbunden ist. In aller Regel wäre es sicher angebracht, für alle in der Rechnung aufgeführten Positionen auch die Gesamtsumme zu nennen. Dadurch kann, wenn es entsprechende Planwerte gibt, aber im Zeitvergleich schnell festgestellt werden, welche Größen zu Veränderungen beim Nettoergebnis geführt haben und in welchem Ausmaß die einzelnen Produkte und Produktgruppen zu diesen Veränderungen beigetragen haben. Zu denken ist hier zunächst an die Bruttoerlöse sowie an die gesamten fixen und die variablen Kosten. Von besonderem Interesse ist in diesem Zusammenhang die Frage, ob sich die variablen Kosten in der geplanten Weise an Beschäftigungsschwankungen angepasst haben. Die Fixkosten müssen dagegen insoweit unverändert bleiben. Letztlich geht es hier aber darum, außerplanmäßige Veränderungen der Bruttoerlöse und der Kosten zu erfassen, um in einem weiteren Schritt deren Ursachen erforschen zu können. Dazu sind sowohl die Preiskomponente als auch die Mengenkomponente einschlägiger Vorgänge zu untersuchen.

VIII. Zur Bedeutung der Gewinnschwelle

Mit dem Namen „Gewinnschwelle" werden Rechenverfahren bezeichnet, die es ermöglichen sollen, diejenige Absatzmenge zu bestimmen, bei der die erzielten Erlöse gerade ausreichen, um die in der Periode anfallenden Kosten zu decken, so dass also zumindest ein ausgeglichenes Ergebnis erwartet werden kann. Diese Absatzmenge wird als kritische Menge, Break-Even-Point oder eben als Gewinnschwelle bezeichnet. Bei der Diskussion dieses Problemkreises muss zwischen Einproduktunternehmen und Mehrproduktunternehmen unterschieden werden.

Für den wohl seltenen Fall eines Einproduktunternehmens wird die Gewinnschwelle erreicht, wenn die Deckungsbeiträge, welche mit dem allein angebotenen Produkt erwirtschaftet werden, gerade hoch genug sind, um die Fixkosten der Periode zu decken. Liegen die erwirtschafteten Deckungsbeiträge unter dieser Schwelle, so befindet sich das Unternehmen in der Verlustzone. Liegen die erwirtschafteten Deckungsbeiträge über der Gewinnschwelle, so werden Gewinne erzielt. Man arbeitet in der Gewinnzone. Da in einem Einproduktunternehmen alle Deckungsbeiträge mit einem einzigen Produkt erwirtschaftet werden müssen, lässt sich die kritische Menge einfach dadurch ermitteln, dass die Fixkosten durch den (durchschnittlichen) Deckungsbeitrag je Mengeneinheit dividiert werden.

Beispiel:
Angenommen, ein Einproduktunternehmen müsse mit Fixkosten in Höhe von 113 985,– € rechnen und erziele einen Deckungsbeitrag von durchschnittlich 37,25 € je Einheit, so liegt die Gewinnschwelle (kritische Menge) bei 3060 Einheiten. Bei einem Verkaufspreis von 77,– € ergibt sich also ein Schwellenumsatz von 235 620,– €.

Das Beispiel zeigt die interdependenten Beziehungen, die zwischen verschiedenen Elementen der Rechnung bestehen. Eine Veränderung des Verkaufspreises führt z. B. zu einer Änderung des Deckungsbetrags je Mengeneinheit mit entsprechenden Konsequenzen für die Gewinnschwelle und den Schwellenumsatz.

Auf die geschilderte Art und Weise lässt sich auch die Absatzmenge feststellen, die notwendig ist, wenn ein Unternehmen außer der Fixkostendeckung auch noch einen bestimmten Mindestgewinn erzielen will. Zur Bestimmung des notwendigen Umsatzes ist in diesem Fall die Summe aus Fixkosten und Mindestgewinn durch den Deckungsbeitrag je Mengeneinheit zu teilen.

Schließlich ist hier noch darauf hinzuweise, dass für das Modell grundsätzlich von einem konstanten Leistungsprogramm (ohne Lagerbildung) sowie von einem linearen Gesamtkostenverlauf ausgegangen wird.

Im Mehrproduktbetrieb gibt es eine Vielzahl von Möglichkeiten, Absatz und Umsatz der verschiedenen Produkte so zu kombinieren, dass die Gewinnschwelle erreicht werden kann. Die für die weitere Entwicklung des Unternehmens beste Kombination lässt sich allerdings weder mathematisch noch mit Hilfe der Kosten- und Leistungsrechnung eindeutig bestimmen (*Olfert* S. 283 f. und *Bramsemann* S. 116 f.).

(einstweilen frei)

O. Das System der kombinierten Grenz- und Vollkostenrechnung

I. Einführung

Die Idee, Grenzkostenrechnung und Vollkostenrechnung in einer Rechnung zu kombinieren, stammt offenbar von *Horst Schwarz* (S. 78f.). Wie die in den Tabellen O-1 und O-2 dargestellten Beispielrechnungen zeigen, hat, was die Struktur der kombinierten Grenz- und Vollkostenrechnung angeht, die klassische Zuschlagskalkulation auf Vollkostenbasis Pate gestanden. Beide Rechnungen sind als Vorkalkulationen konzipiert, sie können in gleicher Weise aber auch als Nachkalkulationen aufgemacht werden.

Beide Rechnungen beruhen weitgehend auf identischem Zahlenmaterial; sie sind aber ganz unterschiedlich organisiert. Die in der Tabelle O-1 dargestellte Form der Rechnung ist im Sinne des Vollkostenkonzepts additiv aufgebaut. Die in der Abbildung O-2 gezeigte Rechnung ist dagegen subtraktiv organisiert, wie das dem Grundkonzept der Teilkostenrechnung entspricht. Durch ihre gegensätzliche Organisation wird zugleich deutlich, dass die beiden Rechnungen auf durchaus unterschiedliche Ausgangspositionen ausgerichtet sind. Die additive Variante gilt für den Fall, dass es dem Unternehmen möglich ist, eine aktive Preispolitik zu betreiben, dass es also über einen gewissen preispolitischen Spielraum verfügt. Die subtraktive Variante ist dagegen auf den Fall des fehlenden preispolitischen Spielraums zugeschnitten (*Schwarz* S. 85 und 87).

II. Bestimmung und Bedeutung von Solldeckungsbeiträgen

In den beiden eben kurz charakterisierten Beispielrechnungen zur kombinierten Grenz- und Vollkostenrechnung spielt die Verrechnung sogenannter „Solldeckungsbeiträge" eine wichtige Rolle. Was hat es damit auf sich?

Wie ausführlich begründet worden ist, lassen sich die Fixkosten schon deshalb nicht verursachungsgerecht auf die einzelnen Produkte zurechnen, weil zwischen der Entstehung der Fixkosten und der Entstehung der Produkte kein unmittelbarer Zusammenhang besteht. Auch für die sogenannten „Fixkosten" der h. L. ist dieser Sachverhalt unbestritten (vgl. z.B. *Haberstock* Bd. II, S. 18 ff., und *Kilger*, Einführung, S. 35). Es wäre also einigermaßen problematisch, würde hier (analog zur klassischen Vollkostenrechnung) wieder mit Kalkulationssätzen gearbeitet, die zumindest den Eindruck erwecken, als handele es sich dabei um Kosten, die speziell für das zu kalkulierende Produkt angefallen seien. Andererseits sind, wie schon festgestellt wurde viele Unternehmen gezwungen, Angebotspreise unter Berücksichtigung von Fixkosten, also auf Vollkostenbasis, zu ermitteln. Die Verrechnung von Solldeckungsbeiträgen bietet einen, wenn auch vielleicht nicht ganz befriedigenden, Ausweg aus diesem Dilemma. Dabei ist zu unterscheiden zwischen denjenigen Solldeckungsbeiträgen, welche zur Deckung der Fixkosten bestimmt sind einerseits und andererseits solchen Solldeckungsbeiträgen, welche explizit als Sollbeitrag (geplanter Beitrag) zum kalkulatorischen Betriebsergebnis konzipiert wurden.

Abrechnungstechnisch handelt es sich bei denjenigen Solldeckungsbeiträgen, welche auf die Deckung von Fixkosten ausgerichtet sind, um Kalkulationssätze, die auf der Basis einer als normal definierten Beschäftigung bestimmt werden müssen. Ein einfaches Beispiel soll zeigen, was gemeint ist: Angenommen, in der als Teilefertigung bezeichneten Kostenstelle eines Unternehmens fallen pro Jahr planmäßig 420 000,- € an Fixkosten an. Wird die Beschäftigung dieser Kostenstelle in Maschinenstunden gemessen und die Normalbeschäftigung auf 10 000 Maschinenstunden festgesetzt, so müssen zur Deckung der planmäßigen Fixkosten also 42,- € pro Maschinenstunde verrechnet werden. Gelingt das, so sind die planmäßigen Fixkosten dann gedeckt, wenn auch die 10 000 Betriebsstunden erreicht werden konnten. Werden mehr oder weniger Stunden gefahren, so ergeben sich entsprechende Über- oder Unterdeckungen. Das gilt auch, wenn die effektiven Fixkosten vom Planwert nach oben oder unten abweichen. Solche Abweichungen, insbesondere negativer Art, dürfen nun aber keinesfalls dazu führen, dass der ermittelte Kalkulationssatz (im Beispiel von 42,- €/Std.) einfach geändert (erhöht) wird. Es muss vielmehr versucht werden, die Kosten zu senken bzw. zu einer besseren Auslastung zu kommen. Eine tiefergehende Diskussion dieses Problems kann hier leider nicht geleistet werden.

Völlig offen geblieben ist bisher die Frage, worin nun eigentlich der entscheidende Unterschied besteht, zwischen der Verrechnung anteiliger Fixkosten, etwa in Form von Gemeinkostenzuschlagssätzen, und der Verrechnung von Solldeckungsbeiträgen, bzw. der Verrechnung eines Solldeckungsbeitrags zum kalkulatorischen Betriebsergebnis. Dieser Unterschied liegt nicht etwa in der Bestimmung der Kalkulationssätze, sondern in der Interpretation (Philosophie) und der Verwendung der Sätze in der Kostenträgerrechnung. Es wird jetzt nämlich weder behauptet noch der Eindruck erweckt, als handele es sich bei den betreffenden Positionen um Kosten, die durch ein bestimmtes Produkt verursacht worden sind. Stattdessen wird deutlich ausgewiesen, dass es sich um Kalkulationsbestandteile handelt, die der Deckung von Kostenkategorien dienen sollen, „für die eine verursachungsgerechte Kostenzurechnung auf den einzelnen Kostenträger unmöglich ist" (*Schwarz* S. 84). Was den Solldeckungsbeitrag zum kalkulatorischen Betriebsergebnis angeht, so wird durch diese Bezeichnung zum Ausdruck gebracht, zumindest aber angedeutet, dass dieser Beitrag nur dann in dem gewünschten Sinne wirksam werden kann, wenn es gelingt, die anfallenden Fixkosten über die einschlägigen Solldeckungsbeiträge einzuspielen.

III. Beispiele

1. Vorkalkulation mit variablen Kosten (Grenzkosten) und Solldeckungsbeiträgen bei gegebenem preispolitischem Spielraum (additive Rechnung)

543 Der Zielsetzung der Rechnung entsprechend, nämlich einen Angebotspreis (auf Vollkostenbasis) zu ermitteln, werden im Abschnitt A der Rechnung zunächst die variablen Kosten ausgewiesen, welche für die betreffende Produktion erwartet werden. Dabei sind die Werte aus der in Tabelle N-13 dargestellten Rechnung übernommen worden. Zu beachten ist in diesem Zusammenhang, dass in aller Regel nur ein Teil der variablen Kosten als Einzelkosten erfasst werden kann, der Rest muss also in Form von Gemeinkosten verrechnet werden. Explizit als Einzelkosten ausgewiesen wird im Beispiel nur das Fertigungsmaterial. Alle anderen Kosten sind als Gemeinkosten in Form von Stundensätzen erfasst worden. Zumindest zur Information könnten die in den Stundensätzen enthaltenen Fertigungslöhne (als Einzelkosten) aber auch separat dargestellt werden. Außerdem ist es natürlich möglich, die den variablen Kosten zuzurechnenden Teile der Fertigungskosten statt in Form von Stundensätzen als Fertigungslöhne und entsprechend differenzierten Fertigungsgemeinkostenzuschlägen in der Kalkulation zu verrechnen.

In der Abteilung B des Beispiels werden in Form von Solldeckungsbeiträgen diejenigen Beträge verrechnet, welche das betreffende Produkt zur Deckung der (planmäßigen) Fixkosten im Materialbereich und im Fertigungsbereich liefern soll. Dabei wurden die Solldeckungsbeiträge für die in der Maschinenabteilung I anfallenden Restkosten auf Basis der dort insgesamt verfahrenen 64 Stunden verrechnet. Die Solldeckungsbeiträge für die Fertigungshilfsstelle sowie für den allgemeinen Bereich werden anhand der insgesamt in Anspruch genommenen Prozesszeit von 168 Stunden in die Rechnung eingebracht. Damit stehen die in Abteilung B insgesamt zu verrechnenden Solldeckungsbeiträge fest, so dass im nächsten Schritt die sogenannten „Herstellkosten" (Position 12) ermittelt werden können.

A) Variable Kosten	
1. Fertigungsmaterial	3850,-
2. Maschinenabteilung I	
Maschinengruppe A 38 h à 48,- €	1824,-
Maschinengruppe B 26 h à 42,- €	1092,-
3. Maschinenabteilung II 48 h à 35,80 €	1718,40
4. Montage 56 h à 29,- €	1624,-
5. Summe variable Kosten	10 108,40
B) Solldeckungsbeiträge (I) zu den Fixkosten des Materialbereichs und des Fertigungsbereichs	
6. Materialbereich 8,3 % von Position 1	319,55
Maschinenabteilung I	
Maschinengruppe A 38 h à 5,65 €	214,70
Maschinengruppe B 26 h à 10,55 €	274,30
Restkosten 64 h à 20,84 €	1333,76
7. Maschinenabteilung II 48 h à 23,- €	1104,-
8. Montage: 56 h à 15,25 €	854,-
9. Fertigungshilfsstelle 168 h à 6,90 €	1159,20
10. Allgemeiner Bereich 168 h à 2,25 €	378,-
11. Summe Solldeckungsbeiträge I	5637,51
12. Herstellkosten (11 + 5)	15 745,91
C) Solldeckungsbeiträge (II) zum Verwaltungsbereich und zum Vertriebsbereich sowie zum kalkulatorischen Betriebsergebnis	
13. Verwaltung: 8,5 % von Position 12	1338,40
14. Vertrieb: 17,8 % von Position 12	2802,77
15. Summe der Solldeckungsbeiträge II	4141,17
16. Herstellkosten (Position 12)	15 745,91
17. Selbstkosten	19 887,08
18. Solldeckungsbeitrag zum Betriebsergebnis (8,2 % von Pos. 17)	1630,74
19. Basiswert	21 517,82
D) Erlösschmälerungen	
20. Provision 10 % vom Gesamtdeckungsbeitrag (Pos. 34)[1]	1403,50
21. Kalkulierter Nettoerlös I (19 + 20)	22 921,32
22. Skonto 3 % von Position 23	708,92
23. Kalkulierter Nettoerlös II	23 630,24
24. Rabatt 10 % von Position 25	2625,56
25. Kalkulierter Nettoerlös III	26 255,80
26. Fracht und Verpackung	1135,-
27. Kalkulierter Bruttoerlös	27 390,80
28. Summe Erlösschmälerungen (Positionen 20 + 22 + 24 + 26)	5872,98
29. Basiswert (Position. 19)	21 517,82
30. Kalkulierter Bruttoerlös (Position. 27)	27 390,80
31. Mehrwertsteuer 15 %	4108,62
32. Kalkulierter Angebotspreis	31 499,42
E) 33. Summe Solldeckungsbeiträge ohne Rabatt (Position 11 + 15 + 18)	11 409,42
34. Summe Solldeckungsbeiträge = Gesamtdeckungsbeitrag inkl. Rabatt (33 + 24)	14 034,98
(Alle Wertgrößen in €.)	

[1] Siehe Formel FO-1.

Tab. O-1: Vorkalkulation mit variablen Kosten und Solldeckungsbeiträgen für den Fall preispolitischen Spielraums

Der Abschnitt C dient der Verrechnung derjenigen Solldeckungsbeiträge, welche auf die Verwaltungs- und Vertriebsgemeinkosten sowie auf das kalkulatorische Betriebsergebnis ausgerichtet sind. Damit kann jetzt auch bestimmt werden, welche Selbstkosten (Position 17) und welcher Basiswert (Position 19) sich in der Rechnung ergeben.

Im Abschnitt D sind alsdann die zu erwartenden Erlösschmälerungen zusammengefasst. Dabei wurden 10 % Rabatt als erster Puffer für eventuell nötige Preisnachlässe einkalkuliert. Wird der Rabatt nicht oder nur teilweise in Anspruch genommen, so wirkt er wie ein Solldeckungsbeitrag zum kalkulatorischen Betriebsergebnis. Er ist also in der Vorkalkulation in voller Höhe bei der Berechnung der Provision zu berücksichtigen. Um unter diesen Voraussetzungen den kalkulatorischen Nettoerlös III und damit auch die Provision errechnen zu können, muss mit einer Gleichung gearbeitet werden. Dazu wird der Nettoerlös III gleich 100x gesetzt. Für das Beispiel gilt dann die Gleichung:

FO-1: $\quad 100x = 21\,517{,}82\,€ + 1140{,}94\,€ + 1{,}00\,x + 12{,}7x$

Dabei stehen die 21 517,82 € für den Basiswert (Position 19) und die 1140,94 € für die vorläufige Provision auf Basis der verrechneten Solldeckungsbeiträge von 11 409,42 € (Position 33). Die 1,00x stehen für den Anteil von 10 %, welche den Vertreter am Rabatt zustehen, wenn effektiv kein Rabatt gewährt werden muss. Die 12,7x betreffen den Rabatt sowie den Skonto, jeweils bezogen auf den gesuchten Nettoerlös III. Er beträgt, wie sich aus der Auflösung der Gleichung ergibt 26 255,80 €. Damit lassen sich Skonto und Rabatt leicht berechnen. Die Provision von insgesamt 1403,50 € ergibt sich dadurch, dass zu dem bereits bekannten Teilbetrag von 1140,94 € noch 10 % des Rabatts, also 262,56 € hinzu addiert werden. Wird der vom Unternehmen tatsächlich erzielte Gesamtdeckungsbeitrag dadurch geschmälert, dass der einkalkulierte Rabatt ganz oder teilweise zum Tragen kommt, so verringert sich die Vertreterprovision entsprechend. Müssen 10 % Rabatt eingeräumt werden, so sinkt die Provision also auf die schon bekannten 1140,94 €. Es wird also in prinzipiell gleicher Weise verfahren, wie das oben am Beispiel der klassischen Zuschlagskalkulation bereits demonstriert worden ist. (Rundungsdifferenzen wurden ausgeglichen.)

2. Vorkalkulation mit variablen Kosten und Solldeckungsbeiträgen für den Fall fehlenden preispolitischen Spielraums (subtraktive Rechnung)

544 Der erste Teil der Rechnung (Tab. O-2) ist jetzt mit dem in Tabelle N-13 dargestellten Beispiel fast völlig identisch. Im Gegensatz zur additiven Rechnung wurde jetzt kein Rabatt einkalkuliert, weil das unter den angenommenen Voraussetzungen nicht sinnvoll wäre.

Die verrechneten variablen Kosten, die Solldeckungsbeiträge zur Deckung der Fixkosten und damit auch die daraus resultierenden Herstellkosten (Position 23) und Selbstkosten (Position. 28) sind identisch mit der additiven Rechnung. Einen geringfügigen Unterschied gibt es auf Grund von Rundungsdifferenzen beim Solldeckungsbeitrag zum kalkulatorischen Betriebsergebnis (Position 31). Er ergibt sich jetzt als Differenz zwischen dem Gesamtdeckungsbeitrag und den verrechneten Solldeckungsbeiträgen. Die anderen Unterschiede, etwa bei den Bruttoerlösen und der Vertreterprovision, sind auf den in der additiven Rechnung einkalkulierten Rabatt zurückzuführen.

3. Fazit

545 Wie die beiden Beispielrechnungen zeigen, liefert eine kombinierte Produkt- und Vollkostenrechnung alle Informationen, die im Sinne der h. L. mit einer Grenzkostenrechnung ermittelt werden können. Darüber hinaus lassen sich mit diesen Rechnungen aber auch alle Aufgaben der klassischen Vollkostenrechnung erfüllen. Erreicht wird das durch die streng getrennte Verrechnung von variablen Kosten und Solldeckungsbeiträgen.

Schließlich wird durch die Verrechnung von Solldeckungsbeiträgen noch deutlich gemacht, dass über diese Solldeckungsbeiträge Kosten verrechnet werden, die sich einer verursachungsgerechten Zuordnung auf die einzelnen Kostenträger entziehen. Insgesamt gesehen kann die kombinierte Grenz- und Vollkostenrechnung mehr bzw. bessere Informationen liefern, als das der Fall ist, wenn die herkömmlichen Konzepte der Vollkostenrechnung und der Grenzkostenrechnung gemeinsam betrachtet werden.

A) Erlöse und Erlösschmälerungen	€
1. Bruttoerlös 2. Fracht und Verpackung 3. Nettoerlös I	24 500,- - 1135,- 23 365,-
4. Skonto 3% von Position 3	- 700,95
5. Provision 10% vom Deckungsbeitrag[1] (Position 13)	- 1141,42
6. Nettoerlöse II	21 522,63
7. Summe Erlösschmälerungen (2 + 4+ 5)	2977,37
B) Variable Kosten	
8. Fertigungsmaterial	3850,-

9. Maschinenabteilung I
    Maschinengruppe A   38 h à 48,- €
    Maschinegruppe B   26 h à 42,- €
10. Maschinenabteilung II   48 h à 35,80 €
11. Montage   56 h à 29,- €
	1824,-
	1092,-
	1718,40
	1624,-

12. Summe variable Kosten	10 108,40
13. Gesamtdeckungsbeitrag (6 – 12) = (20 + 26 + 31)	11 414,23
C) Solldeckungsbeiträge (I) zu den Fixkosten	
14. Materialbereich 8,3% von Pos. 8	319,55

15. Maschinenabteilung I
    Maschinengruppe A   38 h à 5,65 €
    Maschinengruppe B   26 h à 10,55 €
    Restkosten   64 h à 20,84 €
16. Maschinenabteilung II   48 h à 23,- €
17. Montage   56 h à 15,25 €
18. Fertigungshilfsstelle   168 h à 6,90 €
19. Allgemeiner Bereich   168 h à 2,25 €
	214,70
	274,30
	1333,76
	1104,-
	854,-
	1159,20
	378,-

20. Summe Solldeckungsbeiträge I 21. Summe variable Kosten	5637,51 10 108,40
23. Herstellkosten	15 745,91
D) Solldeckungsbeiträge (II) zum Verwaltungs- und zum Vertriebsbereich	
24. Verwaltung 8,5% von Position 23 25. Vertrieb 17,8% von Position 23	1338,40 2802,77
26. Summe der Solldeckungsbeiträge II 27. Herstellkosten (Position 23)	4141,17 15 745,91
28. Selbstkosten	19 887,08
29. Gesamtdeckungsbeitrag (Position 13) 30. Summe Solldeckungsbeiträge (Position 20 + 26)	11 414,23 - 9778,68
31. Solldeckungsbeitrag zum Betriebsergebnis	1635,55

[1] Der Deckungsbeitrag ergibt sich aus: [(3 – 4 – 12) : 1,10]

Tab. O-2: Vorkalkulation mit variablen Kosten und Solldeckungsbeiträgen für den Fall fehlenden preispolitischen Spielraums

IV. Beispiel zur Ermittlung eines Maschinenstundensatzes

1. Aufgabe

546 Anhand folgender Informationen soll für eine Werkzeugmaschine ein Stundensatz auf der Basis einer kombinierten Grenz- und Vollkostenrechnung bestimmt werden.
a) Bruttomaschinenlaufzeit: 52 Wochen zu je 38 Stunden. Erwartete Ausfallzeit (Feiertage, Instandhaltung, Defekt etc.) 12 %. Die ermittelte vorläufige Laufzeit soll auf 50 Stunden abgerundet werden.
b) Die Maschine wurde 2002 angeschafft. Der Anschaffungswert betrug 82 600,– €.
c) Der Stundensatz wird Ende des Jahres 2005 für das Jahr 2006 errechnet werden. Es liegen folgende, auf einschlägige Maschinen ausgerichtete Indexwerte vor:

2002	2003	2004	2005	
			Oktober	November
125,2	126,4	129,8	130,2	130,3

Der zu errechnende aktuelle Wiederbeschaffungswert (einer identischen neuen Maschine) soll auf volle 100,– € aufgerundet werden.
d) Bei planmäßiger Nutzung wird mit einem nutzbaren Potential von 13 600 Betriebsstunden gerechnet, das in 8 Jahren verbraucht werden soll.
e) Für kalkulatorische Zinsen werden 6 % angesetzt.
f) Als Wagnisprämie werden 1,5 % des aktuellen Wiederbeschaffungswertes verrechnet.
g) Voraussichtliche Instandhaltungskosten pro Jahr 2800,– €.
h) Raumbedarf der Maschine (insgesamt) 12 m². Kalkulatorische Miete 32,– € je Quadratmeter und Monat.
i) Installierte Leistung 30 kW, Ausnutzung im Mittel 46 %. Preis pro Kilowatt 0,21 €.
k) Durchschnittlicher Lohnsatz für Fertigungslöhne 18,50 € pro Stunde (Betriebsstunde = Arbeitsstunde).
l) Lohnnebenkosten 22,3 %.
m) Durchschnittliche Anschaffungskosten des Werkzeugs 360,– €. Das Werkzeug kann durchschnittlich 3 mal instand gesetzt werden. Es hat eine durchschnittliche Standzeit von 9 Stunden. Als Standzeit wird diejenige Zeit berechnet, in der das Werkzeug technisch einwandfrei und wirtschaftlich arbeitet. Pro Instandsetzung soll ein Festpreis von 80,– € gelten. Das Werkzeug ist durchschnittlich 90 % der Maschinenlaufzeit im Einsatz (Lastlaufzeit).
n) Sonstige Kosten pro Jahr 2650,– €.
o) In der Kostenstelle fallen als Fixkosten einzustufende Restkosten (Meister, Verkehrswege, Lichtstrom, Heizung) an, die auf 183 600,– € geschätzt werden. Sie sollen nach Maßgabe der für die Kostenstelle insgesamt eingeplanten 13 600 Maschinenstunden verrechnet werden.
p) Wie wäre zu entscheiden, wenn von einem größeren Kunden bei insgesamt schlechten Beschäftigungsaussichten ein Auftrag angeboten wird, der die Maschine insgesamt 300 Stunden auslasten würde, wenn der Kunde einen Preis von insgesamt 19 900,– € anbietet?

2. Lösung

(Alle Wertgrößen in €)

547 Teil 1: Vorarbeiten

a) Bestimmung der planmäßigen Laufzeit (p. a.):
   52 Wochen zu 38 Std.   1976,00 Std.
   12 % Ausfallzeit   237,12 Std.
   Vorläufige Laufzeit   1738,88 Std.
   Planmäßige Laufzeit (abgerundet)   1700,00 Std.

IV. Beispiel zur Ermittlung eines Maschinenstundensatzes

b) Bestimmung des aktuellen Wiederbeschaffungsneuwertes (W):
Der Anschaffungswert betrug 82 600,– €. Für die Umrechnung wird vom letzten bekannten Index (November 1995) ausgegangen. Da der Index zum Anschaffungszeitpunkt bereits bei 125,2 stand, gilt:

$$W = [(82\,600\,€ : 125{,}2) \times 130{,}3] = 85\,964{,}696\,€$$

Auf volle 100 Stunden aufgerundet ergibt sich ein aktueller Wiederbeschaffungsneuwert von 86 000,– €.

Durch die Rundungen bei der Laufzeit und beim aktuellen Wiederbeschaffungsneuwert wird der Stundensatz angehoben. Es wird also eine Sicherheitsmarge (Puffer) einkalkuliert. Damit ist allerdings das Risiko verbunden, dass man sich mit einem „überhöhten" Stundensatz aus dem Markt kalkuliert.

Teil 2: Bestimmung der voraussichtlich anfallenden Kosten   **548**

Kostenarten	Variable Kosten €	Solldeckungs-beitrag €
c) Kalkulatorische Abschreibungen (Bei einer planmäßigen Nutzungsdauer von 8 Jahren und gleichmäßiger Nutzung sind 12,5 % vom aktuellen Wiederbeschaffungsneuwert abzuschreiben)	10 750,–	
d) Kalkulatorische Zinsen 6 % vom halben aktuellen Wiederbeschaffungsneuwert (s. Rz. 236)		2580,–
e) Kalkulatorische Wagnisse (1,5 % vom aktuellen Wiederbeschaffungsneuwert)		1290,–
Zwischensumme	10 750,–	3870,–
f) Instandhaltung (pauschal)	2800,–	
g) Raumkosten (pro Jahr) (12 m² zu 32,– € für 12 Monate)		4608,–
h) Fertigungslöhne (18,50 € × 1700 Std.)	31 450,–	
i) Lohnnebenkosten als variable Kosten (22,3 % aus 31 450,– €)	7013,35	
k) Werkzeugkosten		
Anschaffungswert des Werkzeugs 360,–		
3 Instandsetzungen im Durchschnitt (3 × 80,– €) 240,–		
Gesamtkosten pro Werkzeug 600,–		
Bei einer durchschnittlichen (Teil-)Standzeit von 9 Stunden ergibt sich pro Werkzeug (inkl. Instandsetzungen) eine durchschnittliche Gesamtstandzeit von 4 × 9 = 36 Stunden. Das entspricht bei einer Lastlaufzeit von 90 % also einer Maschinenlaufzeit von 40 Stunden. Pro Maschinenstunde fallen somit 15,– € (600 : 40 Std.) für Werkzeugkosten an. Bei 1700 Stunden sind das pro Jahr 25 500,– €.	25 500,–	
l) Sonstiges		2650,–
Summe	77 513,35	11 128,–

549 Teil 3: Bestimmung des Stundensatzes

m) Kosten pro Maschinenstunde:	
Teilkostensatz (gerundet) (77 513,35 € : 1700 Std.)	45,60 €/Std.
n) Verrechnungssatz für Solldeckungsbeiträge (gerundet) (11 128,- € : 1700 Std.)	6,55 €/Std.
o) Vollkostensatz I	52,15 €/Std.
p) Für Restgemeinkosten ist ein Solldeckungsbeitrag von 13,50 € pro Maschinenstunde anzusetzen (183 600,- € : 13 600 Std.). Damit ergibt sich ein Vollkostensatz II von	65,65 €/Std.

Tab. O-3: Beispiel zur Berechnung I eines Maschinenstundensatzes mit variablen Kosten und Solldeckungsbeiträgen

Der angebotene Auftrag ist bei schlechter Beschäftigungslage anzunehmen. Er bringt pro Maschinenstunde einen Erlös von rund 66,33 € (19900 : 300), also einen Deckungsbeitrag von 20,73 €/Std. Durch diesen Deckungsbeitrag werden die angestrebten Solldeckungsbeiträge für die speziellen Fixkosten von Maschine und Kostenstelle (insgesamt 20,05 €/Std. = 6,55 €/Std. + 13,50 €/Std.) nicht nur erreicht, es verbleibt auch noch ein Beitrag von insgesamt 204,- € zur Deckung der allgemeinen Fixkosten.

550–559 *(einstweilen frei)*

P. Die Plankostenrechnung

I. Begriff und Formen

Wie schon festgestellt worden ist, handelt es sich bei der Plankostenrechnung um ein besonders stark zukunftsorientiertes Kostenrechnungssystem. Diese Zukunftsorientierung kommt dadurch zum Ausdruck, dass grundsätzlich mit geplanten Kosten, den sogenannten „Plankosten", gearbeitet wird. Auf der Basis einer geplanten Beschäftigung ergeben sich die Plankosten für eine bestimmte Kostenart grundsätzlich aus der Multiplikation der geplanten Verbrauchsmenge (Planverbrauchsmenge) mit dem jeweiligen Planpreis (je Einheit).

Statt von Plankosten und Plankostenrechnung wird in Theorie und Praxis auch noch von Standardkosten-, Normkosten- oder Budgetkostenrechnung gesprochen (vgl. z. B. *Kilger*, Einführung, S. 57; *Wilkens* S. 84). In Deutschland hat sich aber eindeutig der auch hier verwendete Begriff „Plankostenrechnung" durchgesetzt.

Je nachdem, ob die jeweilige Beschäftigungslage beim Soll-Ist-Vergleich Berücksichtigung findet oder nicht, wird zwischen starrer und flexibler Plankostenrechnung unterschieden, wobei letztere wieder auf Teilkosten- oder auf Vollkostenbasis, aber auch in kombinierter Form (kombinierte Teil- und Vollkostenrechnung – *Schwarz* S. 78 ff.) durchgeführt werden kann. Damit ergibt sich das in Abbildung P-1 dargestellte Bild.

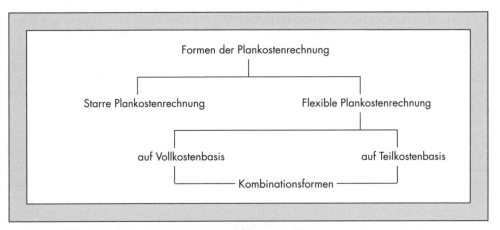

Abb. P-1: Formen der Plankostenrechnung

Die starre Plankostenrechnung ist dadurch charakterisiert, dass sie unabhängig von der effektiv erreichten Beschäftigung die in einer Periode tatsächlich angefallenen Kosten (Istkosten) immer mit den Plankosten vergleicht, also mit den auf der Basis der Planbeschäftigung bestimmten Kosten. Das wäre nur sinnvoll, wenn die Gesamtkosten von der Beschäftigung nicht oder nur in sehr geringem Maße beeinflusst würden. Für die flexible Plankostenrechnung gilt diese unrealistische Bedingung nicht. Hier werden den bei einem bestimmten Beschäftigungsgrad anfallenden Istkosten Sollgrößen (Sollkosten) gegenübergestellt, welche auf den tatsächlich erreichten Beschäftigungsgrad ausgerichtet sind (zur Definition des Beschäftigungsgrades siehe Rz. 569.) In der folgenden Diskussion wird nur die flexible Plankostenrechnung dargestellt, und zwar in einer letztlich alle Varianten abdeckenden Art und Weise.

II. Aufbau und Realisation

1. Vorschau

562 Für Aufbau und Realisation der Plankostenrechnung lassen sich folgende Phasen unterscheiden:

- Phase 1: Vorbereitung
- Phase 2: Planung
- Phase 3: Abrechnung
- Phase 4: Abweichungsanalyse.

Diese Phasen werden anschließend näher beschrieben.

2. Die Vorbereitungsphase

a) Zur Gliederung von Kostenarten und Kostenstellen

563 Um mit einer Plankostenrechnung arbeiten zu können, muss sowohl der Kostenartenplan als auch der Kostenstellenplan auf die besonderen Anforderungen der Plankostenrechnung ausgerichtet sein. Das bedeutet, dass im Kostenartenplan eine Trennung in variable Kosten und Fixkosten erfolgen muss. Dieses Problem wurde bereits diskutiert.

Aus dem Kostenstellenplan müssen selbstverständlich alle notwendigen bzw. für notwendig gehaltenen Untergliederungen in Kostenplätze oder Teilkostenstellen ersichtlich sein. Besonders wichtig ist dabei wiederum, dass nur solche Arbeitsplätze und Anlagen zu einer Abrechnungseinheit zusammengefasst werden dürfen, die eine einigermaßen einheitliche Kostenstruktur aufweisen.

b) Zur Gliederung der Kostenträger

Für Zwecke der Kostenträgerrechnung (Kalkulation) bedarf die Plankostenrechnung eines Kostenträgerplanes. Ein solcher Plan ist oben bereits beispielhaft dargestellt worden.

c) Bestimmung von Bezugsgrößen zur Messung von Beschäftigung, Beanspruchung und Kostenentwicklung

564 Für den hier als relevant zu betrachtenden Fall eines mehrstufigen Mehrproduktunternehmens kann es bekanntlich keinen einheitlichen, also für alle Produktionsstätten brauchbaren Beschäftigungsmaßstab geben, weil sich ungleichnamige Mengen nicht addieren lassen. Deshalb muss für Zwecke der Plankostenrechnung (in Mehrproduktunternehmen) für jede Abrechnungseinheit (Kostenstelle, Kostenplatz), welche in die Rechnung einbezogen werden soll, zumindest eine Bezugsgröße bestimmt werden, die es erlaubt, die Kapazitäten der betreffenden Abrechnungseinheit und deren Auslastung (Beschäftigung), also die Kostenstellenleistung, in praktikabler Art und Weise zu messen. Die Bezugsgrößen haben insoweit die Funktion eines Beschäftigungsmaßstabes. Des Weiteren sollte es mit Hilfe der

II. Aufbau und Realisation

Bezugsgrößen möglich sein, die Kostenverursachung (Kostenentwicklung) der betreffenden Einheit zu erfassen und in Form von Kalkulationssätzen darzustellen. Dazu müssen die Bezugsgrößen möglichst in einer proportionalen (zumindest aber in einer bekannten) Abhängigkeit zur Kostenentwicklung der Abrechnungseinheit stehen. Eine solche proportionale Beziehung wird z.B. hinsichtlich der Laufzeit einer Maschine und der Entwicklung der variablen Kosten (bei konstanter Intensität) unterstellt. Lassen sich die beschriebenen Aufgaben in einer Abrechnungseinheit mit einer Bezugsgröße nicht mit hinreichendem Maße erfüllen, so muss mit zwei oder mehr Bezugsgrößen gearbeitet werden. Zwei Bezugsgrößen sind z.B. bereits dann erforderlich, wenn sich die für Rüstzeiten und Ausführungszeiten anfallenden Kosten erheblich unterscheiden.

565 Unter Hinweis auf einschlägige Ausführungen von *Heinen* (S. 512f.) ist oben begründet worden, dass es nur für die variablen Kosten einen unmittelbaren Zusammenhang zwischen der Kostenentstehung und der betrieblichen Leistungserstellung geben kann, nicht dagegen bei den Fixkosten. Daraus folgt, dass in denjenigen Kostenstellen (aber auch nur dort), in welchen überwiegend variable Kosten anfallen, mit der Messung der Beschäftigung der jeweiligen Kostenstelle bzw. der jeweiligen Abrechnungseinheit zugleich auch die Beschäftigung des Unternehmens (bezogen auf den entsprechenden Teilbereich) festgestellt werden kann. Zutreffend ist das für die Gruppe der Fertigungshauptstellen, die in diesem Zusammenhang künftig einfach als Kostenstellen der Gruppe Y bezeichnet werden sollen.

566 Bei den Fixkosten gibt es dagegen keine unmittelbare Beziehung zwischen der Entwicklung der Kosten und der betrieblichen Leistungserstellung; die Fixkosten müssen aber in Kauf genommen werden, weil die betriebliche Leistungserstellung sonst unmöglich wäre (*Heinen* S. 517). Folglich kann es bei denjenigen Kostenstellen (Kostenstellen der Gruppe Z), in welchen ausschließlich Fixkosten anfallen, auch nur eine indirekte Beziehung zur betrieblichen Leistungserstellung geben. Das schließt nicht aus, dass die „Leistung" dieser Kostenstelle wenigstens näherungsweise gemessen werden kann. Die sich daraus ergebenden Werte haben aber keinen Einfluss auf die Beschäftigungssituation des Unternehmens.

Aus der geschilderten Situation ergibt sich die Schlussfolgerung, dass es zumindest äußerst problematisch ist, wenn sowohl für die Kostenstellen der Gruppe Y als auch für Kostenstellen der Gruppe Z in gleicher Weise einfach von Beschäftigung gesprochen wird, obwohl es dabei um zwei grundverschiedene Sachverhalte geht. Um diesen Fehler zu vermeiden, wird hier künftig nur noch in Bezug auf Kostenstellen der Gruppe Y (sowie auf das Gesamtunternehmen) der Begriff „Beschäftigung" gebraucht. Für die Kostenstellen der Gruppe Z wird (mangels einer besseren Idee) statt von Beschäftigung von Beanspruchung gesprochen.

Anhand von Beispielen soll versucht werden, deutlicher herauszuarbeiten, was mit „Beanspruchung" bezüglich der Kostenstellen der Gruppe Z gemeint ist.

567 Zur Messung der Kapazität und der Beanspruchung des Vertriebs werden in der Literatur (vgl. z.B. *Haberstock* Bd. II, S. 76, *Kilger* Plankostenrechnung, S. 336ff.) die Zahl der bearbeiteten Aufträge und insbesondere die variablen Herstellkosten angeboten. Zu denken wäre weiter an die erzielten Umsätze oder an die erwirtschafteten Deckungsbeiträge. Wird von einer einigermaßen gleichartigen Zusammensetzung der Aufträge ausgegangen, so sind all diese Größen dazu geeignet, ein Bild von der Beanspruchung des Vertriebs und (aber nur) mittelbar auch von der Beschäftigung des Unternehmens zu vermitteln. Eine unmittelbare Beziehung zwischen den angeführten Bezugsgrößen und der Kostenentwicklung im Vertrieb besteht nicht. Es ist also nicht sinnvoll, wenn versucht wird, nicht nur im Vertriebsbereich, sondern etwa auch im Einkauf oder gar in der Kostenstelle Geschäftsleitung irgendwie mit beschäftigungsabhängigen (proportionalen) Kosten arbeiten zu wollen. Was das bedeutet, lässt sich im Vertriebsbereich besonders deutlich zeigen, wenn einmal angenommen wird, dass ein Unternehmen bei rückläufigem Auftragseingang durch entsprechende Anstrengungen versuchen muss, der Konkurrenz Paroli zu bieten. Dies wird dazu führen, dass die Beanspruchung des Vertriebs zunimmt. Das wird dort nicht selten zu Kostensteigerungen führen, obwohl die Beschäftigung des Unternehmens rückläufig ist. Andererseits werden und dürfen die Kosten im Vertrieb auch nicht linear ansteigen, wenn sich Auftragseingang und Umsatz erhöhen. Für Geschäftsleitung und Einkauf sowie auch für die anderen Kostenstellen der Gruppe Z gilt das zum Vertrieb Gesagte analog. Als Konsequenz aus diesen Überlegungen ergibt sich die oben bereits getroffene Feststellung, dass es für Kostenstellen der Gruppe Z keinen Sinn macht, mit (angeblich) fixen und variablen Kosten rechnen zu wollen, eben weil die betreffenden Kosten in keiner unmittelbaren Beziehung zur betrieblichen Leistungserstellung stehen. Im Bereich der Kostenstellen der Gruppe Z kann es deshalb nur sachdienlich sein, mit Effizienzkennziffern zu arbeiten.

3. Die Planungsphase

a) Fixierung von Planungsperiode und Abrechnungsperiode

568 In diesem ersten Schritt der Planung muss bestimmt werden, für welchen Zeitraum die Kostenplanung gelten soll. Meist ist es zweckmäßig, die Kostenplanung auf ein Geschäftsjahr auszurichten. Ergeben sich während der Planungsperiode Änderungen der Kostenstruktur bestimmter Kostenstellen, oder kommen neue Kostenstellen hinzu, so ist die Planung entsprechend zu ändern bzw. zu ergänzen. Änderungen der Kostenstruktur einzelner Kostenstellen können sich z. B. aus dem Einsatz neuer Maschinen oder durch eine Veränderung im Produktionsprogramm ergeben.

Die Fixierung der Abrechnungsperiode betrifft die Frage, in welchen Zeiträumen eine Abrechnung, also ein Soll-Ist-Vergleich, stattfinden soll. Hier empfiehlt es sich, nicht mit Kalenderzeiträumen (z. B. Kalendermonaten) zu arbeiten, sondern jeweils eine gleich hohe Zahl von Arbeitstagen (z. B. 30 Arbeitstage) als Abrechnungsperiode zu definieren.

b) Bestimmung der Planbezugsgrößen (Planbeschäftigung, Planbeanspruchung)

569 Sind für alle abzurechnenden Kostenstellen und Kostenplätze die Bezugsgrößen zur Messung der Beschäftigung bzw. der Beanspruchung bestimmt, so ist als zweiter Schritt der Planungsphase die Planbeschäftigung bzw. die Planbeanspruchung für die abzurechnenden organisatorischen Einheiten festzulegen.

Darüber, auf welcher Basis die Planbezugsgrößen fixiert werden sollen, gehen die Meinungen auseinander. Zur Debatte stehen insbesondere die Kapazitätsplanung und die Engpassplanung. Bei der Kapazitätsplanung werden die Planbezugsgrößen kostenstellenindividuell anhand der verfügbaren Kapazitäten festgelegt, und zwar unabhängig von der zu erwartenden Auslastung. Probleme bereitet dabei die Messung der Kapazitäten. Bei der Engpassplanung wird die Planbezugsgröße auf der Basis der zukünftig zu erwartenden durchschnittlichen Beschäftigung bzw. Beanspruchung je Abrechnungsperiode festgelegt. Voraussichtlich auftretende Engpässe werden dabei in der Planung berücksichtigt. Ohne die Vor- und Nachteile beider Verfahren diskutieren zu können wird hier für die Engpassplanung plädiert, weil sie die wahrscheinlich realistischeren Planwerte liefert. Außerdem verlieren dann die Probleme der Kapazitätsdefinition erheblich an Bedeutung.

Aus den bisherigen Überlegungen ergibt sich, dass die Planbeschäftigung (bzw. Planbeanspruchung) für alle relevanten Kostenstellen (Abrechnungseinheiten) zunächst einmal mit Hilfe absoluter Größen (z.B. Ausbringungsmenge, Arbeitsstunden, Maschinenstunden, Zahl der Bestellungen, Umsatzvolumen usw.) fixiert werden muss. Außerdem hat es sich gerade für die Kosten- und Leistungsrechnung als zweckmäßig erwiesen, die absoluten Maßgrößen Beschäftigung bzw. Beanspruchung durch relative Maßgrößen zu ergänzen, die als „Beschäftigungsgrad" bzw. „Beanspruchungsgrad" bezeichnet werden. Wie diese relativen Maßgrößen definiert sind, ergibt sich aus den Formeln FP-1 und FP-2. Die Definitionen zeigen, dass die Planbeschäftigung immer einem Beschäftigungsgrad von 100% entspricht. Liegt die tatsächliche Beschäftigung über (unter) der Planbeschäftigung, so führt das zu einem Beschäftigungsgrad, der über (unter) 100% liegen muss. Ist die Planbeschäftigung einer Kostenstelle z.B. auf 200 Maschinenstunden fixiert worden, so resultiert daraus also ein Beschäftigungsgrad von 85% bzw. 110%, wenn die Istbeschäftigung 170 Stunden bzw. 220 Std. betragen hat. Für den Beanspruchungsgrad gilt das analog.

Die Formeln zur Bestimmung von Planbeschäftigungsgrad und Planauslastungsgrad lauten

FP-1: $\text{Beschäftigungsgrad} = \dfrac{\text{Istbeschäftigung} \times 100\%}{\text{Planbeschäftigung}}$

FP-2: $\text{Beanspruchungsgrad} = \dfrac{\text{Istbeanspruchung} \times 100\%}{\text{Planbeanspruchung}}$

c) Die Bestimmung von Planmengen und Planpreisen

Durch die Mengenplanung, also durch die Fixierung der Planmengen, sind für alle Kostenstellen (soweit dies überhaupt möglich und wirtschaftlich sinnvoll ist) diejenigen Verbrauchsmengen (inkl. Arbeitszeiten) pro Kostenart zu bestimmen, „die zur Realisierung der Planbezugsgröße bei wirtschaftlichem Handeln" (*Kilger*, Einführung S. 201) für erforderlich gehalten werden. Kostenarten, für die es keine brauchbare Mengenkomponente gibt, sind in Wertgrößen zu planen. Das gilt z.B. für Versicherungsbeiträge, Gebühren und Kostensteuern sowie für zahlreiche Dienstleistungen, wie etwa für die Kosten der Steuer- und Rechtsberatung, für Mietwagen und Taxis sowie für Telefon, Telefax usw. Gleichfalls nur als Wertgröße werden Kosten geplant, die absolut und relativ von untergeordneter Bedeutung sind oder deren Anfall nur sehr schwer prognostiziert werden kann.

Für die Bestimmung von Planverbrauchsmengen sollten die Istwerte aus der Vergangenheit nur insofern eine Rolle spielen, als die aus der Analyse dieser Werte zu gewinnenden Informationen und Erfahrungen durchaus in die Mengenplanung eingehen sollen. Primär sollte die Mengenplanung aber auf Studien und Berechnungen technischer und betriebswirtschaftlicher sowie auch arbeitswissenschaftlicher Art beruhen. Zu denken ist ferner an Informationen, die bei Probeläufen oder durch die Anfertigung von Mustern gewonnen wurden. Die Hauptarbeit ist hier sicher nicht von Kaufleuten, sondern von Technikern zu leisten.

Um die im Rahmen der Plankostenrechnung zum Zwecke der Kostenkontrolle unumgänglichen Soll-Ist-Vergleiche methodisch einwandfrei durchführen zu können, müssen die geplanten und die tatsächlich eingetretenen Mengenverbräuche mit einheitlichen, d.h. mit geplanten Preisen (gemeint ist immer der Preis je Einheit) bewertet werden. Auf diese Weise lassen sich diejenigen Schwankungen im Kostenbereich feststellen, welche auf externe Einflüsse in Form von Marktpreisschwankungen zurückzuführen sind. Damit lässt sich die Kostenkontrolle auf ihr zentrales Gebiet konzentrieren, nämlich auf bewertete Mengenabweichungen als Maßstab für die Wirtschaftlichkeit. Abrechnungstechnisch sinnvoll und wirtschaftlich ist die Festlegung von Planpreisen (inklusive Lohnsätzen) natürlich nur bei denjenigen Produktionsfaktoren, die ein klar bestimmbares Mengengerüst haben und von entsprechender Relevanz sind. Zu nennen sind hier der größte Teil der im Unternehmen eingesetzten Roh-, Hilfs- und Betriebsstoffe sowie die in den Bereich der variablen Kosten fallenden Arbeitszeiten. Auch für die Verrechnung der innerbetrieblichen Leistungen sind Planverrechnungspreise zu bestimmen. Für diejenigen Kostenarten, die von vornherein nur in Wertgrößen geplant werden, bedarf es keiner besonderen Preisplanung.

571 Um die wirtschaftliche Bedeutung der bewerteten Mengen richtig einschätzen zu können, sollten die Planpreise den für die Planperiode geltenden durchschnittlichen Istpreisen möglichst nahekommen. Folglich müssen die Planpreise als voraussichtliche Durchschnittspreise der Planperiode aufgefasst werden, sie sind also unter Berücksichtigung der zu erwartenden Preisentwicklung zu fixieren. Schließlich sind im Zusammenhang mit der Fixierung der Planpreise Rundungsregeln zu bestimmen. Es widerspricht dem Wesen von Schätzwerten, wie sie die Planpreise darstellen, wenn versucht wird, „centgenau" zu arbeiten, weil damit eine Genauigkeit der Rechnung suggeriert wird, die es bei geschätzten Preisen gar nicht geben kann. (Auch hier bestätigen aber die Ausnahmen die Regel.) Denkbar ist es z. B. bei Planpreisen bis zu 5,– € auf volle 0,05 € zu runden und bei Planpreisen über 10,– € auf volle 0,10 €. Für die Entscheidung, wie gerundet werden soll, spielen natürlich auch die in Betracht kommenden Mengen eine gewisse Rolle. Abschließend sollten die Planpreise in besonderen Planpreislisten zusammengefasst und dokumentiert werden.

d) Plankosten, Budgetierung und Kostenauflösung

572 Für diejenigen Kostenarten, welche in das System der Ermittlung von Planmengen und Planpreisen einbezogen sind, ergeben sich die Plankosten aus der Multiplikation der beiden Faktoren. Bezogen auf einen Industriebetrieb wird es sich dabei zumindest ganz überwiegend um Kostenarten aus dem Fertigungsbereich, also um variable Kosten, handeln. Von ihnen wird angenommen (konstante Intensität vorausgesetzt), dass sie in einer proportionalen Beziehung zur Beschäftigung (zum Beschäftigungsmaßstab) stehen. Das bedeutet aber nicht, dass sich diese Kosten auch in dem entsprechenden Umfang abbauen lassen, wenn die Beschäftigung zurückgeht.

Die Plangrößen im Bereich der Fixkosten sind für alle einschlägigen Kostenarten und in allen Kostenstellen auf der Grundlage der Planbeanspruchung zu budgetieren (budgetierte Plankosten). Das bedeutet, dass, analog zur Bestimmung der Plankosten dasjenige Kostenvolumen festzulegen ist, welches in den betreffenden Kostenstellen für wirtschaftlich akzeptabel gehalten wird, und zwar unter Bedingungen, die als normal gelten.

Auch im Bereich der variablen Kosten können aus Wirtschaftlichkeitsgründen Budgetierungen nötig sein. Das kann z. B. für Kleinmaterial gelten. Da es sich hier um relativ geringe Beträge handeln wird, scheint es vertretbar zu sein (notfalls rein fiktiv), von einem proportionalen Kostenverlauf (gemessen an der Bezugsgröße) auszugehen.

Als nächster Schritt der Planungsphase wird in der Literatur, der die Praxis überwiegend folgt, eine planmäßige Kostenauflösung, d. h. eine Aufteilung der Plankosten in beschäftigungsfixe und beschäftigungsproportionale Bestandteile, verlangt.

573 Als fix sind nach *Kilger* (Einführung, S. 202) diejenigen Kosten anzusetzen, „die auch dann noch anfallen sollen, wenn die Beschäftigung auf Null sinkt, die Bereitschaft zur Realisierung der Planbeschäftigung aber unverändert beibehalten werden soll". Damit müssten eigentlich alle (zumindest aber der größte Teil) der planmäßigen Fertigungslöhne als Fixkosten eingeordnet werden. Auch *Haberstock* (Bd. II, S. 18) ordnet zunächst alle Personalkosten (also auch die Fertigungslöhne) den Fixkosten zu, wenn er die Fixkosten als Kapazitätskosten bezeichnet und zugleich die Kapazitäten über die verfügbaren Betriebsmittel und Arbeitskräfte bestimmt. In Rechenbeispielen (s. z. B. Bd. II, S. 314 f.) behandelt *Haberstock* die Fertigungslöhne dagegen als kurzfristig abbaubare proportionale Kosten.

Wie bei der Diskussion der Deckungsbeitragsrechnung bereits gezeigt wurde sind Fertigungslöhne zwar proportionale, aber eben nicht unbedingt kurzfristig abbaubare Kosten. Nach der hier vertretenen Auffassung (s. Rz. 155 ff.) gilt Folgendes: Variable Kosten sind definitionsgemäß unmittelbar beschäftigungsabhängige Kosten, die sich bei konstanter Intensität proportional zur Beschäftigung (zur Ausbringungsmenge) entwickeln. Sie werden also von der aktuellen Beschäftigungslage eines Unternehmens bestimmt. Mit welchen Anpassungszeiträumen gerechnet werden muss, bis sich explizite Entscheidungen zur Beeinflussung dieser Kosten auch tatsächlich auswirken (Dimension Beeinflussbarkeit der Kosten), ist eine andere Frage. Eben deshalb könnte es sinnvoll sein, bereits in der Planungsphase (vorläufig) festzulegen, welche Planansätze in welchem Umfang verändert werden sollen, wenn sich z. B. herausstellt, dass sich die vorgesehene Planbeanspruchung und damit die gewünschte Effizienz wegen eines dauerhaften Rückgangs von Umsatz und Beschäftigung nicht erreichen lassen.

Für Kostenarten, die teils den variablen Kosten, teils den Fixkosten zuzurechnen sind, kann durch den Variator angegeben werden, in welchem Verhältnis die variablen Kosten zu den gesamten Plankosten stehen. Es gilt dann: **574**

$$\text{FP-3:} \quad \text{Variator} = \frac{\text{Variable Kosten}}{\text{(Gesamte) Plankosten}}$$

In Frage käme diese Vorgehensweise z. B. für die Sozialkosten und die Stromkosten in einer Fertigungshauptstelle. Es dürfte allerdings übersichtlicher und zweckmäßiger sein, die Betriebsabrechnung von vornherein in die Abteilungen variable Kosten und Fixkosten zu gliedern. Entwickelt wurde das Instrument des Variators im Rahmen der h. L., um für bestimmte Kostenarten oder auch für ganze Abrechnungseinheiten zumindest näherungsweise angeben zu können, in welchem Verhältnis proportionale Kosten und gesamte Plankosten zueinander stehen.

e) Bestimmung von Kalkulationssätzen

Hier kann auf das als Teilkostenrechnung konzipierte BAB-Beispiel verwiesen werden. Ein Unterschied besteht nur insoweit, als die Standardsätze jetzt anhand der Plankosten bestimmt werden (s. Rz. 334). **575**

4. Abrechnungsphase und Abweichungsanalyse

a) Vorbemerkung

Hier sind folgende Teilphasen zu unterscheiden:
- Ermittlung von Istkosten, Istbeschäftigung und Sollkosten.
- Soll-Ist-Vergleich und Bestimmung eventueller Abweichungen.

b) Die Abweichungen im Überblick

Üblicherweise werden folgende „Standard"-Abweichungen unterschieden: die Preisabweichung, die Verbrauchsabweichung und die Beschäftigungsabweichung. Auf Spezialab- **576** weichungen, Seriengrößenabweichungen oder Intensitätsabweichungen, kann hier nicht eingegangen werden.

Preisabweichungen entstehen immer dann, wenn die für eine Kostenart angesetzten Planpreise mit den durchschnittlichen Istpreisen einer Abrechnungsperiode nicht übereinstimmen.

Von Verbrauchsabweichungen wird gesprochen, wenn die Istverbrauchsmengen für einen bestimmten Einsatzfaktor nicht denjenigen Mengen entsprechen, die planmäßig bei einer gegebenen Istbeschäftigung hätten verbraucht werden dürfen.

Bei der Beschäftigungsabweichung handelt es sich um Über- oder Unterdeckungen bei denjenigen Kosten, die sich kurzfristig nicht anpassen lassen, wenn Planbeschäftigung und Istbeschäftigung nicht identisch sind.

Die Berechnung dieser Abweichungsarten wird unten anhand eines Beispiels erklärt. Das gilt auch für die Bestimmung der Sollkosten, die bei der Berechnung der Verbrauchsabweichung eine wichtige Rolle spielen.

c) Zur Ermittlung von Istkosten und Istbeschäftigung

Am Ende einer Abrechnungsperiode sind pro Kostenart und Kostenstelle die tatsächlich entstandenen Kosten (die Istkosten) zu bestimmen. Außerdem sind die Sollkosten (s. unten Rz. 578) und die tatsächlich erreichte Beschäftigung bzw. der effektiv erreichte Beschäftigungsgrad zu ermitteln.

III. Beispiele

1. Einfaches Rechenbeispiel zum Soll-Ist-Vergleich und zur Errechnung der Abweichungen

a) Zweck

577 Um die Abrechnungsphase zunächst möglichst einfach beschreiben zu können, wird im folgenden Beispiel ohne Mengenangaben gearbeitet. Außerdem wird – im Sinne der herrschenden Lehre – davon ausgegangen, dass es sich bei den Fixkosten um Kosten handle, die sich kurzfristig, d.h. innerhalb der Abrechnungsperiode, nicht beeinflussen lassen. Dagegen sollen alle variablen Kosten als kurzfristig beeinflussbare (abbaubare) Kosten gelten. In einem zweiten Beispiel werden diese Bedingungen dann aufgehoben.

b) Aufgabe

Für eine Maschine zur Herstellung von Gussteilen wird pro Abrechnungsperiode von einer planmäßigen Laufzeit von 250 Stunden (Planbeschäftigung) ausgegangen. Die gesamten Plankosten betragen 20000,- €; davon entfallen auf planmäßige variable Kosten 12000,- € und auf planmäßige Fixkosten 8000,- €. Damit ergeben sich die in Tabelle P-2 dargestellten Kalkulationssätze für die Plankalkulation:

Variabler Kostensatz (12000 : 250)	48,- €/Std.
Solldeckungssatz für die Fixkosten (8000 : 250)	32,- €/Std.
Gesamt-Plankostensatz (20000 : 250)	80,- €/Std.

Tab. P-2: Kalkulationssätze in €/Std.

In einer bestimmten Abrechnungsperiode konnte die Maschine nur 200 Stunden eingesetzt werden. Die Istkosten (Istmengen zu Istpreisen) wurden mit 19 200,- € und die Istkosten zu Planpreisen (Istmengen zu Planpreisen) mit 18 500,- € festgestellt. Damit ergibt sich ein (Gesamt-)Istkostensatz von 96,- € (19 200 : 200). Die Istkosten zu Planpreisen geben an, welche Kosten entstanden wären, wenn die tatsächlich verbrauchten Faktormengen zu Planpreisen hätten erworben werden können. Natürlich ist der Begriff Istkosten zu Planpreisen ein Unding, weil die Istkosten durch Istpreise bestimmt werden. Der Mangel muss aber in Kauf genommen werden, weil es (ohne Mengenangabe) keinen anderen einschlägigen Begriff gibt.

Ermittelt werden sollen der Istbeschäftigungsgrad sowie die Preisabweichung, die Verbrauchsabweichung und die Beschäftigungsabweichung. Außerdem soll die Differenz zwischen Plankostensatz und Istkostensatz erklärt werden.

c) Lösung

Die Struktur der gesuchten Lösung ist in Abbildung P-3 dargestellt. Sie ist zu erläutern.
Der Istbeschäftigungsgrad liegt, wie sich aus Formel FP-1 ergibt, bei 80 %. Da im Beispiel Planbeschäftigung und Istbeschäftigung nicht übereinstimmen, können die Istkosten nicht mit den Plankosten verglichen werden. Als Vergleichsgröße sind vielmehr die Sollkosten zu bestimmen. Es gilt folgende Formel:

FP-4: Sollkosten =
Planmäßige variable Kosten bei Istbeschäftigung +
Planfixkosten

Da die variablen Kosten als voll proportional gelten, müssen sie sich dem Istbeschäftigungsgrad von 80 % voll anpassen. Es ergibt sich also ein Wert von 9600,- € (80 % von 12 000,- €). Die planmäßigen Fixkosten belaufen sich auf 8000,- €. Die Sollkosten betragen also 17 600,- €, sie sind also um 1600,- € geringer als die Istkosten von 19 200,- €. Von diesem Fehlbetrag entfallen 700,- € auf Preisabweichungen und 900,- € auf Verbrauchsabweichungen. Die folgenden Gleichungen zeigen, wie diese Beträge ermittelt worden sind.

FP-5: Preisabweichung = Istkosten zu Planpreisen − Istkosten zu Istpreisen
− 700 € = 18 500 € − 19 200 €

FP-6: Verbrauchsabweichung = Sollkosten − Istkosten zu Planpreisen
− 900 € = 17 600 € − 18 500 €

Beide Abweichungen tragen in Übereinstimmung mit den oben gelieferten Erläuterungen ein negatives Vorzeichen, weil die jeweils angefallenen Kosten höher sind als die planmäßigen Werte. M. a. W.: Die Preisabweichung von − 700,- € ist dadurch entstanden, dass die tatsächlich verbrauchten Faktormengen planmäßig nur 18 500,- € hätten kosten dürfen; tatsächlich bezahlt werden mussten aber 19 200,- €. Die Verbrauchsabweichung von − 900,- € hat sich ergeben, weil eine größere Menge an Einsatzfaktoren verbraucht worden ist, als bei einem Beschäftigungsgrad von 80 % planmäßig hätte verbraucht werden dürfen. Bei planmäßigem Verbrauch hätten (bewertet zu Planpreisen) nur Kosten in Höhe von 17 600,- € anfallen dürfen, tatsächlich aber in Höhe von 18 500,- €.

Bezogen auf die Istbeschäftigung von 200 Stunden ergeben sich aus den bisher diskutierten Abweichungen Mehrkosten von 8,- €/Std. [(700,- € + 900,- €) : 200 Std.]. Die restlichen 8,- €/Std. sind auf eine Beschäftigungsabweichung zurückzuführen. Statt von Beschäftigungsabweichung wird in der Literatur (vgl. z. B. *Haberstock* Bd. II, S. 315 ff.) auch von Leerkosten gesprochen. Worum handelt es sich dabei?

Der Planstundensatz von 80,- €/Std. und damit auch der Soll-Deckungssatz für die Fixkosten in Höhe von 32,- €/Std. wurde auf der Basis der Planbeschäftigung von 250 Stunden festgelegt. Wird nun voraussetzungsgemäß davon ausgegangen, dass sich die Fixkosten nicht an den Beschäftigungsrückgang anpassen lassen, so bedeutet das, dass in Höhe der Differenz von Planstunden und Iststunden, also für 50 Stunden, keine Sollbeiträge für die Fixkosten verrechnet werden konnten. Im Beispiel fehlen also 1600,- €, nämlich 50 mal 32,- €. Pro Iststunde sind das 8,- €. Damit ist die Differenz in Höhe von insgesamt 16,- € (s. Abb. P-4) erklärt, die zwischen dem Planstundensatz von 80,- € und dem Iststundensatz von 96,- € besteht.

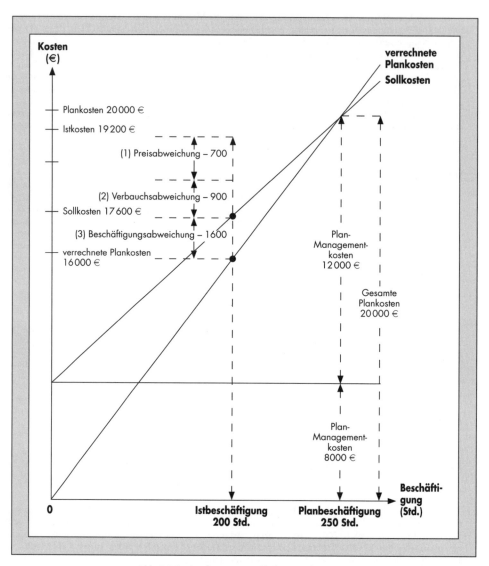

Abb. P-3: Strukturdiagramm zur Plankostenrechnung

Preisabweichung/Std. (– 700,– € : 200 Std.)	= – 3,50 €/Std.
Verbrauchsabweichung/Std. (– 900,– € : 200 Std.)	= – 4,50 €/Std.
Leerkosten/Std. (– 1600,– € : 200 Std.) (Beschäftigungsabweichung)	= – 8,– €/Std.
Gesamtabweichung	– 16,– €/Std.

Tab. P-4: Abweichungsanalyse auf Stundenbasis

In Abbildung P-3 ist die Beschäftigungsabweichung als Differenz zwischen verrechneten Plankosten und Sollkosten dargestellt. In einer Formel ausgedrückt ergibt sich also folgendes Bild:

FP-7: Beschäftigungsabweichung = **581**
verrechnete Plankosten − Sollkosten

Die verrechneten Plankosten ergeben sich aus der Multiplikation des Plankostensatzes (gesamt) mit den tatsächlich gefahrenen Stunden. Bei einer gefahrenen Stunde betragen die verrechneten Plankosten also 80,- €, bei 10 Iststunden 800,- €. Bei den im Beispiel angenommenen 200 Iststunden machen die verrechneten Plankosten somit 16 000,- € aus. Die Sollkosten wurden mit 17 600,- € ermittelt, so dass sich das schon ermittelte Manko von 1600,- € ergibt. Es handelt sich dabei um die Differenz zwischen den in den Sollkosten enthaltenen planmäßigen Fixkosten von 8000,- € und den verrechneten Solldeckungsbeiträgen von 6400,- € (32,- € × 200 Std.).

Bei 250 Stunden werden im Beispiel definitionsgemäß die Plankosten von 20 000,- € erreicht. Liegt die Istbeschäftigung unterhalb der Plangröße, so muss sich c. p. also immer eine negative Beschäftigungsabweichung ergeben. Bei einem Beschäftigungsgrad von über 100 % ist die Beschäftigungsabweichung immer positiv. Das bedeutet, dass die erwirtschafteten Deckungsbeiträge höher sind, als zur Deckung der Fixkosten notwendig ist.

In der Literatur wird bei der Verbrauchsabweichung und bei der Beschäftigungsabweichung vielfach mit umgekehrten Vorzeichen gearbeitet. Bei der Verbrauchsabweichung wird damit ein Mehrverbrauch als positive Abweichung dargestellt. Bei der Beschäftigungsabweichung gilt das, wenn zu wenig Fixkosten verrechnet werden konnten. Diese Vorgehensweise kann leicht zu Fehlentscheidungen führen.

2. Differenziertes Rechenbeispiel

a) Aufgabe

Für einen Kostenplatz X wird planmäßig mit folgenden Größen gerechnet: **582**

Planbeschäftigung	300 Std.
Rohstoff A	1580 kg zu 5,60 €/kg
Rohstoff B	640 kg zu 3,80 €/kg
Gemeinkosten	15 800,- €
Fertigungslöhne	22,- € je Betriebsstunde

Die Gemeinkosten werden zu 95 % als Fixkosten betrachtet. In der fraglichen Periode beliefen sich die Istgemeinkosten auf 16 550,- €. Davon entfielen 760,- € auf Preiserhöhungen.

In einer bestimmten Periode beträgt die Auslastung der Anlage nur 80 %. Die eingeplanten Arbeitskräfte mussten deshalb insoweit mit Reinigungsarbeiten beschäftigt werden. Der Verbrauch des Rohstoffes A verlief planmäßig, der Preis je Einheit ist aber um 0,15 € gestiegen. Vom Rohstoff B wurden insgesamt 560 kg verbraucht; der Preis je Einheit ist um 0,20 € gefallen. Die Fertigungslöhne entwickelten sich im Rahmen der tatsächlichen Beschäftigung planmäßig.

Fragen:
- Wie hoch sind (insgesamt und je Kostenart) die Plankosten, die Istkosten und die Sollkosten?
- Wie hoch sind die Preisabweichungen und die Verbrauchsabweichungen. Gibt es eine Beschäftigungsabweichung? Wenn ja, wie hoch ist diese?
- Wie hoch sind der Plankostensatz und der Iststundensatz? Wie setzt sich die Differenz zusammen?

b) Lösung

Die Lösung ist in Tabelle P-5 dargestellt. Dabei wurden die Grundwerte auf volle € gerundet. Für die **583** Abweichungen gelten die zuvor (s. Rz. 578 f.) gelieferten Definitionen.

Kostenart	Beispiel zur Plankostenrechnung (Alle Werte in €)			Soll-kosten	Istkosten auf Basis Istpreise	Istkosten auf Basis Planpreise	Preis-abwei-chung	Ver-brauchs-abwei-chung
	Plankosten							
	Fixkosten	Var. Kosten	Gesamt					
Rohstoff A	0	8848	8848	7078	7268	7078	– 190	0
Rohstoff B	0	2432	2432	1946	2016	2128	+ 112	– 182
Gemein-kosten	15010	790	15800	15642	16550	15790	– 760	– 148
Fertigungs-löhne	0	6600	6600	5280	5280	5280	0	0
Hilfslöhne	0	0	0	0	1320	1320	0	– 1320
Summen	15010	18670	33680	29946	32434	31596	– 838	– 1650

Die Beschäftigungsabweichung beträgt 3002,– €, der Planstundensatz beläuft sich auf 112,27 € und der Iststundensatz auf 135,15 €. Von der Differenz von – 22,88 € entfallen – 3,49 € auf Preisabweichungen, – 6,87 € auf Verbrauchsabweichungen und – 12,51 € auf die Beschäftigungsabweichung.

Tab. P-5: Beispiel zur Plankostenrechnung

Die Spalte Kostenart bedarf keiner Erläuterung. Die planmäßigen variablen Kosten für die beiden Rohstoffe und den Fertigungslohn ergeben sich aus der Multiplikation der Planmengen mit den jeweiligen Planpreisen je Einheit. Bei den Gemeinkosten sind 5 %, also 790,– € variable Kosten. Der Rest sind Fixkosten.

Die Sollkosten sind durch die Multiplikation der Sollmengen mit den jeweiligen Plankosten zu ermitteln. Bei der angenommenen proportionalen Entwicklung müssen die Sollmengen für die beiden Rohstoffe und für die Fertigungslöhne bei 80 % Beschäftigungsgrad auch 80 % der Planmengen betragen. Beim Rohstoff A sind das z.B. 1264 kg. Bei den Gemeinkosten gelten nur 790,– € als proportional. Davon 80 % sind 632,– €. Einschließlich der Fixkosten von 15010,– € ergeben sich hier also Sollkosten von 15642,– €.

Die Istkosten zu Istpreisen ergeben sich aus der Bewertung der Istmengen zu den Istpreisen. Beim Rohstoff A entspricht die Istmenge der Sollmenge von 1264 kg. Der Istpreis beträgt 5,75 €/kg (5,60 € plus 0,15 €). Das ergibt eine Preisabweichung von – 190,– € (1264 kg × – 0,15 €). Vom Rohstoff B wurden 560 kg verbraucht. Wegen der Preissenkung um 0,20 € beträgt der Istpreis je Kilo nur noch 3,60 €, so dass sich die in Tabelle P-5 ausgewiesenen Istkosten von 2016,– € ergeben. Die Preisabweichung beträgt jetzt + 112,– € (560 kg × 0,20 €). Zugleich ist eine Mengenabweichung in Höhe von 48 kg entstanden, weil die Sollmenge 512 kg (80 % von 640 kg) beträgt. Bewertet zum Planpreis von 3,80 € ergibt sich somit eine Verbrauchsabweichung von – 182,– € (– 48 kg × 3,80 €). Bei den Gemeinkosten sind die Istkosten zu Istpreisen mit 16550,– € angegeben. Es liegt eine Preiserhöhung von 760,– € vor, die sich in Form einer negativen Preisabweichung niederschlägt. Bleiben als Istkosten zu Planpreisen also noch 15790,– €. Der Vergleich mit den Sollkosten zeigt, dass eine negative Verbrauchsabweichung im Wert von 148,– € stattgefunden haben muss.

584 Fertigungslöhne sind bei 80 % Beschäftigung nur für 240 Stunden angefallen. Weil Istpreise und Planpreise identisch sind und die Istmenge von 240 Stunden der Sollmenge entspricht, ergibt sich weder eine Preis- noch eine Verbrauchsabweichung. Da die Arbeitskräfte aber insgesamt 300 und nicht nur 240 Stunden beschäftigt worden sind, müssen sie auch für 300 Stunden bezahlt werden. Dabei ist zu beachten, dass die Arbeiter 60 Stunden lang mit Reinigungsarbeiten beschäftigt werden mussten. Das bedeutet, dass statt des eingeplanten Fertigungslohnes nicht eingeplanter Hilfslohn in Höhe von 1320,– € (60 Std. zu 2,– €) entstanden sind. Die entsprechenden Sollkosten sind gleich null, weil es keine Plankosten gibt. Es entsteht also eine Verbrauchsabweichung in Höhe der gesamten Hilfslöhne. Eine Preisabweichung gibt es nicht, denn der Lohnsatz hat sich nicht geändert.

585 Wegen der nicht beeinflussbaren Fixkosten entsteht eine Beschäftigungsabweichung von 3002,– € (20 % aus 15010,– €). Wegen der Proportionalisierung der verrechneten Plankosten ist diese einfache

III. Beispiele

Rechnung möglich. Zum gleichen Ergebnis führt folgende Überlegung: Planmäßig ist zur Deckung der Plan-Fixkosten ein Solldeckungsbeitrag von 50,03 € pro Stunde nötig (15 010,- € : 300 Std.). Da nur 240 Stunden gefahren werden können, fehlen 60 mal 50,03 €, also 3001,80 € (0,20 € Rundungsdifferenz).

Der Planstundensatz beträgt 112,27 € (33 680,- € : 300 Std.), der Iststundensatz beläuft sich auf 135,14 € (32 434,- € : 240 Std.). Von der Differenz von – 22,87 € entfallen – 3,49 € auf Preisabweichungen, – 6,87 € auf Verbrauchsabweichungen und – 12,51 € auf die Beschäftigungsabweichung (durchschnittliche Leerkosten). Von den Verbrauchsabweichungen entfallen 5,50 € je Stunde auf die außerplanmäßigen Hilfslöhne, die zugleich außerplanmäßige Fixkosten darstellen. Daraus folgt, dass in der Plankostenrechnung im Sinne der Mehrdimensionalität des Kostenbegriffs eigentlich nicht nur zwischen variablen Kosten und Fixkosten, sondern jeweils noch zwischen kurzfristig (im Rahmen der Abrechnungsperiode) beeinflussbaren und nur längerfristig beeinflussbaren Kosten unterschieden werden müsste. Das kann hier aber nicht geleistet werden. Mit Hilfe der EDV müsste das aber in praktikabler Form machbar sein.

(einstweilen frei)

Q. Sonderformen der Kosten- und Leistungsrechnung

I. Die Prozesskostenrechnung

1. Vorstellung

Bedingt durch die technische Entwicklung, speziell auf dem Gebiet der Datenverarbeitung, haben Bedeutung und der Umfang der zur Steuerung der betrieblichen Prozesse notwendigen, planenden und überwachenden Tätigkeiten erheblich zugenommen. Dementsprechend hat sich auch das Aufgabenspektrum der mit diesen Tätigkeiten befassten indirekten Leistungsbereiche erweitert. Zu nennen sind hier insbesondere die Bereiche Logistik und Produktionssteuerung (einschl. Produktionsplanung). Diese Entwicklung hatte zwangsläufig zur Folge, dass sich die Kostenstruktur vieler Unternehmen in der Weise verschoben hat, dass der Anteil der Gemeinkosten an den Gesamtkosten wesentlich zugenommen, und der Anteil der Einzelkosten entsprechend abgenommen hat. Damit ist die in der herkömmlichen Kostenrechnung weithin übliche Verrechnung der Gemeinkosten auf der Basis relativ globaler (undifferenzierter) Kalkulationssätze noch problematischer geworden, als sie es ohnehin schon war. Aus dem Bestreben heraus, hier zu besseren Verfahrensweisen zu kommen, ist die Prozesskostenrechnung entstanden. Es handelt sich dabei keineswegs um ein völlig neues Kostenrechnungssystem, sondern um eine Ergänzung der bekannten Systeme. Neu an der Rechnung ist der Versuch, die herkömmliche Kostenstellenrechnung durch eine prozessorientierte Kostenerfassung und Kostenverrechnung zu ergänzen, und zwar mit dem Ziel, damit zu besseren Kalkulationsgrundlagen zu kommen, als sie die üblichen Kalkulationssätze in Form von Gemeinkostenzuschlägen oder Stundensätzen liefern können.

2. Abrechnungsphasen

Es sind drei hauptsächliche Abrechnungsphasen zu unterscheiden, nämlich: die Grundphase, die Verdichtungsphase und die Kalkulationsphase.

a) Die Grundphase

In dieser Phase sind in einer Tätigkeitsanalyse die typischen Teilprozesse einer Kostenstelle zu identifizieren. Das soll insbesondere in Gesprächen mit den Kostenstellenleitern geschehen. In einem zweiten Schritt sind dann alle Teilprozesse daraufhin zu untersuchen, ob sie sich in Bezug auf das von der Kostenstelle zu erbringende Arbeitsvolumen mengenvariabel oder mengenfix verhalten. Mengenvariable (repetitive) Prozesse werden als „leistungsmengeninduziert (lmi)" bezeichnet und mengenfixe als „leistungsmengenneutral (lmn)". Die unten abgedruckte Tabelle Q-1 zeigt beispielhaft, welche Teilprozesse in der Kostenstelle Einkauf als mengenabhängig zu betrachten wären. Als mengenunabhängig gilt, wie im Beispiel dargestellt, die Kostenstellenleitung.

Prozesse	Maßgröße	Prozess-menge	Prozesskosten (€)			Prozess-kostensatz (€)	
			lmi	lmn[1]	gesamt	lmi	Gesamt
1	2	3	4	5	6 = 4 + 5	7 = 4 : 3	8 = 6 : 3
Angebote einholen	Anzahl der Angebote	900,-	270 000,-	15 810,-	285 810,-	300,-	317,57
Bestellungen aufgeben	Anzahl der Bestellungen	2500,-	80 000,-	4680,-	84 680,-	32,-	33,87
Rechnungen prüfen	Anzahl der Rechnungen	2750,-	120 000,-	7020,-	127 020,-	43,64	46,19
Reklamationen bearbeiten	Anzahl der Reklamationen	150,-	42 000,-	2490,-	44 490,-	280,-	296,60
Abteilung leiten	–	–	–	30 000,-	–		
Summen			512 000,-		542 000,-		

[1] Umlage der Kosten des Prozesses „Abteilung leiten"

Tab. Q-1: Prozesse und Prozesskosten im Einkauf (Beispiel)

593 Zur Quantifizierung des jeweiligen Prozessumfangs sind für die leistungsinduzierten Teilprozesse geeignete Maßgrößen zu bestimmen. Diese Maßgrößen werden auch als Kostentreiber (Cost Driver) bezeichnet, weil davon ausgegangen wird, dass die Anzahl der in den Maßgrößen zum Ausdruck kommenden Leistungseinheiten bestimmend sei, für die Gesamthöhe derjenigen Kosten, welche für den zur Debatte stehenden repetitiven Teilprozess (in einer Abrechnungsperiode) insgesamt anfallen. *Glaser* (S. 226) bezeichnet die Kostentreiber deshalb auch als die relevanten Gemeinkostenbestimmungsfaktoren. Liegen die Maßgrößen fest, so muss abgeschätzt werden, wie oft sich in der Abrechnungsperiode die Vorgänge voraussichtlich wiederholen werden (z. B. Angebote einholen oder Reklamationen bearbeiten), die einen bestimmten Teilprozess charakterisieren. Die Anzahl der erwarteten Wiederholungen wird als Prozessmenge bezeichnet. Für die mengenfixen Teilprozesse kann es definitionsgemäß keine an der Leistungsmenge orientierte Maßgröße geben.

594 Als nächstes muss für jeden Teilprozess festgelegt werden, welche Kosten bei wirtschaftlicher Vorgehensweise für die Bewältigung der jeweiligen Prozessmengen anfallen dürfen (Planung der Prozesskosten). Zur Bestimmung der Prozesskostensätze für die „lmi-Prozesse" werden dann die jeweiligen Prozesskosten durch die "lmi-Prozesse" verteilt, und zwar im Verhältnis der dort geplanten (mengenabhängigen) Prozesskosten. Damit entfallen von den Gesamtkosten von 30 000,- € des Prozesses „Abteilung leiten" 15 810,- € auf den Teilprozess „Angebote einholen". Die Zahl ergibt sich wie folgt: Die dem Teilprozess „Angebote einholen" zugerechneten (leistungsmengeninduzierten) Kosten betragen 270 000,- €. Das sind 52,7 % der für die lmi-Prozesse insgesamt eingeplanten 512 000,- €. Folglich werden 52,7 % der Kosten des „lmn-Prozesses Abteilung leiten" dem Prozess „Angebote einholen" zugerechnet. Das sind 15 810,- €, nämlich 52,7 % von 30 000,- €. Vom Teilprozess „Bestellungen aufgeben" sind demnach 4680,- € des Teilprozesses „Abteilung leiten" zu tragen. Weitere Erläuterungen müssten sich damit erübrigen.

b) Die Verdichtungsphase

In dieser Phase sind die Teilprozesse, welche in den verschiedenen Kostenstellen identifiziert wurden, kostenstellenübergreifend zu wenigen Hauptprozessen zusammenzufassen. Von *R. Mayer* (S. 86) wird dieser Verdichtungsprozess mit der in Abbildung Q-2 dargestellten Graphik illustriert. Um für diese Hauptprozesse wieder Prozesskostensätze bilden zu können, müssen Maßgrößen gefunden werden, durch welche sich alle zu einem Hauptprozess zusammengefassten Teilprozesse quantifizieren lassen, um so die Prozessmengen der Hauptprozesse bestimmen zu können. Außerdem müssen die Maßgrößen als Kostentreiber fungieren, sie müssen also dazu geeignet sein, die für die Hauptprozesse anfallenden Kosten in Abhängigkeit von der Prozessmenge zu messen. Wird, unabhängig von dem in Abbildung Q-1 dargestellten Beispiel, davon ausgegangen, dass der Hauptprozess „Material beschaffen" aus den Teilprozessen Material einkaufen, Materiallieferungen annehmen, Material prüfen und Material einlagern bestehe, so könnte als übergreifende Maßgröße an die Zahl der Wareneingänge gedacht werden. Zur Bildung des erforderlichen Hauptprozesskostensatzes „Wareneingang" wären dann die Kosten der aufgeführten Teilprozesse zu summieren und durch die Prozessmenge (Zahl der in einer Periode voraussichtlich abzuwickelnden Prozesse) zu dividieren. Der Satz würde dann angeben, welche Kosten durchschnittlich und planmäßig für eine einzige komplette Abwicklung des Hauptprozesses anfallen dürfen.

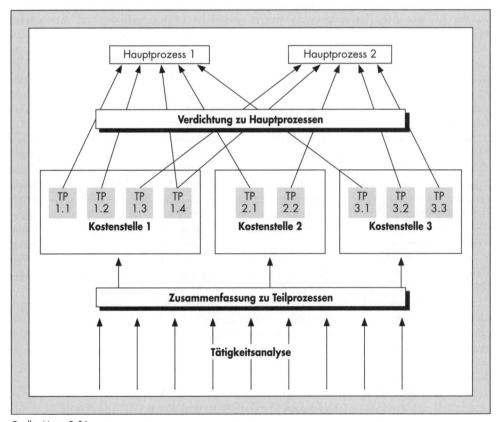

Quelle: Mayer S. 86.

Abb. Q-2: Hauptprozessverdichtung

c) Die Kalkulationsphase

596 Hier geht es darum, die Hauptprozesskostensätze in die Kostenträgerrechnung einzuführen. Wie das geschehen kann, soll ein einfaches Beispiel zeigen:

> Angenommen, für den Hauptprozess „Wareneingang" einer bestimmten Warengruppe werde planmäßig von einer Prozessmenge von 2350 Vorgängen und Prozesskosten von 480 000,– € ausgegangen, so ergibt sich pro Vorgang ein Prozesskostensatz von 204,255 €. Werden nun von einem bestimmten Material das zu der betreffenden Warengruppe gehört, im Jahr voraussichtlich insgesamt 12 000 kg benötigt, die verteilt auf 30 Ladungen angeliefert werden, so ergibt sich pro Kilo für den Wareneingang ein Kostensatz von 0,511 €.

3. Kritik

597 Eine umfassende Kritik der Prozesskostenrechnung kann hier nicht geliefert werden. Es muss vielmehr mit einigen wenigen Punkten sein Bewenden haben.

Durch die mit der Prozesskostenrechnung verbundenen Tätigkeitsanalysen können Rationalisierungspotenziale aufgedeckt und genutzt werden. Solche Gemeinkostenanalysen lassen sich aber auch ohne die Einführung einer Prozesskostenrechnung durchführen.

Durch den Vergleich der geplanten Prozesskostensätze mit den tatsächlich erreichten Werten kann eine Wirtschaftlichkeitskontrolle stattfinden. Der Schwerpunkt muss dabei auf den Kostensätzen der Teilprozesse liegen, also nicht auf den „gebündelten" Kostensätzen der Hauptprozesse. Problematisch sind diese Hauptkostensätze schon deshalb, weil die Zusammenfassung der relevanten Teilprozesse nur dadurch zu erreichen ist, dass letztendlich ungleichnamige Mengen addiert werden. Wird von diesem Problem abgesehen, so können die Kostensätze der Prozesskostenrechnung schlicht und einfach als Effizienzziffern charakterisiert werden, wie sie bereits diskutiert worden sind. Allerdings beziehen sich diese Sätze jetzt nicht mehr auf Kostenstellen oder Kostenplätze, sondern auf die definierten Prozesse.

598 Völlig unbegreiflich ist es, wie ein Wissenschaftler unter den gegebenen Umständen behaupten kann, die Prozesskostenrechnung ermögliche eine „verursachungsgerechte Produktkalkulation" (*Horvath* S. 2; *Cervellini* S. 227). Noch unbegreiflicher wird diese Aussage, wenn im gleichen Atemzug von Gemeinkosten gesprochen wird. Denn Gemeinkosten (genauer Kostenträgergemeinkosten) sind bekanntlich dadurch charakterisiert, dass sie sich den Kostenträgern eben nicht verursachungsgerecht zurechnen lassen. Die verursachungsgerechte Verrechnung von Gemeinkosten auf Kostenträger ist schon begriffslogisch unmöglich. Außerdem lassen sich z. B. die kalkulatorischen Abschreibungen (beim derzeitigen Stand der Wissenschaft) niemals verursachungsgerecht auf die Kostenträger zurechnen, weil sich diese Wertverzehre nur schätzen, aber eben nicht messen lassen. Eine verursachungsgemäße Rechnung ist aber nur auf der Grundlage von Messungen möglich.

Soweit es sich speziell um echte Gemeinkosten handelt, kann es überhaupt keine verursachungsgerechte Zurechnung auf die Kostenträger geben. Zumindest insoweit ist es auch sinnlos, von einer „verursachungsgerechteren" Kostenverrechnung zu sprechen.

599 Schließlich ist noch kritisch auf die im Rahmen der Prozesskostenrechnung übliche mehrfache Proportionalisierung von zumindest kurzfristig nur bedingt veränderbaren Kosten hinzuweisen (*Glaser* S. 238).

Die mit Hilfe der Prozesskostenrechnung zu erzielenden Verbesserungen der Kalkulation lassen sich großteils auch mit dem klassischen Kalkulationsverfahren erreichen, wenn deren Potenzial ausgeschöpft wird. Das wurde ansatzweise in Abschnitt H dieses Buches demonstriert. Geradezu unglaublich ist es, dass die Firma Porsche offenbar über lange Zeit hinweg „die Vertriebsgemeinkosten überwiegend durch pauschale Zuschlagssätze auf Basis der Fahrzeugumsätze" (*Cervellini* S. 242) verrechnet hat. Das war kein Problem der herkömmlichen Kalkulationsmethoden, sondern ein Fehler der zuständigen Mitarbeiter. Um hier zu besseren Ergebnissen zu kommen, braucht man keine Prozesskostenrechnung.

Als Fazit ist festzuhalten: Die mit Hilfe der Prozesskostenrechnung möglichen Verbesserungen im Bereich der Kostenträgerrechnung lassen sich zum größten Teil auf wirtschaftlichere Art und Weise auch auf der Basis der klassischen Kalkulationsmethoden erzielen, wenn deren Potenzial intelligent genutzt wird. In der traditionellen Lehre von der Kosten- und Leistungsrechnung ist es allerdings versäumt worden, diese Potenziale aufzuzeigen. Diesen Mangel ans Licht gebracht zu haben, ist das Verdienst der Vertreter der Prozesskostenrechnung. Es ist schade, dass manche von ihnen dieses Verdienst mit der unsinnigen Behauptung schmälern, sie könnten eine verursachungsgerechte Produktkalkulation liefern. **600**

II. Die Zielkostenrechnung (Zielkostenmanagement)

1. Charakterisierung

Die Zielkostenrechnung, die auch im deutschen Sprachraum vielfach als Target Costing bezeichnet wird, wurde in den siebziger Jahren in Japan entwickelt. Besonders anfangs der neunziger Jahre ist das Konzept dann in der deutschen Literatur eingehend diskutiert worden (vgl. z. B. die einschlägigen Veröffentlichungen von *Seidenschwarz*, *Franz* und *Hahn*, um nur einige zu nennen). Die Bezeichnung „Zielkostenrechnung" ist insofern irreführend, als es sich dabei gar nicht um ein spezielles Kostenrechnungssystem handelt, wie das etwa bei der Grenzkostenrechnung oder der Plankostenrechnung der Fall ist, sondern eher um eine spezielle Managementtechnik. **601**

Ausgangspunkt des Konzepts der Zielkostenrechnung ist die Vorstellung, dass sich auf Grund der nationalen und internationalen Konkurrenz für zahlreiche Artikel insbesondere im Konsumgüterbereich ein nach Qualitätsstufen differenziertes Marktpreisniveau herausgebildet habe, an dem sich die Hersteller zwangsläufig zu orientieren hätten. Daraus wird gefolgert, dass, auch und gerade bei der Einführung neuer Artikel, nicht in traditioneller Weise gefragt werden dürfe „Was kostet das?", es sei vielmehr zu fragen „Was darf das kosten?".

2. Die Vorgehensweise im Überblick

Aus der Charakterisierung der Zielkostenrechnung folgt, dass es im Sinne dieses Konzepts zunächst darauf ankommt, durch Marktanalysen möglichst zuverlässig herauszufinden, welche Anforderungen die potenziellen Kunden an ein bestimmtes Produkt stellen und welchen Preis sie dafür zu zahlen bereit sind. Was die Anforderungen an das Produkt angeht, so ist dabei zunächst an Punkte wie Funktionsfähigkeit, Handhabbarkeit, Zuverlässigkeit und Entsorgung zu denken. Darüber hinaus können natürlich Aussehen und Form (Design), Geltungsnutzen und Reparaturfreundlichkeit eine wichtige Rolle spielen. Ist das Produkt hinsichtlich der zu erfüllenden Anforderungen und des für erreichbar gehaltenen Preises (Zielpreis) definiert, so soll vom Zielpreis ein Zielgewinn abgezogen werden, um diejenigen Kosten bestimmen zu können, welche für Entwicklung, Herstellung und Vertrieb anfallen dürfen. Sie werden als Zielkosten bezeichnet. Möglich ist die Bestimmung der Zielkosten allerdings wohl nur dann, wenn auch eine Vorstellung darüber be- **602** steht, welche Mengen des fraglichen Produkts in einer überschaubaren Zeit voraussichtlich abgesetzt werden können. Den Zielkosten sind dann im nächsten Schritt die kalkulierten Kosten gegenüberzustellen. Sie werden im Englischen als „Drifting Costs" bezeichnet. Liegen die kalkulierten Kosten über den Zielkosten, so sind entsprechende Anpassungsmaßnahmen zu ergreifen.

603 Um den Gesamtüberblick zu erleichtern wird die geschilderte Vorgehensweise in Abbildung Q-3 auch noch in Form einer Graphik dargestellt, die weitgehend von *Schneck* (S. 656) übernommen worden ist.

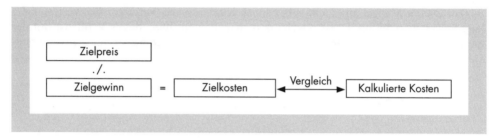

Abb. Q-3: Schema zur Zielkostenrechnung

3. Die Bedeutung der Zielkosten für Entwicklung und Produktion

604 Erfahrungsgemäß werden die variablen Kosten und damit auch die Herstellkosten eines Produkts zu einem erheblichen Teil schon in einem frühen Stadium der Entwicklung fixiert. Spätere Änderungen sind nur mit erheblichem zusätzlichem Aufwand möglich. Die Vorgabe marktorientierter Zielkosten kann hier von Anfang an „kostendämpfend" wirken. Hinzu kommt, dass gerade in Deutschland die Techniker offenbar auch dann zu technisch eleganten (aufwendigen) Lösungen neigen, wenn sich der gewünschte Nutzen auch auf „primitivere" und billigere Art sicherstellen ließe. Nicht selten werden auch technisch interessante Spezialfunktionen in ein Produkt integriert, obwohl viele Kunden an diesen Funktionen überhaupt nicht interessiert sind. Schließlich wird in den Entwicklungsabteilungen und Konstruktionsbüros (zumindest im ersten Anlauf) vielfach nicht produktionsgerecht bzw. produktionsfreundlich gearbeitet, weil es an einer intensiven Abstimmung zwischen den betreffenden Funktionsbereichen fehlt. Die Vorgabe von Zielkosten kann hier den Ehrgeiz beider Seiten anstacheln und so motivierend wirken. Andererseits besteht aber die Gefahr, dass man in Problemsituationen versucht, die Dinge „schön" zu rechnen. Bei einem Misserfolg lässt sich meist eine plausible Begründung für den Fehler finden.

Für die Bereiche Lager, Einkauf und Verkauf gelten die obigen Ausführungen analog. Allerdings ist es hier besonders schwierig, brauchbare (auf die Produkte bezogene) Zielkosten zu definieren.

4. Zielkostenspaltung und Kostenanpassung

605 Um die beschriebenen Effekte durch die Vorgabe von Zielkosten tatsächlich erreichen zu können, genügt es nicht, auf ein ganzes Produkt bezogene Zielkostenwerte vorzugeben. Dazu müssen die Zielkosten vielmehr auf einzelne Teile, Baugruppen und Funktionen heruntergebrochen werden. Dieser Vorgang wird als Zielkostenspaltung bezeichnet.

Zur Durchführung der Zielkostenspaltung werden in der Literatur (vgl. z. B. *Rösler* S. 33 ff.) eine ganze Reihe teils komplementärer, teils alternativer Verfahren diskutiert, auf die hier aber nicht weiter eingegangen werden kann. Die Kernfrage dabei ist die Bedeutung der verschiedenen Komponenten eines Produkts für seine Funktionsfähigkeit (was muss das Produkt können?) und für seine Akzeptanz bei den potenziellen Kunden. Für diese Akzeptanz ist die technische Funktionsfähigkeit allein vielfach nicht ausreichend. Auch Form, Farbe und Geltungsnutzen können das Käuferverhalten bekanntlich massiv beeinflussen.

Die Forderung von *Buggert/Wielpütz* (S. 99), die Kosten der einzelnen Produktkomponenten sollten sich zu den Gesamtkosten genau so verhalten wie der Nutzenbeitrag der einzelnen Komponente zum Gesamtnutzen des Produkts, scheint zur Lösung des Problems der Zielkostenspaltung schon deshalb wenig hilfreich zu sein, weil sich dieses Nutzenverhältnis nicht mit hinreichender Sicherheit feststellen lässt. Außerdem kann davon ausgegangen werden, dass bestimmte Anforderungen an ein Produkt durch intelligente Lösungen wesentlich billiger erfüllt werden können als andere Anforderungen von etwa gleicher Wichtigkeit. Unhaltbar ist deshalb auch die von *Horvath* und *Seidenschwarz* (S. 145) getroffene Feststellung, dass die Ressourcen dann ideal eingesetzt seien, wenn ihr Einsatz den vom Kunden gewünschten Produktwertrelationen entspräche. Sinnvollerweise muss sich eine realistische Zielvorgabe immer auch und gerade an relativen Kostenschätzungen orientieren. Stellt sich dann heraus, dass die kalkulierten Kosten über dem Ziel liegen, müssen zunächst die angesetzten Kosten nochmals auf Einsparungspotenziale überprüft werden. Darüber hinaus kann auch eine erneute Überprüfung des Anforderungskatalogs und des ohnehin problematischen Zielgewinns nützlich sein. Eine Diskussion der damit verbundenen Probleme ist hier aber leider nicht möglich.

5. Die Problematik des Zielgewinns

Wie eingehend begründet wurde, ist es grundsätzlich nicht möglich, einzelnen Produkten oder Produktgruppen in sinnvoller Art und Weise einen bestimmten Gewinn zuzurechnen. Wäre dem so, so hätte die Teilkostenrechnung gar nicht entwickelt zu werden brauchen. Es kann sich bei der Zielkostenrechnung also nur darum handeln, einen planmäßigen Solldeckungsbeitrag zum kalkulatorischen Betriebsergebnis (oder zu einem anderen, wohl definierten Ergebnis) zu fixieren und den entsprechenden Betrag zur Bestimmung der Zielkosten vom Zielpreis abzuziehen. Auf dieser Basis lassen sich dann auch umsatzbezogene Deckungsbeitragsrenditen bestimmen. Zu definieren wären diese nach der Formel [(Deckungsbeitrag × 100): Umsatz].

6. Ergebnis

Trotz der oben herausgearbeiteten Schwächen der Zielkostenrechnung sind die mit dem Konzept verbundenen Forderungen nach einer intensiven und wechselseitigen Abstimmung bzw. Koordination der Teilfunktionen zwischen Technik und Kostenrechnung einerseits und dem Vertrieb (Marketing) andererseits sicherlich berechtigt. Für die Kostenrechnung mag das insofern in besonderem Maße gelten, als die von ihr gelieferten Informationen hinsichtlich Inhalt und Gliederung meist nur sehr bedingt auf die Bedürfnisse von Marketing und Vertrieb abgestimmt sind.

(einstweilen frei)

R. Zur Kostenrechnung im Handel und in Dienstleistungsbetrieben

I. Kostenrechnung im Handel

1. Vorbemerkung

Die theoretischen Grundlagen der Kosten- und Leistungsrechnung im Handel stimmen mit jenen im Bereich der Industrie überein, sie brauchen hier also nicht mehr diskutiert zu werden. Zentrale Begriffe wie z.B. „Kostenart", „Kostenstelle", „Kostenträger" oder „Einzelkosten" und „Gemeinkosten" werden als bekannt vorausgesetzt.

2. Die Kostenartenrechnung

Der erste Schritt bei der Installation eines Kostenrechnungssystems ist der Aufbau einer Kostenartenrechnung, also die differenzierte Erfassung der anfallenden Kostenarten. Dabei sind im Handel zwei große Kostenartengruppen zu unterscheiden, nämlich

– die Wareneinstandskosten und
– die Handlungskosten.

Die Wareneinstandskosten, die auch als Bezugspreis, als Einstandspreis oder einfach als Wareneinsatz bezeichnet werden, sind einer der wichtigsten Kostenfaktoren im Handel. Sie ergeben sich aus der Addition des Nettoeinkaufspreises der jeweiligen Ware und denjenigen Bezugskosten, welche dieser Ware direkt zugerechnet werden können. Die wichtigsten Bezugskosten sind die Verpackungskosten und die Transportkosten. Um zum Nettoeinkaufspreis zu kommen, ist es im Handel üblich, nicht nur Rabatte, sondern (im Gegensatz zur Industrie) auch Skonti vom Listenpreis abzuziehen. Bei den Wareneinstandskosten handelt es sich also eindeutig um Kostenträgereinzelkosten. Die Differenz zwischen dem jeweiligen Verkaufsumsatz und den einschlägigen Einstandspreisen wird als Rohgewinn bezeichnet.

Sofern der Abgang von Waren nicht einzeln festgehalten werden kann, wie das z.B. bei Fahrzeugen und wertvollem Schmuck möglich ist, muss der Wareneinsatz vielfach mit Hilfe einer Inventur nach folgender Gleichung ermittelt werden:

Wareneinsatz = Anfangsbestand + Zugang – Endbestand

Zu den Handlungskosten gehören alle Kosten, die nicht den Wareneinstandskosten zuzuordnen sind. Es handelt sich dabei um (Kostenträger-)Gemeinkosten, die den Kostenträgern nur indirekt über die Kostenstellen belastet werden können. Dazu gehören z.B. Personalkosten, Raumkosten, Kosten für Werbung (Absatzkosten), Kfz-Kosten, betriebliche Steuern sowie die kalkulatorischen Kosten. Soweit diese Kosten den Kostenstellen, in welchen sie entstanden sind, direkt zugeordnet werden können, handelt es sich um Kostenstelleneinzelkosten. Sie dürfen nicht mit den Kostenträgereinzelkosten verwechselt werden, die im Zweifel gemeint sind, wenn einfach nur von „Einzelkosten" die Rede ist.

Es stellt sich hier die Frage, inwieweit es möglich ist, die in einer Abrechnungsperiode von einem Jahr anfallenden Kosten im Sinne der klassischen Betriebswirtschaftslehre in variable (beschäftigungsabhängige) und fixe (beschäftigungsunabhängige) Kosten auszugliedern. Den beschäftigungsabhängigen Kosten sind offensichtlich die Wareneinstandskosten zuzuordnen. Sie nehmen mit jedem Umsatzakt zu, sind also von der Beschäftigung, genauer von der Umsatzentwicklung, abhängig.

Über die Einordnung der Handlungskosten kann man streiten. Auf die dabei auftauchenden Probleme näher einzugehen, würde den Rahmen dieser Arbeit sprengen. Mietkosten und der größte Teil der Kosten für Versicherungen sind von der Beschäftigung unabhängig. Dagegen können Teile der Personalkosten bei der aktuellen Rechtslage bei abnehmender Beschäftigung durchaus kurzfristig beeinflussbar sein. Andererseits dürften die Kosten für Werbung und für Reisen bei schlechter Beschäftigung in der Regel nicht sinken, sie werden eher angehoben werden müssen.

3. Die Kostenstellenrechnung

a) Aufgaben

622 Die oben für die industrielle Kostenstellenrechnung diskutierten Regeln und Aufgaben der Kostenstellenrechnung gelten natürlich auch für die Kostenstellenrechnung im Handel. Es geht also darum, durch die Erfassung der Kosten an den Orten ihrer Entstehung eine wirksame Kostenkontrolle zu ermöglichen und ein Bindeglied zwischen Kostenarten- und Kostenträgerrechnung zu schaffen. Interessant ist die Kostenstellenrechnung allerdings nur für Handelsbetriebe, die eine gewisse Größe erreicht haben. Bei Kleinbetrieben können die entsprechenden Aufgaben mit der Kostenartenrechnung erledigt werden.

b) Die Bildung von Kostenstellen

Auch im Handel gilt natürlich das Prinzip, dass es sich bei den Kostenstellen um möglichst eindeutig abgrenzbare Verantwortungsbereiche handeln muss. Auch die Unterscheidung von Hauptkostenstellen und Hilfskostenstellen ist relevant. Zur Erinnerung: Die den Hauptkostenstellen zugeordneten (primären Kostenträger-)Gemeinkosten werden ohne den Umweg über andere Kostenstellen auf die Kostenträger weiterverrechnet. Die von den Hilfskostenstellen erbrachten Leistungen werden über die verursachenden Hauptkostenstellen weiterverrechnet. Das gilt z. B. für die Energieversorgung, die Heizung, aber auch für die Geschäftsleitung.

Als Kriterien für die Bildung von Hauptkostenstellen bieten sich im Handel besonders Warengruppen und Kundengruppen an, die in speziellen Verkaufsabteilungen zusammengefasst sind und sich auch räumlich eindeutig abgrenzen lassen. Diese Verkaufsabteilungen des Handels verursachen aber nicht nur Kosten, sie sind zugleich Orte, an welchen Erlöse entstehen bzw. Umsätze erzielt werden. Es wird deshalb auch von Hauptleistungsstellen (Barth S. 42) gesprochen. Auch bei Entscheidungen über die Zusammensetzung des Sortiments haben diese Stellen meist ein wichtiges Wort mitzureden. Schließlich obliegt ihnen häufig auch die Abwicklung der notwendigen Einkäufe. Das wird immer dann der Fall sein, wenn man sich von einem zentralisierten Einkauf keine Vorteile verspricht.

4. Der Betriebsabrechnungsbogen

623 Hier ist zunächst auf die oben für den Bereich der Industrie gelieferten Informationen hinzuweisen. Sie gelten für den Betriebsabrechnungsbogen im Handel weitgehend analog. Um das zu zeigen wird in Abbildung R-1 die formale Struktur eines BAB nochmals dargestellt. Die Abbildung ist oben (Rz. 311) schon einmal gezeigt worden. Wie sie zeigt, besteht der erste Arbeitsschritt bei der Gestaltung eines BAB in der möglichst verursachungsge-

I. Kostenrechnung im Handel

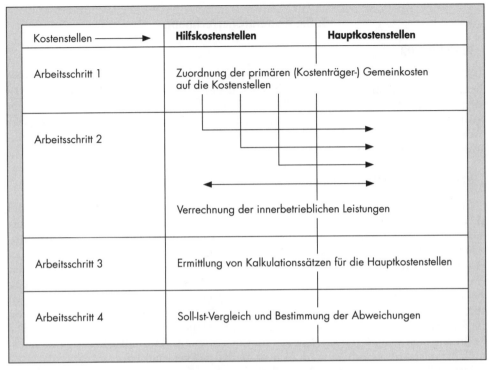

Abb. R-1: Formale Struktur eines BAB
(nach *Haberstock*, Bd. I, 9. Aufl. 1997, S. 117).

rechten Zuordnung der Kostenträgergemeinkosten auf die Kostenstellen. Der zweite Arbeitsschritt ist die Verrechnung der Kosten der innerbetrieblichen Leistungen. Aus der Summation dieser Kosten und der primären Gemeinkosten ergeben sich die Gesamtkosten der einzelnen Kostenstellen. Im dritten Arbeitsschritt sind die Kalkulationssätze oder Kalkulationsquoten zu ermitteln, die in der Vollkostenrechnung gebraucht werden, um die in den Hauptkostenstellen gesammelten Gemeinkosten auf die Kostenträger weiterverrechnen zu können. Zur Ermittlung dieser Sätze sind die Gemeinkosten der Hauptkostenstellen zu einer Größe in Beziehung zu setzen, von der angenommen wird, dass sie als Bezugsgröße, d.h. als akzeptabler Maßstab für die Verteilung der Gemeinkosten auf die Kostenträger geeignet ist. Dabei spielt im Handel das Tragfähigkeitsprinzip neben dem Verursachungsprinzip eine wichtige Rolle. Die Probleme, welche sich aus dieser Vorgehensweise ergeben können, lassen sich hier nicht diskutieren.

Besonders im Einzelhandel wird offenbar vielfach davon ausgegangen, dass die als Einzelkosten erfassten Wareneinstandskosten den Anforderungen, welche an die gesuchte Bezugsgröße gestellt werden, zumindest näherungsweise entsprechen (*Barth* S. 101). Damit gilt für die (sogenannte) Kalkulationsquote folgende Formel

$$Kalkulationsquote = \frac{Handlungskosten \times 100}{Wareneinstandskosten}$$

Die Kalkulationsquote wird also in einem auf die Einzelkosten bezogenen Prozentsatz ausgedrückt. Sie zeigt, in welchem Verhältnis die Handlungskosten zu den Einstandskosten stehen. Beide Größen müssen sich natürlich auf dieselbe Periode beziehen.

5. Die Kostenträgerrechnung

a) Einführung

624 Als wichtige Kalkulationsformen im Handel werden hier im Anschluss an *Barth* (S. 100) die Durchschnittskalkulation und die Zuschlagskalkulation vorgestellt. Außerdem werden Möglichkeiten des Einsatzes von Teilkostenrechnungen gezeigt. Auf eine Diskussion der Besonderheiten der Handelskalkulation, die sich zum einen aus der besonderen preispolitischen Situation des Handels und zum anderen daraus ergeben, dass der Anteil der Fixkosten im Handel relativ hoch ist, muss hier verzichtet werden.

b) Die Durchschnittskalkulation

625 Im Mittelpunkt dieser Rechnungen stehen die Begriffe „Kalkulationsaufschlag" und „Handelsspanne". Während sich die Kalkulationsquote auf die Differenz zwischen Handlungskosten und Wareneinstand bezieht, geht es jetzt um die Differenz zwischen Einstandskosten und Verkaufspreis, also um den sogenannten Rohgewinn, der sich aus den Handlungskosten und einem angestrebten Gewinn zusammensetzt. Zur Bestimmung der Handelsspanne wird der Rohgewinn auf den Verkaufspreis bezogen, zur Bestimmung des Kalkulationszuschlags auf die Wareneinstandskosten. Betragen die Einstandskosten 480,- €, so ergibt sich bei einem Rohgewinn von 240,- € ein Kalkulationsaufschlag von 50 % und damit ein Verkaufspreis von 720,- €. Die Handelsspanne beträgt also 33 1/3. Die Rechnung lässt sich vereinfachen, wenn statt mit einem Kalkulationsaufschlag mit einem Kalkulationsfaktor gerechnet wird. Er liegt im Beispiel bei rund 1,5.

Der Kalkulationsaufschlag (oder Kalkulationszuschlag) und die Handelsspanne lassen sich für bestimmte Waren bzw. Warengruppen auf einen abgrenzbaren Zeitraum im Voraus festlegen. Damit lässt sich schnell und einfach ermitteln, ob ein angebotener Verkaufspreis akzeptiert werden soll oder nicht. Es kann aber auch festgestellt werden, welcher Verkaufspreis erzielt werden muss, um bei einem gegebenen Einstandspreis den gewünschten Rohgewinn zu erzielen. Das soll an einem Beispiel gezeigt werden.

626 Ein Kunde wäre bereit, einen Warenposten für 2900,- € (Verkaufspreis, Umsatz) zu übernehmen. Soll man dieses Angebot bei der regulären Handelsspanne von 31 % annehmen? Aus ihr ergibt sich ein Rohgewinn von rund 900,- €. Das Angebot ist also anzunehmen, wenn der Wareneinstand nicht über 2000,- € liegt. Im Umkehrschluss zeigt das Beispiel, dass ein Warenposten, der für 2000,- € eingekauft wurde, nicht unter 2900,- € verkauft werden darf, wenn der angestrebte Rohgewinn von 900,- € erreicht werden soll. Es muss also mit einem Kalkulationszuschlag von 45 % gerechnet werden.

Rein technisch kann die Durchschnittskalkulation auf ein ganzes Unternehmen oder nur auf einzelne Abteilungen angewendet werden. Je nachdem gibt es nur eine Handelsspanne und nur einen Kalkulationsfaktor im Unternehmen oder aber es wird mit mehreren Spannen oder Faktoren gearbeitet. Bei einer differenzierten Sortimentsstruktur ist die zweite Variante sicher vorzuziehen. Es bleibt aber dabei, dass mit der Divisionskalkulation nur eine Verteilung der Handlungskosten erreicht werden kann. Unterschiedliche Kosteneinflussfaktoren für die in die Rechnung einbezogenen Waren werden nicht berücksichtigt.

c) Die Zuschlagskalkulation

627 Sie wurde oben für den Industriebereich ausführlich beschrieben. Die dort getroffenen Feststellungen gelten für den Handel analog. Deshalb genügt es hier, mit Beispielrechnungen zu arbeiten. Dabei wird berücksichtigt, dass im Handel neben der progressiven

Kalkulation auch retrograde Rechnungen und Differenzkalkulationen eine wichtige Rolle spielen. Dazu hat *Barth* in seinem Buch „Kosten- und Leistungsrechnung im Handel" (S. 106 ff.) eine anschauliche Aufgabe geliefert. Diese Aufgabe und die dazu gehörenden Lösungen werden unten weitgehend unverändert übernommen. Der Einfachheit halber wurde auch die Rechnung in DM beibehalten.

aa) Aufgabe

Ein Großhändler hat 4950 kg einer in abnehmergerechte Einheiten verpackten Ware zu einem Einstandspreis von 24 948 DM erworben. Daneben sind direkt zurechenbare Manipulationskosten in Höhe von 1060,32 DM angefallen. Im Versand lässt sich ein Betrag von 552,60 DM der Ware direkt zurechnen. Die übrigen Handlungskosten werden indirekt in Höhe von 16 % der Einstandskosten verrechnet. Der Großhändler räumt seinen Kunden 5 % Rabatt und 3 % Skonto ein. Er kalkuliert mit einem Gewinnzuschlag von 5 % auf die Selbstkosten. (Die Manipulationskosten wurden oben als Gemeinkosten in die Handlungskosten mit einbezogen.)

Auf der Basis dieser Daten sollen eine progressive Absatzkalkulation und eine retrograde Bezugskalkulation erstellt werden. Außerdem soll im Wege einer Differenzkalkulation ermittelt werden, mit welchem Gewinn gerechnet werden kann, wenn der erzielbare Listenpreis (frei Haus) 7,00 DM beträgt und je Kilo Ware mit Einstandskosten von 5,00 DM gerechnet werden muss. Ansonsten sollen die schon bekannten Daten gelten.

bb) Lösungen

Die entsprechenden Rechnungen, die anschließend kurz erläutert werden, finden sich in den Tabellen R-1 bis R-3 dargestellten Tabellen.

Mit Hilfe der **progressiven Absatzkalkulation** soll der Listenverkaufspreis (frei Haus) ermittelt werden, der notwendig ist, um unter den angenommenen Bedingungen den angestrebten Gewinn erwirtschaften zu können. Wie die unten stehende Rechnung zeigt, ist der gesuchte Listenverkaufspreis (frei Haus) mit 7,0329 DM je Kilo anzusetzen.

24 948,00 DM		Einstandskosten
+ 1060,32 DM		+ direkte Manipulationskosten
+ 3991,68 DM	(16 %)	+ indirekte Handlungskosten
= 30 000,00 DM		= Selbstkosten (ab Lager)
+ 552,60 DM		+ direkte Versandkosten
= 30 552,60 DM		= Selbstkosten (frei Haus)
+ 1527,63 DM	(5 %)	+ Gewinnzuschlag
= 32 080,23 DM		= Barverkaufspreis (frei Haus)
+ 992,17 DM	(3 %)	+ Skonto
= 33 072,40 DM		= Zielverkaufspreis (frei Haus)
+ 1740,65 DM	(5 %)	+ Rabatt
= 34 813,05 DM		= Listenverkaufspreis (frei Haus)
$\frac{34\,813{,}05 \text{ DM}}{4950 \text{ kg}}$	=	7,0329 DM/kg (zzgl. MWSt)

Tab. R-2: Progressive Absatzkalkulation

Zu beachten ist, dass sich der Skonto auf den Zielverkaufspreis (frei Haus) und der Rabatt auf den Listenverkaufspreis bezieht. Deshalb sind beide Werte in der progressiven Absatzkalkulation im Wege einer Imhundertrechnung zu bestimmen. Dazu ist der Barverkaufspreiss (frei Haus) gleich 97 % und der Zielverkaufspreis (frei Haus) gleich 95 % zu setzen.

629 Bei der **retrograden Bezugskalkulation** geht es darum, ausgehend „von einem gegebenen (geplanten) Preis auf dem Absatzmarkt" (*Barth* S. 107) die Einstandskosten zu bestimmen. Für die Beispielrechnung gilt ein Listenpreis frei Haus von 7,0329 DM je Kilo als vorgegeben. Für 4950 kg ergibt sich also eine Summe von 34813,05 DM. Ansonsten gelten die aus der progressiven Rechnung bekannten Daten. Gesucht sind die Einstandskosten, „die maximal akzeptiert werden können, um die direkten und indirekten Handlungskosten" (*Barth* S. 107) abdecken und einen angestrebten Gewinn realisieren zu können.

Ausgangspunkt für die Bestimmung der Einstandskosten ist der bekannte Listenverkaufspreis frei Haus von 34813,05 DM. Nach Abzug von Rabatt (5 %) und Skonto (3 %) verbleibt ein Barverkaufspreis (frei Haus) von 32080,23 DM. Das sind 105 % der Selbstkosten (frei Haus). Diese betragen also 30552,60 DM. Der Gewinnabschlag von 5 % dieses Wertes macht 1527,63 DM aus. Von den Selbstkosten (frei Haus) sind die direkten Versandkosten abzuziehen, um die Selbstkosten (ab Lager) zu erreichen. Diese belaufen sich auf 30000,–DM. Zur Ermittlung der gesuchten Einstandskosten sind von dieser Summe zunächst noch die direkten Manipulationskosten von 1060,32 DM abzuziehen. Der verbleibende Betrag von 28939,68 DM entspricht laut Aufgabenstellung 116 % der Einstandskosten. Die indirekten Handlungskosten betragen 16 % der Einstandskosten. Sie belaufen sich also auf 3991,68 DM. Damit ergibt sich insgesamt die nachstehende Rechnung:

Barth rechnet hier mit einem Kilopreis von 7,03294 DM (4950 kg Ware á 7,03294 = 34813,05)		
34813,05 DM		Listenverkaufspreis (frei Haus)
– 1740,65 DM	(5 %)	– Rabatt
33072,40 DM		= Zielverkaufspreis (frei Haus)
– 992,17 DM	(3 %)	– Skonto
32080,23 DM		= Barverkaufspreis (frei Haus)
– 1527,63 DM		– Gewinnabschlag
30552,60 DM		= Selbstkosten (frei Haus)
– 552,60 DM		– direkte Versandkosten
30000,00 DM		= Selbstkosten (ab Lager)
– 1060,32 DM		– direkte Manipulationskosten
– 3991,68 DM	(16 %)	– indirekte Handlungskosten
24948,00 DM		= Einstandskosten

Tab. R-3: Retrograde Bezugskalkulation

Mit Hilfe der **Differenzkalkulation** kann ermittelt werden, mit welcher Handelsspanne und mit welchem Ergebnis zu rechnen ist, wenn weder der Einstandspreis noch der Verkaufspreis vom Unternehmen beeinflusst werden können. In der folgenden Rechnung wird von Einstandskosten von 5,– DM je kg Ware und einem Listenverkaufspreis (frei Haus) von 7,– DM je kg ausgegangen. Damit ergibt sich folgende Rechnung:

Pro- gressiv	24 750,00 DM 1060,32 DM 3960,00 DM	(16 %)	Einstandskosten + direkte Manipulationskosten + indirekte Handlungskosten
	29 770,32 DM 552,60 DM		= Selbstkosten (ab Lager) + direkte Versandkosten
Differenz:	30 322,92 DM 1607,05 DM		= Selbstkosten (frei Haus)
	31 929,97 DM		= Barverkaufspreis
Retro- grad	987,53 DM 32 917,50 DM	(3 %)	– Skonto = Zielverkaufspreis
	-1732,50 DM 34 650,00 DM	(5 %)	– Rabatt Listenverkaufspreis

Tab R-4: Differenzkalkulation

Wie die oben dargestellte Kalkulation zeigt, wird ein Gewinn von 1607,05 DM erzielt, **630** das sind 5,3 % der Selbstkosten. Kalkuliert wurde nur mit 5 % Gewinnzuschlag. Der Auftrag wäre also anzunehmen.

Kritisch zu bemerken ist, dass zwischen der Entwicklung der Handlungskosten und den Einstandspreisen keine proportionale Beziehung besteht. Mit der Zuschlagskalkulation ist deshalb keine verursachungsgerechte Kostenzuordnung erreichbar. Es erfolgt vielmehr eine Verteilung der Handlungskosten nach dem Durchschnittsprinzip.

6. Bemerkungen zur Deckungsbeitragsrechnung

Als Anknüpfungspunkt bietet sich hier der als Differenz zwischen Nettoerlös und Wa- **631** reneinsatz definierte Rohgewinn an. Insgesamt entspricht dieser Rohgewinn der Summe aller Deckungsbeiträge, die dem Unternehmen zur Verfügung stehen. Gewinn wird erst erzielt, wenn die erwirtschafteten Deckungsbeiträge die Fixkosten übersteigen (s. Rz. 490ff.). Das erzielte Gesamtergebnis lässt sich zum Zwecke der Analyse mit Hilfe mehrstufiger Verfahren auf Einzelkostenbasis nach verschiedenen Gesichtspunkten aufgliedern. Dazu werden anschließend zwei Beispiele geliefert.

Beispiel 1

Artikelgruppe	A					B					C				
Artikel	a 1	a 2	a 3	insgesamt		b 1	b 2	b 3	insgesamt		c 1	c 2	c 3	insgesamt	
Absatzmenge	300	400	350	in DM	in %	110	80	100	in DM	in %	150	130	200	in DM	in %
Netto-Umsatz	7500	12000	9000	28500	100,0	8250	6400	9850	24500	100,0	6000	4550	7500	18050	100,0
./. Einzelkosten der Artikel	6000	9600	6400	22000	77,2	6600	4250	6500	17350	70,8	4950	3900	5500	14350	79,5
= Deckungsbeiträge der Artikel	1500	2400	2600	6500	22,8	1650	2150	3350	7150	29,2	1050	650	2000	3700	20,5
./. Einzelkosten der Artikelgruppen				2200	7,7				4050	16,5				3200	17,7
= Deckungsbeiträge der Artikelgruppen				4300	15,1				3100	12,7				500	2,8
Σ Deckungsbeiträge der Artikelgruppen								7900							
./. Einzelkosten des Gesamtbetriebes								3500							
= Periodenerfolg								4400							

Tab. R-5: Deckungsbeitragsrechnung nach Artikelgruppen

(Quelle: *Nieschlag R.*: Preis- und Nichtpreiswettbewerb. Was bedeutet die Deckungsbeitragsrechnung für den Wettbewerb im Handel? In: Handelsblatt 24. Jhg., Nr. 33 vom 17. Feb. 1969, S. 9. Abgedruckt in *Tietz, B.*: Der Handelsbetrieb, 2. Aufl., München 1993, S. 1159.)

Beispiel 2

Stufe	Position		Filiale								Unternehmen	
		1		2		3		4		insgesamt	
		in DM	in %	in DM	in %	in DM	in %	in DM	in %	in DM	in %
	2	3	4	5	6	7	8	9	10	11	12
1	Nettoumsatz	930000	100,0	737000	100,0	1353100	100,0	1179500	100,0	4199600	100,0
0	./. Wareneinsatz	751320	80,8	593330	80,5	1095500	81,0	932120	79,0	3372270	80,3
1	= Deckungsbeitrag I (Rohgewinn)	178680	19,2	143670	19,5	257600	19,0	247380	21,0	827330	19,7
	./. übrige Filialkosten	130200	14,0	106128	14,4	188081	13,9	176925	15,0	601334	14,3
2	= Deckungsbeitrag II	48480	5,2	37542	5,1	69519	5,1	70455	6,0	225996	5,4
	./. übrige Filialkosten									50395	1,2
3	= Deckungsbeitrag III									175601	4,2
	./. Kosten der Zentrale									58794	1,4
4	= Deckungsbeitrag IV (Gewinn)									116807	2,8

Tab. R-6: Deckungsbeitragsrechnung für Filialen und Gesamtunternehmen

(Quelle: *Nagel, E.:* Kurzfristige Erfolgsrechnung, Deckungsbeitragsrechnung. In: Selbstbedienung und Supermarkt, 1975, Nr. 8, S. 19ff. Abgedruckt in *Tietz, B.:* Der Handelsbetrieb, 2. Aufl., München 1993 S. 1166.)

Selbstverständlich kann im Handel grundsätzlich auch mit der Grenzkostenrechnung gearbeitet werden. Die Trennung von variablen Kosten und Fixkosten ist dabei aber ziemlich problematisch. Eindeutig variabel sind die Kosten des Wareneinsatzes. Es stellt sich deshalb immer die Frage, ob es nicht zweckmäßig ist, sich damit zu begnügen.

II. Zur Kalkulation in Dienstleistungsbetrieben

632 Wie *Schweitzer/Küpper* (S. 720) feststellen, orientiert sich die Literatur zur Kosten- und Leistungsrechnung weitestgehend an der industriellen Sachgüterproduktion. Die beiden Autoren selbst befassen sich in einem Abschnitt ihres Buches kurz mit der Kostenrechnung im Krankenhaus und in Hochschulen. Einschlägige Literatur, die sich generell mit der Kosten- und Leistungsrechnung in Dienstleistungsbetrieben beschäftigt, gibt es offenbar nicht. Das ist bei der breiten Palette unterschiedlicher Betriebe, welche dieser Wirtschaftsbereich umfasst, nicht verwunderlich. Beratende Betriebe wie Rechtsanwälte und Steuerberater gehören genauso hierher wie Handelsbetriebe, Banken, Versicherungen, Theater, Schulen, Hochschulen, Krankenhäuser und Versorgungsbetriebe. Aus der Unterschiedlichkeit der Aufgaben und der daraus resultierenden Aktivitäten der Betriebe folgt, dass zur Gestaltung der Kostenrechnung dieser Betriebe nur sehr allgemeine Informationen möglich sind. Diese Informationen können also auch nur eine geringe Aussagekraft haben, und dazu dienen, sich einen Überblick zu verschaffen. Für detaillierte Aussagen muss auf die entsprechende Spezialliteratur verwiesen werden. Um erfolgreich arbeiten und überleben zu können, müssen auch die Dienstleistungsbetriebe ihre Kosten und deren Entwicklung kennen. Sie brauchen also eine Kostenartenrechnung, die insbesondere in Abhängigkeit von der Betriebsgröße und der Branche ganz unterschiedlich gestaltet und bezeichnet werden kann.

Auch Dienstleistungsbetriebe sollten wissen, wo ihre Kosten entstehen. Sie brauchen also so etwas wie eine Kostenstellenrechnung. Besonders bei kleinen Betrieben kann die Bestimmung der Kosten an den Arbeitsplätzen festgemacht werden, weil sich viele Kostenarten (z.B. Miete, Sozialaufwand und Energie) auf die Arbeitsplätze beziehen lassen. Bei großen Betrieben mit viel Personal und hohem technischen Einsatz in Form von Maschinen und Geräten wird die Kostenstellenrechnung in ähnlicher Weise wie in der Industrie durchzuführen sein. Für Krankenhäuser gibt es dazu einen verbindlichen Kostenstellenrahmen (*Schweitzer/Küpper* S. 725).

Eine allgemeine Aussage darüber, mit welchem System der Kostenträgerrechnung ein Dienstleistungsbetrieb zweckmäßigerweise arbeiten sollte, ist nicht möglich. Dazu sind die Betriebe hinsichtlich Größe und Aufgabenstellung zu verschieden. Für eine Reihe von Dienstleistungsbetrieben ist die Höhe des zu erwartenden Honorars vom Wert der Dienstleistung abhängig. Das gilt z.B. für Steuerberater, Versicherungen, das Kreditgewerbe und zumindest teilweise auch für niedergelassene Ärzte. Für den Betrieb kommt es dann darauf an, die Beratungs- bzw. die Arbeitszeiten und das zu erwartende Honorar in ein für den Betrieb und die Klienten akzeptables Verhältnis zu bringen. Abschließend sei hier noch darauf hingewiesen, dass die Struktur der Kosten- und Leistungsrechnung von Krankenhäusern durch eine Reihe von Gesetzen und Verordnungen weitestgehend normiert (*Schweitzer/Küpper* S. 723 f.) ist.

S. Zum sogenannten Kostenmanagement und der Rolle des Controlling in der Kosten- und Leistungsrechnung

I. Spezielle Ausprägungen des Kostenmanagements

1. Ziele und Ansatzpunkte

Der Kern des Kostenmanagements wird von der Kosten- und Leistungsrechnung gebildet. In jüngerer Zeit wurden einige Rechenverfahren in die Diskussion eingebracht, die zur Ergänzung der Kosten- und Leistungsrechnung geeignet sein können. Diese Formen des Kostenmanagements, die als strategisches Kostenmanagement bezeichnet werden, lassen sich, wie zu zeigen sein wird, zumindest teilweise auch der Kosten- und Leistungsrechnung zuordnen. Sie sind nach der Auffassung von *Kremin-Buch* (S. 13) auf eine „Reduzierung des allgemeinen Kostenniveaus" ausgerichtet, wobei speziell die Beeinflussung der zukünftigen Kostenentwicklung als strategisches Ziel hervorgehoben wird (*Kremin-Buch* S. 3 und S. 8).

Als „grundsätzliche Gestaltungsobjekte des Kostenmanagements" werden das Kostenniveau, der Kostenverlauf und die Kostenstruktur angesehen (*Burger* S. 9f. und *Kremin-Buch* S. 13ff.). Beim Kostenverlauf-Management geht es darum, „das Kostenverhalten durch Realisierung von Degressionseffekten" im Fixkostenbereich möglichst vorteilhaft zu beeinflussen (*Kremin-Buch* S. 14). Über das Kostenstruktur-Management soll erreicht werden, dass ein möglichst großer Teil der Kosten als schnell beeinflussbar gestaltet wird. Außerdem sollen möglichst viele Kostenarten als Kostenträgereinzelkosten verrechnet werden können.

2. Methoden des (strategischen) Kostenmanagements

Von *Kremin-Buch* (S. 23 ff.) werden folgende Methoden oder Instrumente des Kostenmanagements hervorgehoben:

(1) Fixkostenmanagement,
(2) Prozesskostenrechnung,
(3) Target Costing,
(4) Product Lifecycle Costing und
(5) Benchmarking.
Burger (S. 11 ff.) nennt zusätzlich
(6) entwicklungsbegleitende Kalkulation,
(7) Wertanalyse und
(8) Zero-Base-Planning (Null-Basis-Planung).

Das Fixkostenmanagement erwähnt *Burger* nicht.

Aufgabe des **Fixkostenmanagement**s ist es, dafür zu sorgen, dass juristische Bindungen, die das Unternehmen auf längere Zeit zu Zahlungen verpflichten und/oder nur unter Einhaltung einer bestimmten Frist gelöst werden können, so weit als irgend möglich vermieden werden. Auch das Streben der Unternehmen, einen voraussichtlich nur vorübergehend erhöhten Personalbedarf möglichst über Zeitarbeitsverträge zu decken, ist Ausdruck dieses

Strebens. Damit können die Unternehmen Personalkosten vermeiden, weil sie nicht an Kündigungsfristen und Zahlungspflichten gebunden sind, die bei der Auflösung regulärer Arbeitsverträge eingehalten werden müssten. Probleme gibt es in diesem Zusammenhang mit dem Fixkostenbegriff (s. Rz. 147f.).

Die **Prozesskostenrechnung** wurde oben bereits beschrieben. Durch die zur Ermittlung der Prozesskostensätze nötige Analyse der Aktivitäten in den Kostenstellen des Gemeinkostenbereichs sind in der Tat Kostensenkungen möglich.

Auch das **Target Costing** ist oben schon beschrieben worden. Vereinfacht formuliert geht es dabei um eine besonders sorgfältig gestaltete, strikt am Markt und den Marktpreisen ausgerichtete Vorkalkulation.

635 Mit dem **Product Lifecycle Costing** (*Kremin-Buch* S. 182) sollen die gesamten Kosten und Erlöse, die während der Lebensdauer eines Produktes entstehen, im Voraus möglichst genau bestimmt werden. Man hofft, dadurch die Entwicklung der Kosten frühzeitig vorteilhaft beeinflussen zu können.

Jedes Unternehmen, das ein neues Produkt auf den Markt bringt, hat eine Vorstellung davon, welche Umsätze notwendig sind, um die Entwicklungskosten wieder einzuspielen, und wann diese Umsätze voraussichtlich erreicht werden können. Auch über den zu erzielenden Gewinn wird man sich Gedanken machen. Das sind aber keine Kalkulationen im üblichen Sinne, sondern mehr oder weniger weit in die Zukunft gerichtete, mit erheblichen Unsicherheiten verbundene Schätzungen. Es dürfte ein ziemlich aussichtsloses Unterfangen sein, die aus einem neuen Produkt resultierenden Kosten und Erlöse über mehrere Jahre hinweg so differenziert schätzen zu wollen, wie man sich das in der Theorie offenbar vorstellt.

Benchmarking wird von *Kremin-Buch* (S. 227) definiert als ein kontinuierlicher, systematischer Prozess, „in dem grundsätzlich alles Beobachtbare und Messbare mit korrespondierenden Größen anderer Unternehmen oder Unternehmensbereiche verglichen wird. Ziel dieses Vergleichs ist die Offenlegung von Leistungsdifferenzen und die Gewinnung von Informationen, mit denen das eigene Unternehmen bzw. der eigene Bereich seine relative Position verbessern kann". Es handelt sich hier um eine vielleicht etwas modernisierte und „amerikanisierte" Variante des in der deutschen Betriebswirtschaftslehre schon lange diskutierten Betriebsvergleichs. *Schnettler* widmet diesem in Gablers Wirtschaftslexikon von 1958 (2. Auflage, Band 1) fast fünf Spalten (Sp. 490–494). Er (Sp. 490) bezeichnet jeden Vergleich betrieblicher Zahlengrößen als Betriebsvergleich. An den für einen Betriebsvergleich besonders interessanten Größen und den Problemen, die mit dem Vergleich verbunden sind, hat sich seither im Prinzip nur wenig geändert. Interessante Vergleichsobjekte sind nach wie vor z.B. das verfügbare Eigenkapital, die Höhe und Zusammensetzung des Vermögens sowie Umsatz- und Absatzgrößen. Schließlich sind natürlich Ertrags-, Gewinn- und Kostenvergleiche von Interesse. Das größte Problem beim Betriebsvergleich bzw. beim Benchmarking ist die Vergleichbarkeit der ausgewählten Größen, und zwar in sachlicher und zeitlicher Hinsicht. Das Problem der sachlichen Vergleichbarkeit lässt sich dadurch relativieren, dass man die Vergleiche nicht auf einen Zeitpunkt beschränkt, sondern mit Zeitreihen arbeitet. Bei sorgfältiger Vorgehensweise kann der Betriebsvergleich durchaus zu Verbesserungen im Bereich der Wirtschaftlichkeit bzw. der Kostensituation führen.

636 Die „**entwicklungsbegleitende Kalkulation**" ist nach *Burger* (S. 117) „eine Kostenerrechnung, die den Prozess der Leistungsentwicklung begleitet". Dabei ist die Bezeichnung „entwicklungsbegleitend" quasi wörtlich zu nehmen. Die Überlegungen beziehen sich nämlich nahezu ausschließlich auf die Entwicklungsphase eines neuen Produkts. Probleme der Markteinführung und des Vertriebs werden bei *Burger* (S. 124) nur ganz kurz angesprochen, aber nicht diskutiert. *Burger* (S. 149ff.) unterscheidet folgende Phasen der Produktentwicklung: die Planungsphase, die Konzipierungsphase, die Entwurfsphase und die

Ausarbeitungsphase. Eine Kalkulation im Sinne der Kosten- und Leistungsrechnung findet dabei erst in der letzten Phase statt. Die anderen Phasen, die *Burger* auch als Kalkulationen bezeichnet, dienen der zielgerichteten Sammlung und Aufbereitung von Informationen, welche für die in der letzten Phase anstehende „echte" Kalkulation von Interesse sein könnten. Grundlage der Überlegungen von *Burger* ist die wohl richtige Überzeugung, dass die meisten Kosten eines Produkts in der Entwicklungsphase festgeschrieben werden, wogegen spätere Kostenfestlegungen „nur noch kleinere Kostengrößen" (*Burger* S. 124) betreffen.

Bei der Wertanalyse unterscheidet *Burger* zwischen der **Wertanalyse** als Value Management (S. 157 ff.) und Gemeinkosten-Wertanalyse (Overhead Value Management, S. 277 ff.). Auf diese Unterscheidung kann hier nicht explizit näher eingegangen werden.

Grundsätzlich gilt Folgendes: Das wichtigste Merkmal der Wertanalyse ist die konsequente Betrachtung betrieblicher Produkte und deren Funktionen aus dem Blickwinkel der Nutzeneinschätzung durch den Nutzer (*Burger* S. 280). Das gilt auch im Rahmen des internen Leistungsaustausches sowie für Aktivitäten der öffentlichen Hand. Im Interesse des Unternehmens muss der Grundgedanke bei der Durchführung der Wertanalyse immer lauten: „Nicht so gut wie möglich, sondern nur so gut wie nötig". (*Buksch/Rost* S. 358, *Coenenberg* S. 468). In dieser Differenz liegt das Einsparungspotenzial des Unternehmens, also die Bedeutung der Wertanalyse für das Kostenmanagement.

Das **Zero-Base-Budgeting** (Null-Basis-Budgetierug) ist eine in den USA speziell für den Bereich der indirekten Leistungen (Gemeinkostenbereich) entwickelte Technik der Budgetierung. Erfasst werden neben administrativen Tätigkeiten z. B. auch das Rechnungswesen, die Marktforschung, die Qualitätssicherung und die Arbeitsvorbereitung. Die Aktivitäten des Gemeinkostenbereichs werden mit dem Ziel überprüft, den Mitteleinsatz möglichst effektiv zu gestalten und dadurch die Kosten zu senken. Dabei wird gedanklich von einem Neuaufbau des Unternehmens, also von der Basis „Null" ausgegangen. Auf diese Weise wird versucht, die Fortschreibung alter Budgets zu verhindern und zugleich neue Ideen zu fördern. **637**

II. Zur Rolle des Controlling in der Kosten- und Leistungsrechnung

Die Aufgabe des „Controlling besteht in der Unterstützung der Unternehmensführung bei der Planung, Steuerung und Kontrolle durch eine koordinierende Informationsversorgung" (*Peemüller* S. 36). Dazu bedarf es eines das gesamte Unternehmen umfassenden und auf dessen Ziele ausgerichteten Planungssystems. Die Teilpläne zu erstellen, welche dieses System bilden, gehört nicht in den Zuständigkeitsbereich des Controlling, das ist vielmehr Sache des Managements. **638**

Es ist zu unterscheiden zwischen dem strategischen und dem operativen Controlling. Das strategische Controlling hat die strategischen Pläne des Unternehmens zu koordinieren. Beim operativen Controlling geht es dagegen um die zielgerichtete Informationsversorgung des Managements zum Zwecke der Koordination und Realisation der kurzfristigen Pläne, die in der Regel auf ein Geschäftsjahr ausgerichtet sind. Im Bereich der Kosten- und Leistungsrechnung sind die Aufgaben des Controlling überwiegend im operativen Bereich angesiedelt.

Wie schon festgestellt wurde, ist Controlling ohne Planung nicht möglich. Der Controller hat deshalb dafür zu sorgen bzw. darauf zu achten, dass die organisatorischen Voraussetzungen für die Gestaltung einer Kostenplanung geschaffen bzw. beachtet werden.

Unmittelbar im Bereich der Kostenrechnung besteht die konkrete Aufgabe des Controlling zunächst darin, für Zwecke der Kostenrechnung ein Abrechnungssystem aufzubauen, das in das Gesamtplanungssystem integriert ist und den speziellen Anforderungen des betreffenden Unternehmens gerecht wird. Bei größeren Unternehmen ist dabei besonders an eine Grenzplankostenrechnung zu denken. Bei kleineren Unternehmen muss versucht werden, die Grundideen dieses Systems zu übernehmen. Dabei kommt den im Zusammenhang mit der Kostenspaltung auftretenden Problemen besondere Bedeutung zu.

639 Die zur Kostenplanung notwendigen organisatorischen Maßnahmen müssen in einem Handbuch oder einer vergleichbaren Sammlung der relevanten Informationen vollständig dargelegt werden. Das Buch ist sachlichen und organisatorischen Änderungen regelmäßig anzupassen bzw. zu ergänzen. Es ist Aufgabe des Controlling, das sicherzustellen. Außerdem ist es natürlich Sache des Controllers, die Einhaltung der im Handbuch niedergelegten Regel zu beaufsichtigen. Die Aufgaben, welche dabei auf den Controller zukommen, können hier nur stichpunktartig, also unter weitgehendem Verzicht auf Einzelheiten, dargelegt werden.

Grundvoraussetzung für die Planungen im Kostenbereich ist das Vorhandensein eines Kostenarten- und eines Kostenstellenplanes. Diese Pläne sind insbesondere zu Beginn der Planung für ein neues Geschäftsjahr zu aktualisieren. Aufgabe des Controllers ist es, die Zweckmäßigkeit dieser Pläne sicherzustellen. Dabei geht es besonders um eindeutige Abgrenzungen sowie um die Art und die Tiefe der Gliederungen. Außerdem sind abrechnungstechnische Gesichtspunkte zu beachten. Zu denken ist hier etwa an die mit der internen Leistungsverrechnung verbundenen Probleme.

Auch im Bereich der Kostenplanung ist die eigentliche Planung nicht Sache des Controlling, sondern des Managements. Man ist dabei auf die Vorgaben der anderen Unternehmensbereiche (z.B. Verkauf, Produktion und Personalwesen) angewiesen, weil die insgesamt anfallenden Kosten natürlich davon abhängen, welche Aktivitäten die anderen Bereiche planen. Das Controlling hat dabei eine beratende Aufgabe, die seine Koordinationsfunktion einschließt.

Die Kostenpläne der einzelnen Kostenstellen sind nach Kostenarten zu untergliedern. Dabei ist in der Regel eine Aufteilung in variable und fixe Kosten sowie in Einzel- und Gemeinkosten zumindest sinnvoll. Hinzukommen sollten Angaben über die angestrebte Auslastung sowie zu den erwarteten (planmäßigen) Gemeinkostenzuschlägen und anderen Verrechnungssätzen.

640 Neben einer sachlichen müssen die Kostenpläne auch eine angemessene zeitliche und personale Gliederung aufweisen. Bei der zeitlichen Gliederung geht es um die Ausgliederung der Jahrespläne in Teilpläne, die sich auf kürzere Zeiträume (z.B. Monate oder Quartale) beziehen. Nur auf der Basis solcher Zahlen lässt sich die Kostenentwicklung im Laufe eines Jahres beeinflussen und steuern. Daraus folgt, dass für alle Teilperioden die tatsächlich angefallenen Kosten (Ist-Kosten) zu erfassen und mit den geplanten Größen zu vergleichen sind (Soll-Ist-Vergleich).

Bei den Abweichungen sollte die Gesamtabweichung möglichst in ihre Bestandteile (Beschäftigungsabweichung, Verbrauchsabweichung und Preisabweichung) aufgegliedert werden. Ab einer bestimmten Größenordnung, die vom Controlling zu definieren ist, sowie im Falle einer besonderen Bedeutung sind die Abweichungen zu erläutern. Das gilt auch, wenn anderweitig besondere Probleme auftreten. Der Controller hat in Abstimmung mit dem Management festzulegen zu welchen Terminen die Ergebnisse der Kostenrechnung zur Überprüfung vorzulegen sind. Das Ergebnis dieser Prüfung ist mit dem verantwortlichen Management zu diskutieren. Dabei werden die aus den Planabweichungen resultierenden Probleme bzw. die Suche nach Problemlösungen im Vordergrund stehen müssen. Eine ganz besondere Bedeutung kommt dabei den Problemen zu, die sich ergeben, wenn sich im Laufe eines Jahres zeigt, dass sich die Planungen für den Rest der Periode zumindest in Teilbereichen nicht realisieren lassen. Hier stellt sich die Frage, welche

II. Zur Rolle des Controlling in der Kosten- und Leistungsrechnung

Schlussfolgerungen daraus für andere Planungsbereiche und für zukünftige Planungen zu ziehen sind. Besonders deutlich wird das, wenn die geplanten Umsätze wahrscheinlich nicht erreicht werden können. In der Kostenrechnung stellt sich dabei natürlich die Frage, welche Konsequenzen sich aus Abweichungen in einzelnen Kostenstellen bzw. bei bestimmten Kostenarten für die Entwicklung der Gesamtkosten ergeben.

Die Frage, welche Kompetenzen dem Controller einzuräumen sind, kann hier nicht diskutiert werden. Prinzipiell ist seine Funktion beratender Natur, teilweise werden ihm aber im Rahmen seiner Koordinationsfunktion auch Anordnungsbefugnisse eingeräumt werden müssen.

Literaturverzeichnis

Adam, D.: Entscheidungsorientierte Kostenbewertung, Wiesbaden 1970.
Andreas, D./Reichle, W.: Das Rechnen mit Maschinenstundensätzen, 6. Aufl., Frankfurt 1987.
Barth, H.: Kosten- und Leistungsrechnung im Handel, 3. Aufl. Wiesbaden 1989.
Bramsemann, R.: Controlling, 2. Aufl., Wiesbaden 1980.
Bramsemann, R.: Handbuch Controlling, 3. Aufl., München und Wien 1993.
Buggert, W./Wielpütz, A.: Target Costing – Grundlagen und Umsetzung des Zielkostenmanagements, München 1995.
Burger, A.: Kostenmanagement, 3. Aufl., München und Wien 1999.
Cervellini, U.: Prozeßkostenrechnung im Vertriebsbereich der Porsche AG, in: Prozeßkostenmanagement Methodik, Implementierung, Erfahrungen, hrsg. v. IFUA Horvath & Partner, München 1991, S. 223–248.
Deyhle, A.: Arbeitshandbuch Gewinnmanagement, 5. Aufl., Landsberg 1985.
Deyhle, A.: Controller-Praxis, Bd. I, 9. Aufl., Gauting 1992 und Bd. II, 11. Aufl. 1996.
Deyhle, A.: Variable und fixe Kosten, in: controller magazin 1994, Nr. 3, S. 127.
Eisenführ, F.: Zur Entscheidung zwischen funktionaler und divisionaler Organisation, in: Unternehmensorganisation (Reader u. Abstracts), hrsg. v. E. Grochla, Hamburg 1972.
Franz, K.-P.: Target Costing – Konzept und kritische Bereiche, in: Controlling, 5. Jhg. 1993, Heft 3, S. 124–130.
Gabele, E./Fischer, P.: Kosten- und Erlösrechnung, München 1992.
Gau, E.: Praxis der Kosten- und Leistungsrechnung, Bd. I, 3. Aufl., Freiburg 1984 und Bd. II, Freiburg 1981.
Glaser, H.: Prozeßkostenrechnung als Kontroll- und Entscheidungsinstrument, in: Rechnungswesen und EDV, 12. Saarbrücker Arbeitstagung 1991, hrsg. v. A.-W. Schweer, Heidelberg 1991, S. 222–240.
Gutenberg, E.: Grundlagen der Betriebswirtschaftslehre, Bd. I: Die Produktion, 24. Aufl., Berlin-Heidelberg-New York 1983 und Bd. II: Der Absatz, 15. Aufl., Berlin-Hamburg-New York 1976.
Haberstock, L.: Kostenrechnung Bd. I, 12. Aufl., Hamburg 2005 sowie Bd. II, 9. Aufl., Hamburg 2004.
Hahn, D.: Target Costing – ein überlebenswichtiges Konzept, in: Controlling, 5. Jhg. 1993, Heft 2, S. 110–111.
Hax, K.: Die Substanzerhaltung der Betriebe, Köln und Opladen 1957.
Heinen, E.: Betriebswirtschaftliche Kostenlehre, 6. Aufl., Wiesbaden 1983.
Horvath, P./Seidenschwarz, W.: Zielkostenmanagement, in: Controlling, 4. Jhg. 1992, Heft 3, S. 142–150.
Hummel, S./Männel, W.: Kostenrechnung, Bd. I, 4. Aufl., Wiesbaden 1986.
Jorasz, W.: Kosten- und Leistungsrechnung, Stuttgart 1996.
Kicherer, H.-P.: Kosten- und Leistungsrechnung, in: Die neue Schule des Bilanzbuchhalters, Bd. 5, S. 231 ff., 1. Aufl. 1997.
Kilger, W.: Flexible Plankostenrechnung, 6. Aufl., Opladen 1974.
Kilger, W.: Einführung in die Kostenrechnung, 3. Aufl., Wiesbaden 1987.
Koller, H.: Organisation der Plankostenrechnung, 2. Aufl., Wiesbaden 1973.
Kosiol, E.: Warenkalkulation in Handel und Industrie, 2. Aufl., Stuttgart 1953.

Kosiol, E.: Kostenrechnung, Wiesbaden 1964.
Lücke, W.: Die kalkulatorischen Zinsen im betrieblichen Rechnungswesen, in: Zeitschrift für Betriebswirtschaft, 35. Jhg. 1965, Ergänzungsheft S. 3–28.
Mayer, R.: Prozeßkostenrechnung und Prozeßkostenmanagement: Konzept, Vorgehensweise und Einsatzmöglichkeiten, in: Prozeßkostenmanagement: Methodik, Implementierung, Erfahrungen, hrsg. v. IFUA Horvath & Partner, München 1991, S. 73–95.
Mayer-Piening, A.: Zero Base Budgeting – Planungs- und Analysetechnik zur Anpassung der Gemeinskosten in der Rezession, in: Zeitschrift für Führung und Organisation, 51. Jg., 1982, S. 257–266.
Mellerowicz, K.: Kosten und Kostenrechnung, Bd. I u. II/2, 5. Aufl., Berlin und New York 1973 bzw. 1974.
Moews, D.: Kosten- und Leistungsrechnung, 3. Aufl., München und Wien 1989.
Olfert, K.: Kostenrechnung, 14. Aufl., Ludwigshafen 2005.
Peemüller, V. H.: Controlling, 5. Aufl., Herne/Berlin 2005.
Rösler, F.: Target Costing für die Automobilindustrie, Wiesbaden 1996.
Schmidt, F.: Die organische Tageswertbilanz, 3. Aufl. (unveränderter Nachdruck), Wiesbaden 1989.
Schneck, O.: Lexikon der Betriebswirtschaftslehre, 2. Aufl., München 1994.
Schnettler, A.: Betriebsvergleich, in: Wirtschaftslexikon, 2. Aufl. 1958, Sp. 490–494.
Schwarz, H.: Kostenrechnung als Instrument der Unternehmensführung, 3. Aufl., Herne 1986.
Schweitzer, M./Küpper, H.-U.: Systeme der Kosten- und Erlösrechnung, 8. Aufl., München 2003.
Seidenschwarz, W.: Target Costing, München 1993.
Steger, J.: Kosten- und Leistungsrechnung, München 1996.
Tietz, B.: Der Handelsbetrieb, 2. Aufl., München, 1993.
Vormbaum, H.: Handelskalkulation, in: Handwörterbuch der Betriebswitschaft, Hrsg. Seischab, H. u. Schwantag, K., 2. Bd., 3. Aufl., Stuttgart 1958, Sp. 2567–2576.
Wilkens, K.: Kosten- und Leistungsrechnung, 3. Aufl., München/Wien 1980.
Wöhe, G.: Einführung in die Allgemeine Betriebswirtschaftslehre, 22. Aufl., München 2005. Die 23. Auflage dieses Buches konnte nicht mehr berücksichtigt werden.

Stichwortverzeichnis

Die Zahlen verweisen auf die Randziffern

Abschreibungen (Arten)
- außerplanmäßig 207
- buchhalterisch (bilanziell) 101, 207
- kalkulatorisch 101, 207, 221 ff.
- planmäßig 207

Abschreibungsbasis 209
Abschreibungsdauer 211
Abschreibungsmethoden 214 ff.
- degressiv 216 ff.
- leistungsabhängig 215
- linear 215
- progressiv 219

Abschreibungsursachen 207
Abweichungen 576 ff.
- Beschäftigungs- 581
- negativ 355
- positiv 355
- Preis- 579
- Verbrauchs- 579

Abzugskapital 228
Adäquanz 82
AFA 207
Aktualität 77
Aktueller Wiederbeschaffungs(neu)-
  wert 69 ff.
Anbauverfahren 318 ff.
Anderskosten 107
Angebotskalkulation 40
Anlagenkartei 222
Anlagenwagnis 204
Äquivalenzziffernrechnung 417 ff.
Aufgaben der KuL-Rechnung 38 ff.
Auftragauswahl bei
- speziellem Engpass 509 ff.
- Unterbeschäftigung 499 ff.

Aufwand 94 ff.
Ausgabe 91 f.
Ausschuss 204
Außergewöhnliche Ereignisse 74
Außergewöhnlicher bzw.
  außerordentlicher Aufwand
  100

Außergewöhnlicher bzw. außerordentlicher Ertrag 115
Auszahlungen 91 f.

Beanspruchungsgrad 569
Beiträge 271
Beschäftigung 569
Beschäftigungsabweichung 581
Beschäftigungsgrad 569
Beständewagnis 204
Bestandsveränderungen 462
Betriebsabrechnung 30
Betriebsabrechnungsbogen 311 ff.,
  351 ff., 623
- differenzierter BAB 370 ff.
- Vollkosten-BAB 351 ff.

Betriebsbuchhaltung 30 f.
Betriebsergebnis 42
- buchhalterisch 37, 122, 490
- kalkulatorisch 37, 42, 122

Betriebsfremder Aufwand 98
Betriebsfremder Ertrag 113
Betriebsnotwendiges Kapital 225 f.
Betriebsnotwendiges Vermögen 226 ff.
Betriebsstatistik 22
Betriebsstoffe 250, 363
Betriebszweck 8
Bewertung 69 f., 230
Bezugsgrößen 292, 564 ff.
Bezugsgrößenkalkulation 440
Bruttowertzuwachs 17

Controller 638 ff.
Controlling 638 ff.
Cost Driver (Kostentreiber) 593
Cost-Center 291, 593

Deckungsbeitragsrechnung 490 ff.,
  631
Deckungsprinzip 79
Dienstleistungsbetriebe 632
Direct Costing 496

Dispositiver Faktor 64
Divisionskalkulation 407 ff.
Durchschnittskosten 134
Durchschnittsprinzip 80
Durchschnittsverzinsung 224 ff., 234 ff.

Eigenfertigung 515 f.
Eigenkapital 224
Einkaufspreis 257
Einnahmen 91 f.
Einsatzfaktoren 141 ff.
Einzahlungen 91 f.
Einzelkosten 32
Einzelkostenrechnung 525 ff.
Endkostenstellen 296
Engpassplanung 509
Entwicklungswagnis 204
Ergebnis 90, 462 f.
Ergebnisrechnung 122
Erlös 462 ff., 518 ff.
Erlösschmälerungen 494
Ertrag 109 ff.
Ertragsgesetz 136 ff.

Faktoreinsatzfunktion 139 f.
Feiertagsarbeit 266
Fertigungsgehälter 262
Fertigungsgemeinkosten 304, 448
Fertigungsgemeinkostenzuschlag 327, 448 f.
Fertigungskosten 448
Fertigungslöhne 32, 262
Fertigungsmaterial 32, 250
Fertigungsstoffe 250
Fertigungswagnis 204
Finanzbuchhaltung 22
Finanzplanung 22
Fixkosten 133 f., 138
Fixkostendeckungsrechnung 526
Flexibilität 75
Forschungs- und Entwicklungskosten 305
Fremdbezug 515 ff.
Fremdleistungen 270
Fremdreparaturen 270

Gebrauchsverschleiß 207
Gehaltskosten 265
Geldvermögen 92
Gemeinkosten 33, 156

Gemeinkostenzuschlagsätze (Gemeinkostenzuschläge) 325 ff.
– Fertigung 327 f.
– Material 327
– Restgemeinkosten 330
– Vertrieb 327, 332
– Verwaltung 327, 332
Genauigkeit 73
Gesamtkostenverfahren 462
Gewährleistungswagnis 204 f.
Gewinn- und Verlustrechnung 37
Gewinn(zuschlag) 446
Gewinnschwelle 529
Gleichungsverfahren 322 ff.
Grenzkosten 134, 493
Grenzkostenrechnung 490 ff.

Hauptkostenstellen 296
Hauptkostenträger 401
Hauptprozesse 595
Herstellkosten 332, 353
Herstellungskosten 332
Hilfskostenstellen 298 ff.
Hilfskostenträger 402
Hilfslöhne 263, 267
Hilfsstoffe 363

Innerbetriebliche Leistung 316 ff.
Intensität 139
Inventurmethode 253
Istkosten 48, 576
Istkosten zu Planpreisen 579
Istkostenrechnung 48
Istmenge zu Istpreisen = Istkosten 577

Jahresabschluss 37

Kalkulation 35 ff., 400 ff.
Kalkulationsfaktor 625
Kalkulationsschema 448 ff.
Kalkulationsverfahren 400 ff.
Kalkulationszuschlag 625
Kalkulatorische Kosten 200 ff.
– Kalkulatorische Abschreibungen 207 ff.
– Kalkulatorische Miete 240
– Kalkulatorische Wagnisse 203 ff.
– Kalkulatorische Zinsen 224 ff.
– Kalkulatorischer Unternehmerlohn 201 f.

Kapazität 569
Klarheit 66
Kombinierte Grenz- und Vollkostenrechnung 540 ff.
Kosten 3 ff., 133
- degressive 133
- direkte 312
- fixe 133, 147
- indirekte 312
- intervallfixe 133
- kalkulatorische 200 ff.
- mengenabhängig 144 ff.
- mengenunabhängig 147 ff.
- primäre 185
- progressive 133
- proportionale 133
- regressive 133
- variable 133, 144 ff.
Kostenarten 170 ff., 621 ff.
Kostenartenplan 137 ff.
Kostenartenrechnung 170 ff.
Kostenauflösung 572
Kostenbegriff 3 ff., 104 ff.
- Dimensionen 152 ff.
Kostenfunktionen 136 ff.
Kostenkontrolle 39
Kostenmanagement 633
Kostenplanung 569
Kostenplatz 292
Kostenrechnung (Handel) 620 ff.
Kostenrechnung 1 ff., 22 f., 45 ff., 622
Kostenstellen 34, 291, 295, 301 ff., 623
Kostenstellenausgleich 317 ff.
Kostenstellenbereich 292, 351
Kostenstellenbildung 292 ff.
Kostenstellengliederung 292 ff.
Kostenstellenplan 301 f.
Kostenstellenrechnung 34, 290, 310 ff.
Kostenstellenumlage 317
Kostentheorie 131 ff.
Kostenträger 35
Kostenträgerplan 406
Kostenträgerrechnung 35, 400 ff.
- Formen und Aufgaben 404
- Organisation 405
- Stückrechnung 35, 404 ff.
- Zeitrechnung 37, 461, 495 ff.
Kostenträgerzeitrechnung 37, 404, 461

- auf Teilkostenbasis 495 ff.
- auf Vollkostenbasis 461 f.
Kostentreiber 593
Kostenüberdeckung 355
Kostenunterdeckung 355
Kostenverläufe 133
Kostenwürfel 151
Kuppelproduktion 430 ff.

Leasing 220
Leistung 16 ff., 109, 118 ff.
Leistungsmengeninduziert 592
Leistungsmengenneutral 592
Liquidationserlös 210
Lohnkosten 265 ff.
Lohnzuschlagssatz (siehe Fertigungsgemeinkostenzuschlag)

Managementkosten 150
Marktpreis 492, 523
Maschinenstundensatz 334 ff.
Materialentnahmeschein 256
Materialgemeinkosten 327 ff.
Materialkosten 250
Maximumprinzip 39
Mengenkongruenz 68
Mengenplanung 570
Minimumprinzip 39
Mitlaufende Kalkulation 36
Momentanproduktion 136

Nachkalkulation 36, 460
Nebenkostenstellen 297
Nebenkostenträger 403
Nettoerlöse 494
Nettoliquidationserlös 204, 222
Neutraler Aufwand 97 ff.
Neutraler Ertrag 112 ff.
Neutrales Ergebnis 122
Normalkosten(rechnung) 49
Nutzungsdauer 204, 211 ff.
Nutzungspotential 211 ff.

Objektivität 64
Opportunitätskosten 13

Periodenerfolg 37, 71, 122
Periodenfremder Aufwand 99
Periodenfremder Ertrag 114
Periodengerechtigkeit 67 ff.

Personalkosten 262 ff.
Planbeanspruchung 569
Planbeschäftigung 569
Planbezugsgröße 569
Plankosten 572, 560
Plankostenrechnung 50, 560 ff.
Planmengen 570 f.
Planpreise 570 f.
Planung (betriebliche) 22
Planungsperiode 568
Plausibilität 72
Potenzialfaktoren 5, 70
Praktikerverfahren (Praktikerlösung) 457 f.
Preisabweichung 576, 579
Preisbildung 40
Preisindizes 70, 209
Preiskalkulation 40
Preiskontrolle 41
Preisplanung 570
Preispolitik 492, 540
Preisuntergrenze 504
Primäre Kosten 173
Prinzipien der Kosten- und Leistungsrechnung 60 ff.
Produktionsfunktionen 132, 136 ff.
Produktionsprogramm (optimales) 517
Produktionstheorie 131 ff.
Profit-Center 291
Programmbereinigung 505 ff.
Programmplanung 41
Proportionalitätsprinzip 79
Prozesskosten 592 f.
Prozesskostenrechnung 591 ff.
Prozessmenge 593

Reagibilitätsgrad 133
Rechnungslegung 23
Rechnungswesen 21 ff.
– extern 23
– intern 23
Reisekosten 366
Rentabilität 123
Repetierfaktoren 4, 70
Rest(gemein)kosten 330 ff.
Restgemeinkostenzuschlag 337
Restwertrechnung 432
Restwertverzinsung 235
Rohgewinn 621, 626

Rohstoffe 250 ff.
Rückrechnungsmethode 254
Rüstkosten 144 ff., 145 ff.

Sachzielbezogenheit 8
Seifenformel 202
Sekundäre Kosten 185, 280
Selbstkosten 404, 445 ff.
Seriengröße 145
Simultanverfahren 322 ff.
Skonto 444 ff.,
Skontration 255, 260
Soll/Istvergleich 568 ff.
Solldeckungsbeitrag 541 ff.
Soll-Ist-Vergleich 36, 181 f., 338, 549
Sollkosten 578
Sondereinzelkosten 278
Sonderkosten 278
Sozialeinrichtungen 226, 371
Sozialkosten 268 ff.
Sozialkostenverrechnungssätze 269
Starre Plankostenrechnung 561
Steuern 271
Stufenleiterverfahren 318 ff.
Stundensätze 334
Stundensatzrechnung 440 ff.
Substanzerhaltung 71
Subtraktionsverfahren 431
Synchronkalkulation 36

Target Costing 601 ff.
Teil-BAB 370 ff.
Teilkostenrechnung 51, 490 ff.
Teilprozesse 592 f.
Totalkapazität 211 ff.
Tragfähigkeitsprinzip 79, 623
Transparenz 66
Treppenverfahren 318 ff.

Übersichtlichkeit 66
Umsatzerlöse 111
Umsatzkostenverfahren 463
Unternehmerlohn (kalk.) 201 ff.

Variator 575
Verbrauchsabweichung 579
Vermögen, betriebsnotwendiges 226
Verrechnete Plankosten 581
Verrechnungsschlüssel 313 f.
Verteilungsrechnung 433

Vertreterprovision 447, 452
Vertriebs(gemein)kosten 308
Vertriebsbereich 308, 385 ff.
Vertriebskostenrechnung 370 ff.
Verursachungsprinzip 76
Verwaltungs(gemein)kosten 307
Verwaltungsbereich 307
Vollkostenrechnung 51
Vollständigkeit 65
Vorkalkulation 36, 452 ff., 543 ff.

Wagniskosten 203 ff.
Wareneinsatz 621
Werkswohnungen 226
Wertkongruenz 69 ff.
Wertorientierung 9
Widerspruchsfreiheit 63
Wiederbeschaffungswerte 69 ff., 209, 230
Wirtschaftlichkeit 39, 62

Zahlungsmittelbestand 91
Zeitvergleich 180
Zeitverschleiß 207
Zeitwert 71
Zielgewinn 603 f.
Zielkosten 603 f.
Zielkostenmanagement 601 ff.
Zielkostenrechnung 601 ff.
Zielkostenspaltung 605
Zielpreis 602 f.
Zinsen, kalkulatorische 224 ff.
Zugangsmethode 252
Zusatzkosten 107, 200 f.
Zusatzleistung 109
Zuschlagskalkulation 440 f., 627 ff.
– erweiterte 444 ff.
– einfache 441 f.
Zweckaufwand 95
Zweckbezogenheit 8
Zweckertrag 109, 111